Maria Inês de Castro Millen
Ronaldo Zacharias
(Organizadores)

ÉTICA TEOLÓGICA E
DIREITOS HUMANOS

SBTM | Sociedade Brasileira de Teologia Moral

DIREÇÃO EDITORIAL:
Pe. Fábio Evaristo R. Silva, C.Ss.R.

REVISÃO:
Tatianne Francisquetti

COORDENAÇÃO EDITORIAL:
Ana Lúcia de Castro Leite

DIAGRAMAÇÃO E CAPA:
Bruno Olivoto

Dados Internacionais de Catalogação na Publicação (CIP)
(Câmara Brasileira do Livro, SP, Brasil)

Ética teológica e direitos humanos / Maria Inês de Castro Millen, Ronaldo Zacharias, (organizadores). – Aparecida, SP: Editora Santuário; São Paulo: Sociedade Brasileira de Teologia Moral, 2018.

Vários autores.
ISBN 978-85-369-0555-6

1. Direitos humanos 2. Ética 3. Teologia moral I. Millen, Maria Inês de Castro. II. Zacharias, Ronaldo.

18-19540   CDD-241

Índices para catálogo sistemático:

1. Ética teológica: Teologia moral 241
Cibele Maria Dias – Bibliotecária – CRB-8/9427

1ª impressão

Todos os direitos reservados à **EDITORA SANTUÁRIO** – 2018

Rua Pe. Claro Monteiro, 342 – 12570-000 – Aparecida-SP
Tel.: 12 3104-2000 – Televendas: 0800 - 16 00 04
www.editorasantuario.com.br
vendas@editorasantuario.com.br

SUMÁRIO

APRESENTAÇÃO – 5
Ronaldo Zacharias

1. Direitos humanos em tempo de "cegueira moral" – 11
Antonio Edson Bantim Oliveira

2. Entre a indiferença e a diferença odiada: caminho para a redenção do humano em nós – 35
Maria Inês de Castro Millen

3. Da indiferença narcisista à consciência social: repropondo a alteridade de base cristã numa era globalizada – 57
André Luiz Boccato de Almeida

4. Direitos humanos e ética teológica – 79
Cláudio Vicente Immig

5. Recuperar a solidariedade e o respeito – 95
Mário Marcelo Coelho

6. O direito humano à comunicação: a superação do ódio nas redes sociais como caminho da democracia – 117
Thiago Calçado

7. Ética teológica, direitos humanos e *fake news* – 139
José Antonio Trasferetti e Valdecir Luiz Cordeiro

8. Direitos humanos, justiça social e reconhecimento – 171
Élio Estanislau Gasda

9. Sair, encontrar, acolher e promover: a Igreja e a defesa dos direitos humanos – 195
Thales Martins dos Santos

10. Por uma economia com rosto humano, a serviço dos direitos fundamentais – 219
Renato Tarcísio de Moraes Rocha

11. Os direitos humanos e o cuidado com os pobres e migrantes no pontificado de Francisco – 241
Amarildo José de Melo

12. Liberdade de consciência: os limites do recurso a Deus e à doutrina constante do Magistério da Igreja – 265
Ronaldo Zacharias

13. Gênero e teologia: da polêmica estéril ao debate teológico – 295
Moésio Pereira de Souza

14. Ecologia integral e direitos humanos – 317
Otávio Juliano de Almeida

15. Direitos humanos e sustentabilidade na perspectiva da *Laudato Si'* – 333
Luiz Augusto de Mattos

16. Da bioética à biopolítica: a centralidade das periferias e as respostas solidárias diante da globalização da indiferença – 353
Dom Ricardo Hoepers

17. Direitos humanos e saúde pública global em diálogo interdisciplinar e libertador – 373
Alexandre Andrade Martins

18. Bioética global, vulnerabilidade e Agenda 2030 da ONU – 401
Leo Pessini

Apresentação

Ronaldo Zacharias[1]

A afirmação que Paulo faz ao escrever aos Coríntios – de que o ser humano é templo de Deus, habitado pelo Espírito e, portanto, um templo santo (1Cor 3,16-17) – é suficiente para compreender que a defesa e a promoção dos direitos fundamentais do ser humano fazem "parte indispensável" da missão evangelizadora da Igreja.[2] Independentemente de questões referentes à diversidade de formulação e até mesmo de peso de que se revestem nas várias culturas, os direitos humanos são universais e, por natureza própria, inclusivos: *todos os direitos humanos para todos.*

Infelizmente, vivemos num contexto em que os direitos humanos foram, convenientemente, associados à defesa de bandidos, a fim de inibir a ação da Igreja na formação de uma *cultura dos direitos humanos*, cultura voltada mais para a pre-

---

[1] Ronaldo Zacharias é Doutor em Teologia Moral (Weston Jesuit School of Theology – Cambridge – USA) e Secretário da Sociedade Brasileira de Teologia Moral (SBTM).

[2] CONSELHO EPISCOPAL LATINO-AMERICANO (CELAM). *Evangelização no presente e no futuro da América Latina.* Conclusões da III Conferência Geral do Episcopado Latino-Americano (Puebla de los Angeles, México, 27-1 a 13-2 de 1979). 3ª ed. São Paulo: Paulinas, 1979, n. 1270.

venção das violações a tais direitos do que à punição ou repressão das violações.

Se é preciso educar aos direitos humanos, é também mister educar pelos direitos humanos. Isso significa que a Igreja, no seguimento a Jesus, na docilidade ao Espírito e na realização da vontade de Deus, deve, por meio de sua ação evangelizadora, proporcionar o conhecimento e, sobretudo, a interiorização dos valores expressos pelos direitos humanos e a aceitação de responsabilidades que derivam do empenho pelas causas e questões relacionadas à dignidade, liberdade e responsabilidade humanas.

Se há muitas formas de violação dos direitos humanos, não podemos ignorar a que, talvez, seja o fundamento de tantas outras: a "existência de condições de extrema pobreza e de estruturas econômicas injustas que originam grandes desigualdades. (...) A intolerância política e o indiferentismo diante da situação de empobrecimento generalizado mostram desprezo pela vida humana concreta que não podemos calar".[3] Se, por um lado, a pobreza – com a consequente violação dos direitos humanos fundamentais que relega as pessoas à margem da sociedade e as reduz à categoria de sobrantes – aumenta de forma avassaladora em todo o mundo, por outro lado, a indiferença – com o consequente menosprezo e desrespeito à vida, sobretudo daqueles que mais precisam – faz de todos nós cúmplices dessa realidade. Por isso, a formação de uma nova cultura dos direitos humanos, que seja capaz de promover uma globalização dife-

---

[3] CONSELHO EPISCOPAL LATINO-AMERICANO (CELAM). *Nova evangelização, promoção humana e cultura cristã. Jesus Cristo ontem, hoje e sempre*. IV Conferência Geral do Episcopado Latino-Americano (Santo Domingo, 12-28 de Outubro de 1992). 2ª ed. São Paulo: Loyola, 1992, n. 167.

Apresentação

rente da que estamos vivendo, é responsabilidade primeira de todos nós, povo de Deus.

Os capítulos desta Obra querem ajudar no processo de conhecimento da realidade, interiorização dos valores dos quais os direitos humanos são portadores e aceitação de responsabilidades que favoreçam o empenho concreto com a qualidade de vida e de relação das pessoas. Nesse sentido, os artigos de Antonio Edson Bantim Oliveira, Maria Inês de Castro Millen, André Luiz Boccato de Almeida, Cláudio Vicente Immig e Mário Marcelo Coelho propõem um olhar sobre a realidade à luz de uma leitura interpretativa de alguns dos fenômenos atuais que ajudem a elucidar a compreensão teológico-moral dos direitos humanos. A cegueira moral em que vivemos pode conduzir-nos à indiferença narcisista e levar-nos a perder a noção de alteridade, solidariedade e respeito. Um frutuoso diálogo na perspectiva de uma ética universal pode ser o caminho mais eficaz para não perdermos a esperança de que um novo mundo é possível.

Thiago Calçado, José Antonio Trasferetti e Valdecir Luiz Cordeiro, por sua vez, abordam o espinhoso tema da urgência da superação do ódio e da manipulação das pessoas nas redes sociais como caminho para a edificação de uma democracia em que todos tenham acesso a uma comunicação capaz de ser promotora de verdade e liberdade nos mais variados contextos. Para eles, as novas plataformas de comunicação, embora constituam um grande desafio, abrem-se como oportunidade de ressignificação da proposta ético--moral, oportunidade de promover uma cultura do encontro entre pessoas que se respeitam e que são capazes de valorizar a diferença.

Élio Estanislau Gasda, Thales Martins dos Santos, Renato Tarcísio de Moraes Rocha e Amarildo José de Melo partem dos direitos dos mais pobres e vulneráveis para propor uma concepção de justiça social capaz de superar as desigualdades econômicas e aquelas relativas ao reconhecimento de identidades de pessoas que lutam por mais respeito à própria dignidade. O cuidado dos mais pobres e vulneráveis exige a superação de uma economia sem rosto e sem um objetivo verdadeiramente humano. Sem uma alternativa realmente humana, é impossível superar a globalização da indiferença que parece impor-se quando o assunto se refere aos direitos fundamentais do humano.

Ronaldo Zacharias e Moésio Pereira de Souza navegam por questões ligadas à sexualidade. Diante de tantas polêmicas estéreis, os autores chamam a atenção para o fato de que é preciso focar em questões fundamentais para o reconhecimento do humano na sua integridade e o respeito à sua decisão de consciência quando o que está em jogo refere-se ao sentido da sua existência. Para ambos, uma vez que o Verbo se fez carne, tudo o que se relaciona ao humano não pode ser indiferente à reflexão ético-moral e à ação evangelizadora da Igreja.

Otávio Juliano de Almeida, Luiz Augusto de Mattos e Ricardo Hoepers propõem que a crise ecológica é resultado de uma crise antropológica e que, por isso, precisamos enfrentar questões de sustentabilidade a partir de uma perspectiva que seja biocêntrica. Os clamores da terra devem ser ouvidos em conjunto com os clamores dos mais pobres e necessitados. Consequentemente, questões de injustiça social precisam ser enfrentadas para assegurar que o colapso das relações sociais e a destruição do ambiente não eliminem os sujeitos éticos que podem fomentar a resistência e a construção de uma sociedade sustentável e promotora dos direitos de todos.

Alexandre Andrade Martins e Leo Pessini, por fim, complementam-se na abordagem dos próprios temas. Partindo da

Apresentação 9

questão da saúde como um direito humano, o primeiro propõe um paradigma capaz de sustentar a assistência à saúde como um bem social comum, um paradigma centrado nas pessoas, e não no mercado. O segundo, por sua vez, a partir do princípio da vulnerabilidade, faz um balanço de iniciativas planetárias que visam fazer valer no concreto da vida das pessoas o respeito à sua dignidade e aos seus valores fundamentais. Referência comum para a maioria dos autores é o pensamento do Papa Francisco. O convite que Francisco faz para que a Igreja se ponha "em saída" e se volte para as periferias geográficas e existenciais, a fim de acolher com ternura, respeito, compaixão e misericórdia a todas as pessoas, sobretudo as que mais precisam, foi assumido pelos autores desta Obra. Todos parecem ter entendido que a acolhida daquele que sofre deve ser incondicionada e anterior a todo juízo que possa ser feito sobre a situação na qual vive. Mais ainda, todos testemunham, na esteira de Francisco, que se faz imprescindível também fazer um juízo sobre os mecanismos perversos que muitas vezes relegam tais pessoas a serem "acolhidas" somente depois que foram jogadas à margem de tudo o que lhes é de direito e de tudo o que faz delas filhas e filhos de Deus. Francisco, ao dar centralidade ao sujeito, indica o tipo de pastoral a ser assumida por toda a Igreja, a pastoral da *proximidade inclusiva*. Não há proposta mais evangélica e mais significativa no contexto em que estamos vivendo!

1

Direitos humanos em tempo de "cegueira moral"

Antonio Edson Bantim Oliveira[1]

Introdução

A redescoberta de um princípio humanitário após um longo período de atentado extremo à dignidade humana e à salutar convivência fraterna entre os povos foi, talvez, a maior conquista do século XX. Das profundezas da escuridão emerge, na luz das consciências dos povos, um princípio agregativo, um valor que pretende congregar a todos, independentemente da origem, idade, raça, condição social, cultural ou econômica ou qualquer outra discriminação. Emerge o conceito de "humano" como princípio identitário portador de dignidade comum.

O que poderia acontecer, contudo, se estes valores encerrados no termo "humano" já não fossem tutelados ou dessem lugar a outros desagregadores? Ou, ainda pior, se o conceito de "humano" já não fosse tutelado pelos povos e nem considerado como portador de dignidade inviolável? O que ocorreria se

---

[1] Antonio Edson Bantim Oliveira é Doutor em Teologia Moral (Academia Alfonsiana – Roma) e Professor da Faculdade Diocesana de Mossoró (RN).

o indivíduo ou grupos isolados de indivíduos reconhecessem apenas a si mesmos como valor e passassem a desconsiderar as consequências sociais de suas escolhas? Ou, pior ainda, se a indiferença em relação aos semelhantes conduzisse a uma espécie de "anarquia silenciosa" em que cada indivíduo, quando muito, pensasse o mundo e a vida somente a partir de si mesmo e de seus interesses egoístas? Tais questionamentos expressam o que, em maior ou menor grau, já está acontecendo e as devidas consequências sobre a concepção de sociedade, convivência humana e direitos da pessoa humana.

Tal condição de indiferença em relação ao outro – a qualquer outro – gera uma atitude de completa ausência, à consciência do indivíduo comum, da dignidade do conceito de "humano" e, portanto, das condições de possibilidade de uma existência moral. A decadência do conceito de "amor incondicional" associado à "dúvida" – para sermos eufêmicos – acerca da dignidade intrínseca e incondicionada de cada pessoa humana mina, portanto, as bases mesmas do que, então, foi condição de possibilidade dos direitos fundamentais da pessoa humana. Trata-se de uma crise profunda de humanidade, de uma perda cada vez mais radical da consciência do valor, quando não da existência mesma do Outro Humano que se põe diante do indivíduo e o interpela.

Aqui nos propusemos apresentar brevemente os elementos que consideramos fundamentais daquilo que, com Zygmunt Bauman, chamamos de "cegueira moral" e que se apresenta como um potente *solvente* dos direitos fundamentais do ser humano, minando, justamente, a razão de ser dos mesmos, ou seja, a sensibilidade em relação ao "humano" e a ideia mesma de uma responsabilidade coletiva em relação à existência humana.

1. Crise de "humanidade" e perda de referência

Provavelmente, se dirigíssemos a pergunta *O que se entende por "humano"?* a qualquer pessoa obteríamos respostas muito semelhantes, ainda que as razões de base pudessem ser distintas. É quase uma evidência o que caracteriza aquilo que designamos como "humano". Seja o fiel, seja o não crente, mesmo discordando sobre a proveniência de tais qualidades, são concordes em relação a elas: racionalidade, autonomia, liberdade, sociabilidade, transcendência intelectual. Porém, o valor de cada indivíduo humano, em nossa sociedade marcadamente mercantil e utilitarista, parece não decorrer tanto da sua condição de *"ser-humano"*, mas da sua habilidade *"fabril"*, ou seja, da sua capacidade de produzir e ser "útil" à vida, não necessariamente da sociedade, mas do indivíduo que o interpela *ic et nunc*, cujo juízo torna-se, cada vez mais, radicalmente conclusivo.

A insensibilidade em relação ao sofrimento humano é uma das expressões mais claras do vazio humanístico a que se entregou a nossa época. A nosso aviso, não se trata simplesmente de uma atitude anti-humana ou de contraposição em relação ao humanismo e ao personalismo moderno; trata-se, na verdade, de algo bem mais grave, ou seja, da consideração de tudo aquilo que transcende a esfera estritamente material, utilitária, individual e local como sendo inexistente ou, no mínimo, irrelevante.

Ademais, o advento da tecnologia da informação e dos *social networks* aos poucos vem rompendo, de forma radical, as relações verdadeiramente humanas e humanizantes. O contato pessoal, a presença interpeladora do interlocutor é anulada completamente. O diálogo e o confronto de ideias, em nosso tempo, se dão de modo solitário e impessoal. Já no princípio

14 Ética teológica e direitos humanos

do séc. XXI, Leonardo Boff alertava acerca da mecanização das relações interpessoais, sinalizando os consequentes danos à existência coletiva e ao próprio processo de humanização que se dá, necessariamente, através da convivência.

A sociedade contemporânea, chamada sociedade do conhecimento e da comunicação, está criando, contraditoriamente, cada vez mais incomunicação e solidão entre as pessoas. A Internet pode conectar-nos com milhões de pessoas sem precisarmos encontrar alguém. Pode-se comprar, pagar as contas, trabalhar, pedir comida, assistir a um filme sem falar com ninguém. Para viajar, conhecer países, visitar pinacotecas não precisamos sair de casa. Tudo vem a nossa casa via on-line. A relação com a realidade concreta, com seus cheiros, cores, frios, calores, pesos, resistências e contradições é mediada pela imagem virtual que é somente imagem. O pé não sente mais o macio da grama verde. A mão não pega mais um punhado de terra escura. O mundo virtual criou um novo habitat para o ser humano, caracterizado pelo encapsulamento sobre si mesmo e pela falta do toque, do tato e do contato humano.[2]

Tudo o que existe é aquilo que se encontra disponível nas redes sociais, nos meios de comunicação de massa. O restante simplesmente não existe. A tecnologia substituiu o confronto de ideias e conduziu à mediocridade do pensamento. A virtualização das relações incide de modo drástico sobre a política e tornou-se determinante nas escolhas dos cidadãos. Como observam Leonidas Donskis e Zygmunt Bauman, "se formos um político e não aparecermos na televisão, não existimos. (...) se não estivermos disponíveis nas redes sociais, não estamos em lugar algum".[3]

---

[2] BOFF, Leonardo. *Saber Cuidar:* ética do humano – compaixão pela terra. 6 ed. Petrópolis: Vozes, 2000, p. 11.
[3] BAUMAN, Zygmunt; DONSKIS, Leonidas. *Cegueira moral:* a perda da sensibilidade na modernidade líquida. Lisboa: Relógio D'Água, 2016, p. 14.

Direitos humanos em tempo de "cegueira moral" 15

A pergunta sobre o que é o "homem" não parece tão importante nesse mundo de indivíduos digitalmente conectados mas socialmente isolados e fragmentados. Vivemos o tempo que pode culminar no fim do conceito clássico de sociedade humana como agrupamento de pessoas que convivem em estado gregário e em mútua colaboração. Estamos transpondo a linha das relações e interações reais para aquelas virtuais. Neste modelo, o outro é apenas aquilo que dele é compartilhado (*shared*) nos *social networks*. Não interessa o que dele se esconde. O privado, o reservado, a intimidade simplesmente não existem ou são totalmente obsoletos. "Na cultura dominante, ocupa o primeiro lugar aquilo que é exterior, imediato, visível, rápido, superficial, provisório. O real cede o lugar à aparência".[4]

As imagens, acontecimentos, opiniões que são veiculados pelos usuários das redes sociais transformam-se na "totalidade" de seus protagonistas. O "humano" é apenas uma vaga ideia a que se recorre quando se quer emitir uma opinião sobre a última foto postada por alguém, sobre alguma manchete escandalosa que assim como aparece logo desaparece, levando consigo qualquer responsabilidade real do sujeito.

Em consequência desta crise de humanidade há uma radical perda de referência semântica. A extinção dos espaços de convivência e das relações desinteressadas e carregadas de conteúdo humanizante tem provocado danos quase irreparáveis na sensibilidade das novas gerações para com os seus semelhantes. O sistema econômico não só impôs a necessidade da acumulação como condição de realização pessoal, como também

---

[4] FRANCISCO, Papa. *Evangelii Gaudium*. Exortação Apostólica sobre o anúncio do Evangelho no mundo atual. São Paulo: Paulus/Loyola, 2013, n. 62. Daqui em diante = EG.

bém deu propriedades sociais aos objetos de consumo, fazendo deles verdadeiros indicadores do progresso do indivíduo e de sua realização pessoal, como bem observa Manfredo Oliveira:

> Elas – as coisas – adquirem, no capitalismo, determinações novas, propriedades sociais; elas são elemento decisivo no processo de constituição da sociabilidade, uma vez que no capitalismo o mecanismo de troca medeia a sociabilidade; as conexões reais e a interação entre os homens, entre as empresas individuais efetivam-se pela comparação do valor dos bens e de sua troca. Já que se trata de uma produção individual, marcada pela ausência de qualquer regulação social direta do processo de trabalho, a sociabilidade é posterior ao processo de produção e se faz na esfera da circulação pela mediação da troca privada dos produtos individuais do trabalho.[5]

Esta situação de isolamento do indivíduo e a pouca capacidade de diálogo direto e de confronto existencial com aqueles que condividem a mesma condição fundamental produziram uma geração de "opinadores" fundamentalistas. Tais sujeitos creem-se capazes de dar uma palavra final sobre tudo e todos. Basta observarmos os comentários às notícias veiculadas nas *home pages* dos jornais digitais e ainda em redes sociais. Além de exprimirem os extremos de opiniões sobre os mesmíssimos temas, a maioria absoluta dos comentários são de cunho universalista, fundamentalistas e consideravelmente desrespeitosos em relação às pessoas envolvidas.

Também no que concerne à compreensão da pessoa humana, da moral, do direito, da política, são apresentadas definições de tal modo conclusivas que parecem esgotar toda possibilidade de complementação. Neste sentido, simplesmente se uni-

---

[5] OLIVEIRA, Manfredo Araujo de. *Desafios éticos da globalização*. São Paulo: Paulinas, 2001, p. 58.

Direitos humanos em tempo de "cegueira moral" 17

versaliza um aspecto, nem sempre o mais importante, de uma realidade e, consequentemente, se esvazia de modo atrofiante a existência humana. Cataloga-se e amputa-se a verdade sobre o ser humano e sobre a vida. Tais afirmações, contudo, não devem ser confundidas com uma tentativa de reflexão ou teorização sobre a ideia de ser humano, mas apenas como expressão medíocre de opiniões totalmente desinteressadas com a real existência humana. Esta permanece indiferente às consciências apáticas dos formadores de opinião dos *mass media*.

É justamente neste aspecto que a experiência cristã pode enriquecer consideravelmente a reflexão antropológica. A compreensão cristã do ser humano como mistério deixa aberta a possibilidade infinita de complementação e, portanto, põe por terra qualquer afirmação positivista ou fundamentalista.

De fato, as Sagradas Escrituras e a reflexão teológica, no que concerne à interrogação sobre o ser humano, partem da afirmação categórica de que este é imagem e semelhança de Deus (Gn 1,26). Ora, esta é uma resposta perfeita para uma pergunta que merece continuar sendo pergunta, que necessita permanecer aberta ao infinito, como a própria pergunta sobre Deus. Somente as realidades que interrogam ininterruptamente a compreensão merecem ser chamadas de mistério e, como tais, são destinadas à contemplação e ao estupor, e nunca às medíocres afirmações conclusivas. Para dizer nas palavras do teólogo tcheco Tomás Halik, "há algumas interrogações demasiado boas para serem estragadas com respostas. Há perguntas que devem continuar a ser janela aberta. Tal abertura não nos deve conduzir à resignação, mas à contemplação".[6]

---

[6] HALÍK, Tomás. *Quero que tu sejas!* Podemos acreditar no Deus do Amor? Prior Velho-PT: Paulinas, 2016, p. 15.

A compreensão do ser humano como mistério ou, se quisermos, como pergunta aberta, permite superar a precipitação da "definição" que amputa a verdade e nos cega a inteligência. Mas o que se observa em nosso tempo não é propriamente uma tentativa de resposta à pergunta sobre o que venha a significar o "humano", mas é a total indiferença acerca da própria questão. Manifesta-se, cada vez mais forte, o desinteresse sobre questões fundamentais referentes à vida e à convivência humanas, como se tais reflexões fossem caducas e, assustadoramente, irrelevantes.

A Teologia, apesar do esforço isolado de alguns de seus intelectuais, não parece conseguir um espaço de diálogo com o mundo. Provavelmente porque este último tornou-se totalmente indiferente ao pensamento teológico, já que a Teologia, por muito tempo, preocupou-se quase que exclusivamente em defender-se da instabilidade e da complexidade que se revelava como a principal evidência a que pode chegar a mente humana. Como bem observou Battista Mondin, "a teologia católica, na época moderna, se definiu essencialmente não a partir da presença da ciência moderna, do iluminismo, da consciência histórica, mas a partir de um comportamento defensivo em relação a esta modernidade".[7]

O mundo da separação, da fragmentação e da cegueira em relação ao tecido complexo da existência humana resultou, tanto por parte da Teologia, como por parte das demais ciências humanas e naturais, numa verdadeira incapacidade de compreensão do "humano". Aqui não falamos de "conceituação" ou "definição", mas de compreensão, nos termos morinianos,

---

[7] MONDIN, Battista. *Storia della teologia.* 3 – Epoca Moderna. Bologna: Edizioni Studio Domenicano, 1996, p. 428.

Direitos humanos em tempo de "cegueira moral" 19

isto é, a capacidade de colher uma determinada realidade como mistério, e não como objeto de "dissecação" científica.

O processo de desumanização que se desencadeou nos últimos decênios e o enfraquecimento dos referenciais de valores e de humanidades levaram ao aparecimento de um sentimento de indiferença a tudo o que não toca diretamente a esfera do indivíduo. A única referência passa a ser o próprio sujeito com suas necessidades egocêntricas. Vive-se como se a existência, de repente, fosse mergulhada em um ambiente hostil, em que os outros são adversários competitivos e a preocupação fundamental fosse aquela de sobreviver imune à presença perturbadora e concorrente dos outros.

2. Liberdades e direitos: a ascensão metamórfica do individualismo

O horizonte dos direitos humanos e a luta em sua defesa nos mais diversos lugares do mundo marcaram as sociedades nas décadas que se seguiram à Segunda Grande Guerra. Ligada à defesa dos direitos do ser humano, emergiu, fortemente, também a busca pela liberdade individual, pelos direitos de indivíduos e grupos minoritários e, até então, marginais.

O longo período de violência contra determinadas categorias da sociedade obteve como reação, igualmente forte, a busca pelas liberdades individuais. A sociedade sofreu um significativo movimento pendular, que conduziu a um outro extremo, seja no que concerne ao próprio sentido da vida social, seja no que diz respeito ao lugar e ao papel do indivíduo. Este último proclamou-se livre de tudo o que o frustrava e limitava a plena expressão de suas vontades e de seu ser. As liberdades indivi-

20   Ética teológica e direitos humanos

duais se tornaram a bandeira do ser humano "pós-moderno", o símbolo de sua pertença ao novo mundo. Tal compreensão da realização humana encontrou imensa acolhida por parte das economias liberais que se consolidavam e se globalizavam de forma jamais pensada. Aqui não se trata de defesa da liberdade, entendida como condição de possibilidade fundamental de autorrealização da pessoa, trata-se de "liberdades" no plural. De fato, "se observarmos as vozes protagonistas no espaço público, percebemos que a liberdade reivindicada assume o aspecto de uma série infinita de direitos subjetivos; em torno de cada um deles é também infinita a reclamação".[8]

Enquanto a "liberdade" – no singular – é entendida de modo positivo (liberdade positiva), ou seja, como soberania do sujeito agente sobre suas próprias ações, queridas e postas em prática como parte do seu caminho de autorrealização, as "liberdades" – no plural – são liberdades negativas, ou seja, entendem-se pela negação de qualquer empecilho à ação. Estas não possuem referimento direto ao sujeito que age, nem partem de sua decisão, mas são, por natureza, concedidas. Trata-se, nas palavras de Giuseppe Angelini, da exoneração do próprio agir, de qualquer débito, de qualquer responsabilidade com o futuro e com os semelhantes, de qualquer resposta social, de qualquer *munus*.[9]

Esta compreensão da liberdade como isenção da responsabilidade, ou mesmo desconsideração total do próprio conceito de responsabilidade, constitui, talvez, uma das maiores

---

[8] ANGELINI, Giuseppe. *La libertà a rischio* – le idee moderne e le radici bibliche. Brescia: Queriniana, 2017, p. 6. (tradução nossa).
[9] ANGELINI. *La libertà a rischio*, p. 6.

crises da "sociabilidade" pela qual já passou a humanidade. Considere-se que, mesmo em tempos dramáticos de atentados à dignidade humana, permanecia o conceito de sociabilidade, de comunidade de valores (ainda que possamos considerá-los discutíveis). Em nossos dias, porém, cada vez mais é desconsiderado o valor do conjunto da sociedade, pondo em profunda discussão a relação entre indivíduo e coletividade. Põe-se em discussão o próprio valor da democracia e do respeito às bases da convivência, qual sejam, os valores reconhecidos e tutelados, o respeito mútuo acima do ideologismo irresponsável.

Ao mesmo tempo em que cresce a crença no indivíduo isolado e, consequentemente, a busca por uma "liberdade descontextualizada", emerge o problema das leis que limitam o exercício de tais liberdades. Se a felicidade é compreendida como a possibilidade de decidir eximindo-se de qualquer dever, excluso aquele para consigo mesmo *ic et nunc*, as leis devem ser, ao mesmo tempo, submetidas às vontades individuais. Daí a grande crise semântica e, consequentemente, prática dos direitos fundamentais. A crescente busca por "direitos" mina a ideia de "Direito" enquanto garantia da tutela dos valores que sustentam a vida social e garantem a defesa da dignidade humana, mesmo de ameaças que partam dos próprios indivíduos. Em síntese, cabe aos responsáveis pela tutela dos bens imateriais da sociedade defender a vida e a dignidade dos indivíduos, inclusive de investidas promovidas por eles mesmos.

A utilização do conceito de direitos humanos para a afirmação do indivíduo em detrimento da coletividade constitui, paradoxalmente, um grave atentado ao ser humano, posto que nega a este as condições de possibilidade de sua realização enquanto ser de relações e de responsabilidades. É neste sentido que o jurista italiano Stefano Rodotá, um dos autores da Carta dos Direitos Fundamentais da União Europeia, alerta acerca da busca desmedida de formulação de leis que estabeleçam direitos individuais, de tal forma que estes acabam por se tornar incompatíveis, negando a qualidade de indivisibilidade e generalidade do direito que permite e garante a igualdade de todos os indivíduos perante a lei.

> Do país dos "*droits de l'homme*", dos inventores dos "*médecins sans frontières*" e dos "*reporters sans frontières*" – portanto, da tutela sem confins de direitos fundamentais como a saúde e a informação – chega uma crítica depreciativa, revelada em neologismos ligeiros. "*Sansfrontièrisme*" e "*droitdelhommisme*" são palavras que não objetivam somente distanciar-se de excessos ou improvisações, mas pretendem liquidar, sem possibilidade de apelação, a referência à nova dimensão do mundo e à velha garantia dos direitos. O bem da distinção, o esforço da análise são abandonados, e tudo é mergulhado em um indistinto universo onde emergem e se multiplicam os confins mais diversos, não mais aqueles ligados à lógica do território e à soberania dos Estados: mas aqueles entre gêneros, entre esfera pública e privada, entre humano e transumano, entre normalidade e desvio. (...) Fronteiras e confins se tornam tudo e nada, e ao serem invocados de maneira genérica, perdem qualquer valor cognoscitivo e qualquer força reconstrutiva.[10]

Deste modo, emerge uma nova forma de absolutismo, que se estabelece a partir de uma "metamorfose" do individualismo. A lei, que nos regimes totalitários clássicos estava sob o juízo e a serviço dos soberanos, agora deve submeter-se à soberania de cada indivíduo ou de grupos aparentemente coesos, mas que são utilizados, na maioria das vezes, apenas como instrumentos de satisfação dos interesses singulares dos indivíduos que os compõem.

---

[10] RODOTÀ, Stefano. *Il diritto di avere diritti*. Bari: Laterza, 2012, p. 18. (tradução nossa).

Direitos humanos em tempo de "cegueira moral" 23

O individualismo que se hegemoniza em nossa época é a forma mais cruel de todos os tempos, porque não somente desconsidera a coletividade, como também a utiliza como instrumento de afirmação e de satisfação das necessidades, muitas vezes, insanas do indivíduo. Basta percebermos o crescimento da corrupção nos regimes democráticos, a mudança assustadora da prática política, bem como o fim dos ideais humanísticos e humanizadores. "O individualismo pós-moderno e globalizado favorece um estilo de vida que debilita o desenvolvimento e a estabilidade dos vínculos entre as pessoas e distorce os vínculos familiares".[11]

A cultura individualista põe na vontade do sujeito agente a absoluta legitimidade de suas ações, cabendo ao Estado garantir ao indivíduo as condições de possibilidade para que não lhe seja imposta qualquer coerção. Neste modelo, "independentemente de qual escolha existencial venha a ser realizada, de quais desejos venham a ser satisfeitos, o puro ato de uma decisão eximida de impedimentos é suficiente para qualificar como *livre* a ação que dela deriva".[12]

Esta forma de compreensão não constitui apenas uma teoria ou uma ideologia perigosa que poderia causar danos às consciências dos indivíduos e à convivência pacífica e respeitosa entre as pessoas e os diversos grupos sociais. De fato, constitui-se uma *forma mentis*, um modo generalizado de perceber o mundo e o agir pessoal e coletivo. Mesmo entre os que defendem causas idealistas e moralmente corretas – à parte os seus teorizadores ou intelectuais – acabam por se utilizarem de argumentos de bases individualistas. Em uma discussão sobre o

---

[11] EG 67.
[12] HONNETH, Axel. *Il diritto della libertá* – Lineamenti per un'eticità democratica. Trad. de Carlo Sandrelli. Torino: Codici, 2015, p. 18. (tradução nossa).

processo de legalização da eutanásia pelo Estado português, por exemplo, um indivíduo, católico praticante e declarado opositor da legalização da eutanásia, argumentou que não era admissível que com o dinheiro de seus impostos o Estado realizasse eutanásia; e acrescentou, se alguém quer morrer, que custeie com seus próprios recursos. Deste modo, sem saber, utilizou-se da mesma base individualista a partir da qual os defensores da legalização argumentavam, ou seja, que cada pessoa deveria ter o direito de decidir livremente quando dar fim à própria vida.

Ora, o individualismo extremo ou a mentalidade subjetivista extremada são inimigos do direito, posto que este pressupõe a necessária intersubjetividade – intersubjetividade jurídica[13] – como condição de possibilidade de realização prática e semântica da lei. É, de fato, a intersubjetividade, ou seja, o pressuposto da convivência e da intercomunicação entre indivíduos, que dá sentido à existência da lei que rege seja a vida do sujeito em si, já que este é sempre em referência a outrem, seja a relação entre as diversas subjetividades que constituem a coletividade e dão sentido à vida política.

Assim sendo, a demasiada busca de afirmação do indivíduo produz o contrário do que se pretende obter, ou seja, em vez de preservar a dignidade do sujeito, torna impossível a formulação jurídica que a sustém. Considere-se, também, que a constituição moderna do "sujeito de direito a partir de procedimentos abstratos não implica, necessariamente, o isolamento do mesmo, a interrupção da relação de intersubjetividade, já que o direito atribui também a função de 'acrescentar a finalidade altruísta'".[14]

---

[13] RODOTÀ. *Il diritto di avere diritti*, p. 144.
[14] RODOTÀ. *Il diritto di avere diritti*, p. 144.

Os espaços de convivência e de desenvolvimento humanos estão cada vez mais escassos, não permitindo aquela antecipação da práxis humana que garante à consciência dos indivíduos o acesso ao conteúdo de sua vontade livre, já que, como observa Angelini, "o sujeito e a sua atitude de querer não são por nada 'naturais'; estes se tornam possíveis somente no contexto de uma prévia experiência passiva, no contexto de uma configuração do afeto que se produz através da mediação do agir efetivo".[15]

Tendo em vista que a família, de um modo geral, já não goza de tempo para o cultivo do afeto desinteressado, do amor gratuito, da sensibilidade humana, dado que, na maioria dos casos, ambos os genitores trabalham e, portanto, passam a maior parte do tempo sem a companhia dos filhos, estabelece-se, também por parte das novas gerações, um comportamento frio, quando não indiferente, em relação até mesmo àqueles mais próximos. As escolas, prováveis ambientes de convivência e de cultivo da coletividade e da partilha sadia de ideias, tornaram-se centros de treinamento intelectual para a competitividade, quando muito. Acrescente-se ainda o império da lógica do medo e da desconfiança em relação ao próximo. Tudo isso, aos poucos, tem provocado uma mudança considerável, não só no comportamento ocasional dos indivíduos, como também na sua própria forma de perceberem o mundo, seus semelhantes e a si mesmos.

> A família atravessa uma crise cultural profunda, como todas as comunidades e vínculos sociais. No caso da família, a fragilidade dos vínculos reveste-se de especial gravidade, porque se trata da célula básica da sociedade, o espaço onde se aprende a conviver na diferença e a pertencer aos outros e onde os pais transmitem a fé aos seus filhos. O matrimónio

---

[15] ANGELINI. *La libertà a rischio*, p. 27-28.

26   Ética teológica e direitos humanos

tende a ser visto como mera forma de gratificação afetiva, que se pode constituir de qualquer maneira e modificar-se de acordo com a sensibilidade de cada um. Mas a contribuição indispensável do matrimónio à sociedade supera o nível da afetividade e o das necessidades ocasionais do casal. Como ensinam os Bispos franceses, não provém "do sentimento amoroso, efêmero por definição, mas da profundidade do compromisso assumido pelos esposos que aceitam entrar numa união de vida total".[16]

3. O "vácuo moral" e a globalização da indiferença

Para além do individualismo ou da falta de sensibilidade em relação aos valores e à própria dignidade da pessoa humana, o nosso tempo vive aquilo que Bauman chama de "cegueira moral" ou "adiaforação", que consiste em utilizar-se de "estratagemas para colocar, intencionalmente ou não, certos atos e/ou a omissão deles em relação a categorias de seres humanos *fora* do eixo moral-imoral – ou seja, fora do 'universo das obrigações morais' e do reino dos fenômenos sujeitos à avaliação moral".[17]

A indiferença que nasce do individualismo acaba por negar o próprio indivíduo, na medida em que o trata como simples parte de uma massa destituída de rosto, de cores, de sentimentos, enfim, de vida. A forma do mal não é mais aquela personificada em criaturas de aspecto tenebroso, como o pensavam e descreviam os nossos antepassados medievais. Hoje o mal se faz presente na ausência de sensibilidade humana. É a indiferença, alertava Papa Francisco em Lampedusa (Itália), já no início do seu pontificado, é esta a configuração do mal em nossos dias. Esta cultura do bem-estar, dizia o Papa naquele 8 de julho

---

[16] EG 66.
[17] BAUMAN; DONSKIS. *Cegueira moral*, p. 55.

Direitos humanos em tempo de "cegueira moral" 27

de 2013, "leva à indiferença a respeito dos outros; antes, leva à globalização da indiferença. Neste mundo da globalização, caímos na globalização da indiferença. Habituamo-nos ao sofrimento do outro, não nos diz respeito, não nos interessa, não é responsabilidade nossa!"[18]

A indiferença chega à consciência dos indivíduos que não mais se escandalizam diante do mal. De tal modo o mal se tornou banal que o sentimento de indignação já não desperta diante dele. Evita-se pensar eticamente. Mais que isso, nem mesmo se põe a questão. A convivência com a violência, sua difusão nos *mass media*, o desligamento do sujeito em relação à sua consciência faz com que a insensibilidade moral se torne cada vez mais predominante, seja em nível individual, seja coletivo.

A destruição da vida de um estranho, sem haver a menor dúvida de que se cumpre o dever e de que se é uma pessoa moral – essa é a nova forma do mal, o formato invisível da maldade na modernidade líquida, juntamente com um Estado que se presta ou se rende totalmente a estes males, um Estado que só tem medo da incompetência e de ser superado pelos seus rivais, mas que nem por um minuto duvida que as pessoas não passem de unidades estatísticas. As estatísticas são mais importantes que a vida humana real; o tamanho de um país e seu poder econômico e político são muito mais importantes do que o valor de um de seus habitantes, ainda que este fale em nome da humanidade. Nada de pessoal, são apenas negócios: este é o novo Satanás da modernidade líquida.[19]

---

[18] FRANCISCO, Papa. *Viagem a Lampedusa (Itália). Santa Missa pelas vítimas dos naufrágios.* Homilia (08.07.2013). Disponível em: https://w2.vatican.va/content/francesco/pt/homilies/2013/documents/papa-francesco_20130708_omelia-lampedusa.html. Acesso em: 26.06.2018.
[19] BAUMAN; DONSKIS. *Cegueira moral,* p. 19.

O sentimento de corresponsabilidade, a identificação com o sofrimento de quem partilha da mesma condição humana já parecem ideais muito distantes em nosso tempo. Quando muito, solidariedade, respeito, serviço desinteressado ao próximo fazem parte de discursos demasiado abstratos e pouco ligados à vida daqueles que falam. Uma certa atitude de solidariedade aparece em momentos de grandes catástrofes, eventos esporádicos que chamam a atenção dos grandes *media*, mas logo em seguida se retorna à vida cotidiana, totalmente indiferentes e imunes ao sofrimento de quem é vítima de um mal cotidiano.

De fato, torna-se muito mais cômodo sofrer e emocionar--se com o sofrimento de quem está distante, indignar-se com a violência que aparece em uma postagem dos *social net*, com a notícia de um ataque terrorista ocorrido do outro lado do mundo. Não dá tempo de olhar para aqueles que sofrem e que estão ao seu lado. O sofrimento em conta-gotas e contínuo torna-se rotineiro e comum, de tal modo que é como se não existisse, como se fizesse parte da paisagem que não interpela a consciência e não suscita a responsabilidade. "A amplitude da atenção humana – a mais escassa das mercadorias hoje no mercado – foi reduzida ao tamanho e à duração das mensagens que possam ser compostas, enviadas e recebidas".[20]

Segundo Bauman,[21] vive-se o fim do tempo contínuo; entramos na era dos episódios desconexos, dos eventos isolados, ao menos ante às consciências dos seus observadores e protagonistas. O fluxo desmesurado de informações, impossibilitando o acompanhamento por parte de seus espectadores, torna tudo efêmero e facilmente relegado ao esquecimento.

---

[20] BAUMAN; DONSKIS. *Cegueira moral*, p. 62-63.
[21] BAUMAN; DONSKIS. *Cegueira moral*, p. 64.

Direitos humanos em tempo de "cegueira moral" 29

A mesma categoria de provisoriedade se aplica às pessoas que protagonizam tais eventos. Logo são esquecidas pelas multidões de espectadores que agora já se revoltam – ao menos por um instante – com um novo evento que logo será condenado à caducidade. A instabilidade da atenção humana se reflete na instabilidade da vida e provisoriedade dos valores, impossibilitando a existência de uma moral, de uma ética ou um código de valores estáveis.

Na sociedade da liquidez, os direitos fundamentais se tornaram instrumento manipulável, utilizado por indivíduos ou grupos para defenderem seus próprios interesses egoístas. Por vezes, tais lutas se apresentam até legítimas, porém, o que assusta é o fato de não ocorrerem em ambientes desinteressados, onde a motivação seja o legítimo compromisso com a dignidade humana. Esta última aparece apenas como falácia argumentativa para a defesa dos interesses nem sempre manifestados claramente.

O que parece ser mais grave é que não se trata simplesmente de comportamentos arquitetados por uma mente maléfica; não são frutos da maldade de um grupo maioritário da população mundial, podendo ser combatido pela coerção ou pela repressão. Não consistem num simples desvio de caráter ou em uma artimanha em favor de um interesse específico. Podemos até afirmar que em sua origem respondem aos interesses da economia liberal ou do liberalismo moral, porém o que se dá, de fato, é uma profunda transformação na *forma mentis*.

Uma transformação de mentalidade tão radical e tão generalizada que parece estranho o discurso de serviço desinteressado, de honestidade, de generosidade gratuita. A beneficência gratuita e a moralidade se tornaram extraordinárias e quase es-

30   Ética teológica e direitos humanos

candalosas. Tal realidade não é superável apenas com discursos ideológicos ou com a aplicação de leis. Antes, pelo contrário, a multiplicação de leis específicas e a dificuldade de aplicá-las, devido à difusão generalizada do fenômeno, apenas tornam ainda mais banais os valores que dão razão de ser ao direito. Mais do que coerção ou criação de leis, urge uma profunda mudança de mentalidade. O caminho para tal transformação aparece como possível apenas pela recuperação dos espaços de formação humana como a família, as comunidades de vivência religiosa e a restauração da escola como lugar de cultivo da verdadeira educação, já que no nosso sistema educacional "os clássicos já não existem e as humanidades em geral desaparecem".[22] Basta percebermos as iniciativas de políticos para retirar das grades curriculares de ensino as disciplinas humanísticas e as artes.

Considerações finais

Questões como a globalização, a miséria, a desestabilização do Estado, os conflitos internacionais, o avanço biotecnológico, somadas à acentuada incapacidade da ciência de responder aos anseios mais profundos do ser humano, sobretudo no que diz respeito ao sentido de seu ser e de sua pertença ao mundo e ao complexo social, formam a paisagem do mundo contemporâneo e colocam o homem hodierno diante do dilema entre a dimensão globalizada de sua existência e a particularização e fragmentação de sua visão antropológica e cosmológica. O isolamento e o enclausuramento na segurança egoísta

---

[22] BAUMAN; DONSKIS. *Cegueira moral*, p. 62.

Direitos humanos em tempo de "cegueira moral" 31

produzem apenas uma falsa segurança, enquanto se criam reais e perigosas distâncias entre as pessoas, pondo em risco a sua dignidade e o respeito aos valores que garantem a promoção humana integral.

Nesta paisagem estruturalmente complexa, a questão dos direitos fundamentais da pessoa humana se põe como uma urgência para a reflexão teológico-moral e para a práxis das nossas sociedades. A fundamentação de um princípio ético na sociedade hodierna torna-se um desafio de proporções gigantescas, visto que se trata de uma sociedade que, apesar de conviver num sistema econômico mundializado, de haver uma cultura sempre mais global e interdependente, é profundamente marcada pelo pluralismo e pela fragmentação ética, pelo individualismo e pela indiferença que anula completamente o outro. Contudo, sem este princípio, ou seja, sem uma referência ética a partir da qual se fundamente a igualdade entre os membros da raça humana, torna-se impossível a tutela dos direitos fundamentais.

A cegueira moral de nossa época e o consequente atentado aos direitos fundamentais não podem passar despercebidos e indiferentes à consciência dos cristãos. O empreendimento de uma tarefa tão exigente requer da Teologia Moral uma profunda unidade interior e a capacidade de compreender que é desta fonte que a mesma se nutre e se torna capaz de encontrar e se encontrar nas demais formas de leitura e interpretação da vida e do agir humanos.

Trata-se de uma missão conjunta. De fato, a única forma de vencer o individualismo e a indiferença em relação à dignidade humana é estabelecendo um diálogo sincero e comprometido com todas as forças da sociedade, a fim de reestabelecer o vínculo humano que nos une a todos como membros da mesma raça, que nos faz perceber o nosso destino comum, a nossa comum responsabilidade com o destino da humanidade e do ambiente em que esta se desenvolve e amadurece. Está nas raízes da evangelização cristã o compromisso *doveroso* com a unidade efetiva e afetiva. Mais que constituir uma sociedade funcional, devemos os cristãos construir uma unidade familiar de direito e de fato entre todos os seres humanos, sem qualquer distinção injusta. Essa é a missão irrenunciável da Igreja, cabendo à Teologia Moral o dever de apontar o caminho para conduzir as consciências à plenitude daquela unidade querida por Cristo e tão necessária à convivência pacífica e solidária entre os povos.

Referências Bibliográficas

ANGELINI, Giuseppe. *La libertà a rischio* – le idee moderne e le radici bibliche. Brescia: Queriniana, 2017.

BAUMAN, Zygmunt; DONSKIS, Leonidas. *Cegueira moral:* a perda da sensibilidade na modernidade líquida. Lisboa: Relógio D'Água, 2016.

BOFF, Leonardo. *Saber Cuidar:* ética do humano – compaixão pela terra. 6 ed. Petrópolis: Vozes, 2000.

COMPÊNDIO DO VATICANO II. Constituições, Decretos, Declaracões. 31 ed. Petrópolis: Vozes, 2015.

FRANCISCO, Papa. *Evangelii Gaudium.* Exortação Apostólica sobre o anúncio do Evangelho no mundo atual. São Paulo: Paulus/Loyola, 2013.

FRANCISCO, Papa. *Viagem a Lampedusa (Itália). Santa Missa pelas vítimas dos naufrágios.* Homilia (08.07.2013). Disponível em: https://w2.vatican.va/content/francesco/pt/homilies/2013/documents/papa-francesco_20130708_omelia-lampedusa.html. Acesso em: 22.04.2018.

Direitos humanos em tempo de "cegueira moral" 33

HALÍK, Tomás. *Quero que tu sejas!* Podemos acreditar no Deus do Amor? Prior Velho-PT: Paulinas, 2016.

HONNETH, Axel. *Il diritto della libertá* – Lineamenti per un'eticità democratica. Trad. de Carlo Sandrelli. Torino: Codici, 2015.

MONDIN, Battista. *Storia della teologia.* 3 – Epoca Moderna. Bologna: Edizioni Studio Domenicano, 1996.

OLIVEIRA, Manfredo Araujo de. *Desafios éticos da globalização.* São Paulo: Paulinas, 2001.

RODOTÀ, Stefano. *Il diritto di avere diritti.* Bari: Laterza, 2012.

2

Entre a indiferença e a diferença odiada: caminho para a redenção do humano em nós

Maria Inês de Castro Millen[1]

Jesus veio nos mostrar o caminho para quem quer ser divino: antes de tudo, ser profundamente humano.
(cf. Fl 2,6-11)

Introdução

Recentemente, o Papa Francisco nos presenteou com mais uma Exortação Apostólica – *Gaudete et Exsultate* –, desta vez convidando-nos a percorrer, na alegria exultante, o caminho da santidade.[2] No texto, ele nos diz, sem nenhum retoque,

---

[1] Maria Inês de Castro Millen é Doutora em Teologia Moral (Pontifícia Universidade Católica – Rio de Janeiro), Professora do Instituto Teológico Arquidiocesano Santo Antônio – ITASA e do Centro de Ensino Superior de Juiz de Fora – CES e Presidente da Sociedade Brasileira de Teologia Moral (SBTM).

[2] FRANCISCO, Papa. *Gaudete et Exsultate*. Exortação Apostólica sobre o chamado à santidade no mundo atual. São Paulo: Paulus, 2018. Daqui em diante = GE.

esta frase lapidar: "Abraçar diariamente o caminho do Evangelho, mesmo que nos acarrete problemas: isto é santidade".[3] Ao falar do Evangelho, ele nos traz como referência dois escritos do Novo Testamento que apontam para o núcleo fundamental, a essência mesma do ensinamento de Jesus: as bem-aventuranças e o texto sobre o juízo, que encontramos no Evangelho de Mateus, no capítulo 25.

Esse núcleo do ensinamento de Jesus nos faz perceber que o caminho da santidade nos encoraja e nos sustenta na busca da realização da vocação para a qual fomos criados: a de sermos como Deus é. Jesus finaliza o sermão da montanha, no qual proclama as bem-aventuranças, com a frase: "Sede, portanto, perfeitos como o vosso Pai celeste é perfeito" (Mt 5,48).

1. Santidade e humanidade

Querer ser como Deus, portanto, é projeto, é vocação, é ideal a ser perseguido. Mas é sempre bom lembrar que querer ser como Deus não significa querer ser Deus. Nisso consiste o pecado do orgulho, da vaidade, da autorreferencialidade arrogante e prepotente. Querer ser como Deus implica em um movimento que nos aponta para Jesus. Por isso, seguir seus passos, suas atitudes e ações, reconhecer e compreender suas palavras incide no que de mais concreto podemos fazer para nos assemelharmos ao Senhor. O caminho da santidade passa por uma busca que contempla a ética que propõe como prioridade a vida do "outro".

Ser santo é ser humano na sua máxima potência. É isso que deveríamos aprender na contemplação do mistério da encarna-

---

[3] GE 94.

Entre a indiferença e a diferença odiada: caminho para a redenção... 37

ção do Verbo. Assim como Santo Atanásio, deveríamos professar que "Ele [Cristo] era Deus, e fez-se homem, e isso para nos tornar deuses".[4] Em outras palavras, Deus se fez humano para que pudéssemos aprender com Jesus como Deus é, e assim sermos como Ele.

Segundo o Papa Francisco,

o desígnio do Pai é Cristo, e nós nele. Em última análise, é Cristo que ama em nós, porque a santidade "não é mais do que a caridade plenamente vivida". Por conseguinte, "a medida da santidade é dada pela estatura que Cristo alcança em nós, desde quando, com a força do Espírito Santo, modelamos toda a nossa vida sobre a sua". Assim, cada santo é uma mensagem que o Espírito Santo extrai da riqueza de Jesus Cristo e dá ao seu povo.[5]

Após refletirmos sobre isso, podemos dizer que a verdadeira ética teológica não é uma construção humana, mas é algo que nos é apresentado por Deus quando ele se torna humano. A teologia da Encarnação é, pois, a chave do humanismo ético cristão. É nessa fonte que devemos beber, e não nas muitas normas e prescrições, que em alguns momentos se fizeram e se fazem necessárias, mas que precisam ser consideradas como secundárias e passíveis de mudança. Só precisamos das normas quando não nos comprometemos de fato com o único mandamento deixado por Jesus, aquele que resume a lei e os profetas e que vale mais do que todos os holocaustos e sacrifícios: o amor a Deus e ao próximo. Uma moral normativa, vista como fonte, nos roubou a capacidade de contemplação do que há de mais genuíno no ensinamento de Jesus,

---

[4] ATANÁSIO. *Quatro discursos contra o arianismo*, Palestra I, capítulo II, seç. 39.
[5] GE 21.

relembrado uma vez por Santo Agostinho: quem ama pode fazer o que quiser. Por causa das muitas normas que obrigam de forma absoluta, nos tornamos cristãos amedrontados e pouco misericordiosos. A pedagogia do medo é inócua para o estabelecimento do bem e prejudicial ao desenvolvimento de uma ética que reconhece como seu princípio balizador a dignidade de toda pessoa humana criada por Deus. Embora conscientes da existência do mal que experimentamos, cremos que o ser humano participa da bondade da criação e é um ser de liberdade. Soprado pelo Espírito, é capaz de reconhecer em si mesmo uma lei que o guia para a realização de sua vocação primordial: a fraternidade universal. Essa verdade deveria nos tornar corajosos, entusiasmados pelo bem possível e pelo desejo de uma humanidade reconciliada e fraterna.

Para Francisco, a *"parresia"* é a chave para uma vida cristã comprometida com o Evangelho:

> A santidade é *parresia*: é ousadia, é impulso evangelizador que deixa uma marca neste mundo. (...) Ousadia, entusiasmo, falar com liberdade, ardor apostólico: tudo isto está contido no termo *parresia*, uma palavra com que a Bíblia expressa também a liberdade de uma existência aberta, porque está disponível para Deus e para os irmãos.[6]

Quando o medo nos acovardar, fixemos nosso olhar em Jesus, nos lembra Francisco: "A sua entranhada compaixão não era algo que o ensimesmava, não era uma compaixão paralisadora, tímida ou envergonhada, como sucede muitas vezes conosco".[7] É isso que deve nos motivar.

Olhar para Jesus nos leva à percepção de nossa fragilidade, mas, ao mesmo tempo, nos coloca diante do dom que nos forta-

---

[6] GE 129.
[7] GE 131.

Entre a indiferença e a diferença odiada: caminho para a redenção...   39

lece, nos capacita, nos torna melhores e mais responsavelmente corajosos e criativos. Por várias vezes Jesus disse a seus seguidores: "Não tenham medo" (Mt 14,27; Mc 6,50; Jo 14,27). Francisco nos diz:

A *parresia* é selo do Espírito, testemunho da autenticidade do anúncio. (...) *Precisamos do impulso do Espírito para não ser paralisados pelo medo e o calculismo, para não nos habituarmos a caminhar só dentro de confins seguros.* Lembremo-nos disto: o que fica fechado acaba cheirando a mofo e criando um ambiente doentio. (...) Sempre permanece latente em nós a tentação de fugir para um lugar seguro, que pode ter muitos nomes: individualismo, espiritualismo, confinamento em mundos pequenos, dependência, instalação, repetição de esquemas preestabelecidos, dogmatismo, nostalgia, pessimismo, refúgio nas normas.[8]

Precisamos repetir isso, muitas e muitas vezes, com Francisco, para não nos esquecermos: o calculismo, a estratégia, a tentação da segurança têm *muitos nomes:* individualismo, espiritualismo, confinamento em mundos pequenos, dependência, instalação, repetição de esquemas preestabelecidos, dogmatismo, nostalgia, pessimismo, refúgio nas normas.

Ter a coragem de admitir isso já é um começo de libertação. Nossa indiferença atual nasce daí. Os fariseus e mestres de Israel queriam que Jesus deixasse de fazer o bem para cumprir a Lei. O episódio do homem da mão seca curado no sábado nos mostra isso (Mc 3,1-6). A Lei era mais importante que as pessoas, com seus dramas e dores. Jesus apresenta um ensinamento novo, não aceito pelos fariseus, pois depois de ouvirem e verem suas ações começaram a deliberar para matá-lo (Mt 12,9-14). Nosso pessimismo, nosso refúgio nas normas, nos-

[8] GE 132, 133, 134 (itálico nosso).

sa repetição sem discernimento dos esquemas preestabelecidos nos levam ao esquecimento dos outros, ou pior, à não ação em favor dos outros, justificada por interesses que ganham força e aparente legitimidade. Com isso, nos afastamos de Jesus e não aceitamos como autênticos os profetas que o seguem. Queremos a segurança do centro e pedimos a Deus que nos livre do desejo de seguir pelas margens.

2. A indiferença globalizada

"A indiferença silenciosa,
grave, quase benévola,
é a manifestação legítima
da morte de toda a crença."

Alexandre Herculano

O individualismo moderno e a cultura do bem-estar nos tomam de assalto e nos conduzem para o esquecimento e até para o ocultamento do outro, mesmo quando necessitado, e o mais grave é que isso se tornou normal, habitual, quase regra para o bem viver.

Em um mundo globalizado, que coloca todas as informações disponíveis em tempo real, não se importar com o conhecido sofrimento alheio faz parte da estratégia usada para uma vida voltada para o bem-estar individual. Ao mesmo tempo em que sabemos de muitas coisas sobre os outros, estas muitas coisas são distanciadas de nós, são virtualizadas, são colocadas como se pertencessem a um mundo quase irreal, ao qual não temos acesso e, por isso, não nos devem incomodar. Estamos constantemente conectados às mais diferentes notícias, mas os botões

Entre a indiferença e a diferença odiada: caminho para a redenção... 41

do apagar, bloquear conversa, eliminar contato, mandar para a lixeira estão disponíveis e funcionam muito bem. Conectados virtualmente, mas realmente desconectados; esse é o grande paradoxo da comunicação atual. É por essa razão que partilhamos as notícias mais constrangedoras e sofridas e depois dormimos sem nenhum incômodo. Nossa consciência está anestesiada e nos sentimos, na maioria das vezes, impotentes e despreparados para enfrentar as dificuldades que nos são apresentadas. Os problemas reais das pessoas aparentemente não nos perturbam. Os rostos dos que sofrem são diariamente postos diante de nós, nos acostumamos a vê-los, mas não conseguimos reconhecê-los. Passamos ao largo, não nos interessam, atrapalham nossos planos, atrasam nossos passos e impedem nossas conquistas. Somos como o sacerdote e o levita do Evangelho de Lucas que, vendo um homem caído no caminho, passam a boa distância dele, para não se envolverem (Lc 10,30-37).

De quando em vez fazemos uma boa ação, atendendo a algum clamor, sobretudo quando vem de mais longe e nos projeta para o reconhecimento que nos enaltece. No entanto, os que estão muito perto e dormem ao relento debaixo de nossas varandas são extremamente inconvenientes e, por isso, rechaçados. Atrapalham nossos projetos de Igreja limpa, organizada e regrada, pois seus males nos obrigam a romper com a rotina que estabelecemos. Assim, temos uma Igreja não só distante do Evangelho de Jesus, mas também distante do tesouro de sua doutrina social. Esta, como já dito por alguns teólogos, é depositária de nosso segredo mais bem escondido.[9] É difícil percebermos mobilizações significativas, seja nos discursos, seja nas

---

[9] HENRIOT, P. J.; DEBERRI, E. P.; SCHULTHEIS, M. J. *Nosso grande segredo*: ensino social da Igreja. Herança e compromisso. Petrópolis: Vozes, 1993.

ações, em favor das pessoas que se encontram invisibilizadas, largadas nas margens dos caminhos. É realmente perigoso e lamentável que estejamos inertes diante da desordem estabelecida, que serve para "normalizar" as progressivas diferenças entre as pessoas. Tornamo-nos espectadores passivos ou colaboradores dos fabricantes das armas que servem para a distração das massas. Sonhamos com heróis mágicos, que resolvam, sem o nosso esforço, os graves desequilíbrios que nós mesmos provocamos.

Assim, os profetas de ontem e de hoje, que se envolvem efetiva e afetivamente em projetos que miram grupos vulneráveis, e que fazem a diferença para muitos, são perseguidos, ameaçados e até mesmo mortos. Cabem aqui algumas perguntas: como nos declaramos cristãos, e até mesmo católicos, como queremos entusiasmar os outros com nossa crença quando não nos indignamos e nem sequer nos incomodamos diante dos milhares de pessoas que passam fome, que não têm onde morar, que não têm trabalho, que vivem as agruras de guerras sanguinárias e sem sentido? Como não nos dispomos a questionar as causas dessas situações desumanas e desintegradoras? Como não reclamar a dignidade ultrajada, a carne de Cristo maltratada no corpo de nossos irmãos? Como podemos nos contentar com uma cultura que celebra a provisoriedade, o descarte sistemático de vidas, a desvalorização dos valores e dos afetos? Como conseguimos falar de Jesus para os outros, nos satisfazendo com os enfeites que arranjamos para nos distrair das exigências reais de nossa fé? Nossos discursos são mornos, sem consistência, construídos com palavras ocas, e nossos cultos são vazios e não agradam a Deus.

Entre a indiferença e a diferença odiada: caminho para a redenção...   43

Francisco também pensa assim. Relembremos suas palavras em Lampedusa:

> A cultura do bem-estar, que nos leva a pensar em nós mesmos, torna-nos insensíveis aos gritos dos outros, faz-nos viver como se fôssemos bolas de sabão: *estas são bonitas, mas não são nada, são pura ilusão do fútil, do provisório*. Esta cultura do bem-estar leva à indiferença a respeito dos outros; antes, leva à globalização da indiferença. Neste mundo da globalização, caímos na globalização da indiferença. Habituamo-nos ao sofrimento do outro, não nos diz respeito, não nos interessa, não é responsabilidade nossa![10]

Relembremos também suas palavras proferidas para a Quaresma de 2015:

> Quando estamos bem e comodamente instalados, esquecemo-nos certamente dos outros (isto, Deus Pai nunca o faz!), não nos interessam os seus problemas, nem as tribulações e injustiças que sofrem; e, assim, o nosso coração cai na indiferença: *encontrando-me relativamente bem e confortável, esqueço-me dos que não estão bem!* Hoje, esta atitude egoísta de indiferença atingiu uma dimensão mundial tal que podemos falar de uma globalização da indiferença. Trata-se de um mal-estar que temos obrigação, como cristãos, de enfrentar.[11]

O Papa tem toda razão! A insensibilidade é um dos mais graves problemas da nossa época. A indiferença, a arte do desdém, que nasce de uma proposta individualista egolátrica, nos

---

[10] FRANCISCO, Papa. *Viagem a Lampedusa (Itália)*. Santa Missa pelas vítimas dos naufrágios. Homilia (08.07.2013). Disponível em: https://w2.vatican.va/content/francesco/pt/homilies/2013/documents/papa-francesco_20130708_omelia-lampedusa.html. Acesso em: 22.04.2018. Acesso em: 25.03.2018 (itálico nosso).
[11] FRANCISCO, Papa. *Mensagem para a Quaresma de 2015* (04.10.2014). Disponível em: https://w2.vatican.va/content/francesco/pt/messages/lent/documents/papa-francesco_20141004_messaggio-quaresima2015.html. Acesso em: 07.04.2018 (itálico nosso).

conduz à banalização da vida e da morte. Perdemos a verdadeira dimensão do bem e do mal. Perdemos a capacidade de chorar com os que choram, mas queremos que os outros chorem por nós. Nosso egoísmo e relativismo nos tornam inertes e conformados com o que nos oferecem, seja lá o que for, desde que nos privilegie de alguma forma.

No entanto, sabemos, pela fé, que fomos criados à imagem e semelhança de um Deus que é, em si, comunhão amorosa e, por isso, a indiferença, que é o contrário do amor, é a negação da nossa essência e a ruptura com o projeto que Deus tem para cada um de nós. Nosso Deus é um Deus que se fez humano, que assumiu a nossa carne e que se reconhece na vida dos pequenos e frágeis. É um Deus que nos anuncia um Reino de amor, de misericórdia e reconciliação. Nós, humanos, estamos nos esquecendo disso. Fomos criados para a convivialidade, necessitamos uns dos outros para viver e só na solidariedade e na fraternidade nos realizamos.

Perdemos nossa bússola e os caminhos se multiplicaram. Somos como migrantes desesperançados, sem mapas que nos orientem e sem amigos reais que nos salvem do isolamento insuportável.

Ao escutarmos Francisco, nos damos conta do quanto nos distanciamos do caminho para nós preparado por Deus, vivenciando ora uma asséptica indiferença em relação às pessoas e às questões aflitivas deste momento histórico, ora um ódio que insiste em excluir todos aqueles que não pertencem aos nossos pequenos guetos bem armados.

Precisamos nos reconectar à Verdade para buscarmos juntos as luzes capazes de iluminar nossa vida e nosso caminho. Fixar o olhar em Jesus é acreditar em noites com pirilampos,

Entre a indiferença e a diferença odiada: caminho para a redenção... 45

em estrelas que podem nos guiar, em faróis que não nos deixam naufragar. Nosso olhar iluminado pode nos livrar da indiferença que exclui o outro das nossas vidas, livrando-nos também da solidão que nos faz, a cada dia, mais frágeis e desamparados.

3. O ódio ao diferente

"É que Narciso acha feio o que não é espelho."

Caetano Veloso

"O coração humano, tal como a civilização o modelou, está mais inclinado para o ódio do que para a fraternidade."

Bertrand Russell

Juntamente com a indiferença, vivemos neste nosso tempo um momento muito difícil de polarizações estéreis, geradoras de radicalismos fanáticos, de ódios inflamados, de guerras sem sentido. Estamos passando por uma séria crise antropológica em uma sociedade emocionalmente doente. Com a facilidade de comunicação que o progresso tecnológico nos proporciona e com as inúmeras possibilidades dos meios de transporte, nosso mundo parece pequeno, e nos tornamos, aparentemente, cada vez mais próximos uns dos outros. No entanto, essa proximidade possível está longe de refletir encontros verdadeiros. Muito próximos e cada vez mais distantes, eis o paradoxo do nosso tempo! As divisões, por motivos diversos, as intolerâncias, os ódios, os radicalismos, os fanatismos, os nacionalismos, os fundamentalismos belicosos, a aversão ao outro se fazem cada vez mais presentes. O combate ao diferente se tornou uma causa a ser garantida.

46 Ética teológica e direitos humanos

Penso que, para refletirmos adequadamente sobre o ódio ao diferente, precisamos compreender melhor o fenômeno do fanatismo, sempre lembrando que devemos estar profundamente conscientes do possível fanático que habita em nós. Amós Oz nos ajuda nesta reflexão, quando diz:

> *O fanatismo é uma doença contagiosa.* Pode-se contraí-la quando se luta para curar outras pessoas que a pegaram. No mundo não são poucos os fanáticos antifanáticos (...) O fanático é um ponto de exclamação ambulante. É desejável que a luta contra o fanatismo não se expresse como outro ponto de exclamação a enfrentar o primeiro.[12]

O autor acima citado nos conduz a compreender melhor o fanatismo quando nos apresenta o fanático como alguém que tende a viver em um mundo em preto e branco, pois não tolera os subtons de cinza; alguém que só sabe contar até um; alguém que nunca entra num debate, mas que está sempre em combate contra tudo o que considera ruim ou impróprio. O fanático vive numa luta simplista de mocinhos contra bandidos. O fanático não tem senso de humor, está sempre sério, disposto ao autossacrifício e, portanto, ao sacrifício dos outros. Oz retoma uma citação de Winston Churchill: "Um fanático é alguém que de modo algum muda de opinião e de modo algum permite que se mude de assunto".[13]

Mas o mais significativo é quando Oz nos aponta as motivações bem-intencionadas dos fanáticos: a salvação dos outros.

> Fanáticos religiosos e fanáticos ideológicos de todos os tipos cometem atos criminosos de terrível violência, não só porque abominam os hereges, ou o Ocidente, ou os

---

[12] OZ, Amós. *Mais de uma luz. Fanatismo, fé e convivência no século XXI.* São Paulo: Cia das Letras, 2017, p. 41, 43 (itálico nosso).
[13] OZ. *Mais de uma luz*, p. 30.

Entre a indiferença e a diferença odiada: caminho para a redenção... 47

> muçulmanos, ou os esquerdistas, ou os sionistas, ou os LGBTS. Eles são sanguinários, sobretudo porque querem salvar o mundo imediatamente (...) Levar todos nós para o caminho do bem. Afastar-nos de uma vez por todas, ainda que a sangue e fogo, de nossos valores apodrecidos.[14]

Os fanáticos são donos da verdade, que, para eles, é única e hegemônica, e se autodeclaram messias ou salvadores da pátria. Querem controlar e consertar o mundo e fazem isso em nome de Deus ou em nome do bem que acreditam e proclamam. Assim, os fins justificam os meios. As guerras, os linchamentos, as exclusões e as mortes são armas necessárias a serem usadas contra aqueles que se perdem, se desviam e, por isso, podem facilmente contaminar os outros com suas inadequações. O fanático é sempre a autoridade, o chefe, o justo, o puro, o santo, o que sabe tudo, e os outros são sempre os tolos, os ingênuos, os infantis desprotegidos, os mal-intencionados, que não sabem como se comportar e, portanto, precisam sempre obedecer a regras construídas e impostas. O fanático também não suporta situações "em aberto". Eles estão sempre prontos a fechar os círculos do pensamento. Reflexões arejadas, abertas e inovadoras são sempre vistas com suspeita. Um mundo sem brechas e sem janelas nos espera e nos sufoca. Precisamos buscar saídas, encontrar as chaves que nos permitam alcançar paisagens mais arejadas.[15]

Mas, antes de pensarmos nas possíveis saídas, ainda é necessário considerarmos uma outra questão muito atual: as mentiras veiculadas, sobretudo nas redes sociais, os já famosos

---

[14] OZ. *Mais de uma luz*, p. 30.
[15] Ver: ZACHARIAS, Ronaldo. Fundamentalismo ético-moral. *Amoris Laetitia:* um "não" radical à pretensão fundamentalista. In: MILLEN, Maria Inês de C.; ZACHARIAS, Ronaldo (Orgs.). *Fundamentalismo:* desafios à ética teológica. Aparecida/São Paulo: Santuário/Sociedade Brasileira de Teologia Moral, p. 225-234.

factoides ou as *fake news,* que produzem efeitos aterradores, disseminando os ódios e demonizando as diferenças. Atordoadas por eles, as pessoas não sabem mais em quem ou em que acreditar e são facilmente persuadidas. O que percebemos é que o mundo ficou hostil por todos os lados. Às vezes, não sabemos mais contra o que lutar e com quem contar. As liberdades encolhem e os caminhos se perdem. Como proceder? Enfrentar essas situações não é tarefa fácil, sobretudo porque com os fanáticos não existe possibilidade de diálogo. Quem acha que está sempre certo não admite outras palavras. No entanto, para a saúde emocional da sociedade, da Igreja e de todos nós, é preciso tentar algumas sendas. Uma delas passa pelo estímulo da curiosidade, da imaginação e da reflexão que nos remetem para caminhos abertos que comportam a ousadia e a criatividade. Tentar compreender o outro, ainda que seja só pela curiosidade de saber o que se passa com ele, pode ser um antídoto contra os radicalismos, pois não é agradável para ninguém imaginar ou se conectar concretamente com a dor e o sofrimento das pessoas. Oz volta a nos ajudar, quando diz que é necessário, em situações de grandes dificuldades ou conflitos, levar o fanático a pensar: e se isto estivesse acontecendo comigo? "Calçar por um momento os sapatos do próximo, entrar na pele dele para ver o que está acontecendo por lá" pode ser uma sensibilização para que se compreenda a largura e a profundidade do rio que nos separa. Quem sabe daí nasça o desejo de se construir pontes?[16]

Outro caminho é o restabelecimento do humor, sobretudo o humor aplicado a si mesmo. Essa proposta me relembra o

---

[16] OZ. *Mais de uma luz,* p. 37.

saudoso teólogo franciscano, holandês, mas brasileiro de coração, Frei Bernardino Leers. Em uma obra em sua homenagem, escrevi um pequeno texto que retomo aqui em parte:

> Na parede lisa de seu quarto, um quadro sem moldura um dia me chamou a atenção. Um palhaço sorria para quem o observasse. Perguntei o porquê daquele quadro ali e ele me disse: "Precisamos carregar sempre conosco este palhaço para aprendermos a rir de nós mesmos, da nossa 'importância', a não nos levarmos tão a sério". Ter o espírito do palhaço é uma ótima receita para adquirirmos a sabedoria do bom humor, da tolerância, do desejo de trazer para as pessoas sempre a surpresa da "boa novidade" que alegra, que encanta e faz com que sorrisos escondidos pela dureza da vida desabrochem.[17]

O Papa Francisco também nos aponta a via da alegria e do humor na busca da santidade quando diz: "Se deixarmos que o Senhor nos arranque da nossa concha e mude nossa vida, então poderemos realizar o que pedia São Paulo: 'Alegrai-vos sempre no Senhor! Repito, alegrai-vos' (Fl 4,4)".[18]

Uma outra via é a consideração de que não somos ilhas, mas sim "penínsulas". Como tais, percebemos que não somos pessoas isoladas, mas parcialmente ligadas a uma terra, do outro lado das águas, com a qual podemos nos comunicar, que pode ser a nossa família, a sociedade, a cultura a qual pertencemos, a língua materna que clarifica nossas ideias e nos possibilita o entendimento, a nossa pátria e muitas outras coisas às quais nos sabemos conectados. Assim, como penínsulas, percebemos que uma parte de nós olha para a concretude da terra e a outra parte

---

[17] MILLEN, Maria Inês de C. A criança, o palhaço e o burro. In: LEERS, Bernardino. *Em plena liberdade.* A sabedoria da vida entra com a tolerância que abraça, suporta e confirma. Belo Horizonte: O Lutador, 2010, p. 45.
[18] GE 122.

olha para o infinito do mar, onde podem estar os sonhos, os temores, os desejos secretos, o além de nós mesmos. A metáfora da península nos ajuda a perceber que não podemos continuar como pessoas enquanto perdidas e imersas em um coletivo que nos desidentifica, mas também não podemos nos compreender como ilhas isoladas, em guerra contra as outras ilhas.[19]

Por fim, temos o cristianismo, que em seu núcleo mais essencial nos aponta, em situações de ódio estabelecido contra o diferente, que conduzem a violências inimagináveis, o caminho da reconciliação e do perdão, com seu poder curativo. Só o perdão pode quebrar o círculo vicioso da violência. No entanto, no contexto da intolerância e da raiva surda contra tudo o que parece aos olhos dos fanáticos uma desordem, o perdão é um absurdo. O natural, para o restabelecimento da ordem, é a vingança, o abate, a exclusão, ou então a conversão radical, a mudança de rumo, pois perdoar significa "perder ou perder-se, dando o bem a quem não tem e nem merece, e digerindo o mal sem merecimento. O perdão é sempre imerecido, de ambas as partes, de quem se beneficia e de quem o dá. Portanto, um duplo absurdo".[20]

No entanto, Jesus de Nazaré nos mostra que o cristianismo é a religião do amor e do perdão. Isso pode parecer impossível para alguns e romântico para outros, algo utópico, sem possibilidades concretas, mas essa é a proposta. Se não acreditamos nela, precisamos rever nossa opção religiosa. No embate com os fanáticos de seu tempo, todos embotados por um legalismo fixista que pedia a eliminação de quem pudesse fazer diferente,

---

[19] OZ. Mais de uma luz, p. 45.
[20] SUSIN, Luiz Carlos. A criação de Deus. São Paulo/Valencia: Paulinas/Siquem, 2003, p. 122.

Entre a indiferença e a diferença odiada: caminho para a redenção... 51

até mesmo para garantir a vida plena para todos, Jesus não hesitou em oferecer como resposta seu amor e seu perdão. Com isso venceu, sem fazer vencidos. Essa é a meta. Vencer deixando para trás rastros de sangue e desolação está tão distante do Deus de Jesus Cristo que é quase impossível compreender como nos deixamos assim contaminar por estas ideologias excludentes e mortais ao longo destes dois mil anos de experiência cristã. Nosso *deficit* crônico de solidariedade só pode ser vencido por um esforço de nos reconectarmos uns aos outros. Isso se dará se reconhecermos que precisamos garantir a dignidade presente em cada ser humano, criado à imagem e semelhança de Deus, e edificar uma cultura fraterna e justa. A globalização da solidariedade, sem falsas filantropias, é um ideal a ser buscado, e ela só pode nascer quando colocarmos à disposição o que de melhor há em nossa humanidade: o respeito e o reconhecimento de qualquer outro como ser de direitos e deveres, tal como nós.

Considerações finais

A ética teológica cristã, se bem compreendida e vivida, pode nos apontar saídas, nem sempre fáceis, mas necessárias.

Pensamos que para curar nossa indiferença ou nossos ódios cristalizados e insuportavelmente desumanos, precisamos primeiramente modificar nosso olhar.

Como disse Francisco, precisamos ter, como São José:

> Um olhar que acompanha processos, transforma problemas em oportunidades, melhora e constrói a cidade do homem. Eu desejo que você saiba como refinar e sempre defender esse olhar; para superar a tentação de não ver,

remover ou excluir. E eu encorajo você a não discriminar; não considerar ninguém como excesso; não ficar satisfeito com o que todo mundo vê. (...) Não se junte às fileiras daqueles que correm para contar aquela parte da realidade que já está iluminada pelos refletores do mundo. Comece pelos subúrbios, ciente de que eles não são o fim, mas o começo da cidade.[21]

Um olhar curado nos aponta para uma ética paraclética, sanante, que enxerga o outro como hóspede bem-vindo a ser considerado, acolhido e amparado, e não como inimigo a ser desprezado ou escorraçado.

Precisamos saber também modificar nossos ouvidos. Em tempos sombrios, ensurdecedores, somos chamados a apurar nossa capacidade de ouvir, para escutarmos os gemidos provenientes da dor de tantas pessoas que já não suportam mais o excesso de desumanidade que impera. Não basta só não sermos os causadores da dor, embora isso já seja muito, mas precisamos ainda escutar essas dores e nos importarmos com elas.

Nosso ouvido precisa estar afiado também para escutar um outro brado, ainda que enfraquecido, o dos profetas. Estes nos chamam a um novo despertar, a uma nova compreensão daquilo que Deus espera de cada um de nós. Com Dom Hélder Câmara podemos aprender:

Põe o ouvido no chão
e interpreta os rumores em volta.
Predominam
passos inquietos e agitados,
passos medrosos na sombra,

---

[21] FRANCISCO, Papa. *Discurso aos dirigentes e funcionários do jornal "Avvenire" e seus familiares* (1.05.2018). Disponível em: http://w2.vatican.va/content/francesco/it/speeches/2018/may/documents/papa-francesco_20180501_personale-avvenire.html. Acesso em: 20.05.2018.

Entre a indiferença e a diferença odiada: caminho para a redenção... 53

> passos de amargura e de revolta...
> Nem começaram ainda
> os primeiros passos de esperança.
> Cola mais teu ouvido à terra.
> Prende a respiração.
> Solta as antenas interiores
> – o Mestre anda circulando.
> É mais fácil que falte nas horas felizes
> do que nas duras horas
> dos passos incertos e difíceis... [22]

Em terceiro lugar, precisamos também modificar o nosso olfato. A mistura exagerada de cheiros, bons e ruins, nos fez perder a capacidade de reconhecermos o verdadeiro odor de cada realidade, para a compreendermos tal qual é. Inebriados, seguimos buscando os cheiros que nos distanciam de nós mesmos e dos outros e que nos fazem viver na artificialidade dos perfumes compostos para seduzir-nos para outras paragens. Precisamos reaprender a reconhecer o perfume do Evangelho que, ao ser exalado em todos os ambientes e lugares, refresca a vida, cura as feridas e mitiga os ódios incendiados por radicalismos inúteis.

Precisamos ainda propagar uma ética que tenha sabor, que não nos cause enjoo ou mal-estar. O medo, a pressa, a indiferença, as raivas contidas ou expressas produzem alimentos insossos, malpreparados, difíceis de serem digeridos e que, distantes da sabedoria que vem de Deus, trazem o azedume e o amargor das pessoas malresolvidas e prepotentes.

Por fim, precisamos exercitar o nosso tato. A ideologia do guerreiro nos ensinou a agarrar o outro, para dominá-lo. O ideal da ética de Jesus nos ensina a ternura que afaga, o abraço que consola,

---

[22] CÂMARA, Helder. *O deserto é fértil*. Roteiro para as minorias abraâmicas. 3 ed. Rio de Janeiro: Civilização Brasileira, p. 54.

o beijo que acalma e sustenta. Francisco nos conclama à "revolução da ternura" e à "cultura do encontro". Que usemos nosso tato para reproduzir afetos e aplicar bálsamos e unguentos curativos nas feridas abertas da humanidade que sofre. Que a indiferença e o ódio de uns pelos outros sejam salvos pela reconciliação, pelo perdão e pela fraternidade inspirados por Jesus de Nazaré, que não faz distinção de pessoas quando se trata de amar e salvar.

Essas pequenas grandes mudanças podem alargar nosso coração, quebrar sua dureza e nos conduzir para o verdadeiro encontro com Deus e com os outros. Esse encontro nos libertará, pois não suportará mais a indiferença ou o ódio, e nos colocará em situação de diálogo sincero, de misericórdia sem limites e de amor partilhado, no reconhecimento da dignidade de todas as pessoas que, juntas, poderão, assim, construir um mundo mais habitável.

Precisamos crer realmente que a ética de Jesus é realizável. Não nos deixemos contaminar pelos incrédulos que pensam que é necessário que se crie sempre outros tantos preceitos, porque o que Jesus nos propõe é insuficiente ou impraticável. Amar e se deixar amar, crer na generosidade da graça de Deus presente no mundo, saber acolher com leveza o Espírito que nos habita e nos recorda da lei já presente nos corações, aquela que nos impele para o serviço aos mais necessitados, é o que nos basta para cumprirmos nossa vocação de sermos satisfatoriamente humanos e, assim, amorosamente divinos.

Referências Bibliográficas

ATANÁSIO. *Quatro discursos contra o arianismo*, Palestra I, capítulo II, seç 39.

CÂMARA, Helder. *O deserto é fértil*. Roteiro para as minorias abraâmicas. 3 ed. Rio de Janeiro: Civilização Brasileira.

Entre a indiferença e a diferença odiada: caminho para a redenção... 55

FRANCISCO, Papa. *Gaudete et Exsultate*. Exortação Apostólica sobre o chamado à santidade no mundo atual. São Paulo: Paulus, 2018.
FRANCISCO, Papa. *Viagem a Lampedusa (Itália)*. *Santa Missa pelas vítimas dos naufrágios*. Homilia (08.07.2013). Disponível em: https://w2.vatican.va/content/francesco/pt/homilies/2013/documents/papa-francesco_20130708_omelia-lampedusa.html. Acesso em: 22.04.2018. Acesso em: 25.03.2018.

FRANCISCO, Papa. *Mensagem para a Quaresma de 2015* (04.10.2014). Disponível em: https://w2.vatican.va/content/francesco/pt/messages/lent/documents/papa-francesco_20141004_messaggio-quaresima2015.html. Acesso em: 07.04. 2018.

FRANCISCO, Papa. *Discurso aos dirigentes e funcionários do jornal "Avvenire" e seus familiares* (1.º.05.2018). Disponível em: http://w2.vatican.va/content/francesco/it/speeches/2018/may/documents/papa-francesco_20180501_personale-avvenire.html. Acesso em: 20.05.2018.

HENRIOT, P. J.; DEBERRI, E. P.; SCHULTHEIS, M. J. *Nosso grande segredo*: ensino social da Igreja. Herança e compromisso. Petrópolis: Vozes, 1993.

MILLEN, Maria Inês de C. A criança, o palhaço e o burro. In: LEERS, Bernardino. *Em plena liberdade*. A sabedoria da vida entra com a tolerância que abraça, suporta e confirma. Belo Horizonte: O Lutador, 2010.

OZ, Amós. *Mais de uma luz*. Fanatismo, fé e convivência no século XXI. São Paulo: Cia das Letras, 2017.

SUSIN, Luiz Carlos. *A criação de Deus*. São Paulo/Valencia: Paulinas/Siquem, 2003.

ZACHARIAS, Ronaldo. Fundamentalismo ético-moral. *Amoris Laetitia:* um "não" radical à pretensão fundamentalista. In: MILLEN, Maria Inês de C.; ZACHARIAS, Ronaldo (Orgs.). *Fun-*

damentalismo: desafios à ética teológica. Aparecida/São Paulo: Santuário/Sociedade Brasileira de Teologia Moral, p. 223-269.

3

Da indiferença narcisista à consciência social: repropondo a alteridade de base cristã numa era globalizada

André Luiz Boccato de Almeida[1]

Introdução

A presente reflexão propõe-se analisar algumas características do atual contexto ético contemporâneo com os seus complexos desafios, buscando destacar a necessária afirmação de uma consciência social em plena cultura que hipervaloriza certa perspectiva narcisista indiferente. Queremos propor uma busca pela alteridade, valor ético fundamental, numa era globalizada. Pretendemos verificar que, embora sendo bombardeados pela cultura do indolor ou da indiferença, devemos resgatar, a partir de uma subjetividade aberta e sensível ao outro, o valor da alteridade que

---

[1] André Luiz Boccato de Almeida é Doutor em Teologia Moral (Academia Alfonsiana – Roma), Mestre em Teologia (Pontifícia Universidade Católica de São Paulo – PUC-SP), Professor na PUC-SP, no Centro Universitário Salesiano de São Paulo (UNISAL – *Campus* Pio XI) e no Instituto Teológico Franciscano de Petrópolis.

emana da tradição cristã. Consideramos como oportuno trazer à tona o fato de que "o conflito das morais (visíveis somente após esses conflitos) conduz à reflexão sobre a moral".[2]

O Papa Francisco, diante da vigente globalização da indiferença, convida-nos a retomar uma tradição humanista que afirme, de forma alternativa, a centralidade da alteridade ou sensibilidade humana. O problema central que o pontífice chama-nos a indagar é o de que precisamos construir uma globalização da esperança em meio a tantas desesperanças. Vemos como urgente reafirmar a alteridade e a consciência social como valores necessários e alternativos à indiferença, anestesiamento acrítico e insensível diante de muitos desumanismos.

Desenvolveremos esta perspectiva em três momentos progressivos. Em um primeiro momento, queremos *compreender a gênese de certa visão que tem no sujeito narcísico a afirmação do próprio eu*. Vemos como necessário fazer um percurso que destaque a origem do mal-estar contemporâneo que privilegia o sujeito ético em si mesmo. Em um segundo momento, apresentaremos *a importância do que caracterizamos como consciência social*. Por fim, no terceiro, uma *proposta ético-educativa que recentralize a alteridade diante do desgaste de certa indiferença narcisista em plena era da globalização*.

1. O mal-estar ético contemporâneo: a gênese da indiferença narcisista

O atual contexto contemporâneo em que vivemos é marcado por uma certa tendência centrada mais no indivíduo ensi-

---

[2] WEIL, Eric. *Filosofia moral*. São Paulo: Realizações Editora, 2011, p. 14.

Da indiferença narcisista à consciência social...   59

mesmado que na perspectiva social ou cultural. De fato, a cultura ocidental passa por uma crise de paradigma jamais vista em sua construção histórica. Cabe nesta visão a análise segundo a qual vivemos não apenas uma mudança de época, mas uma época de mudanças. As gerações mais jovens acabam sendo culpabilizadas por assumirem a identidade dita pós-moderna ou individualista-narcisista. Trata-se, por ora, apenas de uma constatação, que exige de nós uma análise filosófico-histórica mais acurada.

É um dado de fato que cada geração gosta de se reconhecer e de encontrar sua identidade em uma grande figura mitológica ou lendária, que reinterpreta em função dos problemas do momento: Édipo como emblema universal; Prometeu, Fausto ou Sísifo como espelhos da condição moderna. Hoje em dia seria Narciso que simboliza os tempos atuais.[3] Não temos como fingir que todos – das crianças aos idosos – somos impactados por uma nova forma de emancipação social, econômica, cultural, política e até religiosa que afeta e condiciona diretamente o modo de lidar com a intimidade e a subjetividade.

Essa primeira constatação sobre o narcisismo ajusta-se ao forte impacto gerado pela revolução tecnológica que modifica os comportamentos, mentalidades e o tempo de discernimento das pessoas no seu cotidiano. Esse é um fato ético-moral alarmante que condiciona a construção do novo sujeito, fora de si ou excessivamente ensimesmado. Bauman ajuda-nos a compreender esse fenômeno:

---

[3] LIPOVETSKY, Gilles. *A era do vazio*. Ensaios sobre o individualismo contemporâneo. Barueri: Manole, 2005, p. 31. No terceiro capítulo, *Narciso ou a estratégia do vazio*, o autor faz uma acurada análise histórica sobre a incidência da cultura narcísica, conjugando com a era do vazio.

O eu moral é a mais evidente e a mais importante das vítimas da tecnologia. O próprio eu moral não pode sobreviver e não sobreviverá à fragmentação. No mundo mapeado por anseios e deformado por obstáculos à sua rápida gratificação, deixa-se amplo espaço ao *homo ludens*, ao *homo oeconomicus* e ao *homo sentimentalis*; para o jogador, o empreendedor, ou o hedonista, mas nenhum espaço para o sujeito moral. No universo da tecnologia, o eu moral com sua negligência do cálculo racional, seu desdenho de usos práticos e sua indiferença ao prazer, sente-se e é como estranho não bem-vindo. (...) Fragmentariedade do sujeito e fragmentariedade do mundo acenam-se uma à outra e generosamente se oferecem seguranças mútuas. O sujeito nunca age como "pessoa total", apenas como portador momentâneo de um dos muitos "problemas" que pontuam sua vida; também não age sobre o Outro como pessoa, ou sobre o mundo como totalidade.[4]

O mal-estar gerado pela evidente percepção mais detidamente individual que social – das antigas utopias – acena para uma civilização que está buscando um sentido fragmentário para a vida. De fato, o mundo virtual e a internet construíram-se sob a nova forma nascente de individualismo[5] que atinge agora sua expressão narcísica. Essa civilização ainda em construção encontra suas raízes na crise do projeto moderno que aventava um ser humano de razão forte, capaz de se afirmar e gerenciar a sua própria identidade. O individualismo do sujeito autônomo da era moderna desemboca num individualismo do eu narcísico[6] que encontra no espaço social atual a sua forma de implementação.

---

[4] BAUMAN, Zygmunt. *Ética pós-moderna*. São Paulo: Paulus, 1997, p. 226.
[5] CASTELLS, Manuel. *Galassia internet*. Milano: Universale Economica Feltrinelli, 2006, p. 117-133. As páginas que o autor dedica ao capítulo *Comunità virtuali o società in rete?* questionam acerca do sentido de uma comunidade social que seja formadora do sujeito ou apenas uma manutenção do individualismo narcisista em rede.
[6] BERTHOUZOS, R. Implications éthiques des modèles actuels d'individualisme. In: *Lumière et Vie* 36 (1987): 83-96.

Da indiferença narcisista à consciência social...   61

Para Lipovetsky, a gênese do sujeito narcísico e a sua consequente indiferença para com o social provêm do agitado contexto político e cultural da década de 1960.[7] Esse período, caracterizado por uma força revolucionária diante dos antigos costumes, também foi gerador de uma identidade indiferente, ensimesmada e fechada. Há, portanto, um efeito de duplo alcance ainda por se analisar melhor. Para ele,

> a despolitização e a "dessindicalização" atingem proporções jamais vistas, a esperança revolucionária e a contestação estudantil desapareceram, a contracultura se esgota, raras são as causas ainda capazes de galvanizar as energias a longo prazo. A *res publica* se desvitalizou, as grandes questões "filosóficas", econômicas, políticas ou militares despertam uma curiosidade semelhante àquela despertada por qualquer acontecimento comum, todas as "superioridades" vão minguando aos poucos, arrebatadas que são pela operação de neutralização e banalização sociais. Apenas a espera privada parece sair vitoriosa dessa maré de apatia; cuidar da saúde, preservar a própria situação material, desembaraçar-se dos "complexos", esperar pelas férias: tornou-se possível viver sem ideais, sem finalidades transcendentais. (...) Viver o presente, nada mais do que o presente, não mais em função do passado e do futuro: é esta perda de sentido da continuidade histórica, esta erosão do sentimento de pertencer a uma sucessão de gerações enraizadas no passado e se prolongando para o futuro que caracteriza e engendra a sociedade narcisista.[8]

A percepção descrita pelo autor é um convite a nos questionarmos sobre o sentido antropológico e real do ser humano. Esta análise de um niilismo trágico, caracterizador do momento atual da civilização, é o efeito do cruzamento entre uma lógi-

---

[7] LIPOVETSKY. *A era do vazio*, p. 32.
[8] LIPOVETSKY. *A era do vazio*, p. 32-33.

ca social individualista hedonista,[9] impulsionada pelo universo dos objetos e dos sinais da sociedade do bem-estar social, e uma lógica terapêutica e psicológica, elaborada já desde o século XIX, com certa tonalidade de acomodação reflexiva. O ideal de indivíduos autônomos, criativos e submergidos na vivência do agora encontra seu correlato sociológico no narcisismo da cultura atual. Uma vida entregue à sedução do múltiplo e diverso, do gozo de si mesmo, através da cultura do "psi" do nosso tempo, caracteriza o indivíduo flexível e a busca de si mesmo,[10] em detrimento das questões sociais, bandeiras imprescindíveis da modernidade.

Diante do cenário que se apresenta, não mais segundo critérios modernamente positivos, estamos diante de um ser humano frágil, impotente e desmobilizado. A presente constatação de caráter mais sociológico e cultural revela a necessidade de buscar uma interpretação de teor psicológico e psicanalítico. Esta perspectiva tem a sua gênese de compreensão na formação inicial do ego. A ideia de "eu" é tratada por várias correntes de pensamento que tentam apresentar de forma fenomenológica seu início e desenvolvimento.

Em geral, o termo "ego" é empregado na filosofia e na psicologia para designar a pessoa humana como consciente de si e ob-

---

[9] JAPIASSU, Hilton. O que vem a ser o indivíduoególatra? In: *Revista de Filosofia da Sociedade de Estudos e Atividades Filosóficas* 8 (2009): 34-65. Neste artigo, o autor faz uma relevante tentativa de desenhar o perfil de uma pessoaególatra, identificando a incapacidade ou falta de interesse em articular questões coletivas. Este desinteresse ou desmobilização reduz-se ao somatório de atos individuais representados apenas pelo voto, e não o envolvimento total da pessoa.
[10] MARDONES, José Maria. *Postmodernidad y cristianismo. El desafio del fragmento.* Bilbao: Sal Terrae, 1988, p. 75-76.

Da indiferença narcisista à consciência social...	63

jeto de pensamento.[11] Para Freud,[12] o narcisismo seria uma atitude resultante da transposição para o eu do sujeito dos investimentos libidinais antes feitos nos objetos do mundo externo. Este seria o conhecido *narcisismo primário* e *secundário* que diz respeito mais às crianças e à sua escolha como objeto de amor, numa etapa precedente à plena capacidade de se voltar para objetos externos. O mecanismo da formação do ego da criança em seus primeiros momentos de vida é abordado por várias perspectivas distintas. Pode ser caracterizado como um lento processo de sofrimento que exprime os primeiros esforços humanos em ter de se relacionar com o mundo externo. A teoria do narcisismo, com toda a sua complexidade e limites, ajuda-nos a compreender fenomenologicamente a gênese da pessoa e a sua consciência na relação com a ordem objetiva. Assim,

> (...) quando o mundo exterior ou interior inflige ao ego uma ameaça vital ou uma afronta que não consegue controlar, ele tenta se defender por meio de "um pensamento todo-poderoso", como faziam os povos primitivos ao recorrer ao pensamento mágico e ao animismo. Trata-se do triunfo das palavras sobre as coisas e do império da ilusão de imortalidade; o narcisismo todo-poderoso e protetor é todavia frágil: a negação da realidade de que se serve baseia-se em construções imaginárias (...) o ego mostra-se forte, insensível, altivo para rechaçar sua dependência, a decepção da espera vã; e todavia, intolerante à frustração, suscetível, irritável e extremamente sensível a críticas, esse é o tipo narcisista para quem um golpe no amor-próprio é ultraje, crime de lesa-majestade.[13]

---

[11] ROUDINESCO, Elisabeth. *Dicionário de Psicanálise*. Rio de Janeiro: Zahar, 1998, p. 210.
[12] FREUD, Sigmund. *A história do movimento psicanalítico e Artigos sobre Metapsicologia. Sobre o narcisismo: uma introdução.* Volume XIV. Rio de Janeiro: Imago, 1974, p. 103.
[13] BEETSCHEN, André. Narcisismo. In: MARZANO, Michela (Org.). *Dicionário do Corpo.* São Paulo: Loyola, 2012, p. 690-691. Esta mesma compreensão pode ser captada por ROUDINESCO. *Dicionário de Psicanálise*, p. 530-533.

A perspectiva em questão faz-nos compreender que estamos diante de um fenômeno polissêmico que exige ulteriores aprofundamentos e análises acuradas. Estamos diante de um desafio que é gerador de mal-estar para o pensamento ético contemporâneo. O narcisismo, mais que um problema drástico, revela a necessidade de uma nova abordagem sobre o sujeito e a sua formação no cenário contemporâneo.

Esta dificuldade de aceitar e compreender a nova percepção da indiferença do sujeito narcisista contemporâneo diante do social deve-se ao fato de que temos ainda interiorizado em nós o modelo de humanidade moderna que apresenta a pessoa como um empreendedor e cidadão, alguém que afirmava a identidade e a independência. O que este sujeito narcisista denuncia do moderno?

> (...) o sujeito narcísico aponta para a perda da identidade e da autossuficiência. O narcisismo não se identifica com a autossuficiência, mas com a perda de identidade. Faz referência a um eu ameaçado pela desintegração e por uma sensação de vazio interior. Esse vazio interior manifesta-se com uma desvitalização de estruturas antropológicas típicas do ser humano. Desaparece a perspectiva do futuro ou da utopia. O que importa é viver o presente e desfrutá-lo plenamente. Não existem projetos que deem sentido ao presente. Vive-se a fugacidade do momento. Proclama-se o fim da história. A historicidade é esvaziada. Viver no presente (só no presente e não em função do passado e do futuro) como perda do sentido de continuidade histórica e erosão do sentimento de pertença a uma sucessão de gerações enraizadas no passado e prolongadas para o futuro é o que caracteriza e engendra a sociedade narcisista.[14]

---

[14] JUNGES, José Roque. *Evento Cristo e Ação Humana*. Temas fundamentais da ética teológica. São Leopoldo: UNISINOS, 2001, p. 19-20.

Da indiferença narcisista à consciência social...

65

Vemos quão necessário é retomar a ideia de consciência como um caminho de proposta ética e gradual frente à cultura do desmonte da subjetividade centrada no eu ensimesmado. Este sujeito narcísico encontra também na religião e em suas interpretações fundamentalistas um distúrbio de uma fé que tenta entrincheirar-se no meio das sombras do passado, defendendo-se da perturbadora complexidade da vida.[15] Contudo, a estrutura da pessoa é aberta ao outro. Pelo fato de possuir um corpo, a pessoa humana é aberta para o exterior.[16] O corpo revela, mas vela ao mesmo tempo, o segredo da pessoa humana. Por um lado, quer queira, quer não, o homem é acessível ao seu semelhante; por outro, só se revela na liberdade, justamente porque a origem de sua expressão corporal é um ato livre. Qualquer ética – seja religiosa ou filosófica – deve se ocupar da totalidade dos indivíduos, indicando a eles que existe uma verdade além daquilo que conscientemente eles conseguem compreender.[17] Neste sentido, qualquer compreensão que se vive no cotidiano não poderia diminuir as inúmeras possibilidades humanas.

A condição narcísica humana, primeira expressão do desabrochamento do eu, é chamada a se tornar um encontro de comunhão com o outro, realidade reveladora do transcendente. Inicialmente, enquanto condição de indiferença do outro, o eu

---

[15] ALMEIDA, André L. Boccato. A pluralidade hermenêutica como indicativo ético-crítico no horizonte da moral fundamental. In: MILLEN, Maria Inês de Castro; ZACHARIAS, Ronaldo (Orgs.). *Fundamentalismo: desafios à ética teológica.* Aparecida: Santuário, 2017, p. 151-152.

[16] SCHILLEBEECKX, Edward. *Cristo, sacramento do encontro com Deus.* Estudo teológico sobre a salvação mediante os sacramentos. Rio de Janeiro: Vozes, 1968, p. 6. O autor aborda os sacramentos como realidades que revelam a graça, isto é, a vida teologal, como condição de revelação do ser humano e das suas instâncias mais profundas.

[17] SCHWEITZER, Albert. *Filosofia della civiltà.* Roma: Fazi Editore, 2014, p. 125-126.

capta a emergência do "social" como expressão de um amor a ser amadurecido. A dimensão social, assim sendo, afirma-se hoje como o grande norte da tradição ética ocidental: a relação "consciência-mundo".[18]

2. A centralidade da consciência social e da alteridade numa era globalizada

O tema da consciência e a busca pelo discernimento têm ganhado nas últimas quatro décadas um destaque especial tanto em ambiente laico (civil) como também religioso (eclesiástico). As grandes questões humanitárias em torno da origem e do fim da vida, além do surgimento de novos comportamentos que afirmam ou questionam determinadas moralidades, como também a superação de uma eticidade baseada exclusivamente na normatividade, fomentam uma busca por autonomia e responsabilidade.

Embora a cultura atual coloque o acento mais no sujeito livre e senhor de si mesmo movido pelo econômico, não podemos negar que é urgente hoje, mais do que nunca, retornar a uma tradição de consciência que ajude a passar de uma imposição narcísica a uma que priorize o outro, isto é, à alteridade. A relação intersubjetiva, no contexto atual, se impõe como *conditio sine qua non* diante da avassaladora crise da civilização globalizada.

A globalização indica um processo humano no qual intervêm múltiplos fatores. Expressa a tendência para a mundialização da vida humana, sendo entendida e projetada em distintas

---

[18] LIMA VAZ, Henrique Cláudio. *Ontologia e história*. São Paulo: Duas Cidades, 1968, p. 281.

Da indiferença narcisista à consciência social...   67

escalas: individual e familiar, étnica e tribal, cidadã e regional, nacional e estatal. Pode ser definida como a "presença do mundo inteiro em nossas vidas",[19] unificando processos e alterando o *modus vivendi* humano em todas as culturas. Ela, indicando "(...) o processo de internacionalização da economia, da tecnologia, das finanças, das comunicações ou produção cultural",[20] expressa mundialmente o movimento de inúmeros fenômenos que fogem ao total controle dos meios de comunicação e poderes constituídos.

Os progressos e problemas mundiais, nacionais, regionais e até pessoais, mediante os *mass media*, vão se apresentando à consciência humana gerando avassaladores processos, entre eles certa desconfiança e impotência do sujeito em gerir sua própria vida com autonomia e responsabilidade. Percebemos que,

> pela mundialização, todos os seres formam uma realidade orgânica e interconectada: a consciência humana amplia-se em escala planetária, e criou-se uma nova aliança do ser humano com a natureza. Trata-se não somente de uma mudança de escala, que passa do Estado-nação para sistema-mundo, mas de uma transformação da residência mental e da consciência.[21]

Dessa complexa realidade global emerge, de um lado, um novo sujeito, isto é, uma consciência humana, que, marcado por esse impacto global, é também narcísico, ensimesmado, em busca de uma identidade, já que o social, que ditava os valores ao próprio sujeito, foi pulverizado; de outro, o mesmo sujeito

---

[19] Expressão extraída de VIDAL, Marciano. *Moral cristã em tempos de relativismos e fundamentalismos.* Aparecida: Santuário, 2007, p. 18.
[20] VIDAL. *Moral cristã em tempos de relativismos e fundamentalismos*, p. 19.
[21] GARCÍA ROCA, J. El siglo que convertió el mundo en una aldea global. In: *Sal Terrae* 87 (1999): 911.

que necessita reinventar o seu *modus vivendi* continuamente na teia social que o envolve. Além da ênfase posta no sujeito que vive de sensações momentâneas,[22] a cultura atual, em seu berço moderno, construiu-se sob a égide de uma ética permissiva e hedonista,[23] na qual o esforço saiu de moda; tudo que resulta de uma disciplina austera desvalorizou-se em benefício do culto ao desejo e de sua satisfação imediata.

É a partir desta perspectiva que vemos concomitantemente o alvorecer também de uma ética da alteridade que se torna um caminho para um processo formativo da consciência humana em tempos de liquidez. Em meio ao anestesiamento da consciência crítica do sujeito, próprio da condição cultural mais expressiva, percebemos renascer uma preocupação com o outro. Dessa ambivalência, acelerada pelo processo de tecnologização digital e da informática,[24] notamos certa ausência de uma adequada reflexão ética no acompanhar do desenvolvimento da consciência do sujeito. Eis por que nos colocamos nesta busca por uma melhor elucidação do problema e possíveis interpretações.

Diante desse cenário complexo e amplo, vislumbramos ser necessário afirmar uma ética da alteridade e das virtudes que reproponha a centralidade de uma consciência não narcísica ou

---

[22] TÜRCKE, Christoph. *Sociedade excitada. Filosofia da sensação.* Campinas: UNICAMP, 2010, p. 98-108. Nesta obra, o autor chama a atenção para o fato segundo o qual hoje associa-se à sensação tudo o que atrai magneticamente a percepção: o espetacular. Aquilo que não é capaz de chamar a atenção quase não é percebido.
[23] LIPOVETSKY. *A era do vazio,* p. 38.
[24] O problema de uma reflexão da ética e da consciência no âmbito das novas tecnologias, por ser uma questão aberta, foi bem analisado por BENANTI, Paolo. La *governance dello sviluppo tecnologico: una sfida per la teologia morale.* In: BASTIANEL, Sergio (Ed.). *Tra possibilità e limiti. Una teologia morale in ricerca.* Trapani: Il Pozzo di Giacobbe, 2012, p. 167-189. A mesma obra encontra-se em língua portuguesa: BASTIANEL, Sergio. *Entre possibilidades e limites. Uma teologia moral em demanda.* Lisboa: Editorial Cáritas, 2013.

Da indiferença narcisista à consciência social... 69

fechada em si mesma, mas aberta ao outro, aos dilemas sociais, e em processo de formação para os valores. O que queremos dizer com isso? Que é necessário retomar uma tradição que reproponha uma consciência social aberta ao outro. Emergem aos poucos novos sujeitos sociais criativos que, ao invés de se fechar na arrogância autossuficiente, colocam-se em diálogo aberto com o diferente. Se há tensões, principalmente nas redes sociais, diante de formas contrastantes de ver o mundo, também brota a necessidade de um diálogo que ressignifique as convicções pessoais.

A reflexão teológica e cristã, neste sentido, pode oferecer um horizonte de sentido ao atual mal-estar contemporâneo do sujeito narcísico. Retornar a uma concepção integral e aberta de consciência será uma necessidade constante, pois, mediante ela,

> (...) somos capazes de adquirir uma perspectiva com respeito aos demais, com respeito ao universo e com respeito a nós mesmos. Pela consciência miramo-nos como num espelho, olhamos para os demais como alguém distinto de nós, podemos analisar a matéria em seus mínimos detalhes. Ao mesmo tempo a consciência permite-nos entrar em comunhão. Descobrimo-nos idênticos a nós mesmos, mas sempre desejando nos conhecer melhor. Podemos entrar em comunhão com os outros conservando sempre nossa identidade e respeitando a dos outros, mas alcançando uma união de amor. Sentimo-nos como parte do universo, mas capazes de o transformar, de uni-lo mais a nós, para fazê-lo mais humano.[25]

O atual contexto social pluralista impõe-se de modo a olharmos para o sujeito narcísico como aquele que é chamado a formar sua consciência constantemente. Na conjuntura globali-

---

[25] VIDAL, Marciano. *Moral de atitudes*. II – Ética da pessoa. 3 ed. Aparecida: Santuário, 1981, p. 861.

70 Ética teológica e direitos humanos

zada, uma reflexão ético-social faz-se necessariamente dialógica. E mais: levando em consideração que hoje a cultura é marcadamente imediatista, consumista e individualista, seria importante retornar a uma concepção teórica de ética das virtudes, não mais concebida na perspectiva essencialista e metafísica,[26] mas a partir de uma impostação intersubjetiva[27] que foca nos determinismos sociais que instrumentalizam a própria pessoa. Os sujeitos sociais emergentes e invisíveis na cultura das massas se movimentam no campo das tensões entre realidade e projeto-ideal, em meio aos condicionamentos próprios da era globalizada. Esses novos sujeitos estão vinculados ao *ethos* particular, mas também interagem com o global no contexto da pós-verdade.

3. Perspectivas éticas alternativas em meio à crise

Diante do cenário social e ético pluralista que vivemos, somos chamados a pensar em alternativas teórico-éticas que ultrapassem os extremos de concepções que centrem tudo no sujeito (narcísico) ou reverberem em uma perspectiva social sem o protagonismo do próprio sujeito (globalização excludente).

Ao longo da tradição teológico-moral, principalmente depois do século XVI, o tema social desaparece de cena. Os temas sociais foram relegados aos tratados filosóficos, não sendo considerados temas próprios da teologia.[28] O retorno do social paulatinamente ocorrerá apenas a partir do pontificado de Leão XIII.

---

[26] Sobre esta visão, ver: PAVIANI, Jayme; SANGALLI, Idalgo José. Ética das virtudes. In: TORRES, João Carlos Brum (Org.). *Manual de ética*. Questões de ética teórica e aplicada. Petrópolis: Vozes, 2014, p. 225-246.

[27] SOUZA, José Tadeu B. Subjetividade e Intersubjetividade em Husserl e Lévinas. In: SUSIN, Luiz Carlos (Org.). *Éticas em diálogo*. Lévinas e o pensamento contemporâneo: questões e interfaces. Porto Alegre: EDIPUCRS, 2003, p. 296.

[28] CHIAVACCI, Enrico. *Ética social. O que é, como se faz*. São Paulo: Loyola, 2001, p. 20.

Da indiferença narcisista à consciência social...   71

O que vivemos hoje, de certo modo, pode ser compreendido com outras características em momentos históricos anteriores.

Contudo, o tema social e político aparece com toda sua força e matizes distintos diante da grande teia comunicacional reinante. Não podemos negar que diante do mito da "implosão dos valores ocidentais na passividade e na inércia das massas",[29] a preocupação com os valores morais e sociais brota por todas as partes. Esta hipervalorização do encontro está sendo redimensionada com toda sua força também pelo Papa Francisco, que acenou para a superação de certa "globalização da indiferença", ou seja, interpelou-nos a buscar uma atitude alternativa que seja de fato humanizadora.[30]

Encontramos no magistério autêntico e sábio de Francisco perspectivas que fomentam a superação da crise ético-narcísica, desde que as vejamos como um processo a ser pacientemente assimilado por todas as consciências envolvidas. Esta impostação advém de uma abordagem sobre o "lugar teológico" no contexto global,[31] tão necessária de ser redimensionada. Para a modernidade, a experiência humana se tornou o contexto privilegiado do sentido humano. Com o avanço da pós-modernidade e de certo modelo totalizante de globalização,[32] o cotidiano impôs-se como o *locus theologicus et moralis*.

---

[29] GALIMBERTI, Umberto. *I miti del nostro tempo.* 3 ed. Milano: Feltrinelli, 2014, p. 310.

[30] FRANCISCO, Papa. *Laudato Si'*. Carta Encíclica sobre o cuidado da casa comum. São Paulo: Paulus/Loyola, 2015, n. 52. Daqui em diante = LS.

[31] KÜNG, Hans. *Projeto de ética mundial. Uma moral ecumênica em vista da sobrevivência humana.* São Paulo: Paulinas, 1993, p. 84. Küng já previa que o futuro da convivência da humanidade dependeria dos valores revisitados e amadurecidos das grandes religiões mundiais. A reflexão cristã, desde seus inícios, é já uma tentativa de gerar convicções sobre o essencial para a boa convivência.

[32] LS 106-114. Nestes números o papa faz uma análise interessante sobre o tema da globalização do paradigma tecnocrático. Ao mesmo tempo em que denuncia certa visão centrada no sujeito (narcísico), propõe uma globalização responsável que parta do diálogo entre as diferenças.

Do ponto de vista epistemológico e metodológico, com o desfazer-se das grandes narrativas históricas, filosóficas, ideológicas, sociológicas, teológicas, os pequenos relatos lhes ocupam o lugar. Eles convertem-se em lugares de descoberta do agir de Deus e da possibilidade de teologizar.[33] A partir dessa impostação, é possível compreender que a ética[34] visa propor alternativas cabíveis em meio à crise imposta pelo narcisismo do sujeito como também por certa desmobilização perante o fenômeno social.

O magistério do Papa Francisco é uma alternativa em forma propositiva da alteridade na era globalizada. O pontífice, partindo de uma crítica ao antropocentrismo moderno,[35] germe da cultura do sujeito narcísico, repropõe um desenvolvimento sustentável no uso dos recursos por meio de um governo responsável da casa comum, isto é, Francisco chama a atenção para a dimensão social e política da responsabilidade. Para Francisco, o que subjaz ao sujeito ensimesmado é uma visão antropocêntrica e esquizofrênica[36] de civilização que centrou seus esforços em dominar a natureza de forma a extrair dela o máximo possível.

A Carta Encíclica *Laudato Si'* consiste num projeto e itinerário de formação da consciência que convida toda a huma-

---

[33] LIBÂNIO, João Batista; MURAD, Afonso. *Introdução à teologia*. Perfil, enfoques, tarefas. São Paulo: Loyola, 1996, p. 34.
[34] RICOEUR, Paul. Ética. In: CANTO-SPERBER, Monique (Org.). *Dicionário de ética e filosofia moral*. São Leopoldo: UNISINOS, 2003, p. 591-595. Aqui compreendemos a ética a partir do sentido que Paul Ricoeur imprimiu ao distingui-la entre "ética fundamental como ética anterior" e as "éticas posteriores como lugares da sabedoria prática". Para ele, a conhecida "moral da obrigação" é insuficiente para repropor a formação do sujeito contemporâneo. Parte-se da ideia segundo a qual é o sujeito o único a se reconhecer como autor verdadeiro dos próprios atos. Portanto, o sujeito narcísico que desafia a ideia moderna de progresso é o que impele a buscar uma nova forma de propor os valores e o sentido de bem.
[35] LS 115-116.
[36] LS 118.

Da indiferença narcisista à consciência social...   73

nidade a abandonar uma perspectiva antropocêntrica ou narcisista para se colocar em um horizonte de atuação nas questões sociais e políticas. Para Francisco, é necessária uma mudança de mentalidade global:

> Muitas coisas devem reajustar o próprio rumo, mas antes de tudo é a humanidade que precisa mudar. Falta a *consciência* de uma origem comum, de uma recíproca pertença e de um futuro partilhado por todos. Essa *consciência* basilar permitiria o desenvolvimento de novas convicções, novas atitudes e novos estilos de vida. Surge, assim, um grande desafio cultural, espiritual e educativo que implicará longos processos de regeneração.[37]

Atentemos para o fato de que nessa citação aparece duas vezes a palavra "consciência", indicando que o ser humano é o responsável em decidir com liberdade e responsabilidade o destino de si mesmo e do seu entorno. É da consciência humana que brotam convicções – fruto da sensibilidade para com o outro e o entorno – capazes de superar uma visão centrada em uma subjetividade fechada para o mundo ao seu redor. Percebemos que o acento que o Papa faz sobre a consciência humana não é um retorno a uma perspectiva patológica narcisista e muito menos uma visão comunitarista irreflexiva, mas a emergência urgente de uma consciência social,[38] com convicções de que é necessário cuidar do mundo para além das diferenças.

Encontramos, portanto, em Francisco, um sinal real e presente de esperança para certa tendência cultural que solidificou suas bases em uma concepção de mundo indiferentista. Na atual era globaliza-

---

[37] LS 202 (grifos nossos).
[38] Sobre o tema da consciência social há uma relevante reflexão feita por MIER, Sebastián. Conceito teológico-moral de sujeito social. In: ANJOS, Márcio Fabri dos (Coord.). *Ética na relação entre Igreja e sociedade*. Aparecida: Santuário, 1994, p. 75-99.

74 Ética teológica e direitos humanos

da em que vivemos, somos chamados a cuidar da casa comum e do outro, a alteridade afirmada. Reconhecemos que a tarefa principal do teólogo moralista, entre as várias possibilidades, é repropor continuamente o ideal de Jesus Cristo – necessário e imutável – mas profundamente ligado ao desenvolvimento da história.

Os desafios da civilização em que vivemos aparentam ser maiores do que a nossa capacidade de encontrar saídas viáveis. É urgente hoje, em todos os âmbitos da vida, superar e mudar os hábitos centrados na autorreferencialidade[39] para uma visão de alteridade que respeite as diferenças. Portanto, repropor o paradigma ético da alteridade em nosso contexto é buscar o valor ético subjacente à pregação de Jesus Cristo, que via no outro a afirmação da dignidade humana e a imagem e semelhança de Deus.

Considerações finais

O título que nos propusemos abordar é de relevância diante do cenário de apaixonadas discussões em torno de questões políticas, sociais e até religiosas veiculadas em nossos meios de comunicação. Somos assolados por várias formas de informação que ora apregoam opiniões ou verdades, ora são frutos de manipulação da consciência humana. Em tudo há a presença de Narciso, ressignificado e reincorporado da Grécia.

Vivemos o desenrolar de uma era – iniciada há séculos – que centrou todo o avanço cultural no sujeito individual, transformando-se no narcisismo de fato. Não podemos negar que todos, de certo modo, somos filhos de nossas ideias e opiniões próprias, sentindo-nos às vezes impactados afetivamente por opiniões diversas

---

[39] LS 204.

Da indiferença narcisista à consciência social...   75

das nossas. Nesse cenário, pleno de contradições e de emaranhados pós-modernos, brota uma nova civilização, ainda em construção, que vê como necessário dialogar sobre o destino da casa comum. Precisamos passar de um modelo cultural centrado no sujeito à consciência de que somos responsáveis por gerir um mundo que se torna cada vez mais globalizado. Não temos ainda todas as respostas para os grandes dilemas éticos que nos assolam continuamente. Entretanto, somos uma consciência viva que acredita no possível. Diante dos fundamentalismos e relativismos atuais, temos a oportunidade de praticar o discernimento entre o viável e o ideal. Repropor o valor ético da alteridade e da consciência social é um desafio contínuo em plena era de contrastes e de afirmação do pluralismo antropológico e ético.

Vemos como relevante repropor um processo educativo que centralize suas forças no sujeito aberto ao diálogo, ao outro, e sensível às necessidades do próximo. O Papa Francisco, no ápice desta civilização, aparece como um profeta da esperança que repropõe uma nova forma de lidar com a vida, a cultura e as relações. Acreditamos, portanto, que uma nova consciência social afirma-se e se enraíza em meio à civilização da indiferença narcisista.

Referências Bibliográficas

ANJOS, Márcio Fabri dos (Coord.). *Ética na relação entre Igreja e sociedade*. Aparecida: Santuário, 1994.

BASTIANEL, Sergio (Ed.). *Entre possibilidades e limites. Uma teologia moral em demanda*. Lisboa: Editorial Cáritas, 2013. *Tra possibilità e limiti. Una teologia morale in ricerca*. Trapani: Il Pozzo di Giacobbe, 2012.

BAUMAN, Zygmunt. *Ética pós-moderna*. São Paulo: Paulus, 1997.

BERTHOUZOS, R. Implications éthiques des modèles actuels d'individualisme. In: *Lumière et Vie* 36 (1987): 83-96.

CANTO-SPERBER, Monique (Org.). *Dicionário de ética e filosofia moral*. São Leopoldo: UNISINOS, 2003.

CASTELLS, Manuel. *Galassia internet*. Milano: Universale Economica Feltrinelli, 2006.

CHIAVACCI, Enrico. *Ética social. O que é, como se faz*. São Paulo: Loyola, 2001.

FRANCISCO, Papa. *Laudato Si'*. Carta Encíclica sobre o cuidado da casa comum. São Paulo: Paulus/Loyola, 2015.

FREUD, Sigmund. *A história do movimento psicanalítico e Artigos sobre Metapsicologia. Sobre o narcisismo: uma introdução*. Volume XIV. Rio de Janeiro: Imago, 1974.

GALIMBERTI, Umberto. *I miti del nostro tempo*. 3 ed. Milano: Feltrinelli, 2014.

GARCÍA ROCA, J. El siglo que convirtió el mundo en una aldea global. In: *Sal Terrae* 87 (1999): 911-924.

JAPIASSU, Hilton. O que vem a ser o indivíduo ególatra? In: *Revista de Filosofia da Sociedade de Estudos e Atividades Filosóficas* 8 (2009): 34-65.

JUNGES, José Roque. *Evento Cristo e Ação Humana*. Temas fundamentais da ética teológica. São Leopoldo: UNISINOS, 2001.

KÜNG, Hans. *Projeto de ética mundial. Uma moral ecumênica em vista da sobrevivência humana*. São Paulo: Paulinas, 1993.

LIBÂNIO, João Batista.; MURAD, Afonso. *Introdução à teologia. Perfil, enfoques, tarefas*. São Paulo: Loyola, 1996.

LIMA VAZ, Henrique Cláudio. *Ontologia e história*. São Paulo: Duas Cidades, 1968.

LIPOVETSKY, Gilles. *A era do vazio*. Ensaios sobre o individualismo contemporâneo. Barueri: Manole, 2005.

Da indiferença narcisista à consciência social... 77

MARDONES, José Maria. *Postmodernidad y cristianismo*. El desafio del fragmento. Bilbao: Sal Terrae, 1988.

MARZANO, Michela (Org.). *Dicionário do Corpo*. São Paulo: Loyola, 2012.

MILLEN, Maria Inês de Castro; ZACHARIAS, Ronaldo (Orgs.). *Fundamentalismo: desafios à ética teológica*. Aparecida: Santuário, 2017.

RICOEUR, Paul. Ética. In: CANTO-SPERBER, Monique (Org.). *Dicionário de ética e filosofia moral*. São Leopoldo: UNISINOS, 2003, p. 591-595.

ROUDINESCO, Elisabeth. *Dicionário de Psicanálise*. Rio de Janeiro: Zahar, 1998.

SCHILLEBEECKX, Edward. *Cristo, sacramento do encontro com Deus*. Estudo teológico sobre a salvação mediante os sacramentos. Rio de Janeiro: Vozes, 1968.

SCHWEITZER, Albert. *Filosofia della civiltà*. Roma: Fazi Editore, 2014.

SUSIN, Luiz Carlos (Org.). *Éticas em diálogo*. Lévinas e o pensamento contemporâneo: questões e interfaces. Porto Alegre: EDIPUCRS, 2003.

TORRES, João Carlos Brum (Org.). *Manual de ética*. Questões de ética teórica e aplicada. Petrópolis: Vozes, 2014.

TÜRCKE, Christoph. *Sociedade excitada*. Filosofia da sensação. Campinas: UNICAMP, 2010.

VIDAL, Marciano. *Moral cristã em tempos de relativismos e fundamentalismos*. Aparecida: Santuário, 2007.

VIDAL, Marciano. *Moral de atitudes*. II – Ética da pessoa. 3 ed. Aparecida: Santuário, 1981.

WEIL, Eric. *Filosofia moral*. São Paulo: Realizações Editora, 2011.

4

Direitos humanos e ética teológica

Cláudio Vicente Immig[1]

Introdução

Para abordar o tema Direitos Humanos e Ética Teológica, optei por construir um percurso referindo-me a alguns documentos recentes que tratam do assunto para, em seguida, destacar a contribuição do Papa Francisco para a Teologia Moral. Partindo do pressuposto de que a Declaração Universal dos Direitos Humanos é reconhecida como "lugar" de diálogo na busca de valores fundamentais para nossa humanidade comum, vou apresentar, aqui, o novo olhar que a Comissão Teológica Internacional propõe sobre a lei natural, com o intuito de dar sua contribuição na busca de uma ética universal. Em seguida, servindo-me das reflexões propostas pela Pontifícia Comissão Bíblica sobre o valor e o significado do texto inspirado para a moral no nosso tempo, analisarei o Decálogo numa perspectiva das liberdades e direitos humanos. Num terceiro momento,

---

[1] Cláudio Vicente Immig é Doutor em Teologia Moral (Academia Alfonsiana – Roma) e Professor na Pontifícia Universidade Católica do Rio Grande do Sul.

80 Ética teológica e direitos humanos

farei referência ao Compêndio da Doutrina Social da Igreja, sobretudo no que concerne à dignidade da pessoa e aos direitos humanos.

Concluirei esta reflexão voltando-me para a grande contribuição que o Papa Francisco tem oferecido sobre o tema, buscando superar uma antropologia desordenada em vista de uma humanidade mais integrada na perspectiva da vida plena.

1. Em busca de uma ética universal

Com o objetivo de ajudar a refletir sobre a origem da moralidade pessoal e coletiva, a Comissão Teológica Internacional elaborou um documento sobre a busca de uma ética universal, explicitando o lugar dos direitos humanos na história e sua correlação com a dignidade de toda pessoa humana: "Após a segunda Guerra mundial, as nações do mundo inteiro souberam se dar uma Declaração Universal dos Direitos Humanos, que sugere implicitamente que a origem dos direitos humanos inalienáveis se situa na dignidade de toda pessoa humana".[2]

Cabe aqui reportar a questão apresentada já na introdução do documento: "Há valores morais objetivos capazes de unir os homens e de fazê-los procurar paz e felicidade?"[3] A pergunta parece simples; no entanto, ela nos desafia tremendamente numa mudança de época em que os valores morais parecem ter perdido toda a sua objetividade. Em tempos de pós-verdade, cada um parece ter a sua verdade e, já que a credibilidade das instituições está corrompida, almejar ou lutar por um mundo

---

[2] COMISSÃO TEOLÓGICA INTERNACIONAL. *Em busca de uma ética universal.* Novo olhar sobre a lei natural. São Paulo: Paulinas, 2009, n. 115.
[3] COMISSÃO TEOLÓGICA INTERNACIONAL. *Em busca de uma ética universal,* n. 1.

Direitos humanos e ética teológica 81

mais justo e honesto parece ser coisa do passado. A pergunta é importante, pois, se admitirmos que não existem valores morais objetivos capazes de unir os homens e de fazê-los procurar paz e felicidade, caímos num vazio ético que nos autoriza a ficarmos indiferentes diante das questões em torno do bem e do mal.

No entanto, a consciência de que formamos uma só comunidade mundial nos faz perceber que não podemos ficar no engodo de que tudo fica justificado com a globalização da miséria em nome da concentração do poder e das riquezas nas mãos de alguns indivíduos ou de algumas nações; mas, ao contrário, os grandes problemas assumem cada vez mais uma dimensão internacional, planetária, favorecendo uma interação crescente entre as pessoas, as sociedades e as culturas. Diante da convicção de que valores morais objetivos existem, levanta-se a pergunta: quais são esses valores?

Ao longo do documento são apresentados alguns desses valores, buscando perceber como se manifestam em diferentes tempos, sabedorias, culturas e religiões do mundo. Considerados como fonte de "capital cultural" que captam um reflexo da sabedoria divina que opera no coração dos homens, tais valores são apresentados como testemunhos da existência e patrimônio do que é comum a todos os homens. A partir da "regra de ouro" – Não faças a ninguém o que não queres que te façam (Tb 4,15) –, presente na maioria das tradições de sabedoria, o documento destaca que as grandes regras éticas não somente se impõem a um grupo humano determinado, mas valem universalmente para cada indivíduo e para todos os homens.[4]

Na tradição hinduísta são destacadas as doutrinas que implicam um alto grau de bondade e de tolerância, o sentido da

---

[4] COMISSÃO TEOLÓGICA INTERNACIONAL. *Em busca de uma ética universal*, n. 12

ação desinteressada em benefício dos outros, assim como a prática da não violência.[5] No Budismo são apresentados cinco preceitos que no plano ético são destacados como ações favoráveis, chegando à regra de ouro pelo profundo altruísmo, que se traduz, na tradição budista, em uma atitude deliberada de não violência, pela benevolência amigável e compaixão.[6] Na civilização chinesa é destacada a busca da harmonia com a natureza, indissociavelmente material e espiritual. "A harmonia é obtida por uma ética da justa medida, na qual a relação ritualizada, que insere o ser humano na ordem natural, é a medida de todas as coisas".[7] O documento afirma que a ética africana se revela antropocêntrica e vital: "Os atos considerados capazes de favorecer o nascimento da vida, de conservá-la, de protegê-la, de desabrochá-la ou de aumentar o potencial vital da comunidade, são, de fato, considerados bons; todo ato considerado prejudicial à vida dos indivíduos ou à comunidade passa a ser mau".[8]

O documento apresenta a ética muçulmana fundamentalmente como uma moral da obediência, para a qual fazer o bem é obedecer aos mandamentos; fazer o mal é desobedecê-los. A razão humana intervém para reconhecer o caráter revelado da lei e para extrair as implicações jurídicas concretas.[9]

O documento segue fazendo algumas indicações sobre as origens greco-romanas da lei natural, apresenta o ensinamento da Sagrada Escritura e o desenvolvimento da tradição cristã.

Já o segundo capítulo tratará da percepção dos valores morais comuns. O documento afirma que "a regra de ouro une vários

---

[5] COMISSÃO TEOLÓGICA INTERNACIONAL. *Em busca de uma ética universal*, n. 13.
[6] COMISSÃO TEOLÓGICA INTERNACIONAL. *Em busca de uma ética universal*, n. 14.
[7] COMISSÃO TEOLÓGICA INTERNACIONAL. *Em busca de uma ética universal*, n. 15.
[8] COMISSÃO TEOLÓGICA INTERNACIONAL. *Em busca de uma ética universal*, n. 16.
[9] COMISSÃO TEOLÓGICA INTERNACIONAL. *Em busca de uma ética universal*, n. 17.

Direitos humanos e ética teológica 83

mandamentos do Decálogo, assim como numerosos preceitos budistas, até regras do Confucionismo, ou ainda a maior parte das orientações das grandes Cartas que indicam os direitos das pessoas".[10] O documento conclui convidando os especialistas e os porta-vozes das grandes tradições religiosas, sapienciais e filosóficas da humanidade a proceder a um trabalho análogo a partir de suas próprias fontes, a fim de chegar a um reconhecimento comum de normas morais universais fundamentadas sobre uma abordagem racional da realidade. Ainda destaca que esse trabalho é necessário e urgente.[11]

Cabe ressaltar que o objetivo das referências acima relacionadas não é analisar o documento da Comissão Teológica Internacional sobre a lei natural,[12] mas chamar a atenção para sua importância e relevância no que diz respeito à contribuição própria do estudo realizado na perspectiva de estabelecer uma relação entre os direitos humanos e a ética teológica.

Ainda que estejamos diante de um desgaste evidente do paradigma ético do "direito ou lei natural", e o mesmo seja considerado por alguns estudiosos inadequado para exprimir a dimensão moral da sociedade democrática, cabe reconhecer que ele é a matriz não só remota, mas também próxima dos direitos humanos modernos.[13]

Convém aprofundar os debates e aceitar o desafio proposto pela Comissão Teológica Internacional:

---

[10] COMISSÃO TEOLÓGICA INTERNACIONAL. *Em busca de uma ética universal*, n. 52.
[11] COMISSÃO TEOLÓGICA INTERNACIONAL. *Em busca de uma ética universal*, n. 116.
[12] Para um estudo sobre o documento da Comissão Teológica Internacional, recomendo: VICINI, Andrea. A busca de uma ética universal. O Documento de 2009 da Comissão Teológica Internacional sobre a lei natural. In: *Concilium* – Revista Internacional de Teologia 336/3 (2010): 126[422]–133[429].
[13] VIDAL, Marciano. *Nova Moral Fundamental*. O lar teológico da ética. Aparecida/ São Paulo: Santuário/Paulinas, 2003, p. 657.

84 Ética teológica e direitos humanos

> Devemos conseguir dizer a nós mesmos, indo além das diferenças de nossas convicções religiosas e da diversidade de nossos pressupostos culturais, quais são os valores fundamentais para nossa humanidade comum, de modo a trabalhar juntos para promover compreensão, reconhecimento mútuo e cooperação pacífica entre todos os membros da família humana.[14]

Reconhecer a contribuição deste documento da Comissão Teológica Internacional não significa ignorar as críticas ou os limites que existem em relação à compreensão de lei natural, mesmo porque o próprio texto reconhece a necessidade de superar algumas abordagens ultrapassadas sobre o tema. O subtítulo do documento nos remete a um "novo olhar sobre a lei natural"; contudo, caberiam algumas observações que, num outro momento, num estudo sobre o paradigma da lei natural, poderão ser consideradas.[15] Aqui a intenção é de salientar a importância de considerar a relevância do documento da Comissão Teológica Internacional, partindo da sabedoria das grandes tradições, focando todo o esforço em assumir os direitos humanos como lugar comum para estabelecer um frutuoso diálogo na perspectiva de uma ética universal.

2. Moral revelada

No documento da Pontifícia Comissão Bíblica sobre as raízes bíblicas do agir cristão, encontramos como conceito-chave o termo "moral revelada", inscrevendo-o no horizonte traçado pelo Concílio Vaticano II na Constituição Dogmática sobre a

---

[14] COMISSÃO TEOLÓGICA INTERNACIONAL. *Em busca de uma ética universal*, n. 116.
[15] VICINI. A busca de uma ética universal, p. 131-133[427-429].

Direitos humanos e ética teológica

Divina Revelação. Assim afirma o documento: "O Deus da Bíblia não revela antes de tudo um código, mas 'a si mesmo' no seu mistério e o 'mistério de sua vontade'".[16] Nesta perspectiva, para a "moral revelada" a própria Lei é parte integrante do processo da aliança, é dom de Deus e resposta humana, é um caminho proposto.

Para a Pontifícia Comissão Bíblica, os "dez valores que estão na base do Decálogo oferecem um fundamento claro para uma carta dos direitos e das liberdades, válida para toda a humanidade".[17] Ei-los:

1. direito a um relacionamento religioso com Deus;
2. direito ao respeito das crenças e símbolos religiosos;
3. direito à liberdade da prática religiosa e, em segundo lugar, ao repouso, ao tempo livre, à qualidade de vida;
4. direito das famílias a políticas justas e favoráveis, direito dos filhos ao sustento por parte de seus progenitores, ao primeiro aprendizado da socialização, direito dos progenitores anciãos ao respeito e ao sustento por parte de seus filhos;
5. direito à vida (a nascer), ao respeito da vida (a crescer e morrer de modo natural), à educação;
6. direito da pessoa à livre escolha do cônjuge, direito do casal ao respeito, ao encorajamento e ao sustento por parte do Estado e da sociedade em geral, direito do filho à estabilidade (emocional, afetiva, financeira) dos progenitores;
7. direito ao respeito das liberdades civis (integridade corporal, escolha da vida e da carreira, liberdade de locomoção e de expressão);
8. direito à reputação e, em segundo lugar, ao respeito da vida privada, a uma informação não deformada;
9. direito à segurança e à tranquilidade doméstica e profissional e, em segundo lugar, direito à livre iniciativa;
10. direito à propriedade privada (nele incluída a garantia de proteção civil dos bens materiais).[18]

---

[16] PONTIFÍCIA COMISSÃO BÍBLICA. *Bíblia e moral*. Raízes bíblicas do agir cristão. São Paulo: Paulinas, 2009, n. 4.
[17] PONTIFÍCIA COMISSÃO BÍBLICA. *Bíblia e moral*, n. 31.
[18] PONTIFÍCIA COMISSÃO BÍBLICA. *Bíblia e moral*, n. 31.

A Pontifícia Comissão Bíblica acredita que é possível "propor à humanidade de hoje um ideal equilibrado que, de uma parte, não privilegia jamais os direitos em prejuízo das obrigações ou vice-versa e que, de outra parte, evita o obstáculo de uma ética puramente secular que não tenha em conta a relação do ser humano com Deus".[19]

A proposta feita pela Pontifícia Comissão Bíblica se dá explicitamente no horizonte da "moral revelada", que se insere num contexto em que o destinatário do discurso é, em primeiro lugar, o "crente". No entanto, ela expressa também a esperança de suscitar um diálogo mais amplo entre homens e mulheres de boa vontade, de diversas culturas e religiões, visto que tais pessoas procuram, para além das vicissitudes do cotidiano, um caminho autêntico de felicidade e de sentido.[20]

A "carta dos direitos e liberdades" proposta a partir da perspectiva de atualização dos valores que estão na base do Decálogo e que são apresentados como válidos para toda a humanidade nos remete a uma aproximação dos direitos humanos como dom e tarefa, proporcionando que se amplie o diálogo entre uma ética puramente racional e a moral revelada.

3. Direitos humanos e dignidade da pessoa

Os direitos humanos pressupõem uma determinada compreensão da dignidade da pessoa e, portanto, no dizer de Marciano Vidal, uma necessária instância ética. A carga jurídica dos direitos humanos é a que normalmente aparece, visto ser necessária para que a condição de reconhecimento de tais direitos

---

[19] PONTIFÍCIA COMISSÃO BÍBLICA. Bíblia e moral, n. 31.
[20] PONTIFÍCIA COMISSÃO BÍBLICA. Bíblia e moral, n. 6.

Direitos humanos e ética teológica

87

seja positivada. No entanto, a própria noção de direitos humanos alude à realidade histórica de onde procedem, à concretização atual e ao universo axiológico em que se baseiam. Segundo Vidal, o reconhecimento da pessoa humana como lugar axiológico autônomo e original constitui o núcleo ético que os direitos humanos desenvolvem.[21] Os direitos humanos podem ser concebidos como expressão da dignidade ética da pessoa.

O Compêndio da Doutrina Social da Igreja dedica todo o terceiro capítulo ao tema da pessoa humana e seus direitos,[22] reportando assim em um primeiro ponto a doutrina social e o princípio personalista. Apresenta uma antropologia cristã. Discorre sobre o ser humano e seus vários perfis, sobre a unidade da pessoa, a abertura à transcendência e a unicidade da pessoa, destacando o respeito à dignidade humana como fim último da sociedade. Adverte que a pessoa não pode ser instrumentalizada para projetos de caráter econômico, social e político. Considera a liberdade da pessoa, seu valor e seus limites e o seu vínculo com a verdade e a lei natural. Destaca a igualdade em dignidade de todas as pessoas: nas relações entre povos e Estados, entre homem e mulher e para com as pessoas com deficiência. Discorre sobre a sociabilidade humana, explicitando a dimensão relacional do ser humano e dos conjuntos de pessoas nas múltiplas expressões. Destaca o valor dos direitos humanos e a recíproca complementariedade entre direitos e deveres. Trata dos direitos das nações e conclui convocando a superar a distância entre letra e espírito.

O tema dos direitos humanos levanta alguns dilemas, entre os quais a utopia almejada e a realização concreta de um ideal.

---

[21] VIDAL, Marciano. *Para conhecer a ética cristã*. São Paulo: Paulus, 1993, p. 151-153.
[22] PONTIFÍCIO CONSELHO 'JUSTIÇA E PAZ'. *Compêndio da Doutrina Social da Igreja*. 5 ed. São Paulo: Paulinas, 2009, n. 105-159.

"A relação entre ser e dever-ser ainda nos põe diante de outro dilema ético: o da relação entre real e ideal".[23] Importante observar que um não elimina o outro. "A experiência ôntica (ser) e a experiência ética (dever-ser), embora sejam categorias independentes, se reclamam mutuamente".[24] Poderíamos dizer que o caminho se faz caminhando.

Cabe perceber que um dos desafios colocados diante das muitas correntes de pensamento, de modo especial no campo da bioética, diz respeito ao conceito de pessoa.[25] Alguns seres humanos podem ter sua dignidade intrínseca negada por não serem reconhecidos como pessoa. Também vamos encontrar afirmações que atribuem a dignidade de pessoa aos animais.[26] Com certeza, uma das contribuições que a ética cristã pode e deve dar é a de reafirmar o conceito de pessoa, que tem sua origem e desenvolvimento no cristianismo.[27] A dignidade da pessoa humana exige respeito incondicional; não depende do que a pessoa faz ou da situação em que vive. No entanto, ela pode ser violada de muitos modos, sobretudo quando os direitos humanos não são respeitados. O respeito à dignidade intrínseca dos seres humanos implica tutelá-los sempre e em qualquer situação, ainda mais quando vivem em contextos de maior vulnerabilidade.

---

[23] ZACHARIAS, Ronaldo. Direitos humanos. Para além da mera retórica ingênua e estéril. In: TRASFERETTI, J. A.; MILLEN, M. I de C.; ZACHARIAS, R. *Introdução à Ética Teológica*. São Paulo: Paulus, 2015, p. 135.
[24] ZACHARIAS. Direitos humanos, p. 135.
[25] MASIÁ, Juan (Ed.). *Ser humano, persona y dignidad*. Madrid: Universidad Pontificia Comillas, 2005.
[26] IMMIG, Cláudio Vicente. *A presença profética das pessoas com deficiência no atual contexto cultural*. Questões antropológicas, éticas e sociais. Porto Alegre: Editora Fi, 2018, p. 126-153.
[27] IMMIG. *A presença profética das pessoas com deficiência no atual contexto cultural*, p. 153-161.

Direitos humanos e ética teológica 89

4. A contribuição do Papa Francisco

O Papa Francisco, com muita simplicidade e ao mesmo tempo com muita profundidade, reúne vários elementos que nos ajudam a perceber a íntima relação dos direitos humanos com a ética teológica. Ao afirmar que os textos religiosos clássicos podem oferecer um significado para todas as épocas e possuem uma força motivadora que abre sempre novos horizontes,[28] reafirma a sabedoria das grandes tradições. Também remete ao significado profundo que, mesmo tendo sido redigidos em outras épocas e culturas, trazem consigo, para além de uma constante atualidade, uma capacidade de impulsionar e descortinar um olhar para o futuro. Quando questiona se é razoável e inteligente relegá-los à obscuridade, só por nascerem no contexto de uma crença religiosa, desafia a derrubar um certo tipo de preconceito sobre algumas dimensões do ser humano que parecem ser negadas no mundo hodierno: "Realmente, é ingênuo pensar que os princípios éticos possam ser apresentados de modo puramente abstrato, desligados de todo o contexto, e o fato de aparecerem com uma linguagem religiosa não lhes tira valor algum no debate público".[29] Para Francisco, o que importa é que as diferentes esferas do saber e da sabedoria dialoguem para que possam dar frutos.

Antônio Moser, de saudosa memória, ressalta a sensibilidade de Francisco e indica a extensão do significado da dignidade para ele: "Com razão, todas as pessoas mais conscientes

---

[28] FRANCISCO, Papa. *Evangelii Gaudium*. Exortação Apostólica sobre o anúncio do Evangelho no mundo atual. São Paulo: Paulus/Loyola, 2013, n. 256.
[29] FRANCISCO, Papa. *Laudato Si'*. Carta Encíclica sobre o cuidado da casa comum. São Paulo: Paulus/Loyola, 2015, n. 199.

prezam a dignidade. O Papa Francisco não apenas tem isso em mente, como também faz questão de ressaltar que aquilo que realmente importa é uma verdadeira revolução da ternura".[30]

Na *Laudato Si'*, Francisco refere-se muitas vezes à dignidade.[31] Ele situa de forma muito concreta o ser humano e a sua dignidade na casa comum. Mais do que uma encíclica sobre ecologia, a *Laudato Si'* é uma encíclica social, pois, de modo muito apropriado, reflete sobre todas as questões a partir do lugar que o homem e a mulher ocupam na casa comum, da sua especial dignidade e, por isso, da sua especial responsabilidade em relação à criação.

A contribuição do Papa Francisco em relação aos direitos humanos e à ética teológica se expressa por meio da proposta de conversão ecológica, econômica, política, social, cultural de toda a sociedade, por meio de um novo modo de compreender o progresso e a justiça intergeracional e pelo diálogo honesto e constante entre política e economia em favor da plenitude humana.

Vale ressaltar a crítica que Francisco faz ao antropocentrismo desordenado, chamando-nos a sanar a nossa relação com a natureza e o meio ambiente e a curar todas as relações humanas fundamentais. O valor das relações entre as pessoas ressoa de modo muito forte. A importância de reconhecer e valorizar as peculiares capacidades de conhecimento, vontade, liberdade e responsabilidade, somadas à dimensão social e transcendente do ser humano, é o caminho para a autêntica realização de uma humanidade mais próxima das aspirações da plenitude. Somos

---

[30] MOSER, Antônio. *Teologia Moral*. A busca dos fundamentos e princípios para uma vida feliz. Petrópolis: Vozes, 2014, p. 187.
[31] SUESS, Paulo. *Dicionário da Laudato Si'*. Sobriedade feliz. 50 palavras-chave para uma leitura pastoral da Encíclica "Sobre o cuidado da casa comum" do Papa Francisco. São Paulo: Paulus, 2017, p. 75-78.

Direitos humanos e ética teológica 91

chamados a reconhecer a grandeza, a urgência e a beleza do desafio de lutar pela dignidade do ser humano, de todos os seres humanos.

Considerações finais

São muitos os esforços no sentido de traçar caminhos para que a humanidade não perca a esperança, amplie os horizontes para compreender seu lugar na casa comum e assuma a sua responsabilidade diante de toda a criação. À luz dos ensinamentos de Francisco, podemos concluir que, diante da globalização da indiferença, a alternativa só pode ser humana.

A iniciativa da Comissão Teológica Internacional em buscar uma ética universal é pertinente, urgente e necessária. Talvez o fato de o documento ter como subtítulo *Um novo olhar sobre a lei natural* tenha feito com que, diante do desgaste do paradigma da lei natural, não se tenha dado a devida atenção a ele na sua relação com os direitos humanos. Fica aqui a proposta de revisitar o documento com este olhar e aceitar o desafio de agregar esforços em buscar caminhos que ajudem a refletir sobre a moralidade pessoal e coletiva com argumentos racionais justificáveis que possam estimular o diálogo frutuoso tendo como lugar comum os direitos humanos.

O trabalho realizado pela Pontifícia Comissão Bíblica foi abordado aqui apenas no que diz respeito ao texto que, no meu parecer, mais se aproximou dos direitos humanos. No entanto, a Comissão nos apresenta toda uma visão bíblica do ser humano que pode ser melhor estudada e aprofundada na perspectiva de uma antropologia bíblica. Tanto os critérios fundamentais como os critérios específicos propostos no documento são de grande valia para o uso da Sagrada Escritura na reflexão sobre o agir cristão. Acredito que o desafio é conseguir dialogar mais profundamente com os que não professam a mesma fé. A releitura do Decálogo na perspectiva da Carta dos Direitos e das Liberdades nos estimula a apresentar de forma positiva e atualizada a mensagem revelada, sem, por isso, mudá-la na sua origem.

O Compêndio da Doutrina Social da Igreja, sem dúvida alguma, é uma fonte muito rica para a fundamentação dos direitos humanos. O Magistério parte de uma determinada visão de pessoa humana, da qual deriva a sua correspondente dignidade intrínseca, e é fiel a ela em todas as circunstâncias. Aqui não foi possível aprofundar a reflexão teológica, mas acho importante considerar o conteúdo descrito no Compêndio como referência e pressuposto para abordar algumas novas questões que nos desafiam.

Por fim, a contribuição do Papa Francisco é grandiosa e merece realmente ser estudada e disponibilizada de forma que possa servir como fonte para a reflexão teológica. O testemunho de Francisco é muito forte. Não é possível ficar indiferente diante das suas palavras e atitudes. A dimensão da alteridade e do encontro das dignidades; a preocupação com os mais pobres e marginalizados e com os diferentes tipos de discriminação e de violação do ser humano; o alerta sobre uma antropologia desordenada; o olhar atento sobre a casa comum e a criação como um todo, bem como com o lugar do homem e sua responsabilidade diante do Criador; a chamada constante para que os direitos humanos não sejam ignorados ou banalizados... são muitas as intuições de Francisco. É profunda a sua reflexão teórica. É inquietante o seu testemunho de vida.

A ética teológica tem uma palavra singular a dizer sobre tudo isso. Que, à luz do esforço feito pelo Magistério da Igreja, possamos descortinar os melhores caminhos para ajudar a humanidade a dar frutos na caridade para a vida no mundo!

Direitos humanos e ética teológica

Referências Bibliográficas

COMISSÃO TEOLÓGICA INTERNACIONAL. *Em busca de uma ética universal*. Novo olhar sobre a lei natural. São Paulo: Paulinas, 2009.

FRANCISCO, Papa. *Laudato Si'*. Carta Encíclica sobre o cuidado da casa comum. São Paulo: Paulus/Loyola, 2015.

FRANCISCO, Papa. *Evangelii Gaudium*. Exortação Apostólica sobre o anúncio do Evangelho no mundo atual. São Paulo: Paulus/Loyola, 2013.

IMMIG, Cláudio Vicente. *A presença profética das pessoas com deficiência no atual contexto cultural*. Questões antropológicas, éticas e sociais. Porto Alegre: Editora Fi, 2018.

MASIÁ, Juan (Ed.). *Ser humano, persona y dignidad*. Madrid: Universidad Pontificia Comillas, 2005.

MOSER, Antônio. *Teologia Moral*. A busca dos fundamentos e princípios para uma vida feliz. Petrópolis: Vozes, 2014.

ORGANIZAÇÃO DAS NAÇÕES UNIDAS. *Declaração Universal dos Direito Humanos*. Disponível em: http://www.onu.org.br/img/2014/09/DUDH.pdf. Acesso em: 14.02.2018.

PONTIFÍCIA COMISSÃO BÍBLICA. *Bíblia e Moral*. Raízes bíblicas do agir cristão. São Paulo: Paulinas, 2009.

PONTIFÍCIO CONSELHO 'JUSTIÇA E PAZ'. *Compêndio da Doutrina Social da Igreja*. 5 ed. São Paulo: Paulinas, 2009.

SUESS, Paulo. *Dicionário da Laudato Si'*. Sobriedade feliz. 50 palavras-chave para uma leitura pastoral da Encíclica "Sobre o cuidado da casa comum" do Papa Francisco. São Paulo: Paulus, 2017.

VICINI, Andrea. A busca de uma ética universal. O Documento de 2009 da Comissão Teológica Internacional sobre a lei natural. In: *Concilium* – Revista Internacional de Teologia 336/3 (2010):126[422]–133[429].

VIDAL, Marciano. *Nova Moral Fundamental*. O lar teológico da ética. Aparecida/São Paulo: Santuário/Paulinas, 2003.

VIDAL, Marciano. *Para conhecer a ética cristã*. São Paulo: Paulus, 1993.

ZACHARIAS, Ronaldo. *Direitos humanos. Para além da mera retórica ingênua e estéril*. In: TRASFERETTI, J. A.; MILLEN, M. I. de C.; ZACHARIAS, R. *Introdução à Ética Teológica*. São Paulo: Paulus, 2015, p. 127-146.

5

Recuperar a solidariedade e o respeito

Mário Marcelo Coelho[1]

Introdução

A ética cristã tem, hoje, a incumbência de infundir coragem no ser humano num mundo tornado injusto, complicado, desrespeitoso dos direitos da pessoa, que agride a pessoa em sua dignidade. Muitos têm medo dos desequilíbrios ecológicos, do terrorismo, do aumento da violência, da indiferença, da exclusão, dos problemas econômicos e sociais provocados pela estrutura mundial em um mundo globalizado e individualista. A enorme desigualdade entre ricos e pobres do mundo põe em discussão os esforços que se têm feito para atingir uma maior igualdade entre as pessoas. A dificuldade de aceitar, acolher e integrar a diferença gera discriminação e exclusão pela cor da pele, gênero, situação econômica, religião, cultura etc. Diante da possibilidade do uso de armas químicas, da manipulação

---

[1] Mário Marcelo Coelho é Doutor em Teologia Moral (Academia Alfonsiana – Roma), Mestre em Zootecnia (Universidade Federal de Lavras-MG) e Professor de Teologia Moral e Bioética na Faculdade Dehoniana (Taubaté-SP).

96 Ética teológica e direitos humanos

da vida humana por parte das ciências biológicas e das novas tecnologias, coloca-se em debate qual o sentido hoje em dia da civilização biotecnológica, da economia globalizada, da crescente corrida armamentista. As incertezas, as violências verbais e físicas contra pessoas "diferentes", as inseguranças e, muitas vezes, o medo têm se tornado o distintivo da sociedade atual. Tudo isso faz aumentar a preocupação com a qual não poucas pessoas olham para o futuro.[2]

Os bispos, em Aparecida, afirmaram que as mudanças culturais modificaram os papéis tradicionais de homens e mulheres, que procuram desenvolver novas atitudes e estilos de suas respectivas identidades, potencializando todas as suas dimensões humanas na convivência quotidiana, na família e na sociedade, às vezes por vias equivocadas. A avidez do mercado descontrola o desejo de crianças, jovens e adultos. A publicidade conduz ilusoriamente a mundos distantes e maravilhosos, onde todo desejo pode ser satisfeito pelos produtos que têm caráter eficaz, efêmero e até messiânico. Legitima-se que os desejos se tornem felicidade. Como só se necessita do imediato, pretende--se alcançar a felicidade através do bem-estar econômico e da satisfação hedonista.[3]

As novas gerações são as mais afetadas por essa cultura do consumo em suas aspirações pessoais e profundas. Crescem na lógica do individualismo pragmático e narcisista, que desperta nelas mundos imaginários especiais de liberdade e igualdade.

---

[2] COELHO, Mário Marcelo. Partilha de bens e questões morais. In: *Teologia em Questão*, v. 28 (2015): 69-90.
[3] CONSELHO EPISCOPAL LATINO-AMERICANO (CELAM). Documento de Aparecida. Texto Conclusivo da V Conferência Geral do Episcopado Latino-Americano e do Caribe (13-31 de maio de 2007). 2 ed. Brasília/ São Paulo: Brasília/Paulus/Paulinas, 2007, n. 49-50. Daqui em diante = DAp.

Recuperar a solidariedade e o respeito

Afirmam o presente porque o passado perdeu relevância diante de tantas exclusões sociais, políticas e econômicas. Para elas, o futuro é incerto e, por isso, participam da lógica da vida como espetáculo, considerando o corpo como ponto de referência de sua realidade presente. Têm nova atração pelas sensações e crescem, na grande maioria, sem referência aos valores e instâncias religiosas.[4]

O Papa Francisco, na sua Carta Encíclica *Laudato Si'*, denuncia as várias formas de governar que promovem a injustiça em favor do benefício de alguns:

> Vários países são governados por um sistema institucional precário, à custa do sofrimento do povo e para benefício daqueles que lucram com este estado de coisas. Tanto dentro da administração do Estado, como nas diferentes expressões da sociedade civil, ou nas relações dos habitantes entre si, registram-se, com demasiada frequência, comportamentos ilegais.[5]

Diante destas questões, a ética teológica não pode limitar-se a assumir um comportamento crítico, mas deve estabelecer um discurso ético que detecta, desmascara e examina as realizações não autênticas da prática humana; deve também colaborar na tentativa exaustiva de definir a responsabilidade do homem a respeito da distribuição dos bens naturais ou do bem comum de forma igual, de respeitar a pessoa em sua dignidade, ou seja, a ética teológica tem uma função utópica, é chamada a propor um ideal formativo para a construção da história humana solidária, respeitosa de cada pessoa. Somente assim os homens po-

---

[4] DAp 51.
[5] FRANCISCO, Papa. *Laudato Si'*. Carta Encíclica sobre o cuidado da casa comum. São Paulo: Paulus/Loyola, 2015, n. 142. Daqui em diante = LS.

98   Ética teológica e direitos humanos

derão perceber que a ética teológica participa das inseguranças de suas vidas, que também ela colabora para encontrar soluções dos conflitos hodiernos. Para isso, são importantes as palavras do Concílio Vaticano II que revelam a íntima união da Igreja com toda a família humana:

> As alegrias e as esperanças, as tristezas e as angústias dos homens de hoje, sobretudo dos pobres e de todos os que sofrem, são também as alegrias e as esperanças, as tristezas e as angústias dos discípulos de Cristo. Não se encontra nada verdadeiramente humano que não lhes ressoe no coração. Com efeito, a sua comunidade se constitui de homens que, reunidos em Cristo, são dirigidos pelo Espírito Santo, na sua peregrinação para o Reino do Pai. Eles aceitaram a mensagem da salvação que deve ser proposta a todos. Portanto, a comunidade cristã se sente verdadeiramente solidária com o gênero humano e com sua história.[6]

Percebemos que a própria Igreja assume que, para a realização de sua missão, tem de acompanhar o ser humano em suas situações concretas, no dia a dia das pessoas, valorizando a sua dimensão ética e social. Não se trata do homem abstrato, mas do homem concreto, histórico, inserido na sociedade. Esse homem concreto, situado é o caminho que a ética teológica deve percorrer no cumprimento de seu compromisso para a realização da missão de recuperar a solidariedade e o respeito entre os povos.

Em nossos tempos, a face mais difundida e de êxito da globalização é sua dimensão econômica, que se sobrepõe e condiciona as outras dimensões da vida humana. Na globalização, a

---

[6] CONCÍLIO VATICANO II. *Constituição Pastoral* Gaudium et Spes. *Sobre a Igreja no mundo de hoje*, n. 1. In: COMPÊNDIO DO VATICANO II. Constituições, Decretos, Declarações. 31 ed. Petrópolis:Vozes, 2015. Daqui em diante = GS.

Recuperar a solidariedade e o respeito

dinâmica do mercado absolutiza com facilidade a eficácia e a produtividade como valores reguladores de todas as relações humanas. Esse caráter peculiar faz da globalização um processo promotor de iniquidades e injustiças múltiplas. A globalização, tal como está configurada atualmente, não é capaz de interpretar e reagir em função de valores objetivos que se encontram além do mercado e que constituem o mais importante da vida humana: a verdade, a justiça, o amor e, de modo especial, a dignidade e os direitos de todos, inclusive daqueles que vivem à margem do próprio mercado.[7]

A ética teológica procura aproximar-se cada vez mais das formas pessoais de pensamento que se encontram na Sagrada Escritura e nas suas descrições da relação entre Deus e o homem. Novas vias se abrem para uma ética fundamentada na Palavra de Deus, expressa em uma linguagem muito próxima àquela de Jesus e com um método que transcende o da jurisprudência. Em outras palavras, a ética cristã reflete sobre a integridade da pessoa humana derivante da sua relação com Cristo.

Alguns critérios são assumidos pela ética cristã, a fim de que seja capaz de incidir sobre a situação concreta em que as pessoas vivem: o conhecimento da realidade; a capacidade de julgar objetivamente as diversas situações, estruturas, sistemas econômicos, sociais e influxos ideológicos; a necessidade de um discernimento constante face às opções provindas dos movimentos sociais; o sentido de solidariedade e de respeito numa sociedade essencialmente marcada pela indiferença, injustiça, violência e desrespeito.

---

[7] DAp 61.

1. A pessoa humana, centro da ética teológica

Francesco Compagnoni afirma que "a pessoa é o sujeito imediato dos direitos humanos e o termo de cada relação ética. Sem a pessoa, a ética não é fenômeno último. A existência da pessoa em moral é intuída intelectualmente como última ou primeira verdade da ética".[8] Com isso, todos os membros da espécie humana têm valor ético pleno, porque todos têm uma natureza racional e são agentes morais, embora muitos deles não sejam capazes de exercer de imediato essas capacidades básicas.[9]

Carrasco de Paula, por sua vez, apresenta três argumentos considerados fundamentais e que estão na base do princípio personalista: 1. A afirmação feita por Tomás de Aquino: "Pessoa significa o que há de mais perfeito em toda a natureza, a saber, o que subsiste em uma natureza racional". A dignidade da pessoa humana encontra aqui uma sustentação fortemente ontológica; 2. Para o autor, é mérito de Kant, e está na obra "Fundamentos da metafísica dos costumes", a pessoa impõe o imperativo categórico do agir em modo de tratar a humanidade, em si e nos outros, sempre como um simples fim e nunca como um meio; 3. Refere-se à *Gaudium et Spes* (24, 3), que afirma: o homem é "a única criatura na terra que Deus quis por si mesma".[10]

---

[8] COMPAGNONI, Francesco. La persona umana e la legge morale naturale. Problematica bioetica. In: SANNA, Ignazio (Ed.). *Dignità umana e dibattito bioetico.* Roma: Studium, 2009, p. 247.
[9] LEE, Patrick; GEORGE, Robert P. The Nature and Basis of Human Dignity. In: The President's Council on Bioethics. *Human Dignity and Bioethics: Essays Commissioned by the President's Council on Bioethics.* Washington, D.C.: US Government Pritning Office, 2008, p. 409-434, p. 412.
[10] CARRASCO DE PAULA, Ignazio. Il concetto di persona e la sua rilevanza assiologica: i principi della bioetica personalista. In: *Medicina e Morale* 54/2 (2004): 270.

Recuperar a solidariedade e o respeito

101

A pessoa é indiscutivelmente a categoria básica da ética teológica, pois a noção de dignidade humana faz referência incondicional à compreensão de pessoa, ou seja, a fonte da dignidade humana, puramente ontológica, decorre do fato de o homem ser um sujeito, uma pessoa, um indivíduo existente.

Entendemos que a ética teológica que se fundamenta na pessoa humana nos propõe uma antropologia de referência, e essa antropologia, esse personalismo ontológico, que é a base para a avaliação eticoteológica das diversas situações, busca entender o ser humano em sua essência, em sua natureza, em sua verdade, em sua totalidade e em sua unidade. Por isso, afirmamos que a ética teológica é ética da pessoa: a pessoa é realmente critério de discernimento e ponto de referência do bem e do mal moral. Assim, como afirma Paul Ricoeur: "A pessoa continua o melhor candidato para afrontar as batalhas jurídicas, políticas, econômicas e sociais".[11] É evidente que nos referimos à pessoa considerada em sua unidade psicofísica, em sua individualidade e relacionalidade, em sua finalização transcendental. O ser humano é plenamente compreensível dentro dessa finalização transcendente. A pessoa reconhece que é parte do universo material e que o específico humano é aquilo que o transcende.

A afirmação bíblica de que os seres humanos foram criados à imagem de Deus tem sido tomada como fundamento de igual valor para todos, ou seja, todos são iguais em seus direitos naturais à vida – a ser sempre respeitada – e à liberdade. Nós somos iguais uns aos outros, independentemente de nossas diferenças em termos de excelência de vários tipos. Todos nós recebemos

---

[11] RICOEUR, P. Meurt le personnalisme, revient la personne. In: *Esprit* I (1983): 115.

nossa vida, igualmente, como um dom do Criador. Com isso, o homem já não se limita à descrição dos processos biológicos; ele vai mais longe: é imagem do Criador.

Para a ética teológica o valor da vida humana não deriva do que uma pessoa faz ou exprime, mas de sua própria existência como ser humano. Torralba Roselló escreve que "a pessoa é *locus theologicus*, é o único lugar no mundo visível em que se pode conhecer a Deus como espírito pessoal, porque nos remete a Deus não somente em sua existência, mas também em sua essência".[12] O filósofo Fernández del Valle define o ser humano como "um ser deiforme, porque tem a forma de Deus teofânico, porque através d'Ele se manifesta o Deus-Outro; e teotrópico, porque é o lugar de encontro com Deus".[13] Esses traços conferem ao ser humano uma dignidade própria que vem da sua natureza de origem divina.

Diante de todo o debate ético e jurídico acerca do ser humano, somos chamados a descobrir o que nele é mais misterioso em sua dimensão ontológica e fundamentar todo um princípio de solidariedade, de ir ao encontro, de respeito à dignidade da pessoa em sua totalidade de corpo e alma. A corporeidade, a partir da perspectiva teológica, é também uma expressão de sua natureza teomórfica, ou seja, a dimensão corporal da pessoa é também concebida como *vestigium Dei*. Quer pelo seu grau de perfeição, de beleza, quer por sua complexidade, é possível ver no corpo humano traços divinos.

Em uma sociedade como a nossa, em que estamos comprometidos com a igualdade humana e seus direitos, não podemos

---

[12] TORRALBA ROSELLÓ, Francesc. *¿Qué es la dignidad humana?* Ensayo sobre Peter Singer, Hugo Tristram Engelhardt y John Harris. Barcelona: Herder, Institut Borja de Bioètica, 2005, p. 330.
[13] DEL VALLE, Agustin Basave F. *Meditación sobre la pena de muerte*. México: FCE, 1997, p. 135.

Recuperar a solidariedade e o respeito 103

deixar de nos preocupar com as diversas concepções de dignidade humana e não podemos desviar nosso olhar do nosso compromisso como pessoas com capacidades racionais. Em qualquer sociedade, mas certamente em uma com nossa história, temos de pensar cuidadosamente a respeito da necessidade de recuperar o sentido de solidariedade e de respeito para com o outro e, dessa forma, agir conforme as necessidades dos outros e as nossas possibilidades.

A vida é um bem confiado por Deus ao homem e requer responsabilidade no agir em relação à própria vida e à vida de outros. O critério de liceidade das ações sobre a pessoa ou na comunidade é oriundo do cuidado e da responsabilidade para com o bem humano, que é o bem integral da pessoa considerada como totalidade, em todas as suas dimensões e em todas as suas relações. Os seres humanos são mais do que apenas seres naturais; eles desejam ser vistos e respeitados, em suas particularidades, como distintos e significativos.

A reflexão sobre a pessoa humana, sobre sua orientação à transcendência e sobre seu desenvolvimento torna-se para a ética teológica uma chave que lhe abre uma multiplicidade de bases objetivas para interpretar a sociedade atual. A ética teológica está atenta à base objetiva da vida moderna e reflete sobre ela no horizonte da fé. Além disso, ela procura dialogar com todos os saberes, a fim de colher de cada um deles o que contribui para compreender o humano e a sociedade na qual vive.

O respeito à pessoa humana implica respeito e promoção dos direitos que derivam de sua dignidade de criatura. Tais direitos são anteriores à sociedade. O Estado não pode arbitrariamente promulgar leis que ferem esse princípio. Os bens de consumo devem ser utilizados com moderação; e os de pro-

104 Ética teológica e direitos humanos

dução devem ter em vista, em primeiro lugar, o bem comum, ainda que seja legítimo tirar deles justo proveito para quem os explora. Afirma o Papa Francisco:

> O bem comum pressupõe o respeito pela pessoa humana enquanto tal, com direitos fundamentais e inalienáveis orientados para o seu desenvolvimento integral. Exige também os dispositivos de bem-estar e segurança social e o desenvolvimento dos vários grupos intermédios, aplicando o princípio da subsidiariedade. Entre tais grupos, destaca-se de forma especial a família enquanto célula basilar da sociedade. Por fim, o bem comum requer a paz social, isto é, a estabilidade e a segurança de uma certa ordem, que não se realiza sem uma atenção particular à justiça distributiva, cuja violação gera sempre violência. Toda a sociedade – e, nela, especialmente o Estado – tem obrigação de defender e promover o bem comum.[14]

Essa nova sensibilidade pela pessoa e o desenvolvimento objetivo da ética teológica propiciam uma reflexão crítica a propósito da sociedade moderna; não se trata de suspeitar, em linha de princípio, da liberdade humana; não se trata de refutar a cultura moderna e depreciar o homem e sua aspiração à criatividade e a uma vida bem-sucedida. Pelo contrário, é para proteger a vida humana e uma cultura da liberdade e da pessoa que a ética teológica toma consciência dos muitos riscos e das muitas tensões que afligem a sociedade liberal e técnica. Tais riscos e tais tensões podem ameaçar ou mesmo destruir uma vida vivida com senso de humanidade e com dignidade. Acima de tudo está a preocupação com a integridade e o desenvolvimento do homem como pessoa, numa sociedade respeitosa e promotora dos seus direitos fundamentais.

---

[14] LS 157.

Recuperar a solidariedade e o respeito

2. A solidariedade: o movimento em direção ao outro necessitado

A solidariedade, assumida como categoria moral, ou seja, entendida como virtude das pessoas e como princípio regulador da vida social, consiste na determinação firme e perseverante de se empenhar pelo bem comum; ou seja, pelo bem de todos e de cada um, porque todos nós somos verdadeiramente responsáveis por todos.[15] A solidariedade nos mobiliza na direção do outro necessitado, caracteriza-se como ação, gesto ou iniciativa que cumpre este sentir solidário para com o outro. "A solidariedade é um conceito que expressa um dever humano, o de ativar nossa capacidade de sentir, saber e assumir eficazmente a condição dos seres humanos como membros iguais da grande família que nos implica a todos, até compartilhar os bens criados entre todos".[16]

O homem poderá descobrir nele a eloquência da solidariedade com o destino humano, bem como a harmoniosa plenitude da dedicação desinteressada à causa da pessoa, à verdade, ao respeito e ao amor.

A solidariedade adquire formas gratuitas que a justiça não exige. Completando-a, transbordam-na, dando ou fazendo algo gratuitamente, algo "oferecido ou doado". A isso nos referimos, propriamente, quando dizemos que "tem de ser solidários", ainda que tenhamos o costume de introduzir outras coisas que, bem pensadas, são devidas em justiça e a evitam.[17]

---

[15] JOÃO PAULO II, Papa. *Sollicitudo Rei Socialis*. Carta Encíclica pelo vigésimo aniversário da encíclica *Populorum Progressio*. São Paulo: Paulinas, 1989, n. 38.
[16] CALLEJA, José Ignacio. *Moral Social Samaritana*. I. Fundamentos e noções de ética econômica cristã. São Paulo: Paulinas, 2006, p. 94-95.
[17] CALLEJA. *Moral Social Samaritana*, p. 95.

106 Ética teológica e direitos humanos

O individualismo de nossos dias expõe o ser humano a um isolamento penoso que se reflete em suas relações. Além da interioridade, o homem é uma realidade aberta (é uma qualidade essencial do ser humano). Fechar-se em si mesmo é caminhar em frustração.[18] O nosso ser no mundo está sempre ligado ao outro; o ser humano é abertura, temos necessidade uns dos outros. Há na pessoa humana uma tendência que a leva em direção aos outros. O encontro com os outros leva o ser humano a estruturar-se em comunidades, nas quais se dá a integração ou a participação de muitos, numa forma estável de associação solidária. Assim diz Bruno Forte: "O ser pessoal não é feito para a solidão de uma interioridade autossuficiente, mas para a comunhão de uma relação na qual reciprocamente se dá e se recebe".[19]

3. A solidariedade e o respeito: caminhos da ética teológica

Diante de toda a realidade da sociedade atual e da percepção de pessoa, o que podemos propor para a ética teológica? Segundo Marciano Vidal, é preciso uma proposta que leve a amar a pessoa, como Deus Pai a ama; a liberte, como Cristo a libertou; a ajude a viver em liberdade, como corresponde àqueles que vivem sob a "lei do Espírito que dá a vida em Cristo Jesus" (Rm 8,2).[20]

Os cristãos que atuam no desenvolvimento econômico-social do nosso tempo e lutam por respeito e solidariedade podem con-

---

[18] AGOSTINI, Nilo. Introdução à Teologia Moral. O grande sim à vida. Petrópolis: Vozes, 2004, p. 107-112.
[19] FORTE, Bruno. A escuta do outro – Filosofia e revelação. São Paulo: Paulinas, 2003, p. 86.
[20] VIDAL, Marciano. Nova moral fundamental: o lar teológico da ética. Aparecida/ São Paulo: Santuário/Paulinas, 2003, p. 23.

Recuperar a solidariedade e o respeito

tribuir muito para o bem-estar da humanidade e a paz do mundo. Cada um, adquirindo a competência profissional e a experiência que são absolutamente necessárias, é chamado a respeitar na ação temporal a justa hierarquia de valores, com fidelidade a Cristo e a seu Evangelho, a fim de que toda sua vida, tanto a individual como a social, fique repleta do espírito das bem-aventuranças, particularmente com o espírito de solidariedade, em especial para com os pobres. Quem, na obediência a Cristo, busca antes de tudo o Reino de Deus e a Sua justiça encontra n'Ele um amor mais forte e mais puro para ajudar todos os seus irmãos e para realizar a obra da justiça sob a inspiração da solidariedade.[21]

> Cresce a persuasão de que o gênero humano não só pode mas deve fortalecer cada dia mais o seu domínio sobre as coisas criadas; além disso, que lhe compete estabelecer uma organização política, social e econômica que com o tempo sirva melhor ao homem e ajude cada um e cada grupo a afirmar e cultivar a própria dignidade.[22]

Por esses caminhos deve transitar a ética teológica, pautada pela solidariedade e pelo respeito. A ética teológica impulsiona a construir um mundo solidário, que responda às grandes aspirações humanas de igualdade e liberdade, que defenda e guarde a dignidade e os direitos humanos à luz da fé e que respeite cada um em suas particularidades e em seus direitos. Remeter-se à solidariedade significa reportar-se à raiz da ética teológica, visto que sua profunda dimensão social e política afeta todo o dinamismo da vida cristã. Inspirados na solidariedade e no respeito à pessoa é que podemos realizar "a obra da justiça".[23]

---

[21] GS 72.
[22] GS 9.
[23] ALBUQUERQUE, Eugenio. *Moral Social Cristiana*. Madrid: San Pablo, 2006, p. 5-7.

O respeito à dignidade humana favorece a humanização das relações sociais. A liberdade, a solidariedade e o respeito são inerentes à condição humana, ainda que suas possibilidades se desenvolvam historicamente. A liberdade está ancorada na indeterminação originária do ser humano frente à natureza; a solidariedade surge da própria necessidade de sobrevivência da humanidade; e o respeito é consequência do olhar que acolhe. Verifica-se, hoje em dia, uma tendência a afirmar, de modo exasperado, os direitos individuais e subjetivos. Trata-se de uma tendência pragmática e imediatista, sem preocupação com critérios éticos. A afirmação dos direitos individuais e subjetivos, sem o respectivo esforço para garantir os direitos sociais, culturais e solidários, resulta em prejuízo da dignidade de todos, especialmente daqueles que são mais pobres e vulneráveis.[24]

O Concílio Vaticano II explicitou, na Constituição Pastoral *Gaudium et Spes*, o compromisso do cristão na vida da sociedade, com as seguintes palavras:

> Indivíduos, famílias, agrupamentos diversos, todos os que constituem a comunidade civil têm consciência da própria insuficiência para instaurar plenamente a vida humana e percebem a necessidade de uma comunidade mais vasta, na qual todos empenhem diariamente as próprias forças para alcançar sempre melhor o bem comum. Por este motivo organizam a comunidade política segundo várias formas. Pois a comunidade política existe por causa daquele bem comum: nela obtém sua plena justificação e sentido, de onde deriva o seu direito primordial e próprio.[25]

Em Aparecida, os bispos afirmaram que vivemos uma profunda mudança de época. As mudanças sociais, econômicas e

---

[24] DAp 47.
[25] GS 74.

Recuperar a solidariedade e o respeito 109

tecnológicas, por exemplo, provocam inconsistência, insegurança e instabilidade. A preocupação pelo bem comum dá lugar à realização imediata dos desejos dos indivíduos, à criação de novos e muitas vezes arbitrários direitos individuais, aos problemas da sexualidade, da família, das enfermidades e da morte. A utilização dos meios de comunicação de massa está introduzindo na sociedade um sentido estético, uma visão de felicidade, uma percepção da realidade e até uma linguagem que querem impor-se como autêntica cultura. Desse modo, termina-se por destruir o que de verdadeiramente humano há nos processos de construção cultural, que nasce do intercâmbio pessoal e coletivo.[26]

Essa cultura se caracteriza pela autorreferência do indivíduo, que conduz à indiferença pelo outro, de quem não necessita e por quem não se sente responsável. Prefere-se viver o dia a dia, sem programas a longo prazo nem apegos pessoais, familiares e comunitários. As relações humanas são consideradas objetos de consumo e as relações afetivas carecem de compromisso responsável e definitivo.[27]

A ética teológica serve-se de critérios teológicos para o diálogo com a cultura democrática moderna. Ela ajuda a mostrar como o homem deve agir iluminado pela fé cristã, como a sociedade moderna pode colher e utilizar concretamente as oportunidades de possibilidades da vida livremente e tecnicamente desenvolvida. A ética teológica busca abranger a vida humana vivida de maneira pessoal e livre, caracterizada pela relação de respeito para com o meio ambiente, com o outro, e por um humilde reconhecimento dos limites do poder humano. Somente

[26] DAp 44-45.
[27] DAp 46.

o homem pode influenciar com o seu comportamento o desenvolvimento futuro, de modo tal que a sua atividade não se torne a causa de uma destruição ecológica, social e humana. Ele deve assumir pessoalmente essa responsabilidade, consciente de todos os seus limites. A solidariedade consiste em comprometer-se a abraçar um projeto de vida que rejeite o consumismo e recupere a solidariedade, o amor entre as pessoas e o respeito pela natureza como valores essenciais. Tudo isso deveria nos levar a contemplar os rostos daqueles que sofrem. Entre eles, estão as comunidades indígenas e afro-americanas que, em muitas ocasiões, não são tratadas com dignidade e igualdade de condições; as mulheres que são maltratadas e excluídas por causa do seu sexo, cor de pele ou situação socioeconômica; os jovens que recebem uma educação de baixa qualidade e não têm oportunidade de progredir em seus estudos nem de entrar no mercado de trabalho para se desenvolver e constituir uma família; os pobres, desempregados, imigrantes, deslocados, agricultores sem-terra, aqueles que procuram sobreviver na economia informal; os meninos e meninas submetidos à prostituição infantil, ligada muitas vezes ao turismo sexual; os dependentes das drogas; portadores do HIV e os doentes de AIDS; os que sofrem a solidão e se veem excluídos da convivência familiar e social; as vítimas da violência e insegurança nas cidades; os anciãos que, além de se sentirem excluídos do sistema produtivo, veem-se muitas vezes recusados por sua família como pessoas incômodas e inúteis; os presos que vivem em situação desumana. Milhões de pessoas e famílias vivem na miséria e inclusive passam fome. Uma globalização sem solidariedade afeta negativamente os setores mais pobres. Já não se trata simplesmente do fenômeno da ex-

Recuperar a solidariedade e o respeito 111

ploração e opressão, mas de algo novo: a exclusão social. Com ela, a pertença à sociedade resulta afetada na raiz. As pessoas excluídas já não estão nem mais na periferia; estão fora, são supérfluas, descartáveis, sobrantes.[28]

O Papa Francisco alerta sobre a política de exclusão:

> Gostaria de assinalar que muitas vezes falta uma consciência clara dos problemas que afetam particularmente os excluídos. Estes são a maioria do planeta, milhares de milhões de pessoas. Hoje são mencionados nos debates políticos e econômicos internacionais, mas com frequência parece que os seus problemas se colocam como um apêndice, como uma questão que se acrescenta quase por obrigação ou perifericamente, quando não são considerados meros danos colaterais.[29]

4. Exclusão social globalizada

A modernidade conseguiu realizar apenas um dos três grandes compromissos da Revolução Francesa (liberdade, fraternidade e igualdade). A liberdade avançou em muitos níveis. Mas as outras duas dimensões – a fraternidade e a igualdade – não avançaram como se esperava. O que vemos hoje é o aumento da desigualdade, da falta de fraternidade, de solidariedade e de respeito. As pesquisas diárias revelam uma situação bastante assustadora sobre a desigualdade social; a disparidade entre os países ricos e os mais pobres é abissal e parece ser intransponível; a discriminação de povos pela etnia, religião, cultura, condições econômicas etc. é um fenômeno que gera rivalidade, violência e ódio.

---

[28] DAp 65.
[29] LS 49.

O neoindividualismo torna a ação coletiva cada vez mais difícil na medida em que o social como princípio de experiência comunitária desaparece. O indivíduo é concebido na sua identidade abstraindo das suas relações com os demais. Há aqui uma negação da alteridade que significa uma quebra da inter-relacionalidade. A presença do outro não mais suscita apelo à colaboração, mas sim desejo de instrumentalização. Tornamo-nos uma multidão anônima, sem rosto, raízes ou futuro.[30]

O resgate da dignidade dos pobres não pode limitar-se à assistência emergencial, mas exige a transformação da sociedade e da economia, numa nova ordem voltada para o bem comum e para a solidariedade.

Um dos instrumentos da ética teológica para ver e interpretar a realidade é a Doutrina Social da Igreja. Longe de propor um modelo preciso de sociedade – até mesmo porque ela não tem soluções técnicas para oferecer –, a Doutrina Social da Igreja oferece princípios orientadores para o bem social. São princípios fundamentados na fé e na moral cristã em favor da dignidade humana, em vista do desenvolvimento social, a partir do próprio homem. A Doutrina Social da Igreja não prioriza a riqueza produzida nem o desempenho econômico, mas a pessoa humana, à qual todos os bens deveriam ser dirigidos. A aceitação desse princípio básico fornece uma chave essencial para criar um autêntico caminho de progresso, impedindo que o homem seja tratado como meio ou como peça da engrenagem comercial. A Doutrina Social da Igreja não ignora o bem-estar social e pessoal, mas valoriza a dignidade da vida humana como caminho do bem-estar social, pessoal e meio para um

---

[30] SILVA, Rogério Luiz Nery da; SCHNEIDER, Yuri. *Estado, políticas públicas e instrumentos jurídico-democráticos de efetivação de direitos fundamentais sociais*. Joaçaba: Unoesc, 2016, p. 41.

Recuperar a solidariedade e o respeito 113

desenvolvimento que favoreça a todos, e não somente a alguns. Ela não abre mão de um princípio eminentemente evangélico: "O homem, com efeito, é o autor, centro e fim de toda a vida econômico-social".[31]

5. Exigências éticas da solidariedade e do respeito

O ato fundamental da ética é o reconhecimento do outro de modo efetivo. O reconhecimento do valor da pessoa do outro implica tanto a afirmação moral de sua dignidade como de sua dimensão social. Sobre a dignidade da pessoa se fundamentam os direitos humanos, cuja defesa constitui o parâmetro mais importante para medir o nível ético da ação social e política de uma sociedade democrática. Representam o conteúdo da solidariedade e do respeito.

Esse reconhecimento do outro implica: exigência de igualdade e participação, respeito à dignidade do homem e a seus direitos fundamentais, solidariedade, construção da paz, responsabilidade pelo desenvolvimento e libertação. A solidariedade e o respeito são, portanto, as atitudes fundamentais do *ethos* teológico.

Somente vencendo o individualismo e a indiferença, assegura-se o respeito pelos direitos humanos. A ética teológica nos ensina o lugar fundamental da consciência ética na superação da miséria e da fome como elemento constitutivo da solidariedade.

A solidariedade é fundamento do agir ético e requer a promoção humana e a libertação integral. É gesto de quem é solidário. Ser solidário significa também respeitar, gastar tempo e recursos com a organização dos desrespeitados em seus direi-

---

[31] GS 63.

114 Ética teológica e direitos humanos

tos. Desta forma, apoiados e respaldados, eles poderão erguer a voz, mobilizar suas forças e lutar pelo sagrado direito de viver com dignidade e esperança.[32]

Considerações finais

Não podemos ser indiferentes aos riscos que derivam para toda a humanidade de uma sociedade para a qual o humano é meio, e não fim. Por isso, somos chamados a promover uma sociedade diferente, marcada pela solidariedade, pela justiça e pelo respeito aos direitos humanos. Ser bom, corajoso, honesto, verdadeiro, justo, caridoso, fiel é reconhecer o valor que há em agir conforme a ética cristã e considerar repugnante pensar em envolver-se em atos ilícitos e desonestos. "A solidariedade pode e deve ativar campanhas concretas de ajuda às vítimas, acompanhando a proposta com denúncias ou protestos públicos, para não claudicar com beneficência, e sabendo que seu propósito é o de suplência".[33] Juntos, evangelicamente inspirados, podemos e devemos transformar a realidade por meio da solidariedade. Ela nos leva a decidirmos no caminho de quem queremos nos colocar e na vida de quem queremos ser significativos.

Referências Bibliográficas

AGOSTINI, Nilo. *Introdução à Teologia Moral*. O grande sim à vida. Petrópolis: Vozes, 2004.

ALBUQUERQUE, Eugenio. *Moral Social Cristiana*. Madrid: San Pablo, 2006.

---

[32] ALBURQUERQUE. *Moral Social Cristiana*, p. 178-184.
[33] CALLEJA. *Moral Social Samaritana*, p. 95.

Recuperar a solidariedade e o respeito

CALLEJA, José Ignacio. *Moral Social Samaritana*. I. Fundamentos e noções de ética econômica cristã. São Paulo: Paulinas, 2006.

CALLEJA, José Ignacio. *Moral Social Samaritana*. II. Fundamentos e noções de ética política. São Paulo: Paulinas, 2009.

CARRASCO DE PAULA, Ignazio. Il concetto di persona e la sua rilevanza assiologica: i principi della bioetica personalista. In: *Medicina e Morale* 54/2 (2004): 265-278.

COELHO, Mário Marcelo. Partilha de bens e questões morais. In: *Teologia em Questão*, v. 28 (2015): 69-90.

COMPAGNONI, Francesco. La persona umana e la legge morale naturale. Problematica bioetica. In: SANNA, Ignazio (Ed.). *Dignità umana e dibattito bioetico*. Roma: Studium, 2009.

CONCÍLIO VATICANO II. *Constituição Pastoral* Gaudium et Spes. *Sobre a Igreja no mundo de hoje*. In: COMPÊNDIO DO VATICANO II. Constituições, Decretos, Declarações. 31 ed. Petrópolis: Vozes, 2015.

CONSELHO EPISCOPAL LATINO-AMERICANO (CELAM). Documento de Aparecida. Texto Conclusivo da V Conferência Geral do Episcopado Latino-Americano e do Caribe (13-31 de maio de 2007). 2 ed. Brasília/São Paulo: Brasília/Paulus/Paulinas, 2007.

DEL VALLE, Agustin Basave F. *Meditación sobre la pena de muerte*. México: FCE, 1997.

FORTE, Bruno. *A escuta do outro* – Filosofia e revelação. São Paulo: Paulinas, 2003.

FRANCISCO, Papa. *Laudato Si'*. Carta Encíclica sobre o cuidado da casa comum. São Paulo: Paulus/Loyola, 2015.

JOÃO PAULO II, Papa. *Sollicitudo Rei Socialis*. Carta Encíclica pelo vigésimo aniversário da encíclica *Populorum Progressio*. São Paulo: Paulinas, 1989.

LEE, Patrick; GEORGE, Robert P. The Nature and Basis of Human Dignity. In: The President's Council on Bioethics. *Human Dignity and Bioethics: Essays Commissioned by the President's Council on Bioethics.* Washington, D.C.: US Government Pritning Office, 2008, p. 409-434.

RICOEUR, P. Meurt le personnalisme, revient la personne. In: *Esprit* 1 (1983): 113-119.

SILVA, Rogério Luiz Nery da; SCHNEIDER, Yuri. *Estado, políticas públicas e instrumentos jurídico-democráticos de efetivação de direitos fundamentais sociais.* Joaçaba: Unoesc, 2016.

TORRALBA ROSELLÓ, Francesc. *¿Qué es la dignidad humana?* Ensayo sobre Peter Singer, Hugo Tristram Engelhardt y John Harris. Barcelona: Herder, Institut Borja de Bioètica, 2005.

VIDAL, Marciano. *Nova moral fundamental:* o lar teológico da ética. Aparecida/São Paulo: Santuário/Paulinas, 2003.

6

O direito humano à comunicação: a superação do ódio nas redes sociais como caminho da democracia

Thiago Calçado[1]

Introdução

No dia 28 de abril de 2017, o jovem Mateus Ferreira da Silva, de 33 anos, participava de uma manifestação em prol da educação pública de qualidade na região central de Goiânia. Em uma ação repressiva da polícia, ele foi atingido no rosto por um policial com seu cassetete. O jovem ficou vários dias internado da UTI, com traumatismo craniano, e, após longo período de recuperação, retomou suas atividades.

O relato dessa notícia serve de inspiração para nossa reflexão. Não especificamente o relato, mas os comentários postados nos *links* da reportagem nas redes sociais, especialmente no *facebook*. Citamos aqui alguns deles: "Que pena que não mor-

---

[1] Thiago Calçado é Pós-Doutorando em História Cultural (UNICAMP), Doutor em Filosofia (Pontifícia Universidade Católica de São Paulo) e Mestre em Filosofia (UNESP).

reu!"; "Esperamos que o cassetete se recupere logo"; "Morte aos estudantes vagabundos!" A lista dos ataques de ódio é extensa, mas a velocidade de escoamento da internet se encarregou de lançá-los ao esquecimento.

O crescimento do uso das redes sociais e sua efetivação como palco de discussões políticas têm proporcionado uma série de interpelações ao universo da ética nos últimos anos. A partir de episódios de manifestação explícita de ódio ou de incitações discursivas à violência, aquilo que supostamente teria surgido como uma nova *ágora*, propícia aos debates democráticos, tem seus alcances e objetivos questionados. De fascínio e idealização, passou-se a um estado de suspeita delicada, no qual o próprio ato de se acessar um conteúdo se apresenta como uma ação política. Dos *likes* aos *haters*, a distância de um clique pode significar uma virtude ou um vício, uma manifestação de solidariedade ou de ódio. As plataformas das redes sociais, continuamente em transformação, sugerem uma nova ressignificação da moral cristã. Esta, no intuito de responder às indagações emergentes, procura oferecer uma direção para que o agir humano não se confunda e perca o seu significado na continuidade da missão dos discípulos de Jesus. Para tanto, deve estar atenta aos novos modos de construção (ou de desconstrução?) da convivência humana e da própria democracia, enquanto modo de agir político.

O presente texto será dividido em três partes: a evolução do conceito de democracia a partir dos gregos e sua oposição ao conceito de tirania e violência, para questionar algumas situações promovidas pelas redes sociais hoje, nas quais a própria violência é exaltada. Em seguida, iluminados por autores como Hannah Arendt e Michel Foucault, veremos como os mecanis-

O direito humano à comunicação: a superação do ódio nas redes sociais... 119

mos das redes sociais promovem uma subjetivação dos indivíduos, proporcionando movimentos protototalitários, favoráveis ao fim da própria democracia e sugeridos pelo sentimento de massa. Por fim, buscaremos nas palavras recentes do Papa Francisco a perspectiva cristã dos meios de comunicação como direito humano básico e do seu verdadeiro papel de promotores da cultura do encontro. Desse modo, esperamos oferecer um olhar sobre o assunto, de maneira a iluminar, por meio de uma reflexão ética, os caminhos daqueles que, antes de rejeitar as tecnologias, buscam redirecioná-las, apontando o caminho da humanidade ressignificada pelo Cristo.

1. Democracia e discursividade: as tentações da ordem e os riscos da violência

Os gregos descobriram que na instauração da democracia (séc. V a.C.) a principal função do regime seria afastar a violência das manifestações políticas. Tratava-se de um acordo estabelecido pelos governantes em usar a palavra (*logos*) para resolver os problemas internos e deixar a guerra para os inimigos externos. Desde então, nos albores da democracia, entenderam que a vida política seria diferente da guerra. Na emergência da democracia ateniense, a organização política e a vida pública se pautavam na ideia de que ninguém desfrutava do privilégio de uma opinião verdadeira. Todos os cidadãos atenienses, desde que livres e capazes, podiam usar a palavra e expressar sua opinião (*doxa*).[2] Nesse sentido, era preciso que a cidade fosse

---

[2] É conhecida a distinção clássica entre *logos* e *doxa* na tradição socrático-platônica. As duas palavras, em seus mais profundos significados, não se esgotam em uma leitura meramente superficial e não devem ser utilizadas sem a devida me-

uma comunidade de cidadãos, na medida em que se compreendia que a vida pública era essencial e superior à vida privada. Ser cidadão significava compreender essas esferas e perceber a superioridade de um debate que extrapolasse o próprio quintal. Assim, por trás da organização da vida política estava presente um embate, que tinha por metáfora a tensão entre a *ágora* e o palácio. A voz das ruas, múltipla, plural, ressonante, contra a voz do trono, do tirano, solitário e singular. Na proposta de democracia que surgia, a tentativa de outorgar o poder de todos contra o poder de cada um e de um só.

A perspectiva de que o indivíduo é também cidadão e deve se voltar para a cidade implica a compreensão de que a cidade é o *ethos* da política. Implica, portanto, uma identidade entre sociedade e cidadania. Numa abrangência mais ampla, suscita a ideia de que, na democracia, já não seria mais possível habitar uma cidade e não exercer o papel de cidadão. A sociedade toda se envolve numa lógica de dever-ser na qual a identidade de cada um se confunde com os interesses da própria sociedade. Habita-se um corpo do qual todos são responsáveis pela saúde, pelas decisões e, consequentemente, pelo uso da palavra no sentido de alimento e remédio. A palavra verdadeira (*logos*), no sentido político, não deve ser exercida apenas tiranicamente, por um só, para todos, mas por todos os cidadãos, direcionados aos interesses da *polis*.[3]

---

dida. Todavia, prezando pela brevidade do texto, não aprofundaremos a discussão e especificação filosófica dos termos. Preservaremos apenas o sentido do ideal platônico que aponta o *logos* como o lugar mais amplo do exercício da cidadania e, consequentemente, a direção da própria democracia. Para maiores esclarecimentos, sugerimos a leitura de *A República*, de Platão, nos seus livros VI e VII.

[3] A filosofia socrática busca um fundamento para todas as relações humanas. O discurso platônico tenta estabelecer essa ordem fundamental na perspectiva da divisão tripartite da alma/polis (tripartite: cabeça/peito/ventre; sábios/guerreiros/escravos; alma racional/irascível/concupiscível; essas divisões são clássicas em *A República* e se aplicam tanto à alma humana quanto à polis).

O direito humano à comunicação: a superação do ódio nas redes sociais... 121

Destaca-se também o significado da liberdade, que existe e é salvaguardada para substituir a autoridade do governante. A liberdade de usar a palavra verdadeira propõe a vitória sobre o uso da autoridade no sentido tirânico. O cidadão, ao expor seu pensamento, ao partilhar seu interesse, desde que não fique na mera opinião, exerce sua liberdade. Ser livre, portanto, mais do que uma condição, é a consequência de uma ação, de uma busca, que passa pela reflexão e pela busca do verdadeiro, do bom e do belo.[4]

Desde os gregos, a democracia exige a impessoalidade do poder. A multiplicidade não necessita de um lugar de fala, de um trono que autorize, de uma justificativa externa ao próprio argumento, desde que verdadeiro. Já o sistema tirânico trata--se de uma organização social baseada na força e que exclui a palavra. O tirano não argumenta, não fala, não delibera, ele simplesmente ordena. O exercício da tirania se apresenta como a antipolítica. O poder não se configura como composição, mas como imposição.

Nesse sentido, pode-se entender que a democracia combina poder e liberdade. A autoridade está na multiplicidade. Por isso, considera a relatividade de toda comunidade. Nela, ninguém pode se autorreferir como absoluto, exatamente o contrário da tirania. A democracia, em sua relatividade, não supõe subordinação. Ela exige reciprocidade. A fala e a escuta. Mesmo quem tem a função de exercer o poder, o exerce como resultado da escuta, e não apenas como eco de sua própria fala. Nisso se apresenta o caráter mútuo dos indivíduos que formam

---

[4] Vale a lembrança de que para os gregos do período clássico, a ética e a estética se unem e não podem ser vistas de maneira isolada. Buscar o que é bom também implica buscar o que é belo.

uma comunidade. A impessoalidade não permite ver a fonte da autoridade porque ela está disseminada entre os cidadãos. A reciprocidade no exercício da autoridade não permite que ela seja propriedade de alguém. A razão da autoridade não é um, mas a vida em comum. Ninguém obedece a outro, mas sim à autoridade em exercício.

Todavia, a instabilidade é intrínseca à democracia. A estabilidade fere o próprio princípio da política. A essência política é um "fazer" política. Não se pode esperar outra coisa da democracia que não seja o movimento e a mudança constante. É própria do regime democrático a ausência de estabilidade, uma vez que a variação de indivíduos e suas compreensões sugere, necessariamente, o conflito. A política consiste em um processo sempre inacabado, sempre insuficiente, sempre por fazer.

A democracia, nesse sentido, ainda não "existe". Não se pode, aqui, tomar o ser e o existir como sinônimos. Nesse caso, esperar isso da democracia e forçar a existência temporal dela como já acabada é, em si, um ato de violência. O existir é a forma como as coisas vêm a ser. A vida política, quando passa a ter esse sinônimo de "ser", traz em si um significado absoluto, prejudicial à própria democracia. O inacabamento de cada cidadão está presente na construção da própria democracia que, nesse caso, mostra-se frágil por excelência. Assim, a democracia tem o relativo como perfil e possui a política como certeza absoluta. Por isso, a democracia é relativa, é incompleta. Só se pode ter acesso à verdade que o conjunto das opiniões vai aferir nesse, e tão somente nesse, momento. Na democracia, trata-se de assumir a responsabilidade dessa condição entregue a todos. Ela inclui a possibilidade de ser recriada, reinventada a cada momento.

O surgimento da internet e das redes sociais trouxe uma pseudoesperança de que estaríamos diante de uma nova *ágora* onde cada um poderia expressar a sua opinião sobre todo e qualquer assunto. A liberdade de se criar um perfil e alimentá-lo de ideias compartilhadas, de imagens e significados a partir das posições políticas de seu mantenedor criou a ilusão de que poderíamos transferir os embates argumentativos do universo das ruas, das organizações sindicais, associativas e de interesses para a rede. Todavia, um simples olhar para a diferenciação filosófica entre palavra e opinião já seria suficiente para descartar uma dependência do conceito de cidadania da mera prática discursiva das redes sociais. O exercício da cidadania, mais do que o compartilhamento de ideias, exige a reflexão e a busca da verdade para além das aparências, tal como o próprio termo *logos* exige. Entretanto, se isso não for acompanhado pela capacidade de escuta e pelo exercício minucioso e sempre árduo de busca pela verdade, poderá ser tão violento quanto a voz do próprio tirano.

As redes sociais podem até renovar, recriar essa democracia, na medida em que permitem opiniões, ou a reciprocidade no exercício das atividades. A democracia, nesse sentido, deve superar o discurso de que "sem a violência não haverá ordem". Essa afirmação parte da dúvida: como pode uma sociedade em que o poder não se regula por ninguém manter a ordem? Assim, evidencia-se um risco à liberdade em vista da ordem. O medo da violência da impessoalidade do poder, da possibilidade da instabilidade das opiniões e da mudança constante que a democracia traz instaura a posse da violência pelo Estado como garantia da ordem.

Sempre que a liberdade é banalizada, ela está a ponto de ser perdida. Seria a ordem superior à liberdade? A liberdade não será resgatada pela força. O outro não pode ser considerado inimigo no embate das opiniões. Onde há exclusão do outro, não há plena vivência democrática. A democracia é vitória e derrota ao mesmo tempo. Formalmente, ela é derrota, dados os problemas políticos da vida da própria democracia. Às vezes a democracia solapa a realidade. Trata-se de resguardar a forma democrática (uso da palavra, expressão da opinião). A ordem democrática parece impossível. Parece contradição à liberdade. A única ordem democrática possível é aquela em que os indivíduos usam sua responsabilidade.

2. Subjetivação e redes sociais: a massificação e o surgimento de novos movimentos totalitários

As teorias sobre os mecanismos de subjetivação presentes nos escritos de Michel Foucault refletem sobre o processo pelo qual o sujeito se coloca, em suas diversas relações possíveis, diante do objeto. Assim, fazer filosofia seria efetuar uma análise nas condições nas quais se formaram ou modificaram essas relações. A partir desse princípio, refletir sobre os mesmos mecanismos de subjetivação presentes na política e na situação social brasileira hoje demanda um olhar sobre as condições nas quais as relações de poder proporcionam uma apropriação por parte dos sujeitos subjetivados de estratégias disciplinares específicas. Para tanto, pretende-se discutir o papel das tecnologias na formação das massas, seu impacto na sociedade e na construção da cidadania, sobretudo a partir das redes sociais. Trata-se de um esforço de identificar, no interior dos processos seletivos e incitadores das tecnologias, as ferramentas propícias para a negação da liberdade.

Não se pode analisar as relações de poder sem passar pelo modo como os discursos emergem a partir das incitações pro-

O direito humano à comunicação: a superação do ódio nas redes sociais... 125

piciadas pelos mecanismos de dominação representados hoje pelas redes sociais. Nesse sentido, propõe-se aqui um diálogo entre Michel Foucault e a teoria das massas de Hannah Arendt, sobretudo em sua compreensão das massas como precursoras de regimes totalitários e da violência. Além disso, busca-se uma interpretação dos mecanismos subjetivantes presentes na dinâmica das redes sociais a fim de investigar seus riscos e possibilidades em tempos de instabilidade e acirramento do debate político, bem como suas consequências para a sociedade. Trata-se, enfim, de resgatar um princípio de educação cidadã como percurso de autonomia e de singularidades, para além das estratégias totalitárias.

Foucault está inscrito na tradição filosófica crítica, de herança kantiana, e influenciado pela suspeita nietzschiana que marcou seu trabalho, sobretudo no período de maturidade. Sua filosofia, mais do que estabelecer uma ontologia, trata do pensamento como "ato que coloca, em suas diversas relações possíveis, um sujeito e um objeto".[5] Assim, fazer filosofia seria efetuar uma análise nas condições nas quais se formaram ou modificaram essas relações entre saber e objeto, pois todo saber possível passa pela forma como o sujeito pôde se entender como sujeito e suas implicações "no" e "a partir do" objeto. Nesse sentido, a proposta foucaultiana não parte de uma ontologia, muito menos de uma teoria do conhecimento no sentido cartesiano, no qual o sujeito pensa o objeto e o define a partir da razão ou das ideias claras e distintas. Trata-se antes de verificar as condições históricas, culturais, religiosas e de linguagem que fizeram com o que o sujeito se relacionasse com o objeto a

---

[5] MOTTA, M. B. (Org.). *Foucault*. In: *Michel Foucault: ética, sexualidade e política*. Coleção Ditos e Escritos. Vol. V. Rio de Janeiro: Forense Universitária, 2006, p. 234.

partir do modo como foi suscitado a dizer-se, ou, como o próprio Foucault prefere a partir de seus textos, a "confessar-se". A esse processo ele dá o nome de subjetivação. "A questão é determinar o que deve ser o sujeito, a que condições ele está submetido, qual o seu *status*, que posição deve ocupar no real ou no imaginário para se tornar sujeito legítimo deste ou daquele tipo de conhecimento; em suma, trata-se de determinar seu modo de subjetivação".[6]

Além disso, trata-se também de verificar como uma coisa pôde se tornar objeto de um conhecimento possível, como pôde ser problematizada, por quais formas de recorte passou para que pudesse ser dita e considerada pertinente. Enfim, além de compreender o processo de subjetivação, importa verificar ainda o processo de objetivação. Pensar, mais do que definir os conceitos e articulá-los, implica estabelecer relações. A história do pensamento, nesse sentido, é a história da emergência dos jogos de verdade. Trata-se da história das veridicções, ou seja, do modo como se articulam os discursos capazes de serem entendidos como verdadeiros ou falsos e as condições que o fizeram ser aceitos ou tomados como tais. Um sujeito que emerge, não emerge sem antes pagar o preço das veridicções, sem arcar com as consequências exigidas pelo modo como ele se diz no interior das relações de saber que, impreterivelmente, implicam um poder.[7]

Desse modo, não se pode analisar as relações de poder sem passar pelo modo como os discursos emergem a partir das incitações propiciadas pelos mecanismos de dominação. Dentro

---

[6] MOTTA. *Michel Foucault*, p. 235.
[7] Esse método filosófico foucaultiano foi a base de todo seu percurso intelectual e pode ser verificado em seus livros mais conhecidos: *História da Loucura*, *Arqueologia do Saber*, *Nascimento da Clínica*, *Vigiar e Punir*, *Microfísica do Poder* e, como especificaremos aqui, em *História da Sexualidade*.

O direito humano à comunicação: a superação do ódio nas redes sociais... 127

dessa perspectiva, vale destacar as novas formas de participação política realizadas pela internet e a relação disso com o processo de subjetivação apresentado por Michel Foucault. Trata-se, portanto, de verificar se tais mecanismos de incitação discursiva, ao invés de produzirem indivíduos autônomos, capazes do uso da palavra para a manifestação democrática, não se submetem às pautas e exigências das plataformas digitais, subvertendo o sentido político e tornando-se reféns do exame disciplinar, permitido e suscitado pelas próprias redes sociais e seus interesses econômicos.

No Brasil, em junho de 2013, o fenômeno dos protestos pela redução das tarifas de transporte coletivo das grandes capitais tomou proporções gigantescas no interior das redes sociais. Em pouco tempo, a disseminação das reivindicações dos estudantes e dos movimentos de luta pelo transporte público gratuito e de qualidade ganhou todo o país e se tornou um dos principais assuntos políticos difundidos pelo *facebook*, *twitter*, entre outros. A mobilização foi instantânea e a pauta se tornou de todos, evocando as manifestações de rua ocorridas naquele mês, com repercussão incrível, raras vezes presenciada no país. Parecia que as redes sociais tinham se tornado o verdadeiro instrumento de mobilização coletiva, de disseminação de ideias e de convocação dos cidadãos. Os perfis haviam decidido ocupar as ruas. A propagação das reivindicações, das estratégias dos protestos, das táticas de confronto com a polícia permitiu que o conteúdo de fundo das mobilizações fosse amplamente divulgado e chegasse a todos, sem exceção. O resultado foi inevitável. Centenas de milhares de pessoas saíram às ruas em várias capitais e, na maioria dos casos, conseguiram a redução das tarifas do transporte coletivo, tal como se pretendia no início das manifestações.

Todavia, o que se seguiu às manifestações foi a tomada dos mecanismos de participação popular por todas as formas possíveis de contestação. A pauta do transporte público aos poucos foi sendo deixada de lado e subsumiu diante das outras questões, suscitadas sobretudo pelos setores mais conservadores e pela própria elite política e econômica do país. Vislumbrou-se nos manifestos de junho, mais do que a potencialidade de manifestação da população, a possibilidade de incitação discursiva, seja para qual objetivo que fosse necessário, ou desejado. Mais do que o conteúdo, chamam a atenção a forma e a possibilidade de manipular multidões pela capacidade de produzir discursos e compartilhar ressentimentos acumulados.

Não à toa, a campanha pela eleição presidencial de 2014 foi marcada por uma guerra ideológica nas redes sociais. Mais do que apresentar argumentos, tornou-se fundamental tomar partido, assumir trincheiras, postar e compartilhar toda forma de ataque contra o adversário, sem necessidade da proposta concreta ou da discussão de temas públicos. Assim, a guerra ideológica passou a habitar o território das incitações discursivas, dos *memes*, dos *slogans,* dos *posts*, e não mais o do confronto de ideias ou de posições.[8] Do palanque ao *facebook*, o discursivo se enquadrou nos interesses exteriores à própria democracia e passou a residir na capacidade de arregimentação dos eleitores que, um a um, se filiavam nas plataformas digitais, de acordo com o conteúdo a ser compartilhado ou reproduzido, como uma fala saída do interior de si. Ou como uma fala depositada, sobreposta ao "si" de cada indivíduo.

---

[8] Importante lembrar que, comprovadamente, as eleições de 2014 no Brasil foram marcadas por serem as primeiras no país em que a atuação de *hackers* e robôs influenciou diretamente o resultado. Após várias investigações, provou-se a propagação de notícias e perfis com interesses próprios, multiplicados involuntariamente pelos cidadãos, ao simples acesso de sua própria rede social. O uso da tecnologia para a criação de perfis *fakes* coloca em risco a própria democracia, na medida em que pode alterar resultados de pleitos.

O direito humano à comunicação: a superação do ódio nas redes sociais... 129

Desse modo, a participação política suscitada pelas redes sociais digitais apresenta em sua forma as contradições de serem mecanismos de mobilização popular, mas também de reprodução de interesses. A mesma palavra usada para se manifestar politicamente é usada como instrumento de continuidade, de calamento, de silêncio das possibilidades da democracia, sobretudo das singularidades, sufocadas pelas plataformas e sua necessidade de incitação discursiva. Falar torna-se, nesse sentido, também uma forma de calar, de se subjetivar no discurso exigido e repetido na dinâmica das redes sociais. Se a democracia é o espaço do uso da palavra, do discurso como resultado de um processo da razão, ou de manifestação das contradições da própria razão, percebe-se nos procedimentos de proliferação discursiva das redes sociais o ocultamento da palavra na medida em que cada indivíduo se torna o reprodutor de um "si mesmo" subjetivado pela incitação, pela confissão exigida pelos saberes-poderes "democráticos".

A internet, nesse caso, mais do que colaborar na produção de conteúdo e de contestação à dominação política e econômica, pode suscitar mecanismos de difusão da própria dominação, no qual os personagens que se postam nada mais fazem do que deixar de lado o verdadeiro sentido oculto das palavras não ditas, dos detalhes do poder, e se submeter cindidos pela expectativa disciplinar e suas exigências. Posta-se para tomar partido, para se subsumir aos interesses propostos, sejam eles quais forem, e não para se manifestar na verdade que excede os mecanismos e suas estratégias. Mais do que sujeitos, subjetivados. O palácio falando através da *ágora*.

Nessa perspectiva, a própria noção de ativismo digital enfrenta o desafio paradoxal de ultrapassar a fronteiras das estratégias de dominação e ao mesmo tempo não perder a força

130 Ética teológica e direitos humanos

veloz de mobilização que ela proporciona. O dito e o não dito das manifestações via internet se intercalam, se coadunam e habitam o território marcado pela linha tênue que separa a democracia da submissão. Se por democracia se entende a possibilidade do uso da palavra no sentido público, no intuito de discutir os problemas da cidade, as redes sociais colaboram para a viabilização desse mecanismo. Todavia, se, para além da viabilização discursiva, utilizam-se as plataformas digitais para reproduzir e incitar discursos predeterminados pelo poder dominante, o uso da palavra se torna antidemocrático e, quiçá, opressor. "Mas, a sociedade também possui mecanismos estabilizadores e fortalecedores da trama social que não esmagam, e sim criam indivíduos sujeitos e sujeitados pelo poder e pelo saber das práticas disciplinares. Se há uma verdade do sujeito, seria esta: sujeitos tornados objetos".[9]

O ativismo digital que se propunha a ser espaço de contestação e manifestação da palavra de cada indivíduo passou a ser o lugar da reprodução de uma vontade sem nome, de um povo subjetivado por interesses não obstante alheios à objetividade. Assim, a subjetivação alcança o seu estágio final, quando pouco importa a pauta, o conteúdo abordado, o aprofundamento de uma questão específica, mas sim o resultado esperado e exigido pelos incitadores discursivos. As plataformas digitais terminam por pulverizar os temas específicos da cidade e se perdem no embate ideológico, para além da própria democracia.

Desse modo, o papel político dos indivíduos é reorganizado, redistribuído e reinventado a partir das plataformas digitais em suas peculiaridades de difusão e alcance. O próprio concei-

---

[9] ARAÚJO, I. L. *Foucault e a crítica do sujeito*. Curitiba: UFPR, 2008, p. 124.

O direito humano à comunicação: a superação do ódio nas redes sociais... 131

to de "participação política", quando submetido à lógica das plataformas digitais subjetivantes, se altera. De uma participação que tem o uso da palavra como referência, passa-se à lógica do compartilhamento, da ausência do sujeito, da submissão do indivíduo à lógica incitadora, da qual a participação escapa à manifestação da vontade, ou da própria posição sobre o tema, seja lá qual for. "No discurso, o sujeito não é aquele que pensa e fala: é aquele que não tem uma relação permanente consigo, não tem um 'consigo mesmo' contínuo. Não importa saber quem é o autor da formulação, mas se alguém enunciou algo ele só pôde fazê-lo mediante condições estritas que aparecem no regime regulador dos enunciados de uma época".[10]

Dentro dessa perspectiva, vale destacar a contribuição de Hannah Arendt em *As origens do totalitarismo,*[11] em que ela alerta para o surgimento dos movimentos totalitários e os riscos que eles representam para a democracia. Para a autora, o termo massa, no que diz respeito à sua interpretação política, refere-se a pessoas que, devido ao seu grande número ou à sua indiferença, ou mesmo à mistura de ambos, não se podem integrar numa organização baseada no interesse comum, seja um partido político, seja uma organização profissional ou sindical. As massas existem em qualquer país e constituem a maioria de pessoas neutras e politicamente indiferentes, que nunca se filiam a qualquer partido ou organização e raramente exercem um poder de voto. A maioria de seus membros consiste em elementos que nunca haviam participado da vida política. Isso permitiu a introdução de métodos inteiramente novos de propa-

---

[10] ARAÚJO. *Foucault e a crítica do sujeito,* p. 105.
[11] ARENDT, H. *Origens dos totalitarismos.* Antissemitismo, imperialismo, totalitarismo. São Paulo: Companhia das Letras, 2016, p. 435-456.

ganda e a indiferença aos argumentos da oposição. Para Arendt, as massas neutras podem facilmente se tornar a maioria de um país de governo democrático.

Arendt ainda destaca que os líderes de movimentos totalitários são inatingíveis aos argumentos e que a massa que os sustenta não se atém a qualquer crítica externa, uma vez que o convencimento não advém pela razão, mas pela emoção.[12] Aos poucos, a massa nega a existência do indivíduo em suas possíveis contradições e se apega na nostalgia ou na identificação com o próprio líder. A massa, inevitavelmente, se abstém da reflexão. Mesmo a verdade, uma vez contrária ao interesse da massa e dos ideais de seus líderes, deve ser afastada, sacrificada em vista do bem futuro. A massa não permite a escuta. A única voz a ser ouvida é aquela que ressoa aos corações sedentos de significação coletiva, suprimindo qualquer possibilidade de racionalização. O eco do palácio deve soar mais forte do que o som da argumentação da *ágora*.

O maior risco à democracia hoje, ao nosso ver, está na possibilidade de justificação de uma violência silenciosa, presente no calamento discursivo das redes sociais, travestido de liberdade de opiniões, em que a propagação de uma ideia não reflete o processo lento e frustrante da construção da cidadania, mas o eco dos interesses do palácio, da tirania sussurrante sem rosto perpassada na massa irrefletida. A massa que delira diante de manifestações de ódio e repete incessantemente o coro da violência justificável não se espanta diante do uso da força, da instauração da pseudo-ordem, custe o que custar. A massa an-

---

[12] Para um bom aprofundamento no estudo das massas, sugerimos a leitura das obras de Gustav Le Bon, tais como: As opiniões e as crenças e Psicologia de Massas e análise do eu.

O direito humano à comunicação: a superação do ódio nas redes sociais... 133

teriormente neutra, facilmente adotada pelos movimentos totalitários, resiste ao processo reflexivo, à argumentação, aos conceitos. O ambiente das redes sociais, leve e abrangente, emerge com força destrutiva incrivelmente eficaz de qualquer possibilidade de debate profundo sobre um determinado tema político, uma vez que não permite nada além da própria reprodução dos interesses, muitas vezes contrários à própria democracia. Mais do que voz, um eco, um silenciamento lento e inercial.

A democracia, em tempos nos quais o sujeito moderno parece fadado ao fim, precisa ter a coragem do ultrapassamento do mesmo sujeito, submetido às estratégias de dominação. Isso demanda a coragem de ir além da estratégia dos perfis e seus compartilhamentos. Os indivíduos, nesse sentido, mais do que chamados a se confessarem nos posicionamentos ideológicos, ou nas exigências das coletividades, podem descobrir um caminho novo, no qual as plataformas deixem de ser os meios e passem a ser percursos, não em direção a um objetivo predeterminado, mas às singularidades, territórios únicos de um modo de ser outro, no qual a palavra, mais do que objetivante, se torna o cenário de um outro mundo possível.

3. A superação do ódio e a busca da verdade no direito humano à comunicação

O uso dos meios de comunicação, entre eles a internet, faz parte do desenvolvimento da própria humanidade e pode ser entendido como um processo pelo qual nós nos humanizamos mais, na medida em que nos relacionamos e podemos comunicar a própria mensagem da salvação, livremente. Comunicar, nessa perspectiva, mais do que uma necessidade humana, é um direito.

Há alguns anos, o Papa Francisco tem destacado o papel das redes sociais na promoção da cultura do encontro. Nesse sentido, o uso das tecnologias tem sido defendido como meio de valorização do direito humano à verdade e à liberdade de expressão. Nas palavras do próprio Papa,

> os meios de comunicação social podem favorecer o sentido de unidade da família humana, a solidariedade e o empenho para uma vida digna para todos. Rezemos para que a comunicação, em todas as suas formas, esteja efetivamente a serviço do encontro entre as pessoas, as comunidades, as nações; um encontro baseado no respeito e na escuta recíproca.[13]

Por "cultura do encontro" entende-se um encontro que sabe reconhecer que a diversidade não somente é boa, mas necessária, e, deste modo, o ponto de partida nunca pode ser "o outro está equivocado". Para Francisco, não devemos temer ou ignorar os conflitos resultantes da cultura do encontro, "mas aceitar, suportar o conflito, resolvê-lo e transformá-lo no elo de um novo processo",[14] numa unidade que não cancela as diferenças, mas as vive em comunhão por meio da solidariedade e da compreensão.

> Quem comunica faz-se próximo. E o bom samaritano não só se faz próximo, mas cuida do homem que encontra quase morto ao lado da estrada (...) Comunicar significa tomar consciência de que somos humanos, filhos de Deus. Apraz-me definir este poder da comunicação como "proximidade".[15]

---

[13] FRANCISCO, Papa. *Comunicação ao serviço de uma autêntica cultura do encontro.* Mensagem para o Dia Mundial das Comunicações Sociais (01.06.2014). Disponível em: https://w2.vatican.va/content/francesco/pt/messages/communications/documents/papa-francesco_20140124_messaggio-comunicazioni-sociali.html. Acesso em: 24.05.2018.

[14] FRANCISCO. *Comunicação ao serviço de uma autêntica cultura do encontro.*

[15] FRANCISCO. *Comunicação ao serviço de uma autêntica cultura do encontro.*

Insistentemente, a Igreja destaca essa necessidade de fazer da comunicação e, por conseguinte, das redes sociais um lugar de aproximação ao invés de afastamento, de encontro ao invés de distanciamento, de amor ao invés de ódio. Neste ano de 2018, a mensagem papal para o Dia Mundial das Comunicações Sociais destacou a capacidade humana de expressar e compartilhar o verdadeiro, o bom e o belo. Essa perspectiva aponta para a compreensão da comunicação como modalidade essencial para viver a comunhão e supõe a responsabilidade na busca da verdade e na construção do bem.[16] Num cenário em que as notícias falsas e as manifestações de ódio, motivadas pelo sentimento de massa, ocupam o espaço das redes sociais, estamos diante de um grave atentado à própria verdade do que é o humano. Assim, se na luta pelos direitos humanos básicos está a tentativa de se estabelecer um sistema de comunicação que promova a liberdade e a comunhão, é imprescindível a busca da verdade, para além de toda propagação subjetivante de violência e inverdades.

Considerações finais

As redes sociais não possuem nem evidenciam um rosto. Elas provocam, em muitas situações, o escondimento da alteridade, especialmente daqueles que mais sofrem. E não se pode pensar em direito humano no qual o humano ainda não se reve-

---

[16] FRANCISCO, Papa. *"A verdade vos tornará livres" (Jo 8,32). Fake news e jornalismo de paz*. Mensagem para o Dia Mundial das Comunicações Sociais (13.05.2018). Disponível em: https://w2.vatican.va/content/francesco/pt/messages/communications/documents/papa-francesco_20180124_messaggio-comunicazioni-sociali. html. Acesso em: 01.06.2018. A mensagem deste ano alerta para o perigo das *Fake News* e de todas as consequências geradas pela proliferação de notícias falsas nas redes sociais ao bem comum, à vida e à justiça.

la, epifanicamente, por inteiro. Se os perfis que destilam o ódio ocupam as redes e coíbem a livre manifestação dos indivíduos, ou seja, assediam o espaço que seria de comunicação e o transformam em lugar de violência, há algo a ser denunciado e corrigido. Trata-se, pois, de um dever moral exigir atitudes mais firmes das plataformas digitais para que sejam criteriosas no que diz respeito ao seu uso, coibindo a inserção de conteúdos de ódio e que incitam a violência. Além disso, impõe-se cobrar das autoridades uma legislação mais eficaz no combate aos crimes virtuais e às manifestações que sugerem preconceito, discriminação e outras atitudes contrárias aos direitos humanos. Por fim, promover entre os cristãos a busca da verdade como princípio ético fundamental, para que, no universo da comunicação, o verbo encarnado se traduza em uma superação contínua do ódio pelo amor, da morte pela vida.

Referências Bibliográficas

ARAÚJO, I. L. *Foucault e a crítica do sujeito*. Curitiba: UFPR, 2008.

ARENDT, H. *Origens dos totalitarismos*. Antissemitismo, imperialismo, totalitarismo. São Paulo: Companhia das Letras, 2016.

CALÇADO, T. *Entre a carne e o verbo: confissão, sexualidade e discurso em Michel Foucault*. São Paulo: Gênio Criador, 2017.

FOUCAULT, M. *Hermenêutica do sujeito*. São Paulo: Martins Fontes, 2012.

FOUCAULT, M. *O governo dos vivos*. São Paulo: Martins Fontes, 2013.

O direito humano à comunicação: a superação do ódio nas redes sociais... 137

FRANCISCO, Papa. *Comunicação ao serviço de uma autêntica cultura do encontro.* Mensagem para o Dia Mundial das Comunicações Sociais (01.06.2014). Disponível em: https://w2.vatican.va/content/francesco/pt/messages/communications/documents/papa-francesco_20140124_messaggio-comunicazioni-sociali.html. Acesso em: 24.05.2018.

FRANCISCO, Papa. *"A verdade vos tornará livres" (Jo 8,32). Fake news e jornalismo de paz.* Mensagem para o Dia Mundial das Comunicações Sociais (13.05.2018). Disponível em: https://w2.vatican.va/content/francesco/pt/messages/communications/documents/papa-francesco_20180124_messaggio--comunicazioni-sociali.html. Acesso em: 01.06.2018.

MARCONDES FILHO, C. *O rosto e a máquina.* O fenômeno da comunicação visto pelos ângulos humano, medial e tecnológico. São Paulo: Paulus, 2013.

MOTTA, M. B. (Org.). *Foucault.* In: *Michel Foucault:* Ética, sexualidade e política. Coleção Ditos e Escritos. Vol. V. Rio de Janeiro: Forense Universitária, 2006.

FRANCISCO, Papa. Comunicação ao serviço de uma autêntica cultura do encontro. Mensagem para o Dia Mundial das Comunicações Sociais (01.06.2014). Disponível em: https://w2.vatican.va/content/francesco/pt/messages/communications/documents/papa-francesco_20140124_messaggio-comunicazioni-sociali.html. Acesso em: 24.05.2018.

FRANCISCO, Papa. "A verdade vos tornará livres" (Jo 8,32). Fake news e jornalismo de paz. Mensagem para o Dia Mundial das Comunicações Sociais (13.05.2018). Disponível em: https://w2.vatican.va/content/francesco/pt/messages/communications/documents/papa-francesco_20180124_messaggio-comunicazioni-sociali.html. Acesso em: 01.06.2018.

MARCONDES FILHO, C. O rosto e a máquina. O fenômeno da comunicação visto pelos ângulos humano, medial e tecnológico. São Paulo: Paulus, 2013.

MOTTA, M. B. (Org.) Foucault. In: Michel Foucault. Ética, sexualidade e política. Coleção Ditos e Escritos. Vol. V. Rio de Janeiro: Forense Universitária, 2006.

7

Ética teológica, direitos humanos e *fake news*

José Antonio Trasferetti
Valdecir Luiz Cordeiro[1]

Introdução[2]

Nas cidades pequenas, antes do advento da internet, era comum a prática das fofocas e intrigas pessoais. Pelos bastidores das cidades, nas praças e nas casas, corriam muitos boatos. Essas pessoas, conhecidas como *"fofoqueiras"* ou *"dandinhas"*, ficavam à espreita de qualquer movimento diferenciado para aumentar as coisas, tergiversar os fatos. Um carro parado à porta da casa de alguém, numa hora suspeita; uma mulher que engordasse um pouquinho mais; um vizinho que chegasse a altas horas da noite em casa etc., já se configuravam situações vistas como motivos de comentários. As notícias corriam de boca em boca, de janela em janela.

[1] José Antonio Trasferetti é Doutor em Teologia Moral (Academia Alfonsiana – Roma) e em Filosofia (Pontifícia Universidade Gregoriana – Roma), Professor da Pontifícia Universidade Católica de Campinas e Vice-Presidente da Sociedade Brasileira de Teologia Moral (SBTM); Valdecir Luiz Cordeiro é Doutor em Teologia Sistemática (Faculdade Jesuíta de Filosofia e Teologia – FAJE – Belo Horizonte).

[2] Agradecemos a colaboração do estudante de Teologia da PUC-Campinas, João Henrique Carneiro Stabile, pela leitura do texto e pelas preciosas indicações sugeridas.

Normalmente, criava-se um fato, que nem sempre correspondia à verdade. Aumentava-se ou diminuía-se o conto, conforme contado ou inventado por outros, que, nas entrelinhas, teciam as mentiras sorrateiras. Tratava-se, evidentemente, de uma fabricação de contos, histórias, meias verdades. Na realidade, as fofocas – surgidas de "verdades" fabricadas – configuravam uma ação que assumia a forma de calúnia ou difamação e prejudicava a imagem de uma pessoa. A vítima ficava "malfalada", sua reputação destruída a tal ponto de, às vezes, precisar até mudar-se de cidade.

Lamentavelmente, as notícias falsas – fofocas e mentiras – continuam a ser espalhadas pelo mundo, produzindo um verdadeiro ecossistema da informação que se distancia da verdade. Agora, de forma mais sofisticada, com o uso de instrumentos poderosos, tais como as redes *on-line*, produzem-se comportamentos sociais e modismos que influenciam famílias, sociedade e comércio, conseguindo determinar até mesmo eleições presidenciais. O teólogo João Batista Libânio, em seu livro *A ética do cotidiano*, escrevendo sobre a internet, afirmou que:

> A internet tem trazido mais que simples revolução tecnológica. Influencia radicalmente a maneira de compreender, de pensar, de conhecer, de transmitir rapidamente os conhecimentos e notícias. Causa impacto psicológico, moral e social sobre as pessoas. Atua sobre estruturas sociais, sobre o intercâmbio entre grupos humanos, valores, ideologias e posturas religiosas. *Internet gera cultura, é cultura. Ao fazer cultura, modifica o significado de tudo o que toca, deixando após si rastros indeléveis de sua passagem.*[3]

---

[3] LIBÂNIO, J. B. *A Ética do Cotidiano*. São Paulo: Paulinas, 2015, p. 181 (itálico nosso).

1. A verdade e as *fake news*

A pergunta que a ética teológica levanta está relacionada diretamente à práxis social, que é o modo de agir para enfrentar situações falsas ou mentiras criadas nas redes sociais, sobretudo em ambiente virtual, que servem puramente para destruir instituições sociais, famílias inteiras e pessoas em sua singularidade. Trata-se, na verdade, de um pecado contra o oitavo mandamento – "não dirás falso testemunho contra o teu próximo" (Ex 20,16; Dt 5,20). A presença efetiva e constante desse "pecado" fere a dignidade da pessoa humana e, particularmente, um dos seus direitos fundamentais, que é o de preservar sua imagem, reputação e nome perante a sociedade. Uma imagem destruída por uma notícia falsa – falso testemunho – cria grandes transtornos, cuja reversibilidade resulta quase que impossível com o passar do tempo.

A luta em prol dos direitos humanos, os quais, por definição, asseguraram a dignidade da pessoa humana, está diretamente vinculada à verdade das pessoas em sua singularidade e em sua presença real na vida pública. Por conseguinte, a busca pela verdade das ações, e sua respectiva imagem social, tem se tornado um grande desafio para a sociedade atual. Como discernir as mentiras da verdade, o certo do errado numa sociedade cada vez mais caótica, na qual se ganha com a desorientação moral dos cidadãos? Trata-se de um trabalho de educação moral para o discernimento, tarefa que envolve os que trabalham com a ética teológica em nível local, continental e planetário. Verdadeiro desafio, posto que a situação reveste-se de grande complexidade porque as notícias falsas aparecem como se fossem verdadeiras e se distribuem de forma altamente veloz.

São ambiguidades do ambiente informacional que dificultam a compreensão ao cidadão comum.

O processo de discernimento não é tarefa fácil e, por isso, exige muita prudência, cautela e sabedoria. A sabedoria prática exige o uso da razão e do necessário diálogo antes de juízo conclusivo em face de qualquer notícia. As calúnias e as difamações precisam ser banidas do nosso meio. Para isso, deve prevalecer a verdade da realidade. Mas a realidade é mascarada por incautos e maledicentes, que com seus instrumentos reais e virtuais sempre encontram uma forma de burlar o conhecimento do cidadão comum. Vender "gato" por "lebre" é uma prática tão antiga quanto atual.

Um exemplo recente foi a onda de notícias relacionadas com o assassinato da vereadora Marielle Franco, ocorrido em 13 de março de 2018. Os que eram contrários ao trabalho desenvolvido pela combativa vereadora procuraram, de todos os modos, espalhar fofocas que, objetivamente, tinham o potencial de prejudicar a sua imagem. Evidentemente, os exemplos foram numerosos e envolveram inclusive padres, pastores, médicos, políticos, universidades, escolas etc. Atualmente, a produção e a divulgação das mentiras ou das verdades sobre a ação social de qualquer pessoa ou instituição social estão diretamente associadas ao desenvolvimento das redes sociais no Brasil e no mundo. Os instrumentos de divulgação de notícias vinculados com a internet (aplicativos como *Telegram, Signal, WhatsApp*, entre outros) se multiplicaram fortemente nos últimos tempos, com alto poder, inclusive, para influenciar comportamentos, criar tendências e impor modas.

Os chamados *bots* – contas automáticas que imitam o comportamento humano – ampliam o alcance das *fake news* e explo-

Ética teológica, direitos humanos e *fake news* 143

ram as fragilidades psicológicas ou sociais da comunidade. Os autores Almeida, Doneda e Lemos, no artigo "*A Nova Fase das Fake News*", afirmam que, segundo um novo artigo da revista *Science*, "há de 29 milhões a 49 milhões de robôs no *twitter* (de 9% a 15% dos 330 milhões de contas ativas); no *facebook*, são cerca de 60 milhões de *bots* controlando perfis (ou 3% dos mais de 2 bilhões de usuários)".[4] Na verdade, o que existe é uma grande desinformação, em que uma fonte aparentemente confiável planta notícias falsas em determinado ambiente, gerando desequilíbrio comportamental e confusão mental, induzindo o interlocutor a tomar o falso como verdadeiro.

Os autores supracitados ainda destacam que há diversos fatores que influenciam a desinformação, que "vão da simples negligência (como disseminação de boatos ou matérias jornalísticas mal-apuradas) à busca de vantagens políticas ou financeiras, passando pela tentativa de destruir reputações".[5] Para eles,

> essas categorias poderiam descrever o fenômeno das *Fake News* em qualquer período da história, mas dois elementos fundamentais são específicos da atualidade: a velocidade com que as notícias falsas se espalham e a capilaridade que elas têm. Hoje, plataformas como Facebook, Twitter, Google e Youtube, entre outras, possuem alcance global instantâneo (ao menos no Ocidente).[6]

---

[4] ALMEIDA, V.; DONEDA, D.; LEMOS, R. Com avanço tecnológico, fake news vão entrar em fase nova e preocupante. In: *Folha de São Paulo*. Ilustríssima (08.04.2018), p. 5. Disponível em: https://www1.folha.uol.com.br/ilustrissima/2018/04/com--avanco-tecnologico-fake-news-vao-entrar-em-fase-nova-e-preocupante.shtml. Acesso em: 30.05.2018.
[5] ALMEIDA; DONEDA; LEMOS. Com avanço tecnológico, fake news vão entrar em fase nova e preocupante, p. 4.
[6] ALMEIDA; DONEDA; LEMOS. Com avanço tecnológico, fake news vão entrar em fase nova e preocupante, p. 4.

Ainda segundo tais autores, a situação dos governos e das relações geopolíticas proporcionaram "as condições para que se aprofundasse o fenômeno da desordem informacional".[7]

No contexto atual de produção de notícias, a expressão *"fake news"* é objeto de discussões, debates e estudos. Está associada à desinformação transmitida on-line nos *mass media*[8] tradicionais ou pós-modernos. Assim, a expressão faz referência às informações infundadas, baseadas em dados inexistentes ou distorcidos, com tendência a enganar e até manipular o público-alvo. A sua divulgação em ampla escala, usando metodologias sofisticadas, pôde influenciar, favorecer vantagens econômicas e até lançar tendências políticas.

O Papa Francisco, em mensagem para o Dia Mundial das Comunicações Sociais, sobre o tema *"a verdade vos tornará livres"* (Jo 8,32), abordando o tema das *fake news e do jornalismo de paz*, afirma:

> a eficácia das fake news fica-se a dever, em primeiro lugar, à sua natureza mimética, ou seja, à capacidade de se apresentar como plausíveis. Falsas, mas verossímeis, tais notícias são capciosas, no sentido que se mostram hábeis a capturar a atenção dos destinatários, apoiando-se sobre estereótipos e preconceitos generalizados no seio dum certo tecido social, explorando emoções imediatas e fáceis de suscitar, como a ansiedade, o desprezo, a ira e a frustração.[9]

---

[7] ALMEIDA; DONEDA; LEMOS. Com avanço tecnológico, fake news vão entrar em fase nova e preocupante, p. 4.

[8] Entende-se o conjunto dos meios de comunicação de massa, tais como jornal, revista, televisão, rádio, internet etc.

[9] FRANCISCO, Papa. *"A verdade vos tornará livres" (Jo 8,32). Fake news e jornalismo de paz.* Mensagem para o Dia Mundial das Comunicações Sociais (13.05.2018), n. 1. Disponível em: https://w2.vatican.va/content/francesco/pt/messages/communications/documents/papa-francesco_20180124_messaggio-comunicazioni-sociali.html. Acesso em: 01.06.2018.

Ética teológica, direitos humanos e *fake news*

Tais produções têm sido um grave problema tanto para pessoas, como para instituições e, inclusive, governos municipais, estaduais e federais. A sua difusão ocorre de forma rápida e violenta, penetrando no tecido social e causando danos estratégicos que interessam a grupos de oposição ou de mercado. Afirma, sobre isso, o Papa Francisco:

> A sua difusão pode contar com um uso manipulador das redes sociais e das lógicas que subjazem ao seu funcionamento: assim os conteúdos, embora desprovidos de fundamento, ganham tal visibilidade que os próprios desmentidos categorizados dificilmente conseguem circunscrever os seus danos.[10]

Na verdade, as *fake news* são geradas por pessoas que manifestam sentimento de ódio em relação a outras pessoas. Trata-se de uma atitude de fechamento, enclausuramento em si mesmo, devido ao medo que invadiu as relações sociais. O clima de intolerância, perseguição, fanatismo conduz as pessoas a certo desprezo pelo outro, enquanto postura diferenciada. O enfrentamento do "diferente" causa medo, ansiedade e arrogância. Nesse sentido, como antídoto à proliferação de notícias falsas faz-se necessário criar um clima de abertura ao outro, procurando compreendê-lo em sua diversidade e singularidade. Nesta perspectiva, o outro não é visto como inimigo, mas como diferente em sua própria cultura e manifestação social. Contudo, não é fácil erradicar notícias falsas, pois elas se espalham rapidamente e ganham terreno no tecido social. As *fake news* inevitavelmente causam danos. Contaminam o ambiente muito antes de as pessoas darem-se conta de que se trata pura e simplesmente de falsidade. Quanto a isso, afirma o Papa Francisco:

---

[10] FRANCISCO. *"A verdade vos tornará livres"* (Jo 8,32). Fake news e jornalismo de paz, n. 1.

146 Ética teológica e direitos humanos

A dificuldade em desvendar e erradicar as *fake news* é devida também ao fato de as pessoas interagirem muitas vezes dentro de ambientes digitais homogêneos e impermeáveis a perspectivas e opiniões divergentes. Esta lógica da desinformação tem êxito, porque, em vez de haver um confronto sadio com outras fontes de informação (que poderia colocar positivamente em discussão os preconceitos e abrir para um diálogo construtivo), corre-se o risco de se tornar atores involuntários na difusão de opiniões tendenciosas e infundadas.[11]

Não se trata somente de uma desinformação que causa uma confusão social, mas de prática que fere o outro em sua dignidade pessoal. Por interesse econômico, político, ou mesmo pessoal, a desinformação gera uma orientação que constrange a liberdade, exclui pessoas e grupos, causando dano muitas vezes irreparável à imagem e reputação da vítima. Afirma o Papa Francisco:

O drama da desinformação é o descrédito do outro, a sua representação como inimigo. Chegando-se a uma demonização que pode fomentar conflitos. Deste modo, as notícias falsas revelam a presença de atitudes simultaneamente intolerantes e hipersensíveis, cujo único resultado é o risco de se dilatar a arrogância e o ódio. É a isto que leva, em última análise, a falsidade.[12]

Nenhum de nós se pode eximir da responsabilidade de contrastar estas falsidades. Não é tarefa fácil, porque a desinformação se baseia muitas vezes sobre discursos variegados, deliberadamente evasivos e sutilmente enganadores, valendo-se por vezes de mecanismos refinados.[13]

[11] FRANCISCO. *"A verdade vos tornará livres" (Jo 8,32). Fake news e jornalismo de paz*, n. 1.
[12] FRANCISCO. *"A verdade vos tornará livres" (Jo 8,32). Fake news e jornalismo de paz*, n. 1-2.
[13] FRANCISCO. *"A verdade vos tornará livres" (Jo 8,32). Fake news e jornalismo de paz*, n. 2.

Ética teológica, direitos humanos e *fake news*

As dificuldades para detectar e reagir frente às notícias falsas são imensas. Vivemos um caos social e ético, com insegurança jurídica, imprevisibilidades das ações morais e comportamentos evasivos. Este clima ardiloso, transmutado em ações de desinformação, facilitado pelo aspecto camuflado das redes sociais dificulta ainda mais a percepção da verdadeira natureza das notícias. Estamos todos vulneráveis às más inclinações de pessoas e grupos que, amparados pela sensação de anonimato assegurada pelo ambiente virtual, sobretudo, agem de forma vil. Para Francisco,

> (...) a prevenção e identificação dos mecanismos da desinformação requerem também um discernimento profundo e cuidadoso. Com efeito, é preciso desmascarar uma lógica, que se poderia definir como a "lógica da serpente", capaz de se camuflar e morder em qualquer lugar. Trata-se da estratégia utilizada pela serpente – "o mais astuto de todos os animais", como diz o livro do Gênesis (3,1-15), a qual se tornou, nos primórdios da humanidade, artífice da primeira *fake news*, que levou às trágicas consequências do pecado, concretizadas depois no primeiro fratricídio (Gn 4) e em inúmeras outras formas de mal contra Deus, o próximo, a sociedade e a criação. A estratégia deste habilidoso "pai da mentira" (Jo 8,44) é precisamente a mimese, uma rastejante e perigosa sedução que abre caminho no coração do homem com argumentações falsas e aliciantes.[14]

O fato é que notícias falsas atingem o público com mais rapidez e facilidade do que notícias boas. As pessoas são atraídas pelas pretensas informações por curiosidade, medo ou aparência de novidade. Segundo os autores já citados – Almeida, Doneda e Lemos – é possível distinguir três categorias de notícias falsas:

---

[14] FRANCISCO. *"A verdade vos tornará livres" (Jo 8,32). Fake news e jornalismo de paz*, n. 2.

148   Ética teológica e direitos humanos

A primeira é a desinformação (*desinformation*) que consiste em notícias falsas deliberadamente criadas e espalhadas para prejudicar uma pessoa, um grupo social, uma organização ou um país; a segunda é a notícia falsa propriamente dita (*misinformation*) compartilhada por uma pessoa desavisada que a princípio não tinha a intenção de prejudicar alguém; a terceira, a "mal-information" (malinformação), notícias que, embora tenham bases reais, são editadas e disseminadas com a finalidade de causar danos – por exemplo, revelando publicamente temas da esfera privada.[15]

Por seu enorme potencial de disseminação, tais notícias tornam as pessoas presas a meias verdades, prejudicando os relacionamentos humanos, criando expectativas falsas e projetando uma realidade criada de modo artificial.

De facto, está em jogo a nossa avidez. As *fake news* tornam-se frequentemente virais, ou seja, propagam-se com grande rapidez e de forma dificilmente controlável, não tanto pela lógica de partilha que caracteriza os meios de comunicação social, como sobretudo pelo fascínio que detêm sobre a avidez insaciável que facilmente se acende no ser humano. As próprias motivações econômicas e oportunistas da desinformação têm a sua raiz na sede de poder, ter e gozar, que, em última instância, nos torna vítimas de um embuste muito mais trágico do que cada uma das suas manifestações: o embuste do mal, que se move de falsidade em falsidade para nos roubar a liberdade do coração.[16]

A notícia falsa, quando internalizada e tratada como se fosse verdade, acaba criando uma falsa representação, ou seja, transforma a mentira em possível verdade. As pessoas e grupos que decaem a um nível de informação sem qualidade degradam

---

[15] ALMEIDA; DONEDA; LEMOS. Com avanço tecnológico, fake news vão entrar em fase nova e preocupante, p. 4.
[16] FRANCISCO. *"A verdade vos tornará livres" (Jo 8,32). Fake news e jornalismo de paz*, n. 2.

Ética teológica, direitos humanos e *fake news* 149

a si mesmas. Através de um processo sutil, passam a tratar com a mentira e a falsidade de forma contínua e, assim, perdem a capacidade de discernimento ético e terminam acreditando em si mesmas, transformando a mentira existencial em verdade, projetando um ser diferenciado. Sobre isso, afirma Francisco:

> De facto, a contaminação contínua por uma linguagem enganadora acaba por ofuscar o íntimo da pessoa. Dostoevskij deixou escrito algo de notável sentido: "Quem mente a si mesmo e escuta as próprias mentiras chega a pontos de já não poder distinguir a verdade dentro de si mesmo nem ao seu redor, e assim começa a deixar de ter estima de si mesmo e dos outros. Depois, dado que já não tem estima de ninguém, cessa também de amar, e então na falta de amor, para se sentir ocupado e distrair, abandona-se às paixões e aos prazeres triviais e, por culpa dos seus vícios, torna-se como uma besta; e tudo isso deriva do mentir contínuo aos outros e a si mesmo" (Os Irmãos Karamazov II, 2).[17]

A busca por uma comunicação real, que leve em conta a transparência dos relacionamentos, implica um comportamento livre e sem falsificações. A autenticidade dos comportamentos tornou-se base para o enfrentamento do mundo atual. Os fatos devem ser tratados tal como realmente são, e sua interpretação deve respeitar a exigência de uma moral que assegure o valor da pessoa humana e sua dignidade. O espírito democrático supõe uma discussão livre, sem ódio, no respeito primeiro às argumentações plausíveis que se encontram na comunicação dos atores sociais livres.

Caminhar na verdade deve ser a meta de qualquer cristão, visto que, conforme o Evangelho segundo João, o próprio Cristo se apresenta como "o caminho, a verdade e a vida" (Jo

---

[17] FRANCISCO. *"A verdade vos tornará livres"* (Jo 8,32). Fake news e jornalismo de paz, n. 3.

14,6). Mesmo numa sociedade conflitiva e enganadora,[18] faz-se necessário ter como opção fundamental a construção da verdade por meio de sólidas relações de fraternidade, com base nos ideais cristãos. Somente cidadãos livres e conscientes conhecerão a verdade e, desta forma, haverá a libertação de toda enganação imperante. Por isso mesmo, educar para a verdade significa ensinar a discernir, avaliar e ponderar os desejos e as inclinações que se movem dentro de nós, para nos encontrarmos despojados.

Aqui vale aclarar o conceito de verdade relativo às três tradições que, de alguma forma, estão na base da civilização ocidental.

Em grego, verdade é *aletheia*. O *a* indica negação, *léthe* significa esquecimento e *lethánō*, fazer esquecer. Ou seja, a verdade é o não esquecido, a automanifestação da realidade ao conhecimento das pessoas. Assim, o conhecimento da verdade se assemelha ao olhar distanciado, que capta os contornos objetivos da realidade dos seres tal como eles se manifestam. O contrário disso é a aparência, a obscuridade, o esquecimento ou o encobrimento, intencional ou não, da realidade das coisas.

Em latim, verdade é *veritas*. No campo da linguagem, refere-se à narrativa que relata os fatos tais quais acontecidos. O contrário de verdade é imprecisão ou, em caso de má-fé, mentira pura e simples.

Em hebraico, verdade é *'emet* e *'emunah*, sendo que *'emet* refere-se ao aspecto verbal da linguagem – enunciado, promessa, mandamento – e *'emunah*, à qualidade pessoal do falante, no sentido de confiança e fidelidade. A palavra *amém* (assim seja) também faz parte do campo semântico da verdade.

---

[18] Presume-se isso frente à avaliação da conjuntura apresentada, não obstante a esperança da possibilidade de uma sociedade igualitária e pacífica.

Ética teológica, direitos humanos e *fake news* 151

O filósofo Lorenz B. Puntel define verdade na Bíblia como o que designa o ser firme, o que se sustenta, aquilo em que se pode confiar, aquilo que serve de orientação.[19] E, ao se referir à sua própria teoria da verdade, afirma que "uma sentença verdadeira é aquela que expressa uma proposição verdadeira; (...) esta é idêntica a um fato no mundo".[20]

Os sentidos de verdade aí expostos resumem, de certo modo, o legado das grandes tradições que constituem a nossa cultura. Compreende-se, a partir daí, que a verdade é relativa à realidade como um todo e, consequentemente, consiste na confiança de que o que é dito se cumpre com fidelidade. Vale lembrar que mesmo a realidade das coisas tem uma promessa, uma palavra que se enuncia na automanifestação dos seres ao intelecto humano e acontece como verdade percebida.

Como se vê, a questão da verdade envolve pessoas. Na tradição bíblico-cristã, a verdade diz respeito às relações pessoais com Deus, com os outros, com a sociedade e com o mundo. Sobretudo para a tradição semita, verdade tem o sentido de fidelidade e confiança. É por isso que o profeta Jeremias, falando em nome de Deus, lamenta a infidelidade de Israel à vocação de ser um povo livre. Ou seja, o profeta denuncia a falta de verdade na experiência histórica do povo: "Eu havia plantado você como lavoura especial, com mudas legítimas. E como é que você se transformou em ramos degenerados de vinha sem qualidade?" (Jr 2,21). O profeta denuncia a falsidade de Israel. Jesus também lamenta que Israel não seja fiel – ou seja, verdadeiro – à sua vocação de viver a fraternidade, a justiça e a paz, sintetizadas na esperança messiânica (Mt 23,37).

---

[19] PUNTEL, L. B. *Estrutura e ser*: um quadro referencial teórico para uma filosofia sistemática. (Trad. Nélio Schneider). São Leopoldo: UNISINOS, 2008, p. 125.
[20] PUNTEL. *Estrutura e ser*, p. 584.

No âmbito da sistematização da Doutrina Social da Igreja, o Papa João XXIII, por exemplo, sustenta que o viver na verdade tem um significado especial nas relações sociais. A convivência entre os seres humanos em uma comunidade é efetivamente ordenada, fecunda e condizente com a sua dignidade de pessoas quando se funda na verdade.[21] O Papa Francisco, por sua vez, chama a atenção para os riscos de manipulação: no sistema econômico e na cultura atuais "o real cede o lugar à aparência"[22] e o meios de comunicação, defendendo interesses contrários aos interesses econômicos dos povos, manipulam a realidade.[23]

Ainda segundo o Papa Francisco, a verdade implica um projeto de vida:

> Na visão cristã, a verdade não é uma realidade apenas conceitual, que diz respeito ao juízo sobre as coisas, definindo-as verdadeiras ou falsas. A verdade não é apenas trazer à luz coisas obscuras, "desvendar a realidade", como faz pensar o termo que a designa em grego: *aletheia*, de *a-lethés*, "não escondido". A verdade tem a ver com a vida inteira.[24]

Fica claro, portanto, que uma vida na verdade tem a ver com a fidelidade à vocação do ser humano ao amor e ao serviço. Não se pode pensar a verdade senão na perspectiva de uma convivência harmônica, livre das formas de agressão à dignidade humana e de falseamento da realidade.

Autenticidade de vida supõe pessoas inteiras que se relacionam de forma transparente, encontrando caminhos de veracida-

---

[21] JOÃO XXIII, Papa. *Pacem in Terris*. Carta Encíclica sobre a paz de todos os povos na base da verdade, justiça, caridade e liberdade. São Paulo: Paulinas, 2004, n. 265-266.281.
[22] FRANCISCO, Papa. *Evangelii Gaudium*. Exortação Apostólica sobre o anúncio do Evangelho no mundo atual. São Paulo: Paulus/Loyola, 2013, n. 62. Daqui em diante = EG.
[23] EG 62.
[24] FRANCISCO. *"A verdade vos tornará livres" (Jo 8,32). Fake news e jornalismo de paz*, n. 3.

Ética teológica, direitos humanos e *fake news* 153

de em tudo o que fazem. Libertar-se dos falsos posicionamentos das *fake news* é uma meta eficaz que gera relacionamentos duradouros e profícuos. Quanto a isso, o Papa Francisco afirma:

> Libertação da falsidade e busca do relacionamento: eis aqui os dois ingredientes que não podem faltar, para que as nossas palavras e os nossos gestos sejam verdadeiros, autênticos e fiáveis. Para discernir a verdade, é preciso examinar aquilo que favorece a comunhão e promove o bem e aquilo que, ao invés, tende a isolar, dividir e contrapor.[25]

Tais relações desejadas na pura liberdade e verdade entre as pessoas se conquistam por meio de uma prática real quotidiana, marcada pela espontaneidade e singularidade dos seres humanos, sem imposições. Neste sentido, o Papa Francisco afirma que

> a verdade não se alcança autenticamente quando é imposta como algo de extrínseco e impessoal; mas brota de relações livres entre as pessoas, na escuta recíproca. Além disso, não se acaba jamais de procurar a verdade, porque algo de falso sempre se pode insinuar, mesmo ao dizer coisas verdadeiras.[26]

Ou seja, pessoas verdadeiras são transparentes em suas manifestações sociais, pautando suas ações pelo princípio da reciprocidade nas relações.

2. Direitos humanos e *fake news*

As notícias falsas configuram-se como violação dos direitos humanos. Em primeiro lugar, do ponto de vista da fundamentação

---

[25] FRANCISCO. *"A verdade vos tornará livres" (Jo 8,32). Fake news e jornalismo de paz*, n. 3.
[26] FRANCISCO. *"A verdade vos tornará livres" (Jo 8,32). Fake news e jornalismo de paz*, n. 3.

última de tais direitos, ferem a dignidade da pessoa. Em segundo lugar, do ponto de vista da consideração dos direitos propriamente, configuram-se como desvirtuamento do poder que cada um exerce ou pode exercer sobre os demais, no âmbito das relações. Finalmente, e em terceiro lugar, no plano existencial, as *fake news* negam autenticidade à pessoa. Desprovidas de senso ético, passam a destruir as bases da integridade pessoal e da convivência.

Giorgio Filibeck, em sintonia com a tradição bíblico-cristã, sustenta que a pessoa humana é ontologicamente provida de singular dignidade, posto que criada por Deus e salva por Jesus Cristo.[27] Aí reside o sólido fundamento dos direitos humanos. A Declaração Universal dos Direitos do Homem reconhece tal dignidade, contudo sem fazer referência a Deus como o seu fundamento.

Qualquer desrespeito à dignidade da pessoa por si só já inviabiliza os direitos humanos. Intrínseca à noção de dignidade é a ideia segundo a qual a pessoa pode desenvolver o seu potencial. Ora, quanto a esse particular, muitos são os impeditivos, tais como as barreiras de ordem econômica, social, política e cultural. Todas essas dimensões da pessoa podem ser perturbadas no interior de um ambiente comunicacional distorcido pelas notícias falsas.

De fato, é da dignidade humana que emanam os direitos humanos, tais como o direito à vida, à família, à liberdade, ao conhecimento da verdade, direito a trabalho de qualidade, moradia, terra de onde tirar o sustento, liberdade de expressão e religiosa. O direito dos povos e nações é também expressão dos direitos humanos.[28] As *fake news* causam impacto negativo em

---

[27] FILIBECK, Giorgio (Org.). *Direitos do Homem*. De João XIII a João Paulo II. Cascais: Principia, 2000, p. 99.
[28] JOÃO PAULO II, Papa. *Centesimus Annus. Carta Encíclica no centenário da Rerum Novarum*. Roma: Libreria Editrice Vaticana, 1991, n. 33.

Ética teológica, direitos humanos e *fake news* 155

todos esses direitos, mas o maior impacto recai sobre o direito à verdade e à liberdade de expressão. No contexto atual, verifica-se verdadeiro ataque aos direitos humanos sob forma de preconceitos e manipulações, o que não pode ser considerado aceitável no marco de uma sociedade minimamente civilizada. O Compêndio da Doutrina Social da Igreja Católica elenca os princípios decorrentes da dignidade humana e da igualdade entre as pessoas.[29] Tais princípios são fundamentais para a construção de um mundo mais justo e humano.

As *fake news*, do ponto de vista da consideração dos direitos propriamente, configuram-se como desvirtuamento do poder do indivíduo enquanto sujeito da ação. Com efeito, a pessoa se realiza na medida em que tem os seus direitos respeitados e cumpre os seus deveres. O compromisso com o bem comum supõe ambos os aspectos, de modo que o poder exercido pela pessoa seja verdadeiro serviço aos outros. Ter cuidado no trato com as notícias, a fim de discernir se são verdadeiras ou falsas, constitui-se como verdadeiro serviço ao bem comum. É com base na verdade que se efetiva o conjunto das condições da vida social que permitem, tanto aos grupos como a cada um dos seus membros, atingir mais plena e facilmente a própria perfeição.

No plano existencial, as *fake news* destroem as bases da integridade pessoal e da convivência, atentando assim contra os direitos humanos. A liberdade de expressão, que é um direito de toda pessoa, não se pode exercer à custa da dignidade alheia e da própria dignidade.

A construção da verdade em nossas ações sociais deve ser uma prática diária e está associada ao modo como vivemos e

---

[29] PONTIFÍCIO CONSELHO 'JUSTIÇA E PAZ'. *Compêndio da Doutrina Social da Igreja.* São Paulo: Paulinas, 2005, n. 164-196.

156 Ética teológica e direitos humanos

realizamos nossa presença no mundo. Se conhecemos a verdade e nos orientamos por ela, se compreendemos que a verdade não tem finalidade em si mesma, então nossas ações promovem o bem comum, espalham fraternidade, geram diálogos maduros, enaltecem a dignidade humana.

Novamente o Papa Francisco afirma que,

> de facto, uma argumentação impecável pode basear-se em fatos inegáveis, mas, se for usada para ferir o outro, e desacreditá-lo à vista alheia, por mais justa que apareça, não é habilitada pela verdade. A partir dos frutos, podemos distinguir a verdade dos vários enunciados: se suscitam polêmica, fomentam divisões, infundem resignação ou se, em vez disso, levam a uma reflexão consciente e madura, ao diálogo construtivo, a uma profícua atividade.[30]

Faz-se mister nos prepararmos eticamente para enfrentar o clima carregado das comunicações virtuais no mundo da internet e combatermos as notícias falsas por meio de ações bem concretas. Para além das ações e planos operacionais, o Papa Francisco enfoca a questão nas pessoas:

> O melhor antídoto contra as falsidades não são as estratégias, mas as pessoas: pessoas que, livres da ambição, estão prontas a ouvir e, através da fadiga dum diálogo sincero, deixam emergir a verdade: pessoas que, atraídas pelo bem, se mostram responsáveis no uso da linguagem. Se a via de saída da difusão da informação é a responsabilidade, particularmente envolvido está quem, por profissão, é obrigado a ser responsável ao informar, ou seja, o jornalista, guardião das notícias.[31]

---

[30] FRANCISCO. *"A verdade vos tornará livres" (Jo 8,32). Fake news e jornalismo de paz*, n. 3.
[31] FRANCISCO. *"A verdade vos tornará livres" (Jo 8,32). Fake news e jornalismo de paz*, n. 3.

Ética teológica, direitos humanos e *fake news*

O Papa Francisco, também nessa mensagem, afirma a necessidade e a importância de um jornalismo de qualidade, pois no centro não está a notícia como negócio, comércio, *business*, mas a dignidade humana, ou seja, a pessoa. Não importa sua velocidade ou o público atingido (audiência), mas a veracidade dos fatos e sua importância para a edificação da sociedade e das pessoas.

> No mundo atual, ele não desempenha uma profissão, mas uma verdadeira e própria missão. No meio do frenesim das notícias e na voragem dos scoop, tem o dever de lembrar que, no centro da notícia, não estão a velocidade em comunicá-la nem o impacto sobre a *audience*, mas *as pessoas*. Informar é formar, é lidar com a vida das pessoas. Por isso, a precisão das fontes e a custódia da comunicação são verdadeiros e próprios processos de desenvolvimento do bem, que geram confiança e abrem vias de comunhão e de paz.[32]

Na verdade, trata-se da construção de uma prática comunicativa que respeite a diversidade e se proponha ao exercício da justiça na divulgação e interpretação dos fatos sociais que permeiam a sociedade brasileira. O Papa Francisco propõe um jornalismo de paz, sem apelações e sensacionalismos vulgares.

> Desejo convidar a que se promova um jornalismo de paz, sem entender, com esta expressão, um jornalismo "bonzinho" que negue a existência de problemas graves e assuma tons melífluos. Pelo contrário, penso num jornalismo sem fingimentos, hostil às falsidades, a slogans sensacionais e a declarações bombásticas; um jornalismo feito por pessoas para as pessoas e considerado como serviço a todas as pessoas, especialmente àquelas – e no mundo, são a maioria – que não têm voz; um jornalismo que não se limite a queimar notícias, mas se comprometa na busca das causas reais dos conflitos, para favorecer a sua compreensão das

---

[32] FRANCISCO. *"A verdade vos tornará livres" (Jo 8,32). Fake news e jornalismo de paz*, n. 3.

158   Ética teológica e direitos humanos

raízes e a sua superação através do aviamento de processos virtuosos; um jornalismo empenhado a indicar soluções alternativas às *escalation* do clamor e da violência verbal.[33]

Os autores Almeida, Doneda e Lemos afirmam que:

> Vários países vêm desenvolvendo estratégias para enfrentar esse desafio contemporâneo. As dificuldades são inúmeras: além da necessidade de delimitar o problema (como definir o que é falso?), é preciso lidar com as diferentes características da rede. Cada nação consegue agir somente em relação ao seu próprio território.[34]

> É possível dividir as propostas em pelo menos dois grupos: as soluções de "hard power", com as quais governos miram os mecanismos de circulação da informação, e as de "soft power", com estratégias a longo prazo de vacinar as sociedades contra esse tipo de manipulação, em cooperação com diversos setores (universidades, governos, empresas privadas, sociedade civil, etc.). Em qualquer das hipóteses, a batalha contra a desordem informacional será travada sobretudo em dois campos distintos: ciência e tecnologia de um lado, direito e regulação de outro.[35]

3. Propostas de soluções: análise pessoal e visita à própria consciência

Como proposta à retaliação e à maledicência causadas pelas *fake news*, Almeida, Doneda e Lemos apontam um caminho, que conta com seguintes linhas de atuação:

---

[33] FRANCISCO. *"A verdade vos tornará livres" (Jo 8,32)*. Fake news e jornalismo de paz, n. 4.
[34] ALMEIDA; DONEDA; LEMOS. Com avanço tecnológico, fake news vão entrar em fase nova e preocupante, p. 4.
[35] ALMEIDA; DONEDA; LEMOS. Com avanço tecnológico, fake news vão entrar em fase nova e preocupante, p. 4.

Ética teológica, direitos humanos e *fake news* 159

1. Obter maior transparência na divulgação de notícias online, inclusive em relação a como os dados pessoais são usados para direcionar informações aos leitores; 2. Promover competências em educação para a mídia (*mídia literacy*), a fim de auxiliar usuários a navegar num mundo com superabundância de informação; 3. Desenvolver instrumentos e ferramentas para que jornalistas, aliados a cidadãos, possam combater a desinformação; 4. Impulsionar a diversidade e a sustentabilidade dos meios de comunicação; 5. Estimular estudos continuados sobre o impacto da desordem informacional, tratando deles com análises científicas.[36]

Para esses autores, o fenômeno das *fake news* é uma boa oportunidade para discutir o que deu errado com a internet. Segundo eles, nos anos 1990 e 2000 a rede era vista como força de democratização e melhoria das condições planetárias, mas nesta década começa a prevalecer a percepção dos aspectos distópicos.[37]

Na verdade, trata-se de discutir um novo contrato social para a informação. Nesse sentido, para a ética teológica, apresenta-se um longo caminho a percorrer em face à necessidade de formação de uma consciência moral que restabeleça o princípio do discernimento ético.

A sadia convivência humana precisa ser aprimorada pelo respeito ao diferente, tendo em vista a promoção da fraternidade, mesmo em situações de conflitos éticos e sociais. A consciência moral é a base do relacionamento consigo mesmo, com o outro e com Deus. Talvez, antes de divulgar notícias falsas, seja preciso que o ser humano realize um encontro consigo mesmo no mais profundo do seu ser. Ele precisa, na verdade, revisitar a sua consciência, no olhar íntimo de quem olha para dentro de si e lá encontra a verdade primeira que habita seu ser – Deus.

---

[36] ALMEIDA; DONEDA; LEMOS. Com avanço tecnológico, fake news vão entrar em fase nova e preocupante, p. 4.
[37] ALMEIDA; DONEDA; LEMOS. Com avanço tecnológico, fake news vão entrar em fase nova e preocupante, p. 4.

É no âmago do ser, como muito bem definiu o Concílio Vaticano II, que a consciência se torna o único "lugar" de encontro com Deus:

> Na intimidade da consciência, o homem descobre uma lei. Ele não a dá a si mesmo. Mas a ela deve obedecer. Chamando-o sempre a amar e fazer o bem e a evitar o mal, no momento oportuno a voz desta lei lhe soa aos ouvidos do coração; faze isto, evita aquilo. De fato, o homem tem uma lei escrita por Deus em seu coração. Obedecer a ela é a própria dignidade do homem, que será julgado de acordo com esta lei. A consciência é o núcleo secretíssimo e o sacrário do homem onde ele está sozinho com Deus e onde ressoa sua voz. Pela consciência se descobre, de modo admirável, aquela lei que se cumpre no amor de Deus e do próximo. Pela fidelidade à consciência, os cristãos se unem aos outros homens na busca da verdade e na solução justa de inúmeros problemas morais que se apresentam, tanto na vida individual quanto social. Quanto mais pois prevalecer a consciência reta, tanto mais as pessoas e os grupos se afastam de um arbítrio cego e se esforçam por se conformar às normas objetivas da moralidade. Acontece não raro contudo que a consciência erra, por ignorância invencível, sem perder no entanto sua dignidade. Isto porém não se pode dizer quando o homem não se preocupa suficientemente com a investigação da verdade e do bem, e a consciência pouco a pouco pelo hábito do pecado se torna quase obcecada.[38]

Não há dúvida de que de uma determinada concepção de consciência deriva o que podemos chamar de responsabilidade ética e vice-versa. Segundo Vicente Miranda,

> em torno da categoria de "responsabilidade ética" elaborou-se também uma determinada compreensão da consciência. São duas as competências necessárias da responsabilidade que se reúnem na consciência: a competência

---

[38] CONCÍLIO VATICANO II. *Constituição Pastoral Gaudium et Spes*. Sobre a Igreja no mundo de hoje. In: COMPÊNDIO DO VATICANO II. Constituições, Decretos, Declarações. 31 ed. Petrópolis: Vozes, 2015, n. 16.

Ética teológica, direitos humanos e *fake news*   161

de decisão e a competência de orientação. No equilíbrio destas duas competências legitima-se a "aspiração ético--emancipativa" própria de toda consciência. Quer dizer, todo comportamento ético responsável não se verifica unicamente à base da correção dos comportamentos concretos, mas estes devem manifestar a referência à própria determinação fundamental.[39]

4. No mundo tecnológico, a consciência

Aprender a dialogar no necessário espaço de tempo do mundo atual é uma exigência que invade o ser humano de forma realista. Não podemos fugir do mundo, desligar nossos aparelhos, mas saber usá-los da melhor forma possível. Para Miranda,

a consciência é a plataforma ideal para o diálogo, para a cooperação, não só do ponto de vista existencial, enquanto toda pessoa é capaz de situar-se nesse nível, mas também do ponto de vista ontológico, já que fora da relação não há individualidade humana. A configuração estrutural da consciência é, portanto, ser lugar da acolhida, capacidade de acolhida antes mesmo de ser ato de acolhida.[40]

Numa sociedade cada vez mais marcada pela subjetividade, em que pessoas andam com o celular na mão e têm acesso a todos os tipos de informação em tempo real, a consciência cumpre papel de fundamental importância no processo de maturidade existencial. Miranda afirma ainda que "o papel importante que a consciência tem hoje, como consequência da recuperação da subjetividade na vida moral, situa-nos ante o que foi a reivindicação constante de toda consciência: *a autonomia*".[41]

---

[39] MIRANDA, V. Consciência Moral. In: VIDAL, M. *Ética Teológica*. Conceitos Fundamentais. Petrópolis: Vozes, 1999, p. 305.
[40] MIRANDA. Consciência Moral, p. 307.
[41] MIRANDA. Consciência Moral, p. 307.

No contexto atual, de fortalecimento do indivíduo em sua subjetividade, não é educativo o autoritarismo em matéria de educação moral. É preciso respeito à diversidade, ao relacionamento e às novas formas de convivência social. A autonomia do comportamento moral ganhou consistência nos últimos anos, de modo a prevalecer uma prática fortalecida pelo diálogo saudável.

> Esta concepção da consciência, que vai além de um simples juízo que confronta o ato e a norma, aproxima-se mais das chamadas "formas autônomas da consciência" do que das "formas autoritárias". Embora a tradição teológica tenha feito sua e tenha defendido durante séculos a forma autoritária da consciência, hoje, sem nos situarmos fora da cosmovisão teológica crente, encontramos pontos de apoio para falar de uma autonomia da consciência, cuja função mais excelente seria a de uma "originária mediação entre a fé e a moralidade".[42]

Conviver em sociedade, respeitando os limites de cada um em sua liberdade, tornou-se um valor para enfrentar o caos moral, pois

> liberdade e autonomia da consciência não equivalem a arbitrariedade individual, mas à "liberdade da consciência que previamente passa pela personalização, que se reflete e se constitui na consciência de si: mas que, a seguir, se eleva a consciência universal, consciência individual e pessoal que por princípio reconhece as demais consciências individuais e pessoais, travando com elas a reciprocidade intersubjetiva, fundadora de direitos e deveres do sujeito livre da moralidade".[43]

---

[42] MIRANDA. Consciência Moral, p. 307.
[43] MIRANDA. Consciência Moral, p. 308. Miranda cita, aqui, o pensamento de B. Quelquejeu. De deux formes autoritaire et autonome de la conscience morale. In: *Revue des Sciences Philosophiques et Théologiques* 65 (1981): 241.

Ética teológica, direitos humanos e *fake news*   163

Os conceitos de alteridade[44] e reciprocidade[45] devem ser compreendidos à luz do fortalecimento da consciência crítica, fundada numa educação racional que leve em conta a capacidade para distinguir o certo do errado. As notícias falsas entram num terreno escorregadio do mundo virtual, e está cada dia mais difícil desmascarar as suas mentiras. Por conta disso, cabe à consciência desvendar e "filtrar" o que recebe. Miranda nos recomenda que "somente um empenho que assuma e integre o princípio de reciprocidade tornará possível a presença da moral cristã no concerto das morais leigas, cujas vozes começaram a ser ouvidas nos últimos anos".[46]

No combate às *fake news,* o referido conceito de reciprocidade, enquanto categoria que promove a alteridade, é uma exigência do nosso tempo. Consciências bem formadas, enquanto processo de vida, procuram o caminho da racionalidade, deixando de lado o subjetivismo exacerbado de quem anda com o celular na mão olhando para o chão. Para Miranda,

> introduzir o princípio de reciprocidade no âmbito da consciência, ou descobri-lo como seu elemento constitutivo originário, supõe introduzir um elemento desagregador de qualquer tentação de subjetivismo e individualismo, perigos ou desvios que estão próximos de qualquer afirmação exorbitante da consciência.[47]

O teólogo moralista José Roque Junges, aprimorando o conceito proposto por Miranda, escrevendo sobre a questão do juízo moral, a partir de uma "consciência esclarecida"[48], afirma que

---

[44] Refere-se àquilo que diz respeito ao outro constituído a partir de relações.
[45] Igualdade em relação à troca/relação.
[46] MIRANDA. Consciência Moral, p. 308.
[47] MIRANDA. Consciência Moral, p. 309.
[48] Última etapa da formação da consciência, que é um processo contínuo iniciado ao nascer e que não tem fim.

para chegar ao juízo prático, a consciência, no exercício do discernimento, é ajudada pelas normas operativas, que servem de balizas indicativas do rumo a tomar, mas não são o rumo propriamente dito. O rumo só a consciência pode descobrir. Por isso, no discernimento, a consciência realiza sempre uma hermenêutica da norma para chegar ao juízo prático.[49]

Considerações finais

A jornalista Renata Piovesan, em matéria no Jornal Correio Popular, publicada em 29 de abril de 2018, intitulada "*Fake news preocupam 85% das empresas*", afirma que uma pesquisa divulgada pela Associação Brasileira de Comunicação Empresarial (Aberje) aponta que as *fake news* preocupam 85% dos representantes de 52 organizações de médio e grande porte entrevistados. No entanto, 67% dessas empresas não têm boatarias virtuais incluídas em seus temas estratégicos, e apenas 20% dizem ter estruturado seu departamento interno ou contratado serviços externos para acompanhar e gerir as publicações que envolvem notícias falsas. Afirma, ainda, que os participantes acreditam que os principais impactos causados pelas *fake news* às organizações são danos à reputação da marca (91%); danos à imagem da empresa (77%) e perdas econômico-financeiras (4%). Os temas sobre os quais os participantes consideram haver maior incidência de *fake news* são política nacional (78%), saúde (30%), assuntos internacionais (28%), negócios, economia e finanças (28%) e ciência e tecnologia (26%).

Na era da criação de notícias falsas, qualquer pessoa ou instituição está sujeita a ser objeto de uma pegadinha, ou mesmo armadilha. Creio que muitos de nós já fomos vítimas. A possibilidade de

---

[49] JUNGES, J. R. *Evento Cristo e Ação Humana*. Temas fundamentais de ética teológica. São Leopoldo: UNISINOS, 2001, p. 173.

uma ou muitas armadilhas é uma realidade presente em nossa vida quotidiana, sobretudo para pessoas públicas (instituições) que apresentam sabedoria e conhecimento em suas ações práticas ou mesmo em suas plataformas virtuais. Trata-se de uma realidade repleta de novidades, traiçoeira em sua essência, falaciosa em sua ação prática. As questões que giram em torno da mentira, da pós-verdade e das *fake news* estão apenas começando. A desinformação disseminada nas redes midiáticas e seus instrumentos tecnológicos cada vez mais sofisticados, objetivando interesses econômicos e/ou políticos, será sem dúvida um dos grandes desafios para a inteligência política e jurídica num futuro próximo.

O desafio da ética teológica consiste em apresentar os valores éticos que devem estruturar a convivência social, superando as tendências desagregadoras do ambiente onde se proliferam as notícias falsas, ou seja: transparência, responsabilidade, inteligibilidade, acurácia, capacidade de auditar e equidade. Trata-se, ademais, de salvaguardar o direito humano mais elementar de preservação da imagem (pessoa humana), de modo que esta não seja destruída por mentiras (*fake news*) espalhadas na rede social ou noutros ambientes, por meio das mídias digitais e outros veículos de informação.

Entendemos que é preciso trabalhar para formar a consciência das pessoas do melhor modo possível porque esta realidade está apenas no seu início. Não somos partidários da tese segundo a qual é preciso censurar, castrar os meios de comunicação de massa e a liberdade de expressão. Alguma regulação, como já foi dito, deve haver. Mas de forma alguma algo que flerte com a censura. Os meios devem continuar livres. No entanto, precisamos, com urgência, preparar pessoas com inteligência crítica para saber distinguir o "joio do trigo", as notícias falsas das verdadeiras, as informações sérias das fajutas.

A formação da consciência será, sem dúvida, a grande tarefa da ética teológica nos próximos anos. É oportuno recordar o trabalho do valoroso professor de Teologia Moral José Maria Frutuoso Braga, que recomendava a leitura, entre outros, do livro do Prof. João Batista Libânio, *Formação da Consciência Crítica*. O mundo mudou, mas a recomendação do Prof. José Maria continua oportuna, visto que estamos cada vez mais carentes de aprimoramento da nossa consciência.

O desenvolvimento da racionalidade, em forma de criticidade para o pleno discernimento, é uma necessidade que a realidade atual de desordem informacional exige. Desligar o celular, a televisão, o *tablet* e jogar tudo no lixo não se constitui como solução adequada. A via de superação é aprender a agir e extrair desses recursos as soluções e os benefícios verdadeiros que eles podem oferecer.

A comunicação, por meio desses instrumentos tecnológicos, na verdade está crescendo cada vez mais e vai, com certeza, adquirir uma amplitude imensa em todo o planeta. Carolina Defilippi, escrevendo para o Jornal Correio Popular, sobre *"Jovens e o Suicídio"*, em 1.º de maio de 2018, afirma que

> em sessenta segundos são trocados 16 milhões de mensagens no WhatsApp, são feitos 900 mil logins no Facebook; são assistidos 4,5 milhões de vídeos no YouTube, entre outras movimentações no mundo virtual. O fato é que quando uma criança ou adolescente se conecta na internet ele está entrando em uma rua com 3 bilhões de transeuntes. Hoje a internet é a maior rua do mundo, com metade da população mundial conectada.[50]

---

[50] DEFILIPPI, C. Jovens e o Suicídio. In: *Jornal Correio Popular*, Campinas, 01 de maio de 2018, p. A2. Disponível em: http://correiopopular.html5v3.fivepress.com.br/edicao/impressa/23412/01-05-2018.html. Acesso em: 20.05.2018.

O ambiente virtual, lugar de experiências humanas, desafia o homem contemporâneo a estruturar sempre de novo as condições para a sociabilidade. Muitos sentem saudades do tempo em que as crianças brincavam nas ruas e praças. Há não muito tempo, era comum a reunião de dezenas de crianças no espaço público para brincadeiras de todos os tipos. Tudo analógico, face a face. Verdadeiros encontros para empinar pipa, jogar bolinha de gude, andar a cavalo etc. Atualmente, as experiências se dão predominantemente em ambiente virtual. As crianças usam os seus fones de ouvidos, grudam-se a seus aparelhos, veem a realidade pela tela, arriscam olhar muito sem ver nada.

O mundo está mudando rapidamente. Algo velho está morrendo e algo novo, do qual ainda pouco se sabe, está nascendo. A humanidade, em geral, sempre acreditou que o futuro reserva coisas boas. O contexto atual, marcado por ambiguidades, como as *fake news*, desafia-nos a nos abrirmos para um futuro que pode ser pleno de sentido humanizador. Tal futuro não é uma ideia vazia, pois, como afirma o teólogo alemão Jürgen Moltmann, pode estar presente hoje sob a forma de esperança. Pode-se organizar a esperança através da formação da consciência das pessoas, de modo que tenham capacidade para discernir a realidade. Tarefa exigente, longa e permanente para os teólogos e educadores do campo da moral.

Referências Bibliográficas

ALMEIDA, V.; DONEDA, D.; LEMOS, R. Com avanço tecnológico, fake news vão entrar em fase nova e preocupante. In: *Folha de São Paulo*. Ilustríssima (08.04.2018): 4-5. Disponível em: https://www1.folha.uol.com.br/ilustrissima/2018/04/com-avanco-tecnologico-fake-news-vao-entrar-em-fase-nova-e-preocupante.shtml. Acesso em: 30.05.2018.

BACH, J. M. *Consciência e identidade moral.* Petrópolis: Vozes, 1985.

CONCÍLIO VATICANO II. *Constituição Pastoral Gaudium et Spes.* Sobre a Igreja no mundo de hoje. In: COMPÊNDIO DO VATICANO II. Constituições, decretos, declarações. Petrópolis: Vozes, 2015.

DEFILIPPI, C. Jovens e o Suicídio. Jornal Correio Popular, Campinas, 01 de maio de 2018, p. A2. Disponível em: http://correiopopular.html5v3.fivepress.com.br/edicao/impressa/23412/01-05-2018.html. Acesso em: 20.05.2018.

FILIBECK, Giorgio (Org.). *Direitos do Homem.* De João XIII a João Paulo II. Cascais: Principia, 2000.

FRANCISCO, Papa. *Evangelii Gaudium.* Exortação Apostólica sobre o anúncio do Evangelho no mundo atual. São Paulo: Paulus/Loyola, 2013.

FRANCISCO, Papa. *"A verdade vos tornará livres" (Jo 8,32). Fake news e jornalismo de paz.* Mensagem para o Dia Mundial das Comunicações Sociais (13.05.2018). Disponível em: https://w2.vatican.va/content/francesco/pt/messages/communications/documents/papa-francesco_20180124_messaggio--comunicazioni-sociali.html. Acesso em: 01.06.2018.

HARING, B. *A lei de Cristo.* Vol. 1. São Paulo: Herder, 1960.

HARING, B. *Livres e fiéis em Cristo*: Teologia moral para sacerdortes e leigos. Vol. 1. São Paulo: Paulinas, 1979.

JOÃO PAULO II, Papa. *Sollicitudo Rei Socialis. Carta Encíclica pelo vigésimo aniversário da encíclica* Populorum Progressio. Roma: Libreria Editrice Vaticana,1987.

JOÃO PAULO II, Papa. *Centesimus Annus. Carta Encíclica no centenário da Rerum Novarum.* Roma: Libreria Editrice Vaticana, 1991.

Ética teológica, direitos humanos e *fake news*   169

JOÃO XXIII, Papa. *Pacem in Terris*. Carta Encíclica sobre a paz de todos os povos na base da verdade, justiça, caridade e liberdade. São Paulo: Paulinas, 2004.

JUNGES, J. R. *Evento Cristo e Ação Humana*. Temas fundamentais de ética teológica. São Leopoldo: UNISINOS, 2001.

LIBÂNIO, J. B. *A Ética do Cotidiano*. São Paulo: Paulinas, 2015.

MAJORANO, S. *A consciência*: uma visão cristã. Aparecida: Santuário, 2000.

MIRANDA, V. Consciência Moral. In: VIDAL, M. *Ética Teológica*. Conceitos Fundamentais. Petrópolis: Vozes, 1999, p 287-309.

PIOVESAN, R. *Fake news* preocupam 85% das empresas. In: *Correio Popular*, Campinas, 29 de abril de 2018, p. A6. Disponível em: http://correiopopular.html5v3.fivepress.com.br/edicao/impressa/23395/29-04-2018.html. Acesso em: 20.05.2018.

PONTIFÍCIO CONSELHO 'JUSTIÇA E PAZ'. *Compêndio da Doutrina Social da Igreja*. São Paulo: Paulinas, 2005.

PUNTEL, L. B. *Estrutura e ser*: um quadro referencial teórico para uma filosofia sistemática. (Trad. Nélio Schneider). São Leopoldo: UNISINOS, 2008.

TRASFERETTI, J. A. *Filosofia, ética e mídia*. Campinas: Alinea, 2007.

TRASFERETTI, J. A. *Ética e Responsabilidade Social*. Campinas: Alinea, 2016.

TRASFERETTI, J. A.; MILLEN, M. I. de C.; ZACHARIAS, R. *Introdução à Ética Teológica*. São Paulo: Paulus, 2015.

VIGANÒ, D. E. *Irmãos e Irmãs, boa noite!* Petrópolis: Vozes, 2017.

VIDAL, M. *Para conhecer a ética cristã*. São Paulo: Paulus, 2005.

8

Direitos humanos, justiça social e reconhecimento

Élio Estanislau Gasda[1]

Introdução

Os direitos humanos pertencem à humanidade. Sem eles, não há futuro. A história das civilizações confunde-se com as lutas por reconhecimento da dignidade de pessoas concretas. Marcados pelos anseios de cada época, qualquer direito conquistado garante aspectos distintos a um mesmo ser humano. As lutas surgem em contextos de reivindicações referentes à emergência de subjetividades ainda não devidamente reconhecidas. A urgência das políticas de identidade é um sinal dos tempos. Pessoas estão se mobilizando no enfrentamento de velhas injustiças sustentadas na etnia, na religião, na cultura, na sexualidade. Exigem justiça social, reconhecimento e respeito.

Por um lado, constata-se um recuo nos direitos, ao observar o aumento da LGBTfobia, do machismo, do racismo, da misoginia. A violação sistemática dos direitos fundamentais tem assumido ta-

---

[1] Élio Estanislau Gasda tem Pós-Doutorado pela Universidade Católica Portuguesa (Braga), é Doutor em Teologia (Universidade Pontifícia Comillas – Madri) e Professor da Faculdade Jesuíta de Filosofia e Teologia – FAJE (Belo Horizonte).

manha intensidade que justifica a propagação de grupos em defesa de suas identidades. Por outro, no campo das ciências humanas, a filosofia política tem se debruçado sobre questões como multiculturalismo, raça, cidadania, diversidade sexual e identidade de gênero. Este texto tem por objetivo contribuir na discussão desta problemática na ética teológica. Do ponto de vista da Doutrina Social da Igreja, o reconhecimento dos direitos humanos que se expressam nas lutas das mulheres, dos negros, da população LGBT, dos povos indígenas são também demandas por justiça social. Políticas de reconhecimento e políticas de redistribuição não se opõem. A relação entre justiça social e superação das desigualdades econômicas e aquelas referentes ao reconhecimento de identidades é estreita. Afirma-se a importância dos direitos coletivos. A injustiça simbólico-cultural é a outra cara da injustiça social. Direitos de igualdade devem ser articulados com os direitos da diferença.

Pensar a articulação entre direitos humanos, reconhecimento e justiça social, categoria própria da teologia moral, não é tarefa fácil. Mas a ela se propõe este texto.

1. Neoliberalismo, um contexto hostil

Em âmbito global, a ONU instituiu o dia 20 de fevereiro como *Dia Mundial da Justiça Social*. O Papa Francisco tem sido enfático: o maior inimigo dos direitos humanos e da justiça social é "o dinheiro divinizado que governa com o chicote do medo, da desigualdade, da violência econômica, social, cultural e militar que gera sempre mais violência em uma espiral descendente que parece não acabar nunca".[2]

---

[2] FRANCISCO, Papa. *Discurso aos participantes no 3º Encontro dos Movimentos Populares*. Roma: Libreria Editrice Vaticana, 2016.

Direitos humanos, justiça social e reconhecimento   173

A ideologia neoliberal, assentada no individualismo radical e na avareza, tem influência decisiva na questão da justiça social. Entre os desdobramentos da teoria,[3] encontramos os *neoclássicos* da *Escola de Chicago* e *Escola Austríaca*. Os *neoliberais* são os responsáveis pelo ataque ao papel do Estado na economia e pelo combate aos ideais de justiça social: Milton Friedman (1912-2006), da Escola de Chicago, Ludwig von Mises (1881-1973) e Friedrich von Hayek (1899-1992), da Escola Austríaca, influenciaram os governos de Margareth Thatcher, Ronald Reagan e da América Latina nas décadas de 80 e 90.

Segundo Mises, o neoliberalismo é o fundamento teórico do capitalismo. A desigualdade social, ao lado da propriedade privada, é um dos seus fundamentos. "A desigualdade de riqueza e de renda é uma característica essencial da economia de mercado".[4] Portanto, "sua eliminação a destruiria completamente".[5] Assim, a justiça social é incompatível com o livre mercado. Também os princípios morais do cristianismo seriam desastrosos para o capitalista. "Não é possível instaurar uma ordem social satisfatória e eficaz apenas incitando as pessoas a escutarem a voz da consciência e a substituírem a motivação pelo lucro por considerações atinentes ao bem-estar geral".[6] Justiça social e cristianismo tornariam o Estado antidemocrático.

A ordem social e econômica que deve vigorar é aquela determinada pelas forças do mercado. Para Hayek, a justiça distributi-

---

[3] Por exemplo: Escola Marginalista/neoclássica:William Jevons (1835-1882), Carl Menger (1840-1921), Léon Walras (1834-1910),Vilfredo Pareto (1848-1923),Alfred Marshall (1842-1924), Knut Wicksell (1851-1926), Irving Fisher (1867-1947). Cf. GASDA, Élio Estanislau. "Essa economia mata" (EG, 53): crítica teológica do capitalismo inviável. In: *Perspectiva Teológica*, v. 49, n. 3 (set/dez. 2017): 573-587.

[4] MISES, Ludwig von. *Ação Humana*. Um tratado de economia (1949). São Paulo: Instituto Ludwig von Mises Brasil, 2010, p. 347.

[5] MISES. *Ação Humana*, p. 948.

[6] MISES. *Ação Humana*, p. 825. "Toda tentativa de evitar essa intervenção apelando para a voz da consciência, para a caridade ou para a fraternidade é inútil" (p. 826).

va não só é incompatível com o Estado de Direito, mas também representa a maior ameaça às liberdades econômicas.[7] Não existe um código de ética estabelecido no bem comum como princípio organizador da sociedade e que fundamente a justiça social. "Os chamados 'fins sociais' são objetivos idênticos de muitos indivíduos – ou objetivos para cuja realização os indivíduos estão dispostos a contribuir em troca da ajuda que recebem no tocante à satisfação dos seus próprios desejos",[8] arremata Hayek.

A justificativa das reivindicações igualitárias se origina do descontentamento que o sucesso de algumas pessoas suscita naqueles que tiveram menos êxito, ou seja, nasce da inveja. Atualmente, o sentimento pelo qual a inveja se traveste é o da justiça social, uma superstição religiosa assumida como doutrina oficial da Igreja Católica abraçada pelo clero.[9]

2. Justiça Social e Direitos Humanos

A dura batalha por direitos insere-se na luta por reconhecimento da dignidade humana. Nesse sentido, é a versão atualizada da justiça social. Os direitos humanos decorrem de uma construção inacabada. A irrupção de novos direitos amplia o rol de desafios da justiça. É possível retroceder ao terceiro milênio da era cristã, no Egito e Mesopotâmia, período que registra instrumentos de proteção do indivíduo. O Código de Hammurabi (1690 a.C.) talvez seja o primeiro repertório a sancionar uma tá-

---

[7] HAYEK, Friedrich von. *O caminho da servidão*. Rio de Janeiro: Expressão e Cultura/Instituto Liberal, 1987.
[8] HAYEK. *O caminho da servidão*, p. 77-78.
[9] HAYEK, Friedrich von. *Direito, legislação e liberdade*: Volume II. A miragem da justiça social. Uma nova formulação dos princípios liberais de justiça e economia política. São Paulo: Visão, 1985, p. 79-85.

Direitos humanos, justiça social e reconhecimento 175

bua de direitos comuns, tais como a vida, a propriedade e a honra. Também em Atenas verifica-se o reconhecimento de direitos do cidadão, ainda que não estendidos aos escravos e às mulheres.

Do ponto de vista histórico, os direitos podem ser divididos em quatro gerações: Os direitos de *primeira geração* têm por titular o indivíduo. Surgidos no contexto da Ilustração e das lutas contra o absolutismo, são direitos civis e políticos que traduzem a proteção dos atributos da pessoa, como o direito à vida, à liberdade, à segurança, à não discriminação, à propriedade privada, à privacidade, ao asilo político, à liberdade religiosa, de consciência, expressão, associação, locomoção, residência e participação política.

Pertencem à *segunda geração* os direitos sociais, culturais e econômicos. O contexto da Revolução Industrial inaugura uma era de exploração selvagem da força de trabalho. As lutas do proletariado levaram o Estado a adotar políticas que assegurassem condições materiais para que os operários acedessem aos direitos da *primeira geração.* Baseado no critério da *justiça distributiva*, retifica-se os direitos à segurança, ao trabalho digno e proteção contra o desemprego, ao repouso, à saúde, à educação e à sindicalização.

Os direitos de *terceira geração* solidificam-se no final do século XX. Elaborados em contexto de pós-guerra, estão destinados aos povos. São direitos à paz, ao progresso e à autodeterminação dos povos. Todo o gênero humano é seu destinatário. Os direitos de *quarta geração* abrangem as inovações biotecnológicas, biomedicina e biogenética: direito à democracia, à informação e ao pluralismo, à proteção à vida e ao patrimônio genético.[10]

---

[10] Entre os documentos referentes às regulamentares pesquisas relacionadas ao tema, encontra-se a *Declaração dos Direitos do Homem e do Genoma Humano*, da UNESCO (Organização das Nações Unidas para a Educação, a Ciência e a Cultura) em 1997. Em 2005, a UNESCO aprovou a *Declaração Universal de Bioética e Direitos Humanos.*

3. Centralidade do reconhecimento

O Preâmbulo da Declaração Universal dos Direitos Humanos aponta que os mesmos derivam do "reconhecimento da dignidade inerente a todos os membros da família humana". Ideia explicitada já em seu Art.1º: "Todos os seres humanos nascem livres e iguais em dignidade e direitos. São dotados de razão e consciência e devem agir em relação uns aos outros com espírito de fraternidade".[11]

O conceito de reconhecimento, tornado célebre na filosofia por Hegel, é ressignificado no momento em que o capitalismo acelera os contatos transculturais, destrói sistemas de interpretação e politiza identidades. O fenômeno inspira uma releitura da modernidade, do ser humano e das condições culturais dos indivíduos e da sociedade. A discussão filosófica sobre os conflitos sociais pauta-se nas contradições da política não encerrada exclusivamente na luta de classe. Atualmente, ela se desenvolve em torno da questão das diferenças culturais, de gênero, raça e etnia. As lutas por reconhecimento são morais. Essa perspectiva destaca-se em filósofos como Paul Ricoeur, Charles Taylor, Nancy Fraser, Axel Honneth.

Paul Ricoeur[12] insere a discussão sobre o reconhecimento no paradigma da alteridade. A violência e o desprezo, ao negar a alteridade, ocultam um desejo de solidão mediante a eliminação do outro. Em meio à realidade dos conflitos, o reconhecimento pacífico representa uma tentativa de evitar a violência.

---

[11] ORGANIZAÇÃO DAS NAÇÕES UNIDAS. *Declaração Universal dos Direitos Humanos*. Disponível em: http://www.onu.org.br/img/2014/09/DUDH.pdf. Acesso em 08.04.2018.

[12] RICOEUR, Paul. *Percurso do reconhecimento*. São Paulo: Loyola, 2006.

Direitos humanos, justiça social e reconhecimento 177

Neste sentido, Charles Taylor acredita que ser reconhecido em sua identidade possibilita estabelecer diálogos, único meio que permite o reconhecimento da intersubjetividade. A linguagem é o elemento essencial na abertura à diversidade cultural, social e moral existente entre indivíduos, grupos e nações.[13] O reconhecimento das diferenças é a única via da justiça e paz social. Nancy Fraser[14] ampliou o debate ao vincular o reconhecimento ao conceito de justiça distributiva. A filósofa utiliza os conceitos de *classe* e *status*. O *status* está relacionado à estrutura do capitalismo. Nas sociedades tradicionais, a dominação ocorria em função do ideal de honra proveniente dos papéis sociais dos membros ligados à origem familiar. Atualmente, o mercado é que rege a diferenciação de *status* para servir aos seus próprios fins.

O capitalismo fez com que os conflitos de *classe* fossem paulatinamente substituídos pelos de *status*. Há uma depreciação de valores relacionados à economia em favor de valores imateriais como identidades simbólico-culturais. Como redefinir o reconhecimento cultural e a igualdade social de maneira que uma demanda não enfraqueça a outra? São duas formas de injustiça. A luta por direitos humanos deve compreender tanto redistribuição como reconhecimento. A dimensão socioeconômica concretizada na desigualdade social é o tipo talvez mais visível de injustiça social. A outra, de natureza simbólico-cultural, decorre de modelos de representação que não reconhecem o outro diferente em sua dignidade. Essa também resulta na hos-

---

[13] TAYLOR, Charles. A política do reconhecimento. In: *Argumentos filosóficos*. São Paulo: Loyola, 2000, p. 241-274.
[14] FRASER, Nancy. Da redistribuição ao reconhecimento? Dilemas da justiça na era pós-socialista. In: SOUZA, Jessé (Org.). *Democracia Hoje*: novos desafios para a teoria democrática contemporânea. Brasília: UnB, 2001, p. 245-282.

tilidade e no desrespeito, acarreta grave prejuízo na autoestima dos discriminados. Por essa razão, as grandes lutas políticas do século XXI têm como eixo o reconhecimento. A injustiça simbólica tem se mostrado tão agressiva quanto as desigualdades econômicas. O aumento da pobreza, da exclusão e do desemprego é comparável ao aumento do racismo, do feminicídio, da LGBTfobia.

A luta pelo reconhecimento inicia por experiências de desrespeito, segundo Axel Honneth.[15] São três as formas de reconhecimento: amor, direito e solidariedade. O desrespeito ao amor são os maus-tratos e a violação que ameaçam a integridade física e psíquica; o desrespeito ao direito são a privação de direitos e a exclusão, pois ferem a integridade do indivíduo como membro de uma comunidade político-jurídica; o desrespeito à solidariedade são as ofensas que afetam a honra e a dignidade do indivíduo como membro de uma comunidade cultural de valores.

Os movimentos sociais seguem a seguinte lógica: experiência do desrespeito, luta por reconhecimento, mudança social. Não é luta por poder. A autorrealização do sujeito é alcançada quando a experiência do amor gera autoconfiança, a experiência do direito gera autorrespeito e a experiência de solidariedade, a autoestima. A primeira forma consiste nas emoções primárias, como amor e amizade. Na simbiose entre mãe e filho (intersubjetividade primária), há uma unidade de comportamento. Para ampliar o campo de atenção, a mãe começa a romper a simbiose. Com isso, a criança descobre que a mãe é do mundo e reconhece o outro como alguém com direitos próprios.

---

[15] HONNETH, Axel. *Luta por reconhecimento*: a gramática moral dos conflitos sociais. São Paulo: Ed. 34, 2003.

Direitos humanos, justiça social e reconhecimento 179

O amor, forma mais elementar de reconhecimento, se diferencia do direito. No amor, há dedicação emotiva. No direito, há respeito. No século XVIII, se lutava por direitos da liberdade; no século XIX, por direitos políticos e, no século XX, por direitos humanos e sociais. No direito, a pessoa é reconhecida como autônoma. A solidariedade, última esfera de reconhecimento, remete à aceitação recíproca das qualidades pessoais.

4. Doutrina Social da Igreja: reconhecimento, primeira expressão da justiça social

Para a Doutrina Social da Igreja, os direitos abrangem exigências da justiça social e atendem às necessidades essenciais da pessoa em campo material, corporal, psíquico-afetivo, espiritual, cultural.[16] Por isso, os direitos humanos são um dos mais relevantes esforços para responder às exigências da dignidade humana. O Cristianismo, "em virtude do Evangelho que lhe foi confiado, proclama os direitos humanos e reconhece e tem em grande apreço o dinamismo do nosso tempo, que por toda a parte promove tais direitos".[17] Em palavras de João Paulo II: "aquela profunda estupefação a respeito do valor e dignidade do homem chama-se Evangelho, isto é a Boa Nova. Chama-se também Cristianismo".[18]

A atividade da justiça social é o reconhecimento. A justiça social é um conceito ético que abrange os direitos humanos. Os

---

[16] JOÃO PAULO II, Papa. *Centesimus Annus*. Carta Encíclica no centenário da *Rerum Novarum*. Roma: Libreria Editrice Vaticana, 1991, n. 47. Daqui em diante = CA.
[17] CONCÍLIO VATICANO II. Constituição Pastoral *Gaudium et Spes*. Roma: Libreria Editrice Vaticana, 1965, n. 41. Daqui em diante = GS.
[18] JOÃO PAULO II, Papa. *Redemptor Hominis*. Carta Encíclica no início do seu ministério pontifical. Roma: Libreria Editrice Vaticana, 1979, n. 10.

180 Ética teológica e direitos humanos

direitos humanos condensam as principais exigências éticas e jurídicas advindas tanto da justiça quanto do reconhecimento. "A justiça mostra-se particularmente importante no contexto atual, em que o valor da pessoa, da sua dignidade e dos seus direitos está seriamente ameaçado".[19] Verdadeiramente, o amor se concretiza na justiça e no direito: "Não posso 'dar' ao outro do que é meu, sem antes lhe ter dado aquilo que lhe compete por justiça".[20] Porque a justiça consiste em "dar ao outro o que é dele, o que lhe pertence em razão do seu ser e do seu agir".[21] Assim, "a justiça é o primeiro caminho para o reconhecimento e o respeito dos legítimos direitos dos indivíduos e povos".[22] Com efeito, a justiça não é uma simples convenção, porque "o que é justo não é originariamente determinado pela lei, mas pela identidade profunda da pessoa humana".[23] O outro é *imagem viva* de Deus, resgatada pelo sangue de Jesus Cristo e tornada objeto da ação permanente do Espírito Santo.[24]

Diz o Papa Francisco: "Quando encontro uma pessoa dormindo ao relento, em uma noite fria, posso sentir que este vulto seja um imprevisto que me detém, um delinquente ocioso, um obstáculo no meu caminho, um aguilhão molesto para a minha consciência, um problema que os políticos devem resolver e

---

[19] PONTIFÍCIO CONSELHO 'JUSTIÇA E PAZ'. *Compêndio da Doutrina Social da Igreja*. São Paulo: Paulinas, 2005, n. 202. Daqui em diante = CDSI.
[20] BENTO XVI, Papa. *Caritas in Veritate*. Carta Encíclica sobre o desenvolvimento humano integral na caridade e na verdade. Roma: Libreria Editrice Vaticana, 2009, n. 6. Daqui em diante = CV.
[21] CV 1. Cf. S. Tomás de Aquino, *Summa theologiae*, II-II, q. 58, a. 1.
[22] CV 6.
[23] JOÃO PAULO II, Papa. *Sollicitudo Rei Socialis*. Carta Encíclica pelo vigésimo aniversário da Encíclica *Populorum Progressio*, n. 40. Roma: Libreria Editrice Vaticana, 1987. Daqui em diante = SRS.
[24] SRS 40.

Direitos humanos, justiça social e reconhecimento 181

talvez até um monte de lixo que suja o espaço público. Ou então posso reagir a partir da fé e da caridade e reconhecer nele um ser humano com a mesma dignidade que eu, uma criatura infinitamente amada pelo Pai, uma imagem de Deus, um irmão redimido por Jesus Cristo. Isso é ser cristão! Ou poder-se-á porventura entender a santidade prescindindo deste reconhecimento vivo da dignidade de todo ser humano?"[25]

O conceito de justiça social foi introduzido na Teologia Moral após um longo processo de amadurecimento. Sua primeira referência é a Sagrada Escritura. A segunda encontra-se na tradição de Tomás de Aquino continuada pelos neotomistas do século XIX. Deus é origem e o fim da justiça. A prática da justiça é sinal da relação entre Deus e o ser humano. Deus é o primeiro a não tolerar a injustiça. Justiça (*sédeq*) e direito (*mishpat*) são inseparáveis: "Que o direito jorre como água e a justiça como um rio inesgotável" (Am 5,24). *Sédeq* destaca uma ordem baseada na justiça. *Sedaqah* se refere ao comportamento do justo. E ser justo, respeitar o outro, é reconhecer sua identidade de criatura de Deus. O acento está no reconhecimento do direito do injustiçado.[26] A injustiça profana o culto, as orações e as peregrinações (Is 58,3-5, Am 5,21-25; 8,4-8; Is 1,11-17; Jr 7,3-7).

Os Profetas anunciaram a vinda de um Messias que restabeleceria a justiça. Jesus assume essa tradição: oferece a todos, mas em primeiro lugar aos pobres e marginalizados, uma Aliança nova com Deus. A justiça social se insere no marco

---

[25] FRANCISCO, Papa. *Gaudete et Exsultate*. Exortação Apostólica sobre o chamado à santidade no mundo atual. São Paulo: Paulus, 2018, n. 98. Daqui em diante = GE.
[26] SICRE, José Luiz. *Con los pobres de la tierra*. La justicia social en los profetas. Madrid: Cristiandad, 1984.

182   Ética teológica e direitos humanos

do Reino de Deus: "Buscai em primeiro lugar o Reino e a sua justiça" (Mt 6,33). A justiça ocupa o centro do Sermão da Montanha (Mt 5,6.10.20; 6,1.33). Homens e mulheres identificados como justos são também fiéis ao Reino: "Bem-aventurados os que têm fome e sede de justiça porque serão saciados" (Mt 5,6); "Bem-aventurados os perseguidos por causa da justiça porque deles é o Reino dos Céus" (Mt 5,10).

A reflexão bíblico-teológica de Tomás de Aquino assume o conceito aristotélico de justiça e o complementará com o Direito Romano.[27] Da justiça legal fará derivar a justiça geral. A justiça é uma disposição de caráter que faz as pessoas agirem justamente e desejarem o que é justo (dikaion). Ser justo é viver dentro da legalidade e respeitar a igualdade.[28] Dikaion significa tanto legal (nomimon) como igual (ison). Esta distinção aponta para dois tipos de justiça. A justiça geral se refere ao ato que se exerce em conformidade com a lei e os deveres em relação ao bem comum. O termo geral identifica sua abrangência: todos os atos, independentemente da sua natureza, na medida em que são devidos à comunidade para que esta realize seu bem. Princípio da legalidade. Em suma, a justiça que diz respeito àquilo que é devido ao outro em comunidade é a justiça legal. Seus deveres se referem a todos os membros da sociedade.

A justiça particular é regida pelo princípio da igualdade e subdivide-se em justiça distributiva e justiça corretiva. Distributiva é a justiça que se exerce nas distribuições de honras, dinheiro e aquilo que pode ser repartido entre os membros da polis. Na distribuição considera-se uma qualidade pessoal ou

---

[27] TOMÁS DE AQUINO, Santo. Suma Teológica II-II. Madrid: Biblioteca de Autores Cristianos (BAC), 1990. Da Iustitia, qq. 58 a 79.
[28] ARISTÓTELES. Ética a Nicômaco. São Paulo: Nova Cultural, 1991. Livro V.

Direitos humanos, justiça social e reconhecimento 183

função. Na *oligarquia*, o critério de distribuição é a riqueza; na *democracia*, o cidadão; na *aristocracia*, a virtude. A *justiça corretiva* visa restabelecer o equilíbrio nas relações, nos contratos e ilícitos civis e penais.

5. Da Justiça Legal/Geral à Justiça Social

Neotomistas do século XIX sentem a necessidade de repensar o conceito de justiça. O liberalismo desmontou as sociedades hierarquizadas, nas quais a noção de honra era a principal base de identificação.[29] Em uma concepção hierárquica, a *justiça distributiva* será o princípio ordenador. A regra de distribuição será a cada um segundo sua posição.[30]

A sociedade moderna substitui a noção de honra pela "noção de dignidade usada em sentido universalista e igualitário que permite falar de dignidade inerente aos seres humanos (...). A premissa é que todos partilham dela".[31] Se todos possuem a mesma dignidade, a igualdade fundamental não é proporcional, mas absoluta. O princípio ordenador da vida em sociedade será a *justiça legal*. No Estado Democrático, a lei impõe direitos e deveres iguais para todos. Por essa razão, a *justiça legal* torna-se *justiça social*, aquela em que cada membro da sociedade vale tanto quanto e como qualquer outro.

O termo *justiça social* engloba variadas facetas da justiça. Louis Taparelli d'Azeglio (1793-1862), primeiro a utilizar a expressão, parte da natureza social da pessoa para pressupor a existência de dois direitos: *individual e social*. O *direito indivi-*

---

[29] TAYLOR, Charles. *Argumentos filosóficos*. São Paulo: Loyola, 2000, p. 242.
[30] TOMÁS DE AQUINO. Santo. *Summa Theologica*, II-II, q. 61, a.2.
[31] TAYLOR. *Argumentos filosóficos*, p. 242-243.

184 Ética teológica e direitos humanos

dual refere-se a Deus e a si mesmo. O *direito social* especifica as relações humanas que fundamentam a *justiça social:* "A justiça social é para nós a justiça entre homem e homem. Homem aqui considerado como dotado somente do requisito de humanidade, como puro animal racional". Entre os homens considerados sob esse aspecto, existem "relações de perfeita igualdade, porque homem e homem significa a humanidade reproduzida duas vezes".[32] A justiça social, portanto, em uma sociedade de iguais, na qual as posições ocupadas por cada um são consideradas secundárias em matéria de justiça, tem por objeto aquilo que é devido ao ser humano simplesmente pela sua condição humana. A *justiça legal* identifica-se com a *justiça social* na identidade de objeto, o *bem comum.*

A Doutrina Social da Igreja assumiu a categoria de *justiça social:* "Um relevo cada vez maior no Magistério tem adquirido a justiça social, que representa um verdadeiro e próprio desenvolvimento da *justiça geral,* reguladora das relações sociais com base no critério da observância da *lei.* A *justiça social,* exigência conexa com a *questão social,* que hoje se manifesta em uma dimensão mundial, diz respeito aos aspectos sociais, políticos e econômicos e, sobretudo, à dimensão estrutural dos problemas e das respectivas soluções".[33]

O conceito foi introduzido na Doutrina Social da Igreja por Pio XI na *Quadragesimo Anno.*[34] A *justiça social* considera o ser humano na sua condição de pessoa humana, seus direitos

---

[32] TAPARELLI D'AZEGLIO, Luigi. *Saggio Teorico di Diritto Naturale apogiato sul fatto.* Roma, 5 vols., 1840-1843. p. 183.
[33] CDSI 201.
[34] PIO XI, Papa. *Quadragesimo Anno.* Carta Encíclica sobre a restauração e aperfeiçoamento da ordem social em conformidade com a Lei Evangélica. Roma: Libreria Editrice Vaticana, 1931. Daqui em diante = QA.

Direitos humanos, justiça social e reconhecimento 185

e deveres como membro da sociedade. Assim, o bem comum realiza-se somente "quando todos e cada um tiverem todos os bens que as riquezas naturais, a arte técnica e a boa administração econômica podem proporcionar".[35] A *justiça social* não se aplica somente à economia. Também "as instituições públicas devem adaptar o conjunto da sociedade às exigências do bem comum, isto é, às regras da justiça social".[36]

O Concílio Vaticano II confere fundamentação teológica à justiça social: "A igualdade fundamental entre todos os homens deve ser cada vez mais reconhecida, uma vez que, dotados de alma racional e criados à imagem de Deus, todos têm a mesma natureza e origem; e, remidos por Cristo, todos têm a mesma vocação e destino divinos. Deve superar-se e eliminar-se, como contrária à vontade de Deus, qualquer forma social ou cultural de discriminação, quanto aos direitos fundamentais da pessoa, por razão do sexo, raça, cor, condição social, língua ou religião".[37] A justiça social tem alcance global confirmada no princípio do destino universal dos bens.[38]

O Papa Francisco, na *Laudato Si'*, insere a justiça social no paradigma do cuidado da *casa comum: "Uma verdadeira abordagem ecológica sempre se torna uma abordagem social,* que deve integrar a justiça nos debates sobre o meio ambiente, para ouvir *tanto o clamor da terra como o clamor dos pobres".*[39] Este cuidado aponta para a *justiça intergeracional: "*A terra que recebemos pertence também àqueles que hão de vir".[40] Toda pessoa humana

[35] QA 75.
[36] QA 110.
[37] GS 29.
[38] GS 69.
[39] FRANCISCO, Papa. *Laudato Si'.* Carta Encíclica sobre o cuidado da casa comum. São Paulo: Paulus/Loyola, 2015, n. 49. Daqui em diante = LS.
[40] LS 159.

186 Ética teológica e direitos humanos

exige respeito. Em *Amoris Laetitia*, Francisco deseja, "antes de tudo, reafirmar que cada pessoa, independentemente da própria orientação sexual, deve ser respeitada na sua dignidade e acolhida com respeito, procurando evitar 'todo sinal de discriminação injusta' e, particularmente, toda forma de agressão e violência".[41]

Na mesma linha de Francisco, o *Documento de Aparecida* aponta que os injustiçados não se reduzem à dimensão socioeconômica: "Os migrantes, as vítimas da violência, os deslocados e refugiados, as vítimas do tráfico de pessoas e sequestros, os desaparecidos, os enfermos de HIV e de enfermidades endêmicas, os toxicodependentes, idosos, meninos e meninas que são vítimas da prostituição, pornografia e violência ou do trabalho infantil, mulheres maltratadas, vítimas da exclusão e do tráfico para a exploração sexual, pessoas com capacidades diferentes, grandes grupos de desempregados/as, os excluídos pelo analfabetismo tecnológico, as pessoas que vivem na rua das grandes cidades, os indígenas e afro-americanos, agricultores sem-terra e os mineiros".[42] Aparecida apresenta um tipo de demanda por justiça social que articula a equidade econômica ao reconhecimento de grupos discriminados.

6. Urgência do reconhecimento na esfera do Direito

O direito é uma instância fundamental na luta contra os preconceitos e a injustiça social. Do ponto de vista legal, bas-

---

[41] FRANCISCO, Papa. *Amoris Laetitia*. Exortação Apostólica Pós-Sinodal sobre o amor na família. São Paulo: Loyola, 2016, n. 250.
[42] CONSELHO EPISCOPAL LATINO-AMERICANO (CELAM). Documento de Aparecida. Texto Conclusivo da V Conferência Geral do Episcopado Latino-Americano e do Caribe (13-31 de maio de 2007). 2 ed. Brasília/São Paulo: Brasília/Paulus/Paulinas, 2007, n. 402. Daqui em diante = DAp.

Direitos humanos, justiça social e reconhecimento 187

taria aplicar as leis já estabelecidas para combater todas as formas de discriminação, sejam socioeconômicas, sejam simbólico-culturais? A lei serve à sociedade ou a sociedade serve à lei? É preciso que cada um respeite no outro o direito que exige para si. Toda pessoa é digna de todos os bens necessários para realizar-se como ser concreto, individual, racional e social. As reivindicações por dignidade e justiça social abrangem o âmbito socioeconômico e o ordenamento jurídico-político. A dignidade humana é o princípio objetivo que está na base do direito. É o conceito fundador dos direitos humanos e também fundamento da justiça social. Como expressão do ser pessoa, ela é anterior à legislação. A dignidade não existe apenas onde é reconhecida. A lei não a inventa, apenas legisla sobre. A dignidade humana é a base para a interpretação de todas as normas jurídicas, ou seja, não comporta relativizações. No campo jurídico-político significa que todos têm direitos e deveres idênticos. Cabe aos poderes públicos viabilizar sua concretização. A legislação aponta um progressivo avanço no reconhecimento pleno dos direitos e proteção das populações discriminadas. São passos, ainda que tímidos, para a transformação do modelo de atuação do Estado na efetivação da justiça social.

A extensão dos mesmos direitos usufruídos por todos sem exceção apoia-se em dois princípios: igualdade e não discriminação. O Art.1º da Declaração Universal dos Direitos Humanos é inequívoco: "Todos os seres humanos nascem livres e iguais em dignidade e direitos". O princípio da não discriminação é transversal, e a obrigação por parte do Estado é imediata. Sua universalidade não admite exceção. Os direitos humanos são, verdadeiramente, direitos inatos de todos os seres humanos. Neste sentido, o Conselho de Direitos Humanos da ONU aprovou em 2011 a Resolução 17/19, expressando grave preocupação com a violência e a discriminação contra indivíduos em razão de sua orientação sexual e identidade de gênero. Acabar com tal discriminação é um dos desafios das lutas sociais por reconhecimento.

No Direito brasileiro, o primeiro valor tutelado pela Constituição Federal[43] é o da dignidade da pessoa humana. É o fio de ouro de todo Estado Democrático de Direito que "costura" a Carta Magna. O Estado se constrói a partir da pessoa humana. As consequências do princípio da dignidade do Art. 1º, inc. III estão expostas nos cinco substantivos dos bens jurídicos tutelados no Art. 5º da Constituição do Brasil: vida, segurança, propriedade, liberdade e igualdade. Os direitos fundamentais são uma primeira concretização desse princípio.

O reconhecimento dos direitos humanos cria pressupostos para a efetivação da justiça social. Porém, são muitas as áreas nas quais tal reconhecimento é clamorosamente deficitário: cidadania, trabalho decente, alimentação e moradia, saúde e educação, participação política, proteção à criança e ao adolescente; combate à discriminação da população negra, indígena, mulheres e LGBT. A justiça social se efetiva não somente no reconhecimento do respeito jurídico às minorias, mas modificando as estruturas geradoras da discriminação. Discriminação entendida como qualquer exclusão, restrição ou tratamento diferencial baseado em motivos ilícitos e que tem a intenção ou o efeito de prejudicar o reconhecimento em pé de igualdade dos direitos garantidos.

---

[43] BRASIL. Constituição (1988). *Constituição (da) República Federativa do Brasil.* Brasília: Senado Federal, 1988. Disponível em: http://www.planalto.gov.br. Acesso em: 02.04.2018.

Direitos humanos, justiça social e reconhecimento 189

A defesa da não discriminação é responsabilidade e obrigação imediatas do Estado brasileiro. O injustiçado é trabalhador, negro, gay, mulher, imigrante, membro do candomblé. A igualdade da justiça social é uma igualdade absoluta na dignidade. Este reconhecimento é um direito exigível nos tribunais. Reafirmamos: a dignidade da pessoa humana é o princípio supremo da Constituição Federal, sustentação de todo o ordenamento jurídico.

Considerações finais

A dignidade humana é de todas as pessoas. É preexistente à toda teorização e legislação. Fundamento e finalidade última do Direito. As lutas sociais são também morais. Os demais direitos se concretizam quando respeitado o princípio da dignidade.

A justiça social, conceito central da Doutrina Social da Igreja, é a sistematização do valor da dignidade humana. Portanto, a injustiça não se reduz à desigualdade socioeconômica. Trata-se de reconhecer o outro como ser humano em todas as suas dimensões e características. Qualquer retrocesso nos direitos humanos representa retrocessos na justiça social. A Doutrina Social da Igreja é explicitamente antineoliberal. O Papa Francisco não deixa dúvidas a respeito da incompatibilidade entre ser cristão e ser neoliberal.

O campo da justiça social é, simultaneamente, a redistribuição socioeconômica e o reconhecimento. As duas formas se completam. O pobre não é apenas alguém privado economicamente, mas também o negro, o indígena, a mulher, o homossexual, o transexual, o migrante, entre muitos outros marginalizados. Ao combate à desigualdade socioeconômica somam-se

190 Ética teológica e direitos humanos

as lutas pelo fim das discriminações. Entidades e movimentos organizados em torno da etnia, do povo, do gênero, da sexualidade, da profissão lutam para serem reconhecidos. São lutas por reconhecimento ético que contribuem para a ampliação das possibilidades de concretização dos direitos humanos. Uma autêntica justiça social visa responder às duas reivindicações. Toda pessoa existe como eu em toda sua singularidade. Em razão, tão somente, de sua condição humana é titular de direitos que devem ser respeitados por seus semelhantes. A sociedade tem o imperativo moral de reconhecer as mais diversas formas de existência. As lutas sociais acentuam as condições necessárias à ampliação da democracia para todas as pessoas na perspectiva de que sociedades excludentes não fiquem engessadas. Todo indivíduo tem a dignidade de ser pessoa humana somente pelo fato de existir. Por isso, conforme Francisco, "é nocivo e ideológico também o erro das pessoas que vivem suspeitando do compromisso social dos outros, considerando-o algo de superficial, mundano, secularizado, imanentista, comunista, populista. (...) A defesa do inocente nascituro, por exemplo, deve ser clara, firme e apaixonada, porque neste caso está em jogo a dignidade da vida humana, sempre sagrada. (...) Mas igualmente sagrada é a vida dos pobres que já nasceram e se debatem na miséria, no abandono, na exclusão, no tráfico de pessoas, na eutanásia encoberta de doentes e idosos privados de cuidados, nas novas formas de escravatura, e em todas as formas de descarte. Não podemos propor-nos um ideal de santidade que ignore a injustiça deste mundo (...)".[44]

A categoria do reconhecimento serve de base teórica para reconhecer e afirmar o direito à diferença. A polêmica provo-

---

[44] GE 101.

Direitos humanos, justiça social e reconhecimento 191

cada em torno do "diferente" evidencia a dificuldade da articulação de políticas de identidade. Somos todos iguais ou somos todos diferentes? Somos diferentes de origem familiar e regional, nas tradições e nas lealdades, temos deuses diferentes, diferentes hábitos e gostos, diferentes estilos ou falta de estilo; em suma, somos portadores de pertenças culturais diferentes. "Temos o direito a ser iguais sempre que a diferença nos inferioriza; temos o direito a ser diferentes sempre que a igualdade nos descaracteriza".[45] As transformações recentes da sociedade pedem reafirmar o compromisso com o espírito democrático de uma ética pluralista. A reflexão destaca a importância da esfera pública para a construção de novas identidades sociais, afinal, a luta por direitos é histórica. O direito à diferença é uma ampliação, no interior da cultura do direito, da afirmação de formas de luta por reconhecimento. A luta pela diferença se inscreve ao lado de uma luta não interrompida por igualdade.

A luta por dignidade encontra seu dinamismo na exigência de reconhecimento da particularidade. O discurso contemporâneo sobre justiça social tem se empenhado no reconhecimento das diferenças. Essa luta é motivada pelo sofrimento e pela indignação contra as discriminações. Não existe alteridade sem diversidade. Ser diferente é o direito de ser humano em sua singularidade. O índio, o negro, o branco europeu, o nipo-brasileiro, a mulher, o idoso, o homossexual, a criança, o artesão, o intelectual, o deficiente físico, mental, auditivo e visual, o espírita, o pentecostal, o católico. Os esforços dos cristãos em defesa dos direitos humanos devem ser intensificados, a fim de contribuir "para a dignificação do ser humano e a trabalhar junto com os demais cidadãos

---

[45] SOUSA SANTOS, Boaventura. *A construção multicultural da igualdade e da diferença*. Coimbra: Oficina do CES, 1999, p. 45.

e instituições para o bem do ser humano".[46] O amor possibilita a existência do outro enquanto outro. A teologia deve ser capaz de articular as diversas manifestações dessas experiências, para revelar possibilidades de expressão. "Os cristãos, movidos pela solidariedade, agindo individualmente, ou em grupos, associações, organizações, pastorais e redes, devem saber propor-se como um grande movimento empenhado na defesa da pessoa humana e na tutela da sua dignidade".[47]

Referências Bibliográficas

ARISTÓTELES. *Ética a Nicômaco*. São Paulo: Nova Cultural, 1991.

BENTO XVI, Papa. *Caritas in Veritate*. Carta Encíclica sobre o desenvolvimento humano integral na caridade e na verdade. Roma: Libreria Editrice Vaticana, 2009.

BRASIL. Constituição (1988). *Constituição (da) República Federativa do Brasil*. Brasília: Senado Federal, 1988.

CONCÍLIO VATICANO II. Constituição Pastoral *Gaudium et Spes*. Roma: Libreria Editrice Vaticana, 1965.

CONSELHO EPISCOPAL LATINO-AMERICANO (CELAM). Documento de Aparecida. Texto Conclusivo da V Conferência Geral do Episcopado Latino-Americano e do Caribe (13-31 de maio de 2007). 2 ed. Brasília/São Paulo: Brasília/Paulus/Paulinas, 2007.

FRANCISCO, Papa. *Evangelii Gaudium*. Exortação Apostólica sobre o anúncio do Evangelho no mundo atual. São Paulo: Paulus/Loyola, 2013.

---

[46] DAp 384.
[47] CA 3.

Direitos humanos, justiça social e reconhecimento 193

FRANCISCO, Papa. *Laudato Si'*. Carta Encíclica sobre o cuidado da casa comum. São Paulo: Paulus/Loyola, 2015.

FRANCISCO, Papa. *Amoris Laetitia*. Exortação Apostólica Pós-Sinodal sobre o amor na família. São Paulo: Loyola, 2016.

FRANCISCO, Papa. *Discurso aos participantes no 3º Encontro dos Movimentos Populares*. Roma: Libreria Editrice Vaticana, 2016.

FRANCISCO, Papa. *Gaudete et Exsultate*. Exortação Apostólica sobre o chamado à santidade no mundo atual. São Paulo: Paulus, 2018.

FRASER, Nancy. Da redistribuição ao reconhecimento? Dilemas da justiça na era pós-socialista. In: SOUZA, Jessé (Org.). *Democracia Hoje:* novos desafios para a teoria democrática contemporânea. Brasília: UnB, 2001, p. 245-282.

GASDA, Élio Estanislau. "Essa economia mata" (EG, 53): crítica teológica do capitalismo inviável: In: *Perspectiva Teológica*, v. 49, n. 3 (set/dez. 2017): 573-587.

HAYEK, Friedrich von. *O caminho da servidão*. Rio de Janeiro: Expressão e Cultura/Instituto Liberal, 1987.

HAYEK, Friedrich von. *Direito, legislação e liberdade*: Volume II. A miragem da justiça social. Uma nova formulação dos princípios liberais de justiça e economia política. São Paulo: Visão, 1985.

HONNETH, Axel. *Luta por reconhecimento*: a gramática moral dos conflitos sociais. São Paulo: Ed. 34, 2003.

JOÃO PAULO II, Papa. *Centesimus Annus*. Carta Encíclica no centenário da *Rerum Novarum*. Roma: Libreria Editrice Vaticana, 1991.

JOÃO PAULO II, Papa. *Redemptor Hominis*. Carta Encíclica no início do seu ministério pontifical. Roma: Libreria Editrice Vaticana, 1979.

JOÃO PAULO II, Papa. *Sollicitudo Rei Socialis*. Carta Encíclica pelo vigésimo aniversário da Encíclica *Populorum Progressio*. Roma: Libreria Editrice Vaticana,1987.

MISES, Ludwig von. *Ação Humana*. Um tratado de economia (1949). São Paulo: Instituto Ludwig von Mises Brasil, 2010.

ORGANIZAÇÃO DAS NAÇÕES UNIDAS. *Declaração Universal dos Direitos Humanos*. Disponível em: http://www.onu.org.br/img/2014/09/DUDH.pdf. Acesso em 08.04.2018.

PIO XI, Papa. *Quadragesimo Anno*. Carta Encíclica sobre a restauração e aperfeiçoamento da ordem social em conformidade com a Lei Evangélica. Roma: Libreria Editrice Vaticana,1931.

PONTIFÍCIO CONSELHO 'JUSTIÇA E PAZ'. *Compêndio da Doutrina Social da Igreja*. São Paulo: Paulinas, 2005.

RICOEUR, Paul. *Percurso do reconhecimento*. São Paulo: Loyola, 2006.

SICRE, José Luiz. *Con los pobres de la tierra*. La justicia social en los profetas. Madrid: Cristiandad, 1984.

TAPARELLI D'AZEGLIO, Luigi. *Saggio Teorico di Diritto Naturale apogiato sul fatto*. Roma, 5 vols., 1840-1843.

TAYLOR, Charles. A política do reconhecimento. In: *Argumentos filosóficos*. São Paulo: Loyola, 2000.

TOMÁS DE AQUINO, Santo. *Suma Teológica* II-II. Madrid: Biblioteca de Autores Cristianos (BAC), 1990.

9

Sair, encontrar, acolher e promover: a Igreja e a defesa dos direitos humanos

Thales Martins dos Santos[1]

Introdução

A reflexão que segue pretende apresentar que estar com os pequenos e os marginalizados é missão de todo discípulo-missionário que acolhe o projeto evangélico de Jesus e o põe em prática no cotidiano. É preciso que, na Igreja, resplandeça o rosto misericordioso do Pai, para que ela possa ser lugar de conversão e cura. Deste modo, a missão dos discípulos-missionários é de serem intercessores, cuidadores, pastores, expressão do amor e da misericórdia de Deus.

A misericórdia divina é o fundamento para a construção do Reino de Deus na sociedade, a fim de que, por meio dela, a Igreja possa promover a dignidade de todos os filhos e filhas de Deus. Por isso, ela, como povo de Deus, consciente de sua mis-

---

[1] Thales Martins dos Santos é Licenciado em Filosofia (Faculdade Entre Rios do Piauí – Teresinha) e Bacharelando em Teologia (Centro de Estudos da Arquidiocese de Ribeirão Preto – Brodowski).

196 Ética teológica e direitos humanos

são, deve buscar alcançar todas as realidades, especialmente as mais periféricas, oferecendo a Boa Nova do Evangelho para todos, assumindo uma pastoral decididamente missionária.

1. Encontrar-se junto às "periferias"

De modo autêntico e profético, o Papa Francisco, em sua Exortação Apostólica *Evangelii Gaudium*, chama a todos a "sair da própria comodidade e ter a coragem de alcançar todas as periferias que precisam da luz do Evangelho"[2]. A atitude de pôr-se em saída é o primeiro passo para todos os discípulos--missionários, pois o encontro com a pessoa de Jesus os transforma e os capacita para serem portadores e transmissores do tesouro do Evangelho e, por isso, os faz alcançar realidades distantes, desconhecidas, marginalizadas e, muitas vezes, sobrantes. O encontro com Jesus e a decisão firme de segui-lo, abraçando o seu projeto de vida, fazem com que nos tornemos todos discípulos-missionários "para proclamar o Evangelho de Jesus Cristo e, nele, a boa nova da dignidade humana, da vida, da família, do trabalho, da ciência e da solidariedade com a criação",[3] semeando, assim, os gérmens de uma cultura do encontro e do amor.

Contudo, somente podem ser discípulos-missionários aqueles que primeiro deixaram-se encontrar pelo Mestre e acolheram o seu chamado, estabelecendo com ele uma ativa corres-

---

[2] FRANCISCO, Papa. *Evangelii Gaudium*. Exortação Apostólica sobre o anúncio do Evangelho no mundo atual. São Paulo: Paulus/Loyola, 2013, n. 20. Daqui em diante = EG.
[3] CONSELHO EPISCOPAL LATINO-AMERICANO (CELAM). *Documento de Aparecida*. Texto Conclusivo da V Conferência Geral do Episcopado Latino--Americano e do Caribe (13-31 de maio de 2007). 2 ed. Brasília/São Paulo: Brasília/Paulus/Paulinas, 2007, n. 103. Daqui em diante = DAp.

Sair, encontrar, acolher e promover: a Igreja e a defesa... 197

pondência amorosa, que implica compromisso com o anúncio e a construção do Reino. Recordemos as palavras de Bento XVI quando, na Carta Encíclica *Deus Caritas Est*, orienta, de modo objetivo, que "no início do ser cristão não há uma decisão ética ou uma grande ideia, mas o encontro com um acontecimento, com uma Pessoa que dá à vida um novo horizonte e, assim, o rumo decisivo".[4]

Poderíamos afirmar que este compromisso que resulta do encontro é, justamente, o anúncio querigmático, capaz de gerar uma conversão integral da pessoa. Todos têm o direito de receber esse anúncio; todos têm o direito de receber o Evangelho e, portanto, conhecer a Jesus Cristo.[5] É categórica e essencial a afirmação do Papa Francisco ao exortar que "os cristãos têm o dever de anunciá-lo [o Evangelho], sem excluir ninguém, e não como quem impõe uma nova obrigação, mas como quem partilha uma alegria, indica um horizonte estupendo, oferece um banquete apetecível".[6] A missão do anúncio compete a cada um de nós, enquanto discípulos do Mestre.

Parece-nos um paradoxo o fato de o anúncio ser um *dever alegre*. Entretanto, é um *dever* pelo fato de resultar de um encontro especial, cujas raízes são batismais; é um dever *alegre* porque o Evangelho é pleno de alegria e capaz de dar sentido e encher o coração e a vida inteira daqueles que cuidam das raízes, a ponto de fazê-las germinar, florescer e frutificar em adesão pessoal a Jesus e ao seu projeto de vida em abundância

---

[4] BENTO XVI, Papa. *Deus Caritas Est*. Carta Encíclica sobre o amor cristão. São Paulo: Paulus/Loyola, 2006, n. 1.
[5] "Se alguma coisa nos deve santamente inquietar e preocupar a nossa consciência é que haja tantos irmãos nossos que vivem sem a força, a luz e a consolação da amizade com Jesus Cristo, sem uma comunidade de fé que os acolha, sem um horizonte de sentido e de vida" (EG 49).
[6] EG 14.

198 Ética teológica e direitos humanos

para todos.[7] Todos aqueles que vivem essa experiência com o Mestre não a querem guardar para si, mas necessitam ardentemente anunciar e partilhar com os outros, a fim de que também eles possam experimentar a alegria reconfortante do Evangelho. É sempre indispensável conservar "a suave e reconfortante alegria de evangelizar, mesmo quando for preciso semear com lágrimas!"[8] Não obstante, o risco de cairmos em círculos, por vezes viciosos, assola-nos constantemente. Em busca de segurança e comodidade, ousamos trancafiar o Evangelho de Jesus Cristo dentro de nossas vontades, interesses, mediocridades e soltá-lo somente quando, onde e a quem quisermos.[9] O discernimento do caminho que o Senhor nos pede é próprio de cada cristão e de cada comunidade, todavia, somos todos convidados a aceitar com disponibilidade o serviço aos irmãos e irmãs, em particular àqueles que se encontram em situações periféricas.

Ao referir-se às *periferias*, Francisco aponta não somente as geográficas, mas, sobretudo, as periferias existenciais, onde nos colocamos diante do "mistério do pecado, da dor, da injustiça, da ignorância e da ausência da fé, as do pensamento, e de todas as formas de miséria".[10] Nas periferias, geográficas e existenciais, encontramos o ser humano reduzido ao mínimo de sua dignidade e sedento por compreensão e misericórdia.

---

[7] EG 3.
[8] PAULO VI, Papa. *Evangelii Nuntiandi*. Exortação Apostólica sobre a evangelização no mundo contemporâno (1975). 3 ed. São Paulo: Paulinas, 1976, n. 80.
[9] "(...) prefiro uma Igreja acidentada, ferida e enlameada por ter saído pelas estradas a uma Igreja enferma pelo fechamento e a comodidade de se agarrar às próprias seguranças" (EG 49).
[10] FRANCISCO, Papa. *Mensagem do Papa Francisco por ocasião do XXXV Encontro para a Amizade entre os Povos* (Rimini, 24-30.08.2014). Disponível em: http://w2.vatican.va/content/francesco/pt/messages/pont-messages/2014/documents/papa-francesco_20140823_messaggio-meeting-amicizia-popoli.html. Acesso em: 03.05.2018.

Sair, encontrar, acolher e promover: a Igreja e a defesa... 199

Em sua primeira Missa Crismal, após ser eleito Bispo de Roma, Francisco partilha que

> é preciso experimentar a nossa unção, com o seu poder e a sua eficácia redentora: nas "periferias" onde não falta sofrimento, há sangue derramado, há cegueira que quer ver, há prisioneiros de tantos patrões maus. Não é, concretamente, nas nossas próprias experiências ou nas reiteradas introspecções que encontramos o Senhor. (...) O poder da graça se ativa e cresce na medida em que, com fé, saímos para nos dar a nós mesmos oferecendo o Evangelho aos outros, para dar a pouca unção que temos àqueles que não têm nada de nada.[11]

Experimentar, sentir, estar ao lado daquele que sofre pela discriminação, pela marginalização, pela indiferença e descrédito da sociedade e ajudá-lo a descobrir e desenvolver suas potencialidades é a atitude evangélica mais agradável aos olhos do Pai.[12] Colocar-se ao lado dos pobres e pequeninos é fazer valer a própria natureza missionária da Igreja, caso contrário, ela perde sua identidade.[13] Como discípulos e missionários, somos impelidos a abraçar essa dimensão do encontro com o irmão; a criar vínculos e a colaborar no serviço àqueles a quem deve-

---

[11] FRANCISCO, Papa. *Homilia do Papa Francisco na Santa Missa Crismal* (28.03.2013). Disponível em: https://w2.vatican.va/content/francesco/pt/homilies/2013/documents/papa-francesco_20130328_messa-crismale.html. Acesso em: 04.05.2018.

[12] "O único modo para que uma pessoa, uma família, uma sociedade, cresça; a única maneira para que a vida dos povos avance é a cultura do encontro, uma cultura na qual todo mundo tem algo bom com que contribuir, e todos podem receber algo bom em troca. O outro sempre tem algo que me dar quando sabemos nos aproximar dele com atitude aberta e disponível, sem preconceitos." FRANCISCO, Papa. Encontro com a classe dirigente do Brasil (Teatro Municipal, Rio de Janeiro – 27.07.2013). In: *Palavras do Papa Francisco no Brasil*. São Paulo: Paulinas, 2013, p. 83.

[13] CONCÍLIO VATICANO II. *Decreto Ad Gentes*. Sobre a atividade missionária da Igreja. In: COMPÊNDIO DO VATICANO II. Constituições, Decretos, Declarações. 31 ed. Petrópolis: Vozes, 2015, n. 2

mos nos fazer próximos: "'Qual dos três, na sua opinião, foi o próximo do homem que caiu nas mãos dos assaltantes?' Ele respondeu: 'Aquele que usou de misericórdia para com ele'" (Lc 10,36-37).

Neste caminho,

> a resposta a seu chamado exige entrar na dinâmica do Bom Samaritano (cf. Lc 10,29-37), que nos dá o imperativo de nos fazer próximos, especialmente com quem sofre, e gerar uma sociedade sem excluídos, seguindo a prática de Jesus, que come com publicanos e pecadores (cf. Lc 5,29-32), que acolhe os pequenos e as crianças (cf. Mc 10, 13-16), que cura os leprosos (cf. Mc 1,40-45), que perdoa e liberta a mulher pecadora (cf. Lc 7,36-49; Jo 8,1-11), que fala com a Samaritana (cf. Jo 4,1-26).[14]

A cultura do encontro, insistentemente propagada por Francisco, é parte integrante do Batismo e, por isso, torna-se também missão dos discípulos-missionários no campo eclesial e social. Mais do que no passado, temos hoje as condições eclesiais, sociais, políticas e culturais, tendo em vista as bases eclesiológicas para que os cristãos leigos possam, a partir de sua realidade, exercer sua missão como autênticos sujeitos eclesiais, aptos a atuar na Igreja, mas, acima de tudo, na sociedade, a fim de promover uma relação construtiva entre ambas.[15]

Diante dessas constatações, fica claro que a V conferência do CELAM, em continuidade com as outras, fortalece o protagonismo dos discípulos-missionários leigos, já que eles, "conscientes de sua chamada à santidade em virtude de sua vocação batismal, são os que têm de atuar à maneira de fermento na

---

[14] DAp 135.
[15] CONFERÊNCIA NACIONAL DOS BISPOS DO BRASIL. *Cristãos Leigos e Leigas na Igreja e na Sociedade*. Brasília: CNBB, 2016, n. 122.

Sair, encontrar, acolher e promover: a Igreja e a defesa... 201

massa para construir uma cidade temporal que esteja de acordo com o projeto de Deus".[16]

Nesse sentido, encontrar-se junto às *periferias* é um caminho constante que deve ser percorrido com paciência, sensibilidade e atenção a cada passo dado, pois "muitas vezes é melhor diminuir o ritmo, pôr de parte a ansiedade para olhar nos olhos e escutar, ou renunciar às urgências para acompanhar quem ficou caído à beira do caminho".[17] Consequentemente, assumindo um objetivo pastoral e um estilo missionário, o anúncio e o testemunho evangélico dos discípulos-missionários devem chegar a todos sem exceções nem exclusões, concentrando-se no essencial, no que é mais belo, mais importante, mais atraente, mais necessário, consistindo nas obras de amor ao próximo enquanto manifestação externa mais perfeita da graça interior do Espírito e na indispensável experiência da misericórdia.[18]

2. Chamados a "misericordiar"

Encontrar-se com o outro é *misericordiar*; é ter compaixão pelas fragilidades e misérias humanas; é sentir-se parte do sofrimento, da angústia e da desesperança do outro. Nas situações em que o julgamento cruel e frio se apresenta violentamente, devemos anunciar e testemunhar um Deus-Misericórdia, que ama e perdoa; que acolhe e abraça. Um Deus que é Amor (1Jo 4,8.16) e jamais se alegra por um filho que está em situação de miséria humana, espiritual ou social. Por isso, urge a necessidade de propor caminhos e meios para que este *encontro* possa gerar frutos de conversão, a exemplo do encontro de Jesus com a Samaritana (Jo 4,5-42).

[16] DAp 505.
[17] EG 46.
[18] EG 36.

Os bispos em Aparecida afirmam que

> nossos povos não querem andar pelas sombras da morte. Têm sede de vida e felicidade em Cristo. Buscam-no como fonte de vida. Desejam essa vida nova em Deus, para a qual o discípulo do Senhor nasce pelo batismo e renasce pelo sacramento da reconciliação.[19]

Essa vida nova brota da misericórdia do Pai distribuída a todos. Logo, a misericórdia é, ao mesmo tempo, princípio, caminho e meta da vida cristã. Por ela, um filho retorna à sua dignidade (Lc 15,11-32); o pobre encontra abrigo no Pai (Lc 16,19-31); a dívida é perdoada (Lc 7, 36-50). Somos chamados, enquanto discípulos-missionários, a sermos canais, sem exceção e exclusão, da Misericórdia do Pai. A hipocrisia, que oculta a maldade de tantos corações e prega audaciosamente um puro legalismo, está muito distante de ser uma resposta adequada a esse chamado.[20]

É triste percebermo-nos agindo inúmeras vezes "como controladores da graça, e não como facilitadores. A Igreja, porém, não é uma alfândega, mas a casa paterna, onde há lugar para todos com a sua vida fadigosa".[21] No cerne do ser cristão está a atitude compassiva, paciente e misericordiosa diante do próximo. É resposta generosa e correspondência a Deus que nos amou por primeiro, pois "se alguém disser: 'Amo a Deus', mas odeia o seu irmão, é um mentiroso: pois quem não ama seu

---

[19] DAp 350.
[20] "Esta é a coisa mais dura que estamos vivendo: a mesma Igreja que acolhe com todas as honras homens sem entranhas de misericórdia sai às ruas pedindo que não chamem de matrimônio a união de duas pessoas que se amam ou que reprovem com nota as crianças que não conseguem aprender bem o catecismo." CASTILLO, José M. Espiritualidade para insatisfeitos. São Paulo: Paulus, 2012, p. 183.
[21] EG 47.

Sair, encontrar, acolher e promover: a Igreja e a defesa... 203

irmão, a quem vê, a Deus, a quem não vê, não poderá amar" (1Jo 4,20).

Nesse sentido, vivemos num "momento em que somos chamados, de maneira ainda mais intensa, a fixar o olhar na misericórdia, para nos tornarmos nós mesmos sinal eficaz do agir do Pai".[22] Este é o *kairós*, isto é, o tempo da graça que anela invadir o coração dos desamparados e desiludidos pelo peso de suas dificuldades e limites. Por esse motivo, somos chamados a *misericordiar*.

Esse neologismo, empregado por Francisco, representa o atuar da Igreja na sociedade. Uma Igreja que deve ser *hospital de campo*, pois as pessoas estão feridas e devemos curá-las.[23] Ainda mais, uma Igreja que seja "o lugar da misericórdia gratuita, onde todos possam sentir-se acolhidos, amados, perdoados e animados a viverem segundo a vida boa do Evangelho".[24]

Contrárias a tudo isso são as atitudes de indiferença e insensibilidade que nos impedem de compadecer-nos com o outro, de fazer-nos próximos dele, de *misericordiar*. Exorta Francisco, em sua visita a Lampedusa, que

> a cultura do bem-estar, que nos leva a pensar em nós mesmos, torna-nos insensíveis aos gritos dos outros, faz-nos viver como se fôssemos bolas de sabão: estas são bonitas, mas não são nada, são pura ilusão do fútil, do provisório. Esta cultura do bem-estar leva à indiferença a respeito dos

---

[22] FRANCISCO, Papa. *Misericordiae Vultus*. Bula de Proclamação do Jubileu Extraordinário da Misericórdia. São Paulo: Paulus/Loyola, 2015, n. 3. Daqui em diante = MV.

[23] FRANCISCO, Papa. *Discurso do Papa Francisco aos párocos da Diocese de Roma* (06.03.2014). Disponível em: https://w2.vatican.va/content/francesco/pt/speeches/2014/march/documents/papa-francesco_20140306_clero-diocesi-roma.html. Acesso em: 06.05.2018.

[24] EG 114.

outros; antes, leva à globalização da indiferença. Neste mundo da globalização, caímos na globalização da indiferença. Habituamo-nos ao sofrimento do outro, não nos diz respeito, não nos interessa, não é responsabilidade nossa![25]

A indiferença, proveniente da insensibilidade, deve ser banida, extirpada das nossas ações e costumes, para que haja fraternidade, justiça e caridade na convivência humana. Toda a sociedade humana forma uma única e indispensável família.[26] Em nossa realidade latino-americana, talvez o maior grito seja o dos pobres. Quantas situações de miséria, marginalização e desrespeito à dignidade do outro encontramos em nosso cenário. Nosso campo de ação é construído na medida em que assumimos, de acordo com nossas condições e possibilidades, a missão de trabalhar pela edificação do Reino nesses espaços dilacerados pela ganância e prepotência selvagem do homem.

Por essa razão, "a Igreja necessita de forte comoção que a impeça de se instalar na comodidade, no estancamento e na indiferença, à margem do sofrimento dos pobres do Continente".[27] Ao nosso redor, quantas situações de precariedade e sofrimento; são como feridas gravadas na carne de muitos que já não têm voz, perdida por causa da indiferença e do egoísmo dos povos ricos.[28]

---

[25] FRANCISCO, Papa. *Viagem a Lampedusa (Itália)*. Santa Missa pelas vítimas dos naufrágios. Homilia (08.07.2013). Disponível em: https://w2.vatican.va/content/francesco/pt/homilies/2013/documents/papa-francesco_20130708_omelia-lampedusa.html. Acesso em: 22.04.2018. Acesso em: 06.05.2018.
[26] "(...) somos uma única família humana. Não há fronteiras nem barreiras políticas ou sociais que permitam isolar-nos e, por isso mesmo, também não há espaço para a globalização da indiferença." FRANCISCO, Papa. *Laudato Si'*. Carta Encíclica sobre o cuidado da casa comum. 2015. São Paulo: Paulus/Loyola, 2015, n. 52.
[27] DAp 362.
[28] MV 17.

Sair, encontrar, acolher e promover: a Igreja e a defesa... 205

Voltando-nos para as atitudes de Jesus diante dos oprimidos e desamparados, encontramos obras de *misericórdia espiritual* (aconselhar os indecisos; ensinar os ignorantes, admoestar os pecadores, consolar os aflitos, perdoar as ofensas, suportar com paciência as pessoas molestas, rezar a Deus pelos vivos e defuntos) e obras de *misericórdia corporal* (dar de comer aos famintos, dar de beber aos sedentos, vestir os nus, acolher os peregrinos, dar assistência aos enfermos, visitar os presos, enterrar os mortos). Ambas, unidas, constituem a essencial expressão de Francisco: devemos *misericordiar*.

Quando exercitamos quaisquer obras de misericórdia, assumimos o nosso Batismo, e, assim, concretiza-se a nossa missão de levar aos outros o amor de Jesus que revela a misericórdia do Pai, pois cada vez que fizermos uma dessas obras a um dos irmãos pequeninos, foi ao próprio Senhor que fizemos (Mt 25,31-46).

Em suma, o caminho primeiro e fundamental da Igreja é o homem, um caminho já traçado pelo próprio Cristo,[29] tendo em vista, acima de tudo, a promoção de sua dignidade. Dessa forma, descobrir e ajudar a descobrir a dignidade inviolável de cada pessoa humana constitui missão essencial e unificadora do serviço da Igreja inteira. Contudo, os discípulos-missionários leigos, em razão da "índole secular" da sua vocação, são chamados a prestar à família dos homens um serviço de presença e animação cristã na ordem temporal.[30]

Um texto particularmente iluminador da Constituição *Gaudium et Spes* apresenta-nos que

---

[29] JOÃO PAULO II, Papa. *Redemptor Hominis*. Carta Encíclica no início do seu ministério pontifical (1979). São Paulo: Paulinas, 1999, n. 14.
[30] JOÃO PAULO II, Papa. *Christifideles Laici*. Exortação Apostólica sobre a vocação e missão dos leigos na Igreja e no mundo (1988). São Paulo: Paulinas, 1990, n. 36. Daqui em diante = CL.

206 Ética teológica e direitos humanos

> a Igreja, contudo, seguindo o seu fim próprio salutar, não somente comunica ao homem a vida divina, mas também irradia a sua luz, de certo modo refletida sobre o mundo inteiro, principalmente porque restabelece e eleva a dignidade da pessoa humana, fortalece a coesão da sociedade humana e reveste de sentido mais profundo e de significação a atividade cotidiana dos homens. Deste modo, através de cada um de seus membros e de toda a sua comunidade, a Igreja acredita poder ajudar muito a tornar mais humana a família dos homens e sua história.[31]

Misericórdia significa ver o que está faltando às pessoas para que realizem seu verdadeiro potencial, como Deus deseja para cada uma delas, isto é, ser misericordioso significa criar oportunidades onde elas não existem. Dessa maneira, providenciar para que todas tenham oportunidades de tornar-se aquilo que são destinadas a ser, enquanto expressão única da bondade de Deus, contribuindo para o bem comum.[32]

Assim sendo, no anúncio da Boa Nova, a misericórdia e a justiça são dois eixos basilares. Com eles, podemos realizar o mandato da caridade, alcançando todas as dimensões da existência, todas as pessoas, todos os ambientes de convivência e todos os povos e promovendo a dignidade humana nas periferias gritantes de nossa sociedade.

3. Promover a dignidade humana

A missão do anúncio da Boa Nova de Jesus Cristo tem destinação universal, e o tempo de realizá-la é o hoje (*kairós*).

---

[31] CONCÍLIO VATICANO II. *Constituição Pastoral Gaudium et Spes*. Sobre a Igreja no mundo de hoje. In: COMPÊNDIO DO VATICANO II. Constituições, Decretos, Declarações. 31 ed. Petrópolis: Vozes, 2015, n. 40. Daqui em diante = GS.
[32] BORGMAN, Erik. Um hospital de campo após a batalha: a misericórdia como característica fundamental da presença de Deus. In: *Concilium*. Revista Internacional de Teologia, Petrópolis, n. 372/4 (2017): 69.

Sair, encontrar, acolher e promover: a Igreja e a defesa...		207

"Cumpriu-se o tempo e o Reino de Deus está próximo. Arrependei-vos e crede no Evangelho" (Mc 1,15). O Senhor continua a nos chamar como discípulos-missionários para orientarmos nossa vida a partir da realidade transformadora do Reino de Deus, promovendo, acima de tudo, a dignidade da pessoa humana, uma vez que "todas as coisas existentes na terra são ordenadas ao homem como a seu centro e ponto culminante".[33] Segundo o Documento de Aparecida,

> o fato de ser discípulos e missionários de Jesus Cristo para que nossos povos tenham vida nEle leva-nos a assumir evangelicamente, e a partir da perspectiva do Reino, as tarefas prioritárias que contribuem para a dignificação do ser humano e a trabalhar junto com os demais cidadãos e instituições para o bem do ser humano.[34]

Tocar as feridas de tantos irmãos e irmãs constitui um dos fundamentos da nossa fé: "Mostra-me a tua fé sem as obras e eu te mostrarei a fé pelas minhas obras" (Tg 2,18b). No entanto, a nossa sociedade muitas vezes prefere um cristianismo sem a cruz, em vez da prática da caridade fraterna, capaz de *tocar as feridas* e *fazer-se próxima*.

Mas quando essa realidade tão distante dos rostos sofredores se transformará? Talvez, quando nós, *pessoas de mãos limpas*, despertarmos da ilusão da nossa inocência e aceitarmos a responsabilidade pelo mundo, cujos horrores são provocados não apenas por meio dos atos de pessoas más, mas ainda mais pela indiferença e a falta de ação das *pessoas boas*, influenciadas pela globalização da indiferença.[35]

---

[33] GS 12.
[34] DAp 384.
[35] HALÍK, Tomás. *Toque as feridas*: sobre sofrimento, confiança e a arte da transformação. Petrópolis: Vozes, 2016, p. 28.

Uma Igreja em *chave de missão* significa "estar a serviço do Reino, em diálogo com o mundo, inculturada na realidade histórica, inserida na sociedade, encarnada na vida do povo".[36] Na perspectiva de uma Igreja *em saída* e *acolhedora*, é também missão dos discípulos-missionários leigos evangelizar com ardor, dinamismo, ousadia, criatividade, coragem e alegria, não tendo medo de se sujar com a lama da estrada, mas, sim, de ficar fechados em estruturas obsoletas. A mensagem que Jesus transmitiu em seu ministério foi o amor-doação, na dinâmica do serviço generoso. Essa mensagem ainda hoje precisa ser anunciada e testemunhada com dinamismo e disponibilidade pela Igreja inteira, numa plena *saída de si mesma*. Por isso mesmo, "assim como a Igreja é missionária por natureza, também brota inevitavelmente dessa natureza a caridade efetiva para com o próximo, a compaixão que compreende, assiste e promove".[37]

Ao pensarmos na dimensão da vocação leiga na Igreja, percebemos a urgente necessidade de revigorar e unir forças para que haja um maior envolvimento de todos, a fim de que a Boa Nova de Jesus alcance todas as realidades existentes.

Os bispos em Aparecida afirmam que:

> Nossa fidelidade ao Evangelho exige que proclamemos a verdade sobre o ser humano e sobre a dignidade de toda pessoa humana, em todos os espaços públicos e privados do mundo de hoje e a partir de todas as instâncias da vida e da missão da Igreja.[38]

---

[36] CONFERÊNCIA NACIONAL DOS BISPOS DO BRASIL. *Cristãos Leigos e Leigas na Igreja e na Sociedade*, n. 170.
[37] EG 179.
[38] DAp 390.

Sair, encontrar, acolher e promover: a Igreja e a defesa... 209

Contudo, precisamos estar conscientes a respeito da dignidade humana e como ela se conceitua para nós.[39] Diante disso, devemos fazer valer a afirmação de que somente o homem é *pessoa*, sujeito consciente e livre, logo, ele é centro e vértice de tudo o que existe sobre a terra.[40] Deus criou o homem à sua imagem e semelhança, constituindo-o senhor de todas as criaturas terrenas, para cuidar e servir-se delas, dando glória a Ele (Gn 1,26-31).

Nesse sentido, a dignidade pessoal é o bem mais precioso que o homem tem, e isso implica a afirmação antropológica de que o homem vale por aquilo que é, e não por aquilo que tem. Nas palavras de Jesus: "Com efeito, que aproveita ao homem ganhar o mundo inteiro e arruinar sua própria vida?" (Mc 8,36).

Em razão disso,

> a dignidade pessoal constitui o *fundamento da igualdade de todos os homens entre si*. Daí, a absoluta recusa de todas as mais variadas formas de discriminação que, infelizmente, continuam a dividir e a humilhar a família humana, desde as raciais e econômicas às sociais e culturais, das políticas às geográficas etc. Toda discriminação é uma injustiça absolutamente intolerável, não tanto pelas tensões e conflitos que pode gerar no tecido social, quanto pela desonra feita à dignidade da pessoa: não só à dignidade daquele que é vítima da injustiça, mas ainda mais à daquele que pratica essa injustiça.[41]

---

[39] "Da dignidade da pessoa humana tornam-se os homens de nosso tempo sempre mais cônscios. Cresce o número dos que exigem que os homens em sua ação gozem e usem de seu próprio critério e de liberdade responsável, não se deixando mover por coação, mas guiando-se pela consciência do dever." CONCÍLIO VATICANO II. *Declaração Dignitatis Humanae*. Sobre a liberdade religiosa. In: COMPÊNDIO DO VATICANO II. Constituições, Decretos, Declarações. 31 ed. Petrópolis: Vozes, 2015, n. 1.
[40] GS 12.
[41] CL 37.

210 Ética teológica e direitos humanos

Para estabelecer a paz e a justiça entre os seres humanos, é primordial que haja direitos e deveres que sejam universais e inalienáveis. Nessa perspectiva, há uma explícita orientação do Magistério da Igreja:

> Em uma convivência humana bem constituída e eficiente, é fundamental o princípio de que cada ser humano é pessoa; isto é, natureza dotada de inteligência e vontade livre. Por essa razão, possui em si mesmo direitos e deveres, que emanam direta e simultaneamente de sua própria natureza. Trata-se, por conseguinte, de direitos e deveres universais, invioláveis e inalienáveis.[42]

Nesse sentido, podemos afirmar que "os direitos humanos derivam (...) da própria dignidade da pessoa humana".[43] Eles visam à realização do ser humano como pessoa, correspondem às exigências de uma vida digna para todos. Por conseguinte, ao exaltarmos tal dignidade, concluímos que ela torna-se fundamento da participação e da solidariedade dos homens entre si, assim como encontramos no artigo primeiro da Declaração Universal dos Direitos Humanos: "Todos os seres humanos nascem livres e iguais em dignidade e direitos. São dotados de razão e consciência e devem agir em relação uns aos outros com espírito de fraternidade".[44]

Esse espírito de fraternidade nasce, para nós cristãos, da nossa fé em Cristo, numa atitude permanente de encontro, ir-

---

[42] JOÃO XXIII, Papa. *Pacem in Terris*. Carta Encíclica sobre a paz de todos os povos na base da verdade, justiça, caridade e liberdade. São Paulo: Paulinas, 2004, n. 1.
[43] CONGREGAÇÃO PARA A EDUCAÇÃO CATÓLICA. *Orientações para o estudo e o ensinamento da doutrina social da Igreja na formação sacerdotal*. Cidade do Vaticano: Tipografia Poliglota Vaticana, Cidade do Vaticano, 1988, n. 32.
[44] ASSEMBLEIA GERAL DAS NAÇÕES UNIDAS. *Declaração Universal dos Direitos Humanos*. 1948. Disponível em: https://www.unicef.org/brazil/pt/resources_10133.htm. Acesso em: 09.05.2018. Daqui em diante = DUDH.

Sair, encontrar, acolher e promover: a Igreja e a defesa... 211

mandade e serviço: "(..) todos vós sois irmãos" (Mt 23,8), e ainda: "Pois o Filho do Homem não veio para ser servido, mas para servir e dar a sua vida em resgate por muitos" (Mc 10,45). É nossa missão buscar despertar a esperança em meio às situações mais difíceis.

> Ela [a solidariedade] há de se manifestar em opções e gestos visíveis, principalmente na defesa da vida e dos direitos dos mais vulneráveis e excluídos, e no permanente acompanhamento em seus esforços por serem sujeitos de mudança e de transformação de sua situação.[45]

O fundamento do reconhecimento dessa dignidade de todos os membros da família humana e de seus direitos iguais e inalienáveis consiste na liberdade, na justiça e na paz no mundo.[46] Assim, a conversão cristã exige rever especialmente tudo o que diz respeito à ordem social e à consecução do bem comum, e, por isso, "a prioridade da obrigação e a dimensão de gratuidade, com a volta preferencial ao outro e ao fraco, deveriam ser as duas contribuições mais típicas dos cristãos no tema dos direitos humanos".[47]

De modo sucinto, "uma fé autêntica – que nunca é cômoda nem individualista – comporta sempre um profundo desejo de mudar o mundo, transmitir valores, deixar a terra um pouco melhor depois da nossa passagem por ela".[48] E a mudança do mundo tem de começar pela prioridade dada aos mais pobres e vulneráveis. A opção preferencial por eles é uma das peculia-

---

[45] DAp 394.
[46] DUDH.
[47] FAUS, José I. González. *Direitos Humanos, deveres meus*: pensamento fraco, caridade forte. São Paulo: Paulus, 1998, p. 36.
[48] EG 183.

ridades da fisionomia da Igreja latino-americana e caribenha.[49] Essa opção foi a opção de Jesus, manifestada por meio do seu modo de agir e de suas palavras: "(...) quando deres uma festa, chama os pobres, estropiados, coxos, cegos" (Lc 14,13). Por conseguinte, "assumindo com nova força essa opção pelos pobres, manifestamos que todo processo evangelizador envolve a promoção humana e a autêntica libertação",[50] pela qual é possível a construção de uma ordem justa na sociedade. De acordo com o Papa Francisco,

> respeitando a independência e a cultura de cada nação, é preciso recordar-se sempre de que o planeta é de toda a humanidade e para toda a humanidade, e que o simples fato de ter nascido num lugar com menores recursos ou menor desenvolvimento não justifica que algumas pessoas vivam menos dignamente.[51]

A atitude de *misericordiar* implica justiça, a qual, por sua vez, impele à promoção da dignidade de cada homem e mulher. Tendo em vista que a dignidade da pessoa humana e o bem comum estão acima da tranquilidade de alguns que não querem renunciar aos seus privilégios e até mesmo aos seus direitos, nós, enquanto batizados, e de modo especial todos os discípulos-missionários leigos e leigas, precisamos assumir uma voz profética todas as vezes que a falta de tal renúncia compromete a realização dos que mais precisam.[52] Caso contrário, somos todos afetados, pois,

---

[49] DAp 391.
[50] DAp 399.
[51] EG 190.
[52] EG 218.

Sair, encontrar, acolher e promover: a Igreja e a defesa... 213

quando os direitos humanos são violados em qualquer lugar que seja sem que haja protesto, são ameaçados em todos os lugares. Nossos próprios direitos são menos seguros se pactuamos, nem que seja pelo silêncio, com a violação dos direitos humanos em outros países.[53]

Portanto, "não podemos ficar tranquilos em nossos templos em espera passiva. É necessário passar de uma pastoral de mera conservação para uma pastoral decididamente missionária",[54] a fim de que a Igreja seja, realmente, pobre para os pobres e defenda os direitos fundamentais de todo ser humano.

Considerações finais

Ser Igreja é ser sinal visível de comunhão no mundo. É tornar o Evangelho conhecido e experimentado por todos os povos. Deste modo, não podemos nos tranquilizar por atingir apenas as realidades que nos cercam; é primordial estarmos junto das periferias geográficas e existenciais. A promoção da dignidade humana será possível quando assumirmos esta proposta de desapego e missionariedade. Iluminados por Jesus Cristo, o sofrimento, a injustiça e a cruz que pesam sobre tantos irmãos e irmãs nos desafiam a viver como Igreja samaritana (Lc 10,25-37), como um hospital de campo – imagem muito cara ao Papa Francisco –, uma vez que evangelizar implica essencialmente a promoção humana e a autêntica liberdade cristã.

Faz parte da missão da Igreja não apenas a defesa, como também a promoção dos direitos humanos. São eles um dos caminhos

---

[53] EPISCOPADO DOS EUA. Pastoral Letter on Moral Values. In: AGNELO, Geraldo Majella; SANTOS, Benedito Beni (Orgs.). Direitos Humanos. São Paulo: Paulinas, 1978, p. 18.
[54] CONFERÊNCIA NACIONAL DOS BISPOS DO BRASIL. Cristãos Leigos e Leigas na Igreja e na Sociedade, n. 174.

214   Ética teológica e direitos humanos

concretos para respeitar a dignidade humana e edificar uma sociedade justa para todos. Podemos dizer que ainda hoje a Declaração Universal dos Direitos Humanos – e todas as demais Declarações universais que surgiram ao longo das últimas décadas – é uma ferramenta indispensável na ação missionária da Igreja, pois só é possível amar o próximo quando seus direitos são profundamente respeitados. Que todos nós, discípulos-missionários, possamos ser presença misericordiosa de Deus na sociedade, buscando promover a justiça e a fraternidade na relação entre todas as pessoas e entre todos os povos.

Referências Bibliográficas

BENTO XVI, Papa. *Deus Caritas Est*. Carta Encíclica sobre o amor cristão. São Paulo: Paulus/Loyola, 2006.

BORGMAN, Erik. Um hospital de campo após a batalha: a misericórdia como característica fundamental da presença de Deus. In: *Concilium*. Revista Internacional de Teologia, Petrópolis, n. 372/4 (2017): 63-73.

CASTILLO, José M. *Espiritualidade para insatisfeitos*. São Paulo: Paulus, 2012.

COMPÊNDIO DO VATICANO II. Constituições, Decretos, Declarações. 31 ed. Petrópolis: Vozes, 2015.

CONCÍLIO VATICANO II. *Constituição Pastoral Gaudium et Spes*. Sobre a Igreja no mundo de hoje. In: COMPÊNDIO DO VATICANO II. Constituições, Decretos, Declarações. 31 ed. Petrópolis: Vozes, 2015.

CONCÍLIO VATICANO II. *Declaração Dignitatis Humanae*. Sobre a liberdade religiosa. In: COMPÊNDIO DO VATICANO II. Constituições, Decretos, Declarações. 31 ed. Petrópolis: Vozes, 2015.

Sair, encontrar, acolher e promover: a Igreja e a defesa... 215

CONCÍLIO VATICANO II. *Decreto Ad Gentes.* Sobre a atividade missionária da Igreja. In: COMPÊNDIO DO VATICANO II. Constituições, Decretos, Declarações. 31 ed. Petrópolis: Vozes, 2015.

CONFERÊNCIA NACIONAL DOS BISPOS DO BRASIL. *Cristãos Leigos e Leigas na Igreja e na Sociedade.* Brasília: CNBB, 2016 (Documentos da CNBB n. 105).

CONGREGAÇÃO PARA A EDUCAÇÃO CATÓLICA. *Orientações para o estudo e o ensinamento da doutrina social da Igreja na formação sacerdotal.* Cidade do Vaticano: Tipografia Poliglota Vaticana, Cidade do Vaticano, 1988.

CONSELHO EPISCOPAL LATINO-AMERICANO (CELAM). *Documento de Aparecida.* Texto Conclusivo da V Conferência Geral do Episcopado Latino-Americano e do Caribe (13-31 de maio de 2007). 2 ed. Brasília/São Paulo: Brasília/Paulus/Paulinas, 2007.

EPISCOPADO DOS EUA. Pastoral Letter on Moral Values. In: AGNELO, Geraldo Majella; SANTOS, Benedito Beni (Orgs.). *Direitos Humanos.* São Paulo: Paulinas, 1978.

FAUS, José I. González. *Direitos Humanos, deveres meus*: pensamento fraco, caridade forte. São Paulo: Paulus, 1998.

FRANCISCO, Papa. *Evangelii Gaudium.* Exortação Apostólica sobre o anúncio do Evangelho no mundo atual. São Paulo: Paulus/Loyola, 2013.

FRANCISCO, Papa. Encontro com a classe dirigente do Brasil (Teatro Municipal, Rio de Janeiro – 27.07.2013). In: *Palavras do Papa Francisco no Brasil.* São Paulo: Paulinas, 2013, p. 77-84.

FRANCISCO, Papa. *Discurso do Papa Francisco aos párocos da Diocese de Roma* (06.03.2014). Disponível em: https://w2.vatican.va/content/francesco/pt/speeches/2014/march/documents/papa-francesco_20140306_clero-diocesi-roma.html. Acesso em: 06.05.2018.

216 Ética teológica e direitos humanos

FRANCISCO, Papa. *Homilia do Papa Francisco na Santa Missa Crismal* (28.03.2013). Disponível em: https://w2.vatican.va/content/francesco/pt/homilies/2013/documents/papa-francesco_20130328_messa-crismale.html. Acesso em: 04.05.2018.

FRANCISCO, Papa. *Viagem a Lampedusa (Itália). Santa Missa pelas vítimas dos naufrágios.* Homilia (08.07.2013). Disponível em: https://w2.vatican.va/content/francesco/pt/homilies/2013/documents/papa-francesco_20130708_omelia-lampedusa.html. Acesso em: 22.04.2018. Acesso em: 06.05.2018.

FRANCISCO, Papa. *Laudato Si'*. Carta Encíclica sobre o cuidado da casa comum. 2015. São Paulo: Paulus/Loyola, 2015.

FRANCISCO, Papa. *Mensagem do Papa Francisco por ocasião do XXXV Encontro para a Amizade entre os Povos* (Rimini, 24-30.08.2014). Disponível em: http://w2.vatican.va/content/francesco/pt/messages/pont-messages/2014/documents/papa-francesco_20140823_messaggio-meeting-amicizia-popoli.html. Acesso em: 03.05.2018.

FRANCISCO, Papa. *Misericordiae Vultus*. Bula de Proclamação do Jubileu Extraordinário da Misericórdia. São Paulo: Paulus/Loyola, 2015.

HALÍK, Tomás. *Toque as feridas*: sobre sofrimento, confiança e a arte da transformação. Petrópolis: Vozes, 2016.

JOÃO XXIII, Papa. *Pacem in Terris*. Carta Encíclica sobre a paz de todos os povos na base da verdade, justiça, caridade e liberdade. São Paulo: Paulinas, 2004.

JOÃO PAULO II, Papa. *Christifideles Laici*. Exortação Apostólica sobre a vocação e missão dos leigos na Igreja e no mundo (1988). São Paulo: Paulinas, 1990.

JOÃO PAULO II, Papa. *Redemptor Hominis*. Carta Encíclica no início do seu ministério pontifical (1979). São Paulo: Paulinas, 1999.

Sair, encontrar, acolher e promover: a Igreja e a defesa...   217

ORGANIZAÇÃO DAS NAÇÕES UNIDAS. *Declaração Universal dos Direitos Humanos* (1948). Disponível em: https://www.unicef.org/brazil/pt/resources_10133.htm. Acesso em: 09.05.2018.

PAULO VI, Papa. *Evangelii Nuntiandi*. Exortação Apostólica sobre a evangelização no mundo contemporâno (1975). 3 ed. São Paulo: Paulinas, 1976.

10

Por uma economia com rosto humano, a serviço dos direitos fundamentais

Renato Tarcísio de Moraes Rocha[1]

Introdução

O Papa Francisco, na Exortação Apostólica *Evangelii Gaudium*, abordando o tema da idolatria do dinheiro, denuncia veementemente a "ditadura de uma economia sem rosto e sem um objetivo verdadeiramente humano".[2] Se considerarmos tal admoestação em sentido positivo, chegaremos à afirmação de uma economia com rosto e objetivo verdadeiramente humanos, ou, ainda, a um tipo de economia a serviço dos direitos fundamentais do ser humano.

Contudo, a relação entre economia e direitos humanos, sugerida no tema deste capítulo, não é tão simples como parece, dada a diversidade de outras variáveis envolvidas, tais como

---

[1] Renato Tarcísio de Moraes Rocha é Doutorando em Teologia Moral (Academia Alfonsiana – Roma), Mestre em Teologia Moral (Academia Alfonsiana – Roma) e Bacharel em Ciências Econômicas (Universidade de Sorocaba – UNISO).
[2] FRANCISCO, Papa. *Evangelii Gaudium*. Exortação Apostólica sobre o anúncio do Evangelho no mundo atual. São Paulo: Paulus/Loyola, 2014, n. 55. Daqui em diante = EG.

as antropológicas, políticas, sociológicas e ético-morais. Afinal, o que significa afirmar uma economia com rosto e objetivo humano em meio a uma cultura caracterizada pelo relativismo e subjetivismo éticos e por uma globalização com forte orientação neoliberal?

Em que medida é possível eliminar o "protagonismo" excessivo da prática econômica ("economicismo"), de modo a concebê-la como instrumento a serviço dos direitos humanos? A resposta a essas questões e o estabelecimento de uma adequada relação entre economia e direitos humanos requerem ao menos duas perspectivas. A primeira, que nos é proposta pelo teólogo moralista Ronaldo Zacharias, diz respeito à abordagem dos direitos humanos "como caminho de realização do humano".[3] Como releva o professor, tal abordagem implica a dimensão pessoal, sociocultural, político-econômica e ético-religiosa. A segunda, recorrendo ao pensamento do teólogo moralista Luiz Augusto de Mattos, trata-se de uma perspectiva interativa, holística e de coexistência, haja vista ser impróprio "negar a importância de articular uma luta pelos direitos humanos que defenda e trabalhe visando todos os níveis onde a vida é realidade".[4] Realização do ser humano como pessoa e visão holística: eis duas perspectivas imprescindíveis.

À luz dessas duas chaves interpretativas (hermenêuticas) propomos dois passos metodológicos para desenvolver o tema

---

[3] ZACHARIAS, Ronaldo. Direitos humanos. Para além da mera retórica ingênua e estéril. In: TRASFERETTI, José Antonio; MILLEN, Maria Inês de C.; ZACHARIAS, Ronaldo (Orgs.). Introdução à ética teológica. São Paulo: Paulus, 2015, p. 129.
[4] MATTOS, Luiz Augusto de. Os direitos humanos e a transformação social: por uma globalização anti-hegemônica, alternativa e sustentável. In: PESSINI, Leo; ZACHARIAS, Ronaldo (Orgs.). Ética teológica e transformações sociais. Aparecida/São Paulo: Santuário/Centro Universitário São Camilo/Sociedade Brasileira de Teologia Moral, 2014, p. 109-154, p. 142.

Por uma economia com rosto humano, a serviço dos direitos... 221

proposto. Na *primeira parte*, tendo-se em conta a defesa e a promoção da dignidade humana, analisaremos a insuficiência da teoria econômica neoclássica e neoliberal. Na *segunda parte*, com base no rico magistério social da Igreja, buscaremos correlacionar economia e direitos humanos, acentuando o aspecto moral da prática econômica.[5]

1. A insuficiência da teoria econômica neoclássica e neoliberal

Algumas violações da dignidade humana são estrondosas e outras mais silenciosas, não obstante todas serem "cruéis em relação ao abuso dos direitos fundamentais das pessoas e das sociedades, a ponto de condenar multidões à mais extrema pobreza e, portanto, a uma vida muito distante da 'plenitude' prometida e/ou almejada".[6] No âmbito econômico as violações são mais gritantes que silenciosas. Basta considerar alguns dados alarmantes divulgados pela ONU (Organização das Nações Unidas) e pela OXFAM (Oxford Committee for Famine Relief – Comitê de Oxford para o Combate à Fome).

Em 2013, segundo o relatório da ONU de 2017 sobre os objetivos de desenvolvimento sustentável, estima-se que 767 milhões de pessoas viveram abaixo da linha de pobreza, isto é, com US$ 1,90 ao dia. Na África subsaariana, 42% da população viveu em situação de extrema pobreza. No biênio 2014-2016, estima-se a cifra de 793 milhões de pessoas desnutridas

---

[5] Tanto na primeira quanto na segunda parte tomaremos como referência algumas ideias desenvolvidas na nossa dissertação de Mestrado apresentada junto à Pontifícia Universidade Lateranense – Academia Alfonsiana (Roma), cujo título é: "A reinterpretação moral do livre mercado à luz da teologia do dom".
[6] ZACHARIAS. Direitos humanos, p. 128.

em todo o mundo.[7] Em 2014, cerca de 263 milhões de crianças e jovens ficaram sem escola (61 milhões de crianças fora da escola primária).[8] Em 2016, estima-se que, em todo o mundo, 155 milhões de crianças com menos de 5 anos sofreram com a desnutrição e os problemas de desenvolvimento.[9]

Segundo um documento informativo da OXFAM (janeiro de 2018), 2017 "registrou o maior aumento no número de bilionários da história: um a mais a cada dois dias. Atualmente, há 2.043 bilionários em todo o mundo (...). A riqueza desses bilionários também aumentou consideravelmente, em um nível que seria suficiente para acabar com a pobreza extrema [global] por mais de sete vezes".[10] Mais: "De toda a riqueza gerada no ano passado, 82% foram parar nas mãos do 1% que está no topo, enquanto os 50% mais pobres não viram nada".[11] Atualmente, a riqueza de 42 pessoas equivale à riqueza de 3,7 bilhões de pessoas com rendas mais baixas.[12]

Com relação à realidade brasileira, observa a OXFAM: "Hoje temos cinco bilionários com patrimônio equivalente ao da metade mais pobre do país, chegando a R$ 549 bilhões em 2017 – 13% maior em relação ao ano anterior. Ao mesmo tempo, os 50% mais pobres do Brasil tiveram sua riqueza reduzida no mesmo período, de 2,7% para 2%".[13] A análise preliminar

---

[7] UNITED NATIONS – ECONOMIC AND SOCIAL COUNCIL. *Progress towards the Sustainable Development Goals.* Report of the Secretary-General, p. 3. Disponível em: https://unstats.un.org/sdgs/files/report/2017/secretary-general-sdg-report-2017--EN.pdf. Acesso em: 13.03.2018.
[8] UNITED NATIONS. *Progress towards the Sustainable Development Goals,* p. 7.
[9] UNITED NATIONS. *Progress towards the Sustainable Development Goals,* p. 3.
[10] OXFAM. *Compensem o trabalho, não a riqueza.* Documento informativo, p. 6. Disponível em: https://www.oxfam.org.br/sites/default/files/arquivos/2018_Recompensem_o_Trabalho_Nao_a_riqueza_Resumo_Word.pdf. Acesso em: 13.03.2018.
[11] OXFAM. *Compensem o trabalho, não a riqueza,* p. 6.
[12] OXFAM. *Compensem o trabalho, não a riqueza,* p. 8.
[13] OXFAM. *Compensem o trabalho, não a riqueza.*

Por uma economia com rosto humano, a serviço dos direitos... 223

desses dados leva-nos a constatar ao menos duas realidades: (1) a existência de imperfeições produzidas pela atual economia de mercado e, por conseguinte, (2) a insuficiência da teoria econômica neoclássica e neoliberal.

Tanto o pensamento neoclássico[14] quanto o neoliberal,[15] salvaguardadas as suas características e contribuições peculiares, possuem suas raízes na escola econômica clássica. Não obstante as particularidades (que por motivos metodológicos não serão aqui abordadas), em linhas gerais, os princípios defendidos por essas duas correntes foram significativamente assumidos na condução da ordem econômica mundial no século passado, especialmente após a chamada "Era de Ouro" (de 1950 até os anos 70). Mas por que tais teorias foram e são consideradas insuficientes?

A teoria neoclássica, segundo a avaliação de Gianni Manzone, é de tipo fechada, uma vez que os seus postulados e hipóteses encontram "explicação ao interno ou no contexto da própria teoria".[16] As variáveis exógenas ao modelo de equilíbrio geral,

---

[14] A escola neoclássica, também conhecida como escola marginalista, nasceu no século XIX, com o intuito de resgatar os princípios do modelo liberal baseados na propriedade privada dos meios de produção, na liberdade de empreendimento e na livre regulação da atividade econômica por parte do mercado (laissez faire, laissez passer). Segundo Rossetti, os marginalistas "desenvolveram engenhosos modelos teóricos dedutivos para comprovar a hipótese de que o equilíbrio geral da economia, fruto da racionalidade, do utilitarismo e do hedonismo individuais era compatível com a realização do máximo benefício social – desde que não se praticassem interferências nas leis naturais da economia, como as propostas pelos socialistas". ROSSETTI, José Paschoal. *Introdução à economia*. São Paulo: Atlas, 2007, p. 64.

[15] Interessa aqui considerar o neoliberalismo como renascimento e acentuação dos ideais liberais (liberalismo) no final do século XX, quando o processo de globalização ganha proporções relevantes. As palavras de ordem são: liberdade de iniciativa em termos econômicos, propriedade privada com função individualizada, livre concorrência, livre mercado e presença mínima do Estado. FOGLIO, Antonio. *Eticonomia. La gestione etica dell'economia, dell'impresa, del mercato, del business, della finanza, dei consumi, dell'ambiente*. Milano: Franco Angeli, 2016, p. 49-50.

[16] MANZONE, Gianni. *Il mercato*. Teorie economiche e dottrina sociale della Chiesa. Brescia: Queriniana, 2001, p. 48. (tradução nossa).

como as históricas, sociológicas e institucionais, são praticamente ignoradas devido à imposição de parâmetros teóricos predeterminados. Isso explica a tomada de duas posturas equivocadas: a aplicação teórica desconexa da real situação social e a aplicação universal da teoria econômica em todos os setores sociais.[17]

Em ambos os casos, prevalecem os fatos econômicos sobre os não econômicos. A sociedade não é considerada como um organismo complexo, e sim como a soma de partes disjuntas que funcionam a partir e em função do econômico. Segundo essa concepção, no plano microeconômico, os interesses e os comportamentos singulares (dos indivíduos e grupos) devem ser compatibilizados pelo direito privado. No plano macroeconômico, compete ao dinamismo do mercado a tarefa de coordenar os problemas estritamente econômicos.[18]

A completa confiança no mercado como calculador analógico ou mecanismo automático redunda em uma interpretação economicista das relações e da realidade. O pleno equilíbrio, contrariando a teoria, configura-se apenas como "um ideal ou ideia reguladora para compreender o processo de mercado, mas não a descrição de um processo empírico e dinâmico. É uma analogia transposta da mecânica à economia".[19] Na realidade, o que existe é uma imbricada relação de causalidade entre os fatos econômicos, a vida social e o ambiente biofísico.

De acordo com a visão economicista, o desenvolvimento reduz-se unicamente a variáveis econômicas, ou, ainda, à renda (como a acumulação de riqueza e o crescimento do PNB e do PIB), ao ní-

---

[17] MANZONE. *Il mercato*, p. 64, 73.
[18] MANZONE. *Il mercato*, p. 77, 91; RICH, Arthur. *Etica economica*. Brescia: Queriniana, 1993, p. 471-472, 482-483.
[19] MANZONE. *Il mercato*, p. 77. (tradução nossa).

Por uma economia com rosto humano, a serviço dos direitos... 225

vel de industrialização e ao avanço tecnológico.[20] A associação equivocada entre desenvolvimento e crescimento econômico conduz à eleição da produtividade como critério fundamental no processo de elaboração das políticas econômicas.[21] Além disso, o "sucesso" de algumas economias dita o ritmo e as medidas a serem adotadas por outras, mesmo que as condições reais sejam desiguais.[22]

O Papa Francisco apresenta na *Evangelii Gaudium* um princípio importante para rediscussão dos modelos econômicos estritamente fechados: "A realidade é superior à ideia".[23] Antes ainda, explica: "A realidade simplesmente é, a ideia elabora-se. Entre as duas, deve estabelecer-se um diálogo constante, evitando que a ideia acabe por separar-se da realidade".[24] A teoria neoclássica e neoliberal, ao conduzir a vida econômica com critérios tecnocráticos, não promove uma visão de conjunto, mas uma visão tendenciosa e fragmentária da realidade.[25]

A imposição da lógica do mercado moderno como modelo ou paradigma relacional acarreta uma mercadização generalizada. Num cenário caracterizado pelo neoliberalismo individualista e utilitarista, tudo é transformado em mercadoria, inclusive as pessoas e as relações. A esfera do público ou do bem comum é invadida pelos interesses privados e egoístas.[26]

---

[20] SEN, Amartya. *Desenvolvimento como liberdade*. São Paulo: Companhia das Letras, 2000, p. 17-49.
[21] Sobre a relação entre política e economia, é interessante consultar o quinto capítulo da encíclica *Laudato Si'*. FRANCISCO, Papa. *Laudato Si'*. Carta Encíclica sobre o cuidado da casa comum. São Paulo: Paulus/Loyola, 2015, n. 189-198. Daqui em diante = LS.
[22] FRECHINA, Enrique Lluch. *Una economía que mata*. El papa Francisco y el dinero. Madrid: PPC, 2015, p. 36, 61; SALUTATI, Leonardo. *Cristiani e uso del denaro*. Per una finanza dal volto umano. Città del Vaticano: Urbaniana University Press, 2014, p. 141-142.
[23] EG 233.
[24] EG 231.
[25] LS 110.
[26] TOSO, Mario. *Per una nuova democrazia*. Città del Vaticano: Liberia Editrice Vaticana, 2016, p. 8-9, 34-35, 37.

O outro é encarado sempre como adversário,[27] pois, como nota Francisco, "hoje, tudo entra no jogo da competitividade e da lei do mais forte, em que o poderoso engole o mais fraco".[28] Se a dinâmica do dom conduz ao estabelecimento de vínculos significativos, a do livre mercado empurra os sujeitos sociais para fora dos compromissos vinculatórios. As conexões interpessoais cedem espaço às relações materializadas, uma vez que no lugar das pessoas são colocados bens e serviços produzidos. Também os animais de estimação são elevados ao *status* de membro familiar, substituindo, em muitos casos, os filhos indesejados ou não gerados. Segundo Godbout, "(...) é mais fácil libertar-se de um gato ou de um cão do que de uma criança".[29]

Se a dinâmica do dom se baseia na não equivalência, a do livre mercado intenta sempre o pleno equilíbrio proveniente da tensão entre oferta e demanda.[30] A busca da proporcionalidade perfeita exige um comportamento moral preciso: desendividar-se ou desobrigar-se o quanto antes. Aquilo que é recebido deve ser restituído imediatamente com outra coisa equivalente ou com uma quantia monetária correspondente.[31] As relações mais intensas são evitadas enquanto as estritamente profissionais e superficiais são promovidas.[32]

A forte acentuação na capacidade individual de produção e consumo, estimulada pela lógica do livre mercado, provoca, inexoravelmente, um reducionismo antropológico. O homem

---

[27] FRECHINA. *Una economía que mata*, p. 68.
[28] EG 53.
[29] GODBOUT, Jacques T. *Lo spirito del dono*. Torino: Bollati Boringhieri, 2002, p. 276. (tradução nossa).
[30] GODBOUT. *Lo spirito del dono*, p. 268.
[31] SIMONINI, Pierpaolo. *Dono e debito tra scienze umane e teologia*. Prospettiva etico-sociale, p. 6-7. Disponível em: https://www.academia.edu/16786818/Dono_e_debito_tra_scienze_umane_e_teologia. Acesso em: 17.02.2017.
[32] FRECHINA. *Una economía que mata*, p. 59, 169.

Por uma economia com rosto humano, a serviço dos direitos... 227

sem "antecedentes nem consequentes"[33] é manipulado como um dado isolado e definitivo, ou, ainda, como mera variável econômica em meio a tantas outras. Na condição de espectador inserido na cultura do descarte,[34] "o ser humano é considerado, em si mesmo, um bem de consumo que se pode usar e depois lançar fora".[35] Sem consumo nem produção, não há lugar para o ser humano na sociedade de mercado.

2. A ressignificação moral da prática econômica e os direitos humanos

O artigo XXII da Declaração Universal dos Direitos Humanos afirma: "Todo ser humano, como membro da sociedade, tem direito à segurança social, à realização pelo esforço nacional, pela cooperação internacional e de acordo com a organização e recursos de cada Estado, dos direitos econômicos, sociais e culturais indispensáveis à sua dignidade e ao livre desenvolvimento da sua personalidade".[36] O artigo XXV destaca o direito a um padrão de vida capaz de assegurar "alimentação, vestuário, habitação, cuidados médicos e os serviços sociais indispensáveis".[37]

Mas o que significa a afirmação desses direitos num contexto de economia de mercado? Um ponto de partida crucial para a defesa dos direitos fundamentais é a ressignificação moral das ciências econômicas, ou, ainda, o reexame dos seus valores, princípios e finalida-

---

[33] MANZONE. *Il mercato*, p. 55. (tradução nossa).
[34] LS 22.
[35] EG 53.
[36] ORGANIZAÇÃO DAS NAÇÕES UNIDAS. *Declaração Universal dos Direitos Humanos*, p. 12. Disponível em: http://www.onu.org.br/img/2014/09/DUDH.pdf. Acesso em: 14.02.2018. Daqui em diante = DUDH.
[37] DUDH 13.

228 Ética teológica e direitos humanos

de.[38] Como ensina o magistério social da Igreja, "no âmbito moral se devem ter em conta as razões e as exigências da economia; atuando no campo econômico é imperioso abrir-se às instâncias morais".[39] A produção, o consumo e o investimento também são atos morais, cuja implicação extrapola os limites do meramente econômico.[40]

O Papa Bento XVI, referindo-se à prática econômica, fala da urgência de uma "ética amiga da pessoa",[41] já que o "econômico" pertence "à atividade do homem; e, precisamente porque humana, deve ser eticamente estruturada e institucionalizada".[42] Não se trata de etiquetar externamente alguns setores da economia, mas de eticizar toda a economia, inclusive a financeira.[43] Considerar como inevitáveis os impactos negativos da economia de mercado sobre a sociedade e a natureza significa anuir à perversa faceta econômica da cultura relativista.[44]

A expansão da lógica do livre mercado, com sua ideologia idolátrica e consumista (como afirmado na primeira parte), perverte o sentido genuíno da atividade econômica. Indubitavelmente, o paradigma aristotélico representa uma referência significativa quando se objetiva repensar o longo percurso narrativo da prática econômica.[45] De acordo com a tradição aristo-

---

[38] FRANCO, Giuseppe. La metodologia dell'etica economica secondo la scuola di Salamanca. In: *Studia Moralia* 54/1 (2016): 81.
[39] PONTIFÍCIO CONSELHO 'JUSTIÇA E PAZ'. *Compêndio da Doutrina Social da Igreja*. São Paulo: Paulinas, 2008, n. 331. Daqui em diante = CDSI.
[40] BENTO XVI, Papa. *Caritas in Veritate*. Carta Encíclica sobre o desenvolvimento humano integral na caridade e na verdade. São Paulo: Paulus/Loyola, 2009, n. 40, 41, 66. Daqui em diante = CV.
[41] CV 45.
[42] CV 36.
[43] CV 45; LS 194.
[44] LS 123.
[45] Nesse ponto, vale a pena investigar os conceitos de prática, virtude e tradição (associada à narração histórica) apresentados por Alasdair MacIntyre em sua obra intitulada "Depois da virtude". MacINTYRE, Alasdair. *Depois da virtude*. Um estudo em teoria moral. Bauru: EDUSC, 2001.

Por uma economia com rosto humano, a serviço dos direitos... 229

télica, no contexto da *pólis* (cidade-estado), a economia, dentre as demais ciências, vincula-se à política, e esta, por seu turno, à ética, com vistas à felicidade (perspectiva teleológica).[46]

2.1 A finalidade da economia e do mercado

O magistério social da Igreja, no tocante à finalidade da economia e do livre mercado, em linhas gerais, não se distancia da perspectiva aristotélica. O exame atento do sétimo capítulo do Compêndio da Doutrina Social da Igreja, em particular, revela a proximidade entre as duas tradições. A primeira grande afirmação é que "o fim da economia não está na economia mesma, mas na sua destinação humana e social".[47] A consequência direta dessa afirmação é a reorientação da prática econômica com vistas ao bem comum e a um tipo de desenvolvimento distinto.

Ao atribuir à economia a gestão eficiente da produção, distribuição e consumo dos bens e serviços,[48] a Doutrina Social da Igreja "valoriza a finalidade da eficiência (como necessidade de evitar os desperdícios e utilizar da melhor forma os recursos escassos), mas condicionando-a e delimitando-a a determinados bens".[49] Assim como eficiência e desenvolvimento solidário não se excluem, também as regras internas e a qualidade moral da prática econômica reclamam-se reciprocamente.[50] Isso quer dizer que a dimensão quantitativa é chamada a caminhar junto com a qualitativa e a equitativa.[51]

---

[46] ARISTÓTELES. *Ética a Nicômaco*. São Paulo: Nova Cultural, 1984, p. 49-50.
[47] CDSI 331.
[48] CDSI 332.
[49] MANZONE. *Il mercato*, p. 300. (tradução nossa).
[50] CDSI 335.
[51] CDSI 334.

A economia, como instrumento parcial, colabora para a "realização do homem e da boa convivência humana",[52] mas não é a única responsável. Justamente por isso, "a atividade econômica não pode resolver todos os problemas sociais pela simples extensão da *lógica mercantil*. Esta deve ter como *finalidade a prossecução do bem comum*, do qual se deve ocupar também e, sobretudo, a comunidade política".[53] O reconhecimento dessa função secundária[54] requer o cultivo da humildade operativa e intelectual por parte dos agentes e cultores das ciências econômicas.

Com relação ao mercado, a DSI o avalia como uma instituição importante porque garante a eficiência do processo produtivo e o impulso do desenvolvimento econômico: "A doutrina social da Igreja aprecia as vantagens seguras que os mecanismos do livre mercado oferecem, seja para uma melhor utilização dos recursos, seja para facilitar a troca de produtos".[55] No entanto, não se trata de uma adesão imponderada e incondicional. Também no caso do mercado, a Doutrina Social da Igreja propugna a justa relação entre meios e fim, ressaltando o seu papel instrumental.[56]

Como o mercado não possui em si mesmo a sua própria legitimação, é necessário "ancorá-lo a finalidades morais, que assegurem e, ao mesmo tempo, circunscrevam adequadamente o espaço de sua autonomia".[57] Segundo o magistério social da Igreja, o mercado é uma instituição limitada porque incapaz de satisfazer integralmente as necessidades humanas. Embora não sejam incompatíveis com a lógica do mercado, os bens relacionais, por

---

[52] CDSI 331.
[53] CV 36.
[54] FRECHINA. *Una economía que mata*, p. 115, 119.
[55] CDSI 347.
[56] CDSI 348.
[57] CDSI 349.

Por uma economia com rosto humano, a serviço dos direitos... 231

exemplo, não são "produzidos" e "consumidos" segundo a racionalidade mercantil, ou, ainda, segundo a lógica do lucro.[58]

2.2 A questão do desenvolvimento integral

O Papa Paulo VI sintetiza com poucas palavras, na *Populorum Progressio*, a compreensão de desenvolvimento por parte da Doutrina Social da Igreja: "O desenvolvimento não se reduz a um simples crescimento econômico. Para ser autêntico, deve ser integral, quer dizer, promover todos os homens e o homem todo".[59] Dito de outro modo, a realização da autêntica felicidade humana não depende somente do valor e dos indicadores econômicos.[60] A despeito da data da encíclica, a crítica à identificação simplista de desenvolvimento com crescimento econômico é ainda atual e pertinente.

Como expressão da vida moral, o desenvolvimento insere-se na mesma dinâmica de resposta ao dom de Deus. Em correspondência com a unidade constitutiva da pessoa humana (corpo e alma),[61] a vocação cristã ao desenvolvimento implica tanto o plano natural quanto o plano sobrenatural.[62] Sem a dimensão transcendental (sem Deus), "o desenvolvimento é negado ou acaba confiado unicamente às mãos do homem, que cai na presunção da autossalvação e acaba por fomentar um desenvolvimento desumanizado".[63]

---

[58] ZAMAGNI, Stefano. *L'economia del bene comune*. Roma: Città Nuova Editrice, 2007, p. 57, 59; MANZONE. *Il mercato*, p. 290.
[59] PAULO VI, Papa. *Populorum Progressio*. Carta Encíclica sobre o desenvolvimento dos povos. 12 ed. São Paulo: Paulinas, 1990, n. 14.
[60] CDSI 334.
[61] CDSI 127.
[62] CV 17, 18.
[63] CV 11.

A integralidade do desenvolvimento não concerne somente à unidade e à singularidade de cada pessoa humana, mas à totalidade do gênero humano. Isso significa que todas as pessoas são iguais em dignidade diante de Deus e dos homens e possuem o direito ao desenvolvimento, bem como a obrigação de solidarizar-se em prol do mesmo.[64] Todavia, a promoção do desenvolvimento integral, porque arrimada na inalienável dignidade da pessoa humana, não aceita nenhuma forma de instrumentalização social, econômica e política.[65]

Os princípios da dignidade da pessoa humana e do bem comum não são ideias abstratas com valor meramente retórico. Eles estão a serviço do bem moral e dos valores mais elevados; estão a serviço da vida entendida como bem e valor supremo. Portanto, devem fazer parte da política, especialmente da econômica, com vistas ao desenvolvimento verdadeiramente humano.[66] Este se faz presente, sobretudo, quando as desigualdades sociais são enfrentadas com a promoção integral (e não com o assistencialismo continuado) dos mais pobres e excluídos.[67]

Embora não pertença ao magistério social da Igreja, o pensamento do economista e professor indiano Amartya Sen, sobre o desenvolvimento, ratifica e esclarece diversas convicções constantes na Doutrina Social da Igreja. Em poucas palavras, ele entende o desenvolvimento como liberdade, atribuindo a esta última um duplo papel: o constitutivo e o instrumental. O papel constitutivo está relacionado à liberdade substantiva, ou, ainda, à liberdade na sua inteireza, isenta de privações. A obtenção desse tipo de liberdade representa a finalidade última do desenvolvimento.

---

[64] CDSI 144, 446.
[65] CDSI 48, 133.
[66] EG 203.
[67] EG 204; FRECHINA. *Una economía que mata*, p. 184-185.

Por uma economia com rosto humano, a serviço dos direitos... 233

A liberdade instrumental assume um papel intermediário (de causa eficiente) no processo de consolidação ou constituição da liberdade substantiva. Na realidade não existe apenas um tipo de liberdade instrumental, mas um conjunto de liberdades instrumentais que, reciprocamente relacionadas, potencializam integralmente a liberdade (de ação e decisão) das pessoas ao gerar novas oportunidades sociais.[68] Ao discorrer sobre tais liberdades, Amartya Sen as reúne em cinco grupos ou modalidades principais:[69]

- *liberdades políticas*: incluem os direitos políticos pertinentes à prática democrática. Tais liberdades possibilitam: o diálogo político, a crítica, o direito de voto, a liberdade de expressão, a liberdade de imprensa e a participação nos processos decisórios tanto no âmbito legislativo quanto no executivo;
- *facilidades econômicas*: diz respeito à disponibilização de recursos econômicos destinados à facilitação do acesso e da participação na economia de mercado (produção, consumo e troca) por parte dos diversos agentes econômicos;
- *oportunidades sociais*: são disposições socialmente necessárias para garantir a qualidade de vida das pessoas e a eficácia das demais liberdades instrumentais. As condições de saúde, educação, moradia e segurança, por exemplo, influenciam positivamente a participação no âmbito político e econômico;
- *garantias de transparências*: implicam a adoção de processos de acompanhamento e controle democráticos, visando à clareza, à sinceridade e ao dessegredo nas relações públicas. A transparência, além de ser um dos pré-requisitos para uma sociedade democrática, é capaz de inibir a corrupção, a irresponsabilidade financeira e as transações ilícitas;

---

[68] SEN. *Desenvolvimento como liberdade*, p. 31.
[69] SEN. *Desenvolvimento como liberdade*, p. 55-57.

234 Ética teológica e direitos humanos

- *segurança protetora*: é a garantia de uma rede de segurança social que protege a população mais afetada pelas desigualdades sociais. A título de exemplo, podem ser citados os benefícios aos desempregados, os projetos fomentadores de rendas suplementares, a distribuição de alimentos em tempo de fome coletiva e a geração de empregos públicos.

O conceito de desenvolvimento de Amartya Sen é compartilhado por outros pensadores, como Rubens Ricupero, ex-ministro da Fazenda no Brasil e ex-secretário-geral da Unctad (Conferência das Nações Unidas sobre Comércio e Desenvolvimento). Conhecedor dos pressupostos da Doutrina Social da Igreja, também para Ricupero, "o desenvolvimento deve visar à melhoria da qualidade de vida dos indivíduos, apoiar-se na participação dos interessados e fundamentar-se em uma parceria mais igualitária entre os países em desenvolvimento e os provedores de ajuda".[70]

Considerações finais

O Papa Francisco tem razão quando denuncia "a ditadura de uma economia sem rosto e sem um objetivo verdadeiramente humano".[71] A pobreza, a exclusão e a injustiça social (verdadeiras expressões da violação dos direitos fundamentais) são causadas em grande medida pelas imperfeições reais do livre mercado. A concorrência imperfeita, a concentração de capital e de tecnologia, as condições assimétricas de participação na

---

[70] RICUPERO, Rubens. *Esperança e ação*. A ONU e a busca de desenvolvimento mais justo. São Paulo: Paz e Terra, 2002, p. 71.
[71] EG 55.

Por uma economia com rosto humano, a serviço dos direitos... 235

dinâmica do mercado e a atual "financeirização" da economia apontam para a insuficiência teórica do modelo neoclássico e neoliberal. Além dos dados oferecidos pela ONU e pela OXFAM, recentemente chama a atenção a ameaça de guerra nuclear protagonizada pelos Estados Unidos e pela Coreia do Norte; chama a atenção a adoção de medidas protecionistas que "arranham" o "espírito da cooperação internacional",[72] como a imposição de tarifas por parte do governo Trump para a importação de aço e alumínio. Igualmente alarmante são as condições desumanas do trabalho (a situação chinesa é emblemática), as severas políticas antimigratórias e a crescente degradação ambiental.

É assustadora a perpetuação de posturas políticas fundamentalistas e totalitárias em todo o mundo, bem como a falta de propostas alternativas na maioria dos casos. Certamente essas e outras situações críticas possuem a sua faceta econômica. Justamente por isso, o repensamento da prática econômica torna-se um imperativo ético-moral. Somente com o aporte da análise ético-moral é possível conceber um desenvolvimento verdadeiramente integral e, assim, atento aos direitos inerentes à dignidade tão propalada na Declaração Universal dos Direitos Humanos.

O grande desafio não é eliminar o mercado enquanto instituição responsável pela racionalização da prática econômica, mas limitá-lo e regulá-lo, de modo a evitar que as suas imperfeições causem a exclusão e a erosão do tecido social.[73] A sociedade não deve defender-se do mercado,[74] mas concebê-lo como uma instituição integrada a outras instituições igualmente responsáveis

---

[72] CDSI 448.
[73] MANZONE. *Il mercato*, p. 8, 436.
[74] CV 36.

236 Ética teológica e direitos humanos

por garantir saudáveis vínculos sociais. Como observa Luigino Bruni, "um mundo sem mercados não é uma sociedade decente: uma sociedade só com mercados o é ainda menos".[75]

A humanização da economia de mercado é um apelo moral a ressoar nas consciências dos cidadãos (mormente dos cristãos) envolvidos nas atividades dos setores privado (empresas com ou sem orientação exclusivamente capitalista), estatal e terciário. Na *Caritas in Veritate*, Bento XVI, discorrendo sobre a má utilização da economia e das finanças enquanto instrumentos, adverte: "(...) não é o instrumento que deve ser chamado em causa, mas o homem, a sua consciência moral e a sua responsabilidade pessoal e social".[76]

A insustentabilidade do atual paradigma de desenvolvimento econômico deve ser associada a um contexto crítico mais amplo, de "proporções" bioéticas e antropológicas. A efetividade dos direitos humanos, como "projeto histórico a ser realizado",[77] não depende somente de questões jurídicas, técnicas e políticas. Não depende unicamente do sistema e dos mecanismos econômicos, embora alguns sejam mais aceitáveis e benéficos que outros. As transformações dependem, eminentemente, da qualidade moral dos homens que animam as estruturas institucionais e a sociedade como um todo.

---

[75] BRUNI, Luigino. Riflessioni su dono. Comunità e mercato. In: MACCHI, Silvano (Ed.). *Economia di mercato e forme del dono*. Milano: Università Cattolica del Sacro Cuore – Facoltà di Economia. Dipartimento di Scienze dell'Economia e della Gestione Aziendale, 2009, p. 15. Disponível em: http://www.scuolasuperiorects. it/file_upload/FormazioneSuperiore/quaderno_11_definitivo.pdf. Acesso em: 19.07.2017. (tradução nossa).

[76] CV 36; CHIMINAZZO, Tullio. *Etica ed economia. Il mercato e l'economia di solidarietà nell'era della globalizzazion*. Milano: Franco Angeli, 2007, p. 106.

[77] FISTAROL, Orestes Carlinhos. Um tema sempre atual. In: FISTAROL, Orestes Carlinhos (Org.). *Sistema preventivo e direitos humanos*. Brasília: CISBRASIL – CIB, 2009, p. 16.

Por uma economia com rosto humano, a serviço dos direitos... 237

O Papa Francisco, por ocasião do 3º Encontro Mundial dos Movimentos Populares (novembro de 2016), relembrou três tarefas discutidas no encontro anterior ocorrido na Bolívia: pôr a economia a serviço dos povos, construir a paz e a justiça e defender a Mãe Terra. Classificou-as como "imprescindíveis para caminhar rumo a uma *alternativa humana diante da globalização da indiferença*".[78] A possibilidade de uma economia com rosto humano a serviço dos direitos fundamentais arrima-se, precisamente, nesta convicção: de que diante da globalização da indiferença, a alternativa é humana!

Referências Bibliográficas

ARISTÓTELES. *Ética a Nicômaco*. São Paulo: Nova Cultural, 1984.

BENTO XVI, Papa. *Caritas in Veritate*. Carta Encíclica sobre o desenvolvimento humano integral na caridade e na verdade. São Paulo: Paulus/Loyola, 2009.

BRUNI, Luigino. Riflessioni su dono. Comunità e mercato. In: MACCHI, Silvano (Ed.). *Economia di mercato e forme del dono*. Milano: Università Cattolica del Sacro Cuore – Facoltà di Economia. Dipartimento di Scienze dell'Economia e della Gestione Aziendale, 2009, p. 15-22. Disponível em: http://www.scuolasuperiorects.it/file_upload/FormazioneSuperiore/quaderno_11_definitivo.pdf. Acesso em: 19.07.2017.

CHIMINAZZO, Tullio. *Etica ed economia*. Il mercato e l'economia di solidarietà nell'era della globalizzazion. Milano: Franco Angeli, 2007.

---

[78] FRANCISCO, Papa. *Discurso do papa Francisco aos participantes no 3º Encontro Mundial dos Movimentos Populares* (05.11.2016). Disponível em: http://w2.vatican.va/content/francesco/pt/speeches/2016/november/documents/papa-francesco_20161105_movimenti-popolari.html. Acesso em: 19.03.2018.

FISTAROL, Orestes Carlinhos. Um tema sempre atual. In: FISTAROL, Orestes Carlinhos (Org.). *Sistema preventivo e direitos humanos*. Brasília: CISBRASIL – CIB, 2009, p. 15-25.

FOGLIO, Antonio. *Eticonomia. La gestione etica dell'economia, dell'impresa, del mercato, del business, della finanza, dei consumi, dell'ambiente*. Milano: Franco Angeli, 2016.

FRANCISCO, Papa. *Evangelii Gaudium*. Exortação Apostólica sobre o anúncio do Evangelho no mundo atual. São Paulo: Paulus/Loyola, 2013.

FRANCISCO, Papa. *Laudato Si'*. Carta Encíclica sobre o cuidado da casa comum. São Paulo: Paulus/Loyola, 2015.

FRANCISCO, Papa. *Discurso do Papa Francisco aos participantes no 3° encontro mundial dos movimentos populares* (05.11.2016). Disponível em: http://w2.vatican.va/content/francesco/pt/speeches/2016/november/documents/papa-francesco_20161105_movimenti-popolari.html. Acesso em: 19.03.2018.

FRANCO, Giuseppe. La metodologia dell'etica economica secondo la scuola di Salamanca. In: *Studia Moralia* 54/1 (2016): 65-84.

FRECHINA, Enrique Lluch. *Una economía que mata*. El papa Francisco y el dinero. Madrid: PPC, 2015.

GODBOUT, Jacques T. *Lo spirito del dono*. Torino: Bollati Boringhieri, 2002.

MacINTYRE, Alasdair. *Depois da virtude*. Um estudo em teoria moral. Bauru: EDUSC, 2001.

MANZONE, Gianni. *Il mercato*. Teorie economiche e dottrina sociale della Chiesa. Brescia: Queriniana, 2001.

MATTOS, Luiz Augusto de. Os direitos humanos e a transformação social: por uma globalização anti-hegemônica, alternativa e sustentável. In: PESSINI, Leo; ZACHARIAS, Ronaldo (Orgs.). *Ética teológica e transformações sociais*. Aparecida/

Por uma economia com rosto humano, a serviço dos direitos... 239

São Paulo: Santuário/Centro Universitário São Camilo/Sociedade Brasileira de Teologia Moral, 2014, p. 109-154.
ORGANIZAÇÃO DAS NAÇÕES UNIDAS. *Declaração Universal dos Direito Humanos.* Disponível em: http://www.onu.org.br/img/2014/09/DUDH.pdf. Acesso em: 14.02.2018.
OXFAM. *Documento informativo: compensem o trabalho, não a riqueza.* Disponível em: https://www.oxfam.org.br/sites/default/files/arquivos/2018_Recompensem_o_Trabalho_Nao_a_riqueza_Resumo_Word.pdf. Acesso em: 13.03.2018.
PAULO VI, Papa. *Populorum Progressio.* Carta Encíclica sobre o desenvolvimento dos povos. 12 ed. São Paulo: Paulinas, 1990.
PONTIFÍCIO CONSELHO 'JUSTIÇA E PAZ'. *Compêndio da Doutrina Social da Igreja.* São Paulo: Paulinas, 2008.
RICH, Arthur. *Etica economica.* Brescia: Queriniana, 1993.
RICUPERO, Rubens. *Esperança e ação.* A ONU e a busca de desenvolvimento mais justo. São Paulo: Paz e Terra, 2002.
ROSSETTI, José Paschoal. *Introdução à economia.* São Paulo: Atlas, 2007.
SALUTATI, Leonardo. *Cristiani e uso del denaro.* Per una finanza dal volto umano. Città del Vaticano: Urbaniana University Press, 2014.
SEN, Amartya. *Desenvolvimento como liberdade.* São Paulo: Companhia das Letras, 2000.
SIMONINI, Pierpaolo. *Dono e debito tra scienze umane e teologia.* Prospettiva etico-sociale. Disponível em: https://www.academia.edu/16786818/Dono_e_debito_tra_scienze_umane_e_teologia. Acesso em: 17.02.2017.
TOSO, Mario. *Per una nuova democrazia.* Città del Vaticano: Liberia Editrice Vaticana, 2016.

UNITED NATIONS – ECONOMIC AND SOCIAL COUNCIL. *Progress towards the Sustainable Development Goals. Report of the Secretary-General.* Disponível em: https://unstats.un.org/sdgs/files/report/2017/secretary-general-sdg-report-2017--EN.pdf. Acesso em: 13.03.2018.

ZACHARIAS, Ronaldo. Direitos humanos. Para além da mera retórica ingênua e estéril. In: TRASFERETTI, José Antonio; MILLEN, Maria Inês de C.; ZACHARIAS, Ronaldo (Orgs.). *Introdução à ética teológica.* São Paulo: Paulus, 2015, p. 127-146.

ZAMAGNI, Stefano. *L'economia del bene comune.* Roma: Città Nuova Editrice, 2007.

11

Os direitos humanos e o cuidado com os pobres e migrantes no pontificado de Francisco

Amarildo José de Melo[1]

Introdução

No dia 10 de dezembro de 2018, o mundo, mais propriamente os países afiliados à Organização das Nações Unidas (ONU), celebrará os 70 anos da promulgação da Declaração Universal dos Direitos Humanos (DUDH). Um acontecimento marcante, fruto do consenso de povos, garantindo deveres e direitos fundamentais para toda pessoa humana. A Igreja também participa dessa comemoração. Se, num primeiro momento, a Igreja encontrou dificuldades em aceitar esta Declaração, vendo-a com suspeita, no contexto da luta contra o modernismo, a partir do Papa João XXIII, com a *Mater et Magistra* (1963) e a *Pacem in Terris* (1965), e mais propriamente com o Concílio

---

[1] Amarildo José de Melo é Doutor em Teologia Moral (Academia Alfonsiana – Roma) e Professor no Instituto Santo Tomás de Aquino (ISTA – Belo Horizonte) e na Pontifícia Universidade Católica (Belo Horizonte).

Vaticano II, especialmente com a Constituição Pastoral *Gaudium et Spes*, ela assume em definitivo a defesa dos direitos humanos como parte essencial de sua doutrina social. Todos os Papas posteriores ao Concílio Vaticano II falaram e escreveram documentos em defesa dos direitos fundamentais da pessoa humana. Estes vieram de encontro com os grandes princípios da Doutrina Social da Igreja, ajudando na compreensão da igualdade fundamental entre todas as pessoas, da justiça em suas relações, do bem comum e da paz. Neste sentido, invoco o discurso proferido pelo Papa Paulo VI, em 4 de outubro de 1965, na comemoração dos vinte anos da ONU:

> O que vós proclamais, aqui, são os direitos e os deveres fundamentais do homem, a sua dignidade, a sua liberdade, e antes de tudo a liberdade religiosa. Sentimos que vós sois os intérpretes do que há de mais alto na sabedoria humana, diríamos quase: o seu caráter sagrado. Porque é, antes de tudo, da vida do homem que se trata, e a vida do homem é sagrada: ninguém pode ousar atentar contra ela.[2]

Ainda nesse discurso, Paulo VI deixará claro aos representantes da ONU que "não basta alimentar os esfomeados: ainda é preciso assegurar a cada homem uma vida conforme à sua dignidade".[3] Paulo VI, João Paulo II, Bento XVI e agora o Papa Francisco, todos exaltaram a Declaração Universal dos Direitos Humanos, defenderam a dignidade da pessoa humana e trabalharam em favor do bem comum e da paz.

O Papa Francisco tem se manifestado como grande defensor dos direitos humanos; mas o faz não como político, líder

---

[2] PAULO VI, Papa. *Discurso do Papa Paulo VI na sede da ONU* (04.10.1965), n. 6. Disponível em: https://w2.vatican.va/content/paul-vi/pt/speeches/1965/documents/hf_p-vi_spe_19651004_united-nations.html. Acesso em: 07.04.2018.
[3] PAULO VI. *Discurso do Papa Paulo VI na sede da ONU*, n. 6.

Os direitos humanos e o cuidado com os pobres e migrantes... 243

do pequeno país chamado Vaticano, e sim como parte essencial de sua missão, como pastor da Igreja Católica. Se pudéssemos definir a pessoa e a missão de Francisco com uma palavra, esta palavra seria *pastor*, no seu significado bíblico. O pastor não governa seu rebanho a distância; é aquele que está junto, protege, cuida. Na sua primeira exortação apostólica, a *Evangelii Gaudium*, falando da Igreja em saída missionária, Francisco pede que os missionários contraiam "o cheiro de ovelha".[4] O Papa, os bispos, os presbíteros, os religiosos e as religiosas, os agentes de pastoral precisam estar junto do povo, cuidar e servir para poder cumprir bem sua missão.

O Papa Francisco, tendo o olhar fixo em Jesus, apresenta-se como um grande líder eclesial e social e propõe um grande desafio à Igreja: que ela se coloque em atitude de saída missionária, que deixe de ser autorreferencial e autocontemplativa, para fazer do outro, dos pobres e sofredores, do mundo a referência de sua missão. "O Senhor envolve-Se e envolve os seus, pondo-Se de joelhos diante dos outros para os lavar; mas, logo a seguir, diz aos discípulos: 'Sereis felizes se o puserdes em prática' (Jo 13,17)".[5]

Propõe, ainda, que a Igreja seja servidora, que procure ser fiel a Jesus Cristo, fazendo o que Ele fez, indo ao encontro da fragilidade, da vulnerabilidade, do sofrimento e da dor das pessoas e do mundo e pondo-se em atitude de cuidado dos que mais precisam. Essa missão, além de promover e respeitar os direitos fundamentais da pessoa humana, colabora para a construção de

---

[4] FRANCISCO, Papa. *Evangelii Gaudium*. Exortação Apostólica sobre o anúncio do Evangelho no mundo atual. São Paulo: Paulus/Loyola, 2013, n. 24. Daqui em diante = EG.
[5] EG 24.

244 Ética teológica e direitos humanos

um mundo novo, um mundo de solidariedade, tolerância, hospitalidade e paz, onde todas as pessoas, sem distinção de classe, raça, nação, cor, religião e orientação sexual possam viver. A eclesiologia e o sonho de Francisco em ter uma Igreja fiel a Jesus e ao seu Evangelho podem ser resumidos por uma das suas convicções: "A Igreja 'em saída' é uma Igreja com as portas abertas. Sair em direção aos outros para chegar às periferias humanas não significa correr pelo mundo sem direção nem sentido".[6] O que Francisco entende por uma Igreja em saída fica evidente com o que segue:

> Prefiro uma Igreja acidentada, ferida e enlameada por ter saído pelas estradas a uma Igreja enferma pelo fechamento e a comodidade de se agarrar às próprias seguranças. Não quero uma Igreja preocupada com ser o centro, e que acaba presa num emaranhado de obsessões e procedimentos. Se alguma coisa nos deve santamente inquietar e preocupar a nossa consciência é que haja tantos irmãos nossos que vivem sem a força, a luz e a consolação da amizade com Jesus Cristo, sem uma comunidade de fé que os acolha, sem um horizonte de sentido e de vida. Mais do que o temor de falhar, espero que nos mova o medo de nos encerrarmos nas estruturas que nos dão uma falsa proteção, nas normas que nos transformam em juízes implacáveis, nos hábitos em que nos sentimos tranquilos, enquanto lá fora há uma multidão faminta e Jesus repete-nos sem cessar: "Dai-lhes vós mesmos de comer" (Mc 6,37).[7]

Os documentos assinados por Francisco, seus pronunciamentos oficiais, suas catequeses e homilias têm apontado para esse processo de conversão missionária da Igreja, tendo por referência primeira a fidelidade a Jesus Cristo e ao seu Evangelho. No entanto, o que tem falado mais forte ao povo católico, aos

---

[6] EG 46.
[7] EG 49.

Os direitos humanos e o cuidado com os pobres e migrantes... 245

fiéis de outras Igrejas e religiões, bem como à sociedade em geral, são seus gestos concretos de proximidade dos pobres, doentes, idosos, presos, migrantes e refugiados de guerras e da fome. Neste capítulo, procurarei refletir sobre algumas atitudes e pronunciamentos oficiais de Francisco que mostram esse novo modo de ser-Igreja: uma Igreja que sai ao encontro das periferias humanas, que profeticamente se opõe à "globalização da indiferença";[8] uma Igreja que se faz cuidadora, servidora e que ajuda a curar as pessoas e a sociedade desta doença social chamada indiferença; uma Igreja que ajude, em sentido profundamente teológico, na defesa da dignidade da pessoa humana e na busca do bem comum e se coloque a serviço de uma sociedade mais humana, solidária, hospitaleira e inclusiva; uma Igreja que venha ao encontro do sonho das nações afiliadas à ONU, codificado na Declaração Universal dos Direitos Humanos, de 10 de dezembro de 1948.

1. O cuidado com os pobres

Se o Papa Francisco valoriza o *sensus fidelium*, procurando ouvir a todos os fiéis sobre questões eclesiais e sociais urgentes, isto se faz realidade sobretudo no cuidado com os pobres. Ele tem se demonstrado um pastor que acolhe, escuta, acompanha e procura fazer de tudo para que ninguém se sinta excluído da comunidade eclesial, convicto de que o amor misericordioso de Deus é inclusivo. Esta tem sido uma constante em sua práxis

---

[8] FRANCISCO, Papa. *Viagem a Lampedusa (Itália). Santa Missa pelas vítimas dos naufrágios.* Homilia (08.07.2013). Disponível em: https://w2.vatican.va/content/francesco/pt/homilies/2013/documents/papa-francesco_20130708_omelia-lampedusa.html. Acesso em: 22.04.2018.

246 Ética teológica e direitos humanos

pastoral, em seus escritos e, sobretudo, nos seus gestos de acolhimento e misericórdia para com os pobres. Além de demonstrar fidelidade ao Evangelho, manifesta grande preocupação com os direitos fundamentais da pessoa humana. Na *Evangelii Gaudium*, Francisco aborda a dimensão social da evangelização. Diz que "o *querigma* possui um conteúdo inevitavelmente social: no próprio coração do Evangelho aparece a vida comunitária e o compromisso com os outros. O conteúdo do primeiro anúncio tem uma repercussão moral imediata, cujo centro é a caridade".[9] Afirma também que a redenção a nós conferida por Jesus Cristo tem uma dimensão social: "A sua redenção tem um sentido social, porque 'Deus, em Cristo, não redime somente a pessoa individual, mas também as relações sociais entre os homens'".[10]

Quando Francisco se refere à legitimidade do ensino social da Igreja, afirma que "os Pastores, acolhendo as contribuições das diversas ciências, têm o direito de exprimir opiniões sobre tudo aquilo que diz respeito à vida das pessoas, dado que a tarefa da evangelização implica e exige uma promoção integral de cada ser humano".[11]

Citando os exemplos de São Francisco de Assis e de Santa Madre Teresa de Calcutá, que viveram a fé com grande compromisso social, Francisco ensina que "uma fé autêntica – que nunca é cômoda nem individualista – comporta sempre um profundo desejo de mudar o mundo, transmitir valores, deixar a terra um pouco melhor depois da nossa passagem por ela".[12]

---

[9] EG 177.
[10] EG 178. Francisco cita, aqui, o n. 52 do Compêndio da Doutrina Social da Igreja, publicado pelo Pontifício Conselho 'Justiça e Paz'.
[11] EG 182.
[12] EG 183.

Os direitos humanos e o cuidado com os pobres e migrantes... 247

Mesmo reconhecendo que a missão primeira de promover a justiça social cabe à política, reconhece que "a Igreja 'não pode nem deve ficar à margem na luta pela justiça'. Todos os cristãos, incluindo os Pastores, são chamados a preocupar-se com a construção de um mundo melhor".[13]

Interpretando os sinais dos tempos, Francisco apresenta duas grandes questões diante das quais não podemos nos omitir: "A primeira é a inclusão social dos pobres; e a segunda, a questão da paz e do diálogo social".[14]

Sobre a necessária inclusão dos pobres, Francisco não hesita em dizer que se trata de um compromisso de todo cristão. "Cada cristão e cada comunidade são chamados a ser instrumentos de Deus a serviço da libertação e da promoção dos pobres, para que possam integrar-se plenamente na sociedade; isto supõe estar docilmente atentos, para ouvir o clamor do pobre e socorrê-lo".[15]

> A Igreja reconheceu que a exigência de ouvir este clamor deriva da própria obra libertadora da graça em cada um de nós, pelo que não se trata de uma missão reservada apenas a alguns: "A Igreja, guiada pelo Evangelho da Misericórdia e pelo amor ao homem, *escuta o clamor pela justiça* e deseja responder com todas as suas forças". Nesta linha, se pode entender o pedido de Jesus aos seus discípulos: "Dai-lhes vós mesmos de comer" (Mc 6,37).[16]

Na sequela dos grandes Papas que nos deixaram o precioso tesouro da Doutrina Social da Igreja, Francisco diz que "a soli-

---

[13] EG 183. O Papa cita, aqui, o n. 28 da Carta Encíclica de Bento XVI *Deus Caritas Est.*
[14] EG 185.
[15] EG 187.
[16] EG 188. O Papa cita, aqui, o n. 1 da Instrução *Libertatis Nuntius,* da Congregação para a Doutrina da Fé.

248 Ética teológica e direitos humanos

dariedade é uma reação espontânea de quem reconhece a função social da propriedade e o destino universal dos bens como realidades anteriores à propriedade privada".[17]

Ouvir os clamores dos oprimidos, viver a partilha, viver a solidariedade, eis o caminho que ele nos apresenta para sermos fiéis ao Evangelho de Jesus Cristo. Para Francisco, muitas vezes é preciso ouvir o clamor de povos inteiros que padecem pela realidade difícil e desafiadora do subdesenvolvimento, da injustiça, da guerra e da fome.

> Lamentavelmente, até os direitos humanos podem ser usados como justificação para uma defesa exacerbada dos direitos individuais ou dos direitos dos povos mais ricos. (...) Precisamos crescer em uma solidariedade que "permita a todos os povos tornarem-se artífices do seu destino", tal como "cada homem é chamado a desenvolver-se".[18]

Neste ano em que celebramos os 70 anos da promulgação da Declaração Universal dos Direitos Humanos, soa profética a afirmação de que o desafio maior não é apenas dar de comer a quem tem fome, mas é uma questão de justiça criar condições de vida digna e desenvolvimento para os povos machucados pela miséria.

> Mas queremos ainda mais, o nosso sonho voa mais alto. Não se fala apenas de garantir a comida ou um decoroso "sustento" para todos, mas "prosperidade e civilização *em seus múltiplos aspectos*". Isto engloba educação, acesso aos cuidados de saúde e especialmente trabalho, porque, no trabalho livre, criativo, participativo e solidário, o ser

---

[17] EG 189.
[18] EG 190. O Papa cita, aqui, o n. 15 da Carta Encíclica *Populorum Progressio*, de Paulo VI.

Os direitos humanos e o cuidado com os pobres e migrantes...   249

humano exprime e engrandece a dignidade da sua vida. O salário justo permite o acesso adequado aos outros bens que estão destinados ao uso comum.[19]

Para Francisco, ouvir o clamor dos pobres é um imperativo moral, que não pode deixar de ser ouvido e levado a sério pelos cristãos. "É uma mensagem tão clara, tão direta, tão simples e eloquente que nenhuma hermenêutica eclesial tem o direito de relativizar".[20] Para o Papa, "a opção pelos últimos, por aqueles que a sociedade descarta e lança fora",[21] encarna a beleza do Evangelho, pois os pobres ocupam um lugar especial no coração de Deus e devem ocupar também no coração dos cristãos. A opção da Igreja pelos pobres é uma exigência imprescindível da sua missão, diante da qual ela não pode se esquivar.

Para a Igreja, a opção pelos pobres é mais uma categoria teológica que cultural, sociológica, política ou filosófica. Deus "manifesta a sua misericórdia antes de mais" a eles. Esta preferência divina tem consequências na vida de fé de todos os cristãos, chamados a possuírem "os mesmos sentimentos que estão em Cristo Jesus" (Fl 2, 5). Inspirada por tal preferência, a Igreja fez uma *opção pelos pobres*, entendida como uma "forma especial de primado na prática da caridade cristã, testemunhada por toda a Tradição da Igreja".[22]

Francisco nos recorda, ainda, que a opção pelos pobres não deve reduzir-se a programas de assistência social, mas deve manifestar-se também em cuidado pastoral. Os pobres não devem ser discriminados pastoral ou espiritualmente; pelo contrá-

---

[19] EG 192. O Papa cita, aqui, o n. 3 da Carta Encíclica *Mater et Magistra*, de João XXIII.
[20] EG 194.
[21] EG 195.
[22] EG 198. O Papa cita, aqui, respectivamente, dois textos de João Paulo II: o n. 5 da Homilia feita durante a Santa Missa pela evangelização dos povos, celebrada em Santo Domingo, em 11.10.1984, e o n. 42 da Carta Encíclia *Sollicitudo Rei Socialis*.

Ética teológica e direitos humanos

rio, devem ser priorizados. "A opção preferencial pelos pobres deve traduzir-se, principalmente, em uma solicitude religiosa privilegiada e prioritária";[23] (...) pois "ninguém pode sentir-se exonerado da preocupação pelos pobres e pela justiça social".[24]

No número 202 da *Evangelii Gaudium,* Francisco toca no ponto mais importante desse empenho pela justiça social, lembrando que o que está em jogo é a cura da sociedade da sua mais radical fragilidade. Por isso, não bastam os planos emergenciais de assistência aos pobres, que são somente provisórios; é preciso ir além, atacar a causa estrutural da miséria, a desigualdade social.

> Enquanto não forem radicalmente solucionados os problemas dos pobres, renunciando à autonomia absoluta dos mercados e da especulação financeira e atacando as causas estruturais da desigualdade social, não se resolverão os problemas do mundo e, em definitivo, problema algum. A desigualdade é a raiz dos males sociais.[25]

Em comunhão com os Papas que o antecederam no ensino social, e com um olhar profundamente crítico em relação aos discursos políticos, Francisco afirma que:

> A dignidade de cada pessoa humana e o bem comum são questões que deveriam estruturar toda a política econômica, mas às vezes parecem somente apêndices adicionados de fora para completar um discurso político sem perspectivas nem programas de verdadeiro desenvolvimento integral.[26]

---

[23] EG 200.
[24] EG 201.
[25] EG 202.
[26] EG 203.

Os direitos humanos e o cuidado com os pobres e migrantes... 251

Seguindo as pegadas de Jesus, que se identificou com os pequeninos, conclui o Papa que todos "somos chamados a cuidar dos mais frágeis da Terra".[27]

2. Cuidar dos migrantes, emigrantes e refugiados

Um dos problemas mais urgentes de nossa sociedade atual é a questão das migrações em massa. A presença de imigrantes na Europa e nos Estados Unidos é mais conhecida em razão da grande mídia, das repercussões políticas, dos discursos raivosos de políticos de direita, da construção de cercas e muros para impedir a sua entrada. Mas, para sermos honestos, trata-se de uma questão mundial.

No Brasil, conhecemos na atualidade três grandes movimentos migratórios. O primeiro com a entrada de haitianos, refugiando-se da miséria e da fome, depois de grande terremoto em janeiro de 2011. Em seguida, acompanhamos a chegada de milhares de sírios, fugindo da guerra e procurando melhores condições de vida em nosso país. Hoje, estamos assistindo no Norte do Brasil, mais propriamente no estado de Roraima, à chegada de milhares de pessoas oriundas da Venezuela, refugiando-se da crise política e econômica sob o governo de Nicolás Maduro. É, portanto, uma questão social e também eclesial que deve nos incomodar como cristãos e como brasileiros.

A preocupação do Papa Francisco com a dura e desafiadora realidade dos emigrantes, migrantes e refugiados aparece em grande parte de seus pronunciamentos e atos. Motivou viagens apostólicas internas e externas, como à ilha de Lampedusa, no sul da Itália; à

---

[27] EG 209.

ilha grega de Lesbos, porta de entrada na Europa de migrantes sírios e afegãos; a países de pouca tradição cristã, como Myanmar e Bangladesh, buscando defender os Rohingya, minoria muçulmana que, perseguida, foi obrigada a fugir em massa do estado de Rakhine em Myanmar, país de maioria budista, e se refugiar em Bangladesh, país de maioria muçulmana. Os migrantes e refugiados estão presentes também nas celebrações litúrgicas e nos discursos; são sujeitos de encontros com o Papa em diversos lugares do mundo.

O empenho do Papa Francisco, mesmo com motivação teológica e pastoral, expressa sua preocupação com a defesa dos direitos humanos dessas pessoas, geralmente tratadas com desdém. Lembra que todas elas são pessoas humanas e merecem o devido respeito, conforme reza o artigo VI da Declaração Universal dos Direitos Humanos: "Todo ser humano tem o direito de ser, em todos os lugares, reconhecido como pessoa perante a lei".[28]

A Carta Encíclica *Laudato Si'* tem uma afirmação que muito se aproxima do artigo I da Declaração Universal dos Direitos Humanos, que reza que "todos os seres humanos nascem livres e iguais em dignidade e direitos":

> É preciso revigorar a consciência de que somos uma única família humana. Não há fronteiras nem barreiras políticas ou sociais que permitam isolar-nos e, por isso mesmo, também não há espaço para a globalização da indiferença.[29]

Esta preocupação com os migrantes e refugiados aparece já na primeira Exortação Apostólica de Francisco, *Evangelii Gau-*

---

[28] ORGANIZAÇÃO DAS NAÇÕES UNIDAS. *Declaração Universal dos Direitos Humanos*, Art. VI. Disponível em: http://www.onu.org.br/img/2014/09/DUDH.pdf. Acesso em: 14.02.2018.
[29] FRANCISCO, Papa. *Laudato Si'*. Carta Encíclica sobre o cuidado da casa comum. São Paulo: Paulus/Loyola, 2015, n. 52. Daqui em diante = LS.

Os direitos humanos e o cuidado com os pobres e migrantes... 253

dium, na qual afirma que os migrantes gozam de uma grande preocupação de sua parte, como pastor da Igreja Católica.

> Os migrantes representam um desafio especial para mim, por ser Pastor de uma Igreja sem fronteiras que se sente mãe de todos. Por isso, exorto os países a uma abertura generosa, que, em vez de temer a destruição da identidade local, seja capaz de criar novas sínteses culturais.[30]

Em profunda comunhão com o artigo IV da Declaração Universal dos Direitos Humanos – "ninguém será mantido em escravidão ou servidão; a escravidão e o tráfico de escravos serão proibidos em todas as suas formas" –, Francisco considera a vulnerabilidade dos migrantes e refugiados, denuncia a triste realidade do tráfico de pessoas, que nega a sua dignidade humana e as trata como simples mercadoria e instrumento de lucro, e chama a atenção para a silenciosa cumplicidade que pode comprometer a todos:

> Onde está o teu irmão escravo? Onde está o irmão que estás matando cada dia na pequena fábrica clandestina, na rede da prostituição, nas crianças usadas para a mendicidade, naquele que tem de trabalhar às escondidas porque não foi regularizado? Não nos façamos de distraídos! Há muita cumplicidade... A pergunta é para todos! Nas nossas cidades, está instalado este crime mafioso e aberrante, e muitos têm as mãos cheias de sangue devido a uma cômoda e muda cumplicidade.[31]

Mas onde a preocupação com os migrantes e refugiados aparece com mais força é no sermão em Lampedusa, porta de entrada europeia para os migrantes norte-africanos, refugiados da guerra e da fome. Nesse sermão o Papa Francisco vai de-

---

[30] EG 210.
[31] EG 211.

nunciar aquilo que ele chama de "globalização da indiferença". Manifesta a necessidade do respeito ao direito de cada cidadão a refugiar-se em outro país, visando a sua proteção e dos seus, conforme o artigo XIV desta fundamental declaração das Nações Unidas, que "todo ser humano, vítima de perseguição, tem o direito de procurar e de gozar asilo em outros países".

Questiona a cultura do bem-estar social, a indiferença diante de pessoas de raça e religião diferentes, chamando à solidariedade e ao acolhimento fraterno. Neste sentido, é importante lembrar que foi ele a primeira autoridade do Ocidente a levantar a voz para denunciar a barbárie das mortes de milhares de refugiados no mar Mediterrâneo e no Egeu. Neste sermão, o Papa lança como ponto de partida duas inquietantes perguntas do Criador: a Adão (Onde estás?) e a Caim (Onde está o seu irmão?). A pergunta de Deus a Adão:

> "Adão, onde estás?": é a primeira pergunta que Deus faz ao homem depois do pecado. "Onde estás, Adão?". E Adão é um homem desorientado, que perdeu o seu lugar na criação, porque presume que vai tornar-se poderoso, poder dominar tudo, ser Deus. E quebra-se a harmonia, o homem erra; e o mesmo se passa na relação com o outro, que já não é o irmão a amar, mas simplesmente o outro que perturba a minha vida, o meu bem-estar.[32]

O Papa lança novamente a pergunta de Deus a Caim: "'Caim, onde está o teu irmão?' O sonho de ser poderoso, ser grande como Deus, ou melhor, ser Deus, leva a uma cadeia de erros que é cadeia de morte: leva a derramar o sangue do irmão!".[33] Denuncia a pretensão de autossuficiência e poder que caracteriza

---

[32] FRANCISCO. Viagem a Lampedusa (Itália).
[33] FRANCISCO. Viagem a Lampedusa (Itália).

Os direitos humanos e o cuidado com os pobres e migrantes... 255

o homem e a mulher modernos, a nossa incapacidade de nos responsabilizarmos e cuidarmos do mundo e das pessoas:

> Estamos desorientados, já não estamos atentos ao mundo em que vivemos, não cuidamos nem guardamos aquilo que Deus criou para todos, e já não somos capazes sequer de nos guardar uns com os outros. E, quando esta desorientação atinge as dimensões do mundo, chega-se a tragédias como aquela a que assistimos.[34]

Denunciando ao que chamou de globalização da indiferença, repete a pergunta bíblica fundamental de Iahweh a Caim: "Onde está o teu irmão?" (Gn 4,9):

> "Onde está o teu irmão? A voz do seu sangue clama até Mim", diz o Senhor Deus. Esta não é uma pergunta posta a outrem; é uma pergunta posta a mim, a ti, a cada um de nós. Estes nossos irmãos e irmãs procuravam sair de situações difíceis, para encontrarem um pouco de serenidade e de paz; procuravam um lugar melhor para si e suas famílias, mas encontraram a morte. Quantas vezes outros que procuram o mesmo não encontram compreensão, não encontram acolhimento, não encontram solidariedade! E as suas vozes sobem até Deus![35]

A homilia de Francisco nos faz lembrar da pequena, mas significativa obra de Jacques Derridá, *Da Hospitalidade*, quando do expressa que um dos temores do emigrante, longe da terra natal, dos familiares e conhecidos, é morrer e ser sepultado como indigente, sem ter quem chore a sua morte:

> Quem chorou pela morte destes irmãos e irmãs? Quem chorou por estas pessoas que vinham no barco? Pelas mães jovens que traziam os seus filhos? Por estes homens

---

[34] FRANCISCO. *Viagem a Lampedusa (Itália)*.
[35] FRANCISCO. *Viagem a Lampedusa (Itália)*.

cujo desejo era conseguir qualquer coisa para sustentar as próprias famílias? Somos uma sociedade que esqueceu a experiência de chorar, de "padecer com": a globalização da indiferença tirou-nos a capacidade de chorar![36]

Atribuindo à cultura do bem-estar a consequente indiferença frente à morte de milhares de irmãos, Francisco reza a Deus para que cesse este clima de indiferença:

> Peçamos ao Senhor que apague também o que resta de Herodes no nosso coração; peçamos ao Senhor a graça de chorar pela nossa indiferença, de chorar pela crueldade que há no mundo, em nós, incluindo aqueles que, no anonimato, tomam decisões socioeconômicas que abrem a estrada aos dramas como este. "Quem chorou?" Quem chorou hoje no mundo?[37]

A preocupação com os migrantes e refugiados retorna na sua encíclica *Laudato Si'*, que tem por tema principal a questão ecológica, o cuidado do planeta Terra como a nossa casa comum. Segundo ele, não apenas as guerras, mas também as mudanças climáticas são causas de migrações de animais, vegetais e, sobretudo, de pessoas humanas empobrecidas.

> Por exemplo, as mudanças climáticas dão origem a migrações de animais e vegetais que nem sempre conseguem adaptar-se; e isso, por sua vez, afeta os recursos produtivos dos mais pobres, que são forçados também a emigrar com grande incerteza quanto ao futuro da sua vida e dos seus filhos. É trágico o aumento de emigrantes em fuga da miséria agravada pela degradação ambiental, que, não sendo reconhecidos como refugiados nas convenções internacionais, carregam o peso da sua vida abandonada sem qualquer tutela normativa. Infelizmente, verifica-se uma indiferença geral perante essas tragédias, que estão acon-

---

[36] FRANCISCO. *Viagem a Lampedusa (Itália).*
[37] FRANCISCO. *Viagem a Lampedusa (Itália).*

> tecendo agora mesmo em diferentes partes do mundo. A falta de reações diante desses dramas dos nossos irmãos e irmãs é um sinal da perda do sentido de responsabilidade pelos nossos semelhantes, sobre o qual se funda toda a sociedade civil.[38]

Francisco ensina que é preciso refletir sobre a questão ecológica sem deixar de refletir sobre a questão social. Para ele os pobres não são um apêndice da grave questão ecológica, mas a maioria das pessoas no planeta.

> Gostaria de assinalar que muitas vezes falta uma consciência clara dos problemas que afetam particularmente os excluídos. Estes são a maioria do planeta, milhares de milhões de pessoas. Hoje são mencionados nos debates políticos e econômicos internacionais, mas com frequência parece que os seus problemas se colocam como um apêndice, como uma questão que se acrescenta quase por obrigação ou perifericamente, quando não são considerados meros danos colaterais. Com efeito, na hora da implementação concreta, permanecem frequentemente no último lugar.[39]

A grande mídia, os formadores de opinião pública, por viverem em regiões longe da miséria humana, anestesiam ou cauterizam a consciência das pessoas e fortalecem a indiferença diante dos problemas e sofrimentos dos pobres.

> Isto se deve, em parte, ao fato de que muitos profissionais, formadores de opinião, meios de comunicação e centros de poder estão localizados longe deles, em áreas urbanas isoladas, sem ter contato direto com os seus problemas. Vivem e refletem a partir da comodidade de um desenvolvimento e de uma qualidade de vida que não está ao alcance da maioria da população mundial. Essa falta de contato

---

[38] LS 25.
[39] LS 49.

físico e de encontro, às vezes favorecida pela fragmentação das nossas cidades, ajuda a cauterizar a consciência e a ignorar parte da realidade em análises tendenciosas. Isto, às vezes, coexiste com um discurso "verde".[40]

Segundo Francisco, *"uma verdadeira abordagem ecológica sempre se torna uma abordagem social,* que deve integrar a justiça nos debates sobre o meio ambiente, para ouvir *tanto o clamor da terra como o clamor dos pobres"*.[41]

A preocupação com os migrantes e refugiados continua durante todo o pontificado de Francisco. Em 2016, tomou a iniciativa de visitar uma outra porta de entrada de migrantes na Europa: a ilha grega de Lesbos. Ali, vemos Francisco referir-se à Grécia e à Europa como berço dos direitos humanos. Juntamente com o presidente grego Paulopoulos, com o Patriarca Bartolomeu e o Arcebispo Hieronymos, em clima de profundo diálogo ecumênico, leva uma palavra de incentivo ao povo grego, que soube partilhar o pouco que possuía com os que nada tinham e demonstrar profundo espírito de hospitalidade e generosidade.

Quero expressar a minha admiração ao povo grego, que, apesar das graves dificuldades que enfrenta, soube manter abertos os corações e as portas. Muitas pessoas simples puseram à disposição o pouco que tinham, partilhando-o com quem estava privado de tudo. Deus recompensará esta generosidade, tal como a doutras nações vizinhas que, desde os primeiros momentos, receberam com grande disponibilidade inúmeros migrantes forçados.[42]

---

[40] LS 49.
[41] LS 49.
[42] FRANCISCO, Papa. *Visita Apostólica a Lesbos (Grécia). Discurso às autoridades e à população.* Memória das vítimas das migrações (16.04.2016) Disponível em: https://w2.vatican.va/content/francesco/pt/speeches/2016/april/documents/papa-francesco_20160416_lesvos-cittadinanza.html. Acesso em: 15.03.2018.

Os direitos humanos e o cuidado com os pobres e migrantes...   259

Francisco valoriza também o voluntariado, que de forma gratuita acolhe estas pessoas que tudo perderam em clima de verdadeira fraternidade.

> E abençoada é também a presença generosa de tantos voluntários e numerosas associações que, juntamente com as várias instituições públicas, prestaram a sua ajuda, e continuam a fazê-lo, expressando de modo concreto uma proximidade fraterna. Quero hoje, perante uma situação tão dramática, lançar de novo um veemente apelo à responsabilidade e à solidariedade.[43]

Em profunda sintonia com a Declaração Universal dos Direitos Humanos, em especial com o artigo VI, o Papa relembra a todos que os migrantes são pessoas que têm história, sonhos, projetos.

> Muitos refugiados, que se encontram nesta ilha e em várias partes da Grécia, estão a viver em condições críticas, num clima de ansiedade, medo e por vezes de desespero, devido às limitações materiais e à incerteza do futuro. As preocupações das instituições e da população, aqui na Grécia como noutros países da Europa, são compreensíveis e legítimas. Mas nunca devemos esquecer que, antes de ser números, os migrantes são pessoas, são rostos, nomes, casos.[44]

Prestes a celebrar os 70 anos da promulgação da Declaração Universal dos Direitos Humanos, o Papa fala da Europa como a pátria dos direitos humanos, invoca sua responsabilidade, clama por solidariedade para com as pessoas mais vulneráveis.

---

[43] FRANCISCO. *Visita Apostólica a Lesbos (Grécia)*.
[44] FRANCISCO. *Visita Apostólica a Lesbos (Grécia)*.

> A Europa é a pátria dos direitos humanos, e toda pessoa que ponha pé em terra europeia deverá poder experimentá-lo; assim tornar-se-á mais consciente de dever, por sua vez, respeitá-los e defendê-los. Infelizmente alguns, incluindo muitas crianças, nem sequer conseguiram chegar: perderam a vida no mar, vítimas de viagens desumanas e sujeitos às tiranias de ignóbeis algozes.[45]

Referindo-se à Grécia como berço da civilização ocidental, Francisco valoriza a atitude de hospitalidade e solidariedade dos moradores da ilha de Lesbos, como modelos de uma sociedade que quer construir pontes ao invés de muros, referindo-se criticamente à atitude de intolerância que se manifesta por meio da construção de muros entre Israel e Palestina, Estados Unidos e México.

> Vós, habitantes de Lesbos, dais provas de que nestas terras, berço de civilização, ainda pulsa o coração duma humanidade que sabe reconhecer, antes de tudo, o irmão e a irmã, uma humanidade que quer construir pontes e evita a ilusão de levantar cercas para se sentir mais segura. Na verdade, em vez de ajudar o verdadeiro progresso dos povos, as barreiras criam divisões e, mais cedo ou mais tarde, as divisões provocam confrontos.[46]

Para viver a solidariedade é preciso ir às causas do problema, construir a paz nos lugares aonde a guerra levou destruição e morte, impedir o tráfico de armas e promover a colaboração entre as nações, evitando todo tipo de isolacionismo.

> Para sermos verdadeiramente solidários com quem é forçado a fugir da sua própria terra, é preciso trabalhar para remover as causas desta dramática realidade: não basta limitar-se a resolver a emergência do momento, é preciso desenvolver políticas de amplo respiro, não unilaterais. Em primeiro lugar,

---

[45] FRANCISCO. *Visita Apostólica a Lesbos (Grécia)*.
[46] FRANCISCO. *Visita Apostólica a Lesbos (Grécia)*.

Os direitos humanos e o cuidado com os pobres e migrantes... 261

> é necessário construir a paz nos lugares aonde a guerra levou destruição e morte e impedir que este câncer se espalhe noutros lugares. Para isso, é preciso opor-se firmemente à proliferação e ao tráfico das armas e às suas teias muitas vezes ocultas; há que privar de todo e qualquer apoio quantos perseguem projetos de ódio e violência. Por outro lado, promova-se incansavelmente a colaboração entre os países, as Organizações Internacionais e as instituições humanitárias, não isolando, mas sustentando quem enfrenta a emergência.[47]

Francisco lembra, ainda, que a união faz a força, que ninguém de forma isolada conseguirá ajudar a superar os problemas sociais que geram as migrações em massa, que é preciso esforço comum, inclusive envolvendo as Igrejas e as religiões. Para ele, o ecumenismo torna-se possibilidade de superação de problemas sociais.

> Nesta perspectiva, renovo os meus votos de bom sucesso à I Cimeira Humanitária Mundial que terá lugar, em Istambul, no próximo mês. Tudo isto só se pode fazer em conjunto: juntos, podemos e devemos procurar soluções dignas do homem para a complexa questão dos refugiados. E, nisto, é indispensável também a contribuição das Igrejas e das Comunidades Religiosas. A minha presença aqui, juntamente com o Patriarca Bartolomeu e o Arcebispo Hieronymos, é testemunho da nossa vontade de continuar a cooperar para que este desafio epocal se torne ocasião não de confronto, mas de crescimento da civilização do amor.[48]

Para construir o bem e rejeitar o mal é preciso aprender a servir, superando a indiferença e construindo a paz. Deus não é indiferente à tragédia humana das migrações em massa; mas nós somos os guardiões da humanidade e por isso devemos cuidar ternamente da carne de Cristo.

---

[47] FRANCISCO. *Visita Apostólica a Lesbos (Grécia)*.
[48] FRANCISCO. *Visita Apostólica a Lesbos (Grécia)*.

Queridos irmãos e irmãs, perante as tragédias que se abatem sobre a humanidade, Deus não permanece indiferente, não está longe. É o nosso Pai que nos sustenta na construção do bem e rejeição do mal. E não só nos sustenta, mas em Jesus mostrou-nos o caminho da paz: face ao mal do mundo, fez-Se nosso servo e, com o seu serviço de amor, salvou o mundo. Este é o verdadeiro poder que gera a paz, só quem serve com amor constrói a paz. O serviço faz cada um sair de si mesmo para cuidar dos outros: não deixa que as pessoas e as coisas caiam em ruína, mas sabe guardá-las, superando o espesso manto da indiferença que ofusca as mentes e os corações. A vós eu digo obrigado, porque sois guardiões da humanidade, porque cuidais ternamente da carne de Cristo, que sofre no menor dos irmãos, faminto e forasteiro, que acolhestes (cf. Mt 25,35).[49]

Considerações finais

Os migrantes, emigrantes e refugiados são apenas um exemplo de pobres para os quais a sociedade contemporânea procura fechar os olhos e as portas, a fim de não sentir a sua presença. No entanto, são muitos mais os pobres excluídos pela sociedade atual, tratada pelo Papa Francisco como sociedade da indiferença: temos os nascituros, no início da escala biológica, e os idosos e os enfermos, no seu final. São pessoas humanas vulneráveis que carecem de respeito à sua dignidade, acolhimento e cuidado por parte de toda a sociedade. Dentre os últimos na escala social, podemos nos referir aos condenados pela justiça, os presos, considerados sempre como um perigo e tratados sempre com indiferença. Quem se preocupa com eles? Quem se preocupa com a defesa da sua dignidade, dos seus direitos fundamentais como pessoas humanas?

---

[49] FRANCISCO. *Visita Apostólica a Lesbos (Grécia).*

Os direitos humanos e o cuidado com os pobres e migrantes... 263

Nessa reflexão, procuramos evidenciar o testemunho e os documentos do Papa Francisco, refletindo sobre a necessidade de enfrentarmos e superarmos a cultura do descartável e da indiferença que caracteriza a nossa era. Em razão da comemoração dos 70 anos da Declaração Universal dos Direitos Humanos e do momento social e eclesial que vivemos no Brasil e no mundo, a opção pelos pobres se faz mais urgente do que nunca. O mesmo se pode dizer da defesa dos seus direitos fundamentais. A situação dos migrantes, emigrantes e refugiados da guerra espalhados pelo mundo é um atentado explícito à dignidade humana e aos seus direitos fundamentais. Indiferença não é caminho, pois nos faz todos cúmplices de um sofrimento que poderia ser evitado e de muito sangue que não precisaria ser derramado da forma como está sendo.

Referências Bibliográficas

DERRIDÀ, Jacques. *Da Hospitalidade*. São Paulo: Escuta, 2003.
FRANCISCO, Papa. *Evangelii Gaudium*. Exortação Apostólica sobre o anúncio do Evangelho no mundo atual. São Paulo: Paulus/Loyola, 2013.
FRANCISCO, Papa. *Laudato Si'*. Carta Encíclica sobre o cuidado da casa comum. São Paulo: Paulus/Loyola, 2015.
FRANCISCO, Papa. *Viagem a Lampedusa (Itália). Santa Missa pelas vítimas dos naufrágios*. Homilia (08.07.2013). Disponível em: https://w2.vatican.va/content/francesco/pt/homilies/2013/documents/papa-francesco_20130708_omelia-lampedusa.html. Acesso em: 22.04.2018.
FRANCISCO, Papa. *Visita Apostólica a Lesbos (Grécia). Discurso às autoridades e à população*. Memória das vítimas das migrações (16.04.2016). Disponível em: https://w2.vatican.

va/content/francesco/pt/speeches/2016/april/documents/papa-
-francesco_20160416_lesvos-cittadinanza.html. Acesso em:
15.03.2018.

ORGANIZAÇÃO DAS NAÇÕES UNIDAS. *Declaração Universal dos Direitos Humanos*. Disponível em: http://www.onu.
org.br/img/2014/09/DUDH.pdf. Acesso em: 14.02.2018.

PAULO VI, Papa. *Discurso do Papa Paulo VI na sede da ONU*
(04.10.1965). Disponível em: https://w2.vatican.va/content/
paul-vi/pt/speeches/1965/documents/hf_p-vi_spe_19651004_
united-nations.html. Acesso em: 28.03.2018.

12

Liberdade de consciência: os limites do recurso a Deus e à doutrina constante do Magistério da Igreja

Ronaldo Zacharias[1]

Introdução

No ano em que celebramos os 50 anos da Carta Encíclica *Humanae Vitae* (1968-2018) sobre a regulação da natalidade, escrita por Paulo VI, é importante voltar-se a ela para, à distância de algumas décadas, apreciar o seu legado à Igreja.[2] Sem sombra de dúvida, a HV foi um dos documentos pontifícios mais controversos após o Concílio Vaticano II.

João XXIII tinha constituído, em 1963, uma Comissão de Estudo para "recolher opiniões sobre os novos problemas respei-

---

[1] Ronaldo Zacharias é Doutor em Teologia Moral (Weston Jesuit School of Theology – Cambridge – USA) e Secretário da Sociedade Brasileira de Teologia Moral (SBTM).

[2] PAULO VI, Papa. *Humanae Vitae*. Carta Encíclica sobre a regulação da natalidade. 9 ed. São Paulo: Paulinas, 2001. Daqui em diante = HV. Com a finalidade de captar o espírito profético da HV, Renzo Gerardi faz uma releitura detalhada de todo o texto. Apesar de o autor não entrar em questões controversas, vale a leitura do seu trabalho: GERARDI, Renzo. *L'ultima enciclica di Paolo VI. Una rilettura dell'Humane vitae*. Bologna: EDB, 2018.

tantes à vida conjugal e, em particular, à regulação da natalidade e (...) fornecer os elementos oportunos de informação, para que o Magistério pudesse dar uma resposta adequada à expectativa não só dos fiéis, mas mesmo da opinião pública mundial".[3] Paulo VI, quando sucedeu João XXIII, confirmou e ampliou a Comissão de Estudo. O resultado do trabalho da Comissão foram dois relatórios: um da maioria dos seus membros, contrários à proibição absoluta da anticoncepção; outro da minoria, favorável à continuidade histórica do ensino da Igreja. Paulo VI, depois de examinar pessoalmente o resultado dos trabalhos da Comissão, optou pela posição da minoria. Para Paulo VI era claro que a existência de dois relatórios indicava ausência de "um pleno acordo de juízos" e que o relatório da maioria propunha "alguns critérios de soluções que se afastavam da doutrina moral sobre o matrimônio, proposta com firmeza constante pelo Magistério da Igreja".[4]

A opção de Paulo VI provocou muitas controvérsias na Igreja: conferências episcopais e teólogos do mundo todo a criticaram e, inclusive, desobedeceram a ela. A publicação da HV escancarou, assim, as portas do dissenso na Igreja. Até o final do seu pontificado (1978), Paulo VI não publicou mais nenhuma Encíclica, a ponto de o então Secretário de Estado, Cardeal Agostino Casaroli, afirmar que, assinando a HV, Paulo VI "assinou a sua própria paixão".[5] Infelizmente, foi a polêmica

---

[3] HV 5.

[4] HV 6. Vale a pena considerar: MOIA, Luciano. *Il metodo per amare*. Un'inchiesta. L'Humanae vitae cinquant'anni dopo. Cinisello Balsamo, MI: San Paolo, 2018, p. 46-61.

[5] JIMENEZ, Marta. The Passion of Blessed Paul VI – "Humanae Vitae". In: *Catholic News Agency* (21.10.2104). Disponível em: https://www.catholicnewsagency.com/news/the-passion-of-blessed-paul-vi-humanae-vitae-15253. Acesso em: 31.05.2018; GENNARI, Gianni. Dopo il Sinodo: famiglia, matrimonio, procreazione. L' "Humanae Vitae" tra Paolo VI e Papa Francesco (02.11.2015). Disponível em: https://www.c3dem.it/wp-content/uploads/2015/11/lhumanae-vitae-tra-paolo-vi-e-papa-frnacesco-g.gennari.pdf. Versão em português: Depois do Sínodo. A *Humanae Vitae* entre Paulo VI e Francisco. Dis-

Liberdade de consciência: os limites do recurso a Deus... 267

em torno do tema da regulação da natalidade que obscureceu *a riqueza do conteúdo da primeira parte do documento e as implicações éticas que dele poderiam ter derivado.*[6] Pode parecer irônico, mas a opção de Paulo VI pelo relatório da minoria resultou no que constatamos até hoje: o distanciamento da maioria dos fiéis desse ensino. Distanciamento no sentido de que tal ensino não encontra ressonância na vida da maioria dos fiéis e, por isso, é relegado à indiferença pela maioria deles ou ao silêncio por grande parte do clero no exercício do ministério sacerdotal.[7]

A HV continua sendo controversa e, portanto, objeto de estudo, pesquisa e aprofundamento.[8] A publicação da Exortação Apostólica Pós-Sinodal *Amoris Laetitia,* do Papa Francisco, devido à mudança de paradigma para toda a Teologia Moral proposta por ele, parece ter complicado ainda mais a situação para os defensores da absoluta proibição do recurso aos métodos anticonceptivos artificiais. Infelizmente, pela natureza dessa reflexão, não será possível fazer aqui uma leitura da HV à luz da *Amoris Laetitia.*[9]

Embora seja de extrema importância uma consideração aprofundada dos conteúdos doutrinais, éticos e pastorais da

---

ponível em: http://www.ihu.unisinos.br/78-noticias/548708-depois-do-sinodo-a-humanae-vitae-entre-paulo-vi-e-francisco-artigo-de-gianni-gennari. Acesso em: 02.06.2018; MOIA. *Il metodo per amare,* p. 81-88.
[6] WOLFART, Graziela. Anticoncepcionais e Igreja: Humanae Vitae, 40 anos depois (entrevista com Márcio Fabri dos Anjos). In: IHU On-line, edição 255 (22.04.2008). Disponível em: http://www.ihuonline.unisinos.br/index.php?option=com_content&view=article&id=1742&secao=255. Acesso em: 31.05.2018.
[7] SALZMAN, Todd A.; LAWLER, Michael G. *A pessoa sexual.* Por uma antropologia católica renovada. São Leopoldo: UNISINOS, 2012, p. 248-251; MOIA. *Il metodo per amare,* p. 89-100.
[8] Vale a pena a leitura do artigo de BADINI, Luca. *Dignitatis Humanae Vitae.* Paulo VI e a sexualidade dos cristãos. Disponível em: http://www.ihu.unisinos.br/78-noticias/570202-dignitatis-humanae-vitae-paulo-vi-e-a-sexualidade-dos-cristaos-artigo-de-luca-badini. Acesso em: 02.06.2018.
[9] Vale a pena a leitura da Introdução do texto de MOIA. *Il metodo per amare,* p. 13-24.

Encíclica, focalizarei minha atenção numa questão bastante precisa: o significado da proibição da liberdade de consciência das pessoas na missão de transmitir a vida. Chamarei em causa somente os aspectos doutrinais que ajudam a compreender algumas questões éticas relativas à proibição imposta aos fiéis e evidenciarei, quando oportuno, desafios pastorais que derivam de tais questões.

Abordarei o tema em três partes: na primeira, procurarei mostrar que a inseparabilidade entre os significados unitivo e procriativo da sexualidade e do ato conjugal constitui o coração do ensinamento de Paulo VI. Na segunda, indicarei alguns aspectos críticos desse ensinamento, sobretudo quanto à absolutização dessa inseparabilidade. Na terceira, proporei alguns questionamentos que evidenciam quanto a proibição imposta ao casal de decidir sobre o assunto atenta contra um dos direitos fundamentais das pessoas envolvidas – o direito de fazer opções conforme a própria consciência, sobretudo quando os argumentos chamados em causa para impedi-las continuam, por décadas, tão controversos.

1. As finalidades unitiva e procriativa da sexualidade e do ato conjugal

Uma longa tradição na Igreja afirmou que o intercurso conjugal era, por sua própria "natureza", procriativo.[10] Para ser plenamente bom, ele tinha de ter, explícita ou implicitamente, a finalidade de procriar. Sem a intenção de procriar, o intercurso sexual indicava falta de autocontrole e de mortificação, tole-

---

[10] NOONAN, John T. *Contraception: A History of its Treatment by the Catholic Theologians and Canonists.* Cambridge: Belknap Press of Harvard University Press, 1965.

Liberdade de consciência: os limites do recurso a Deus...

rado apenas como "remédio para a concupiscência". A Carta Encíclica de Pio XI, *Casti Connubii*,[11] foi a mais perfeita expressão do ensino pré-Vaticano II sobre o assunto: "Qualquer honesto uso da faculdade dada por Deus para a geração de uma nova vida, segundo a ordem do Criador e da própria lei natural, é direito e prerrogativa exclusiva do matrimônio e deve manter-se absolutamente dentro dos limites sagrados do casamento",[12] e visto que "sendo o ato conjugal, por sua própria natureza, destinado à geração da prole, aqueles que, exercendo-o, deliberadamente o destituem da sua força e da sua eficácia natural procedem contra a natureza e praticam um ato torpe e intrinsecamente desonesto".[13] Marido e mulher não são proibidos de considerar os fins secundários do matrimônio – ajuda natural, cultivo do amor mútuo e a pacificação da concupiscência – desde "que se respeite sempre a natureza intrínseca do ato e, por conseguinte, a sua subordinação ao fim principal".[14]

Com o Concílio Vaticano II, o valor positivo do ato sexual como expressão de amor conjugal foi definitivamente assumido; o amor conjugal, "eminentemente humano, porque parte de uma pessoa e se dirige a outra pessoa, mediante o afeto da vontade, esse amor envolve o bem de toda a pessoa; portanto é capaz de enobrecer as expressões do corpo e da alma como elementos e sinais específicos da amizade conjugal e de enriquecê-los com uma especial dignidade. O Senhor, por um dom especial de graça e caridade, se dignou restaurar, aperfeiçoar

---

[11] PIO XI, Papa. *Casti Connubii*. Carta Encíclica sobre o matrimônio cristão. In: *Documentos de Pio XI (1922-1939)*. São Paulo: Paulus, 2004, p. 207-271. Daqui em diante = CC.
[12] CC 18.
[13] CC 53. Pio XI fundamenta seu ensino num princípio filosófico: "Nenhuma razão, sem dúvida embora gravíssima, pode tornar conforme com a natureza e honesto aquilo que intrinsecamente é contra a natureza " (CC 53).
[14] CC 57.

270 Ética teológica e direitos humanos

e elevar esse amor. Semelhante amor, que associa o divino ao humano, leva os esposos à mútua doação de si mesmos, provada com terno afeto e com obras, e lhes impregna toda a vida. Mais. Cresce e se aperfeiçoa com sua própria generosa operosidade. (...) Esta afeição se exprime e se realiza de maneira singular pelo ato próprio do matrimônio. Por isso os atos pelos quais os cônjuges se unem íntima e castamente são honestos e dignos. Quando realizados de maneira verdadeiramente humana, testemunham e desenvolvem a mútua doação pela qual os esposos se enriquecem com o coração alegre e agradecido".[15] Nessa perspectiva, a fecundidade também adquire um novo significado: é o fruto e o sinal de um amor conjugal. A partir do Concílio, não se fala mais em fins primário e secundário do ato conjugal, do matrimônio e da sexualidade.

Mas é a Carta Encíclica *Humanae Vitae* que finalmente elimina a alternativa simplista que subjaz à maior parte do ensino da Igreja pré-conciliar, a de que ou os esposos têm a intenção explícita ou, pelo menos, implícita de transmitir a vida, ou estão se entregando a desejos lascivos. Segundo a HV, os atos "honestos e dignos" da atividade sexual no casamento "não deixam de ser legítimos se, por causas independentes da vontade dos cônjuges, se prevê que vão ser infecundos, pois que permanecem destinados a exprimir e a consolidar a sua união".[16]

Parece contraditório que a *Humanae Vitae*, embora representando um avanço significativo em relação à tradição antiga, seja refém dessa tradição quando afirma que todos os atos con-

---

[15] CONCÍLIO VATICANO II. *Constituição Pastoral* Gaudium et Spes. *Sobre a Igreja no mundo de hoje.* In: COMPÊNDIO DO VATICANO II. Constituições, Decretos, Declarações. 31 ed. Petrópolis: Vozes, 2015, n. 49.
[16] HV 11.

Liberdade de consciência: os limites do recurso a Deus... 271

jugais devem permanecer abertos à transmissão da vida. No entanto, há uma novidade nesse ensino, maior do que a presumível contradição: apesar de a abertura à transmissão da vida se referir a cada um e a todos os atos conjugais, quando forem observados "os ritmos naturais imanentes às funções geradoras"[17] e as "leis do processo generativo",[18] essa abertura se faz presente, mesmo quando se busca evitar uma nova gravidez. Paulo VI mantém a tradição afirmando que o ato conjugal só pode ser livre de pecado se realmente buscar a transmissão da vida, mas se diferencia dela ao reconhecer que a malícia não está tanto na recusa de gerar novas vidas, mas em intercursos sexuais que não respeitam as leis da natureza e a incidência da fertilidade. De acordo com ele, esta doutrina "está fundada sobre a conexão inseparável que Deus quis e que o homem não pode alterar por sua iniciativa, entre os dois significados do ato conjugal: o significado unitivo e o significado procriador. Na verdade, pela sua estrutura íntima, o ato conjugal, ao mesmo tempo que une profundamente os esposos, torna-os aptos para a geração de novas vidas, segundo leis inscritas no próprio ser do homem e da mulher. Salvaguardando esses dois aspectos essenciais, unitivo e procriador, o ato conjugal conserva integralmente o sentido de amor mútuo e verdadeiro e a sua ordenação para a altíssima vocação do homem para a paternidade".[19] Por isso, para Paulo VI, é "de excluir toda ação que, ou em previsão do ato conjugal, ou durante o desenvolvimento das suas consequências naturais, se proponha como fim ou como meio tornar impossível a procriação".[20]

---

[17] HV 16.
[18] HV 13.
[19] HV 12.
[20] HV 14.

João Paulo II, na Exortação Apostólica *Familiaris Consortio*, toma partido contra qualquer discordância provocada pela Encíclica *Humanae Vitae* ao solicitar que os esposos reconheçam "claramente a doutrina da *Humanae Vitae* como normativa para o exercício da sexualidade e sinceramente se empenhem em pôr as condições necessárias para a observar".[21] Confirmando a doutrina sobre o controle da natalidade proposta pela *Gaudium et Spes* e pela *Humanae Vitae*, João Paulo II vai além, denunciando como árbitros do plano divino todos os que manipulam e aviltam a sexualidade humana, separando, artificialmente, os significados unitivo e procriador do ato conjugal, "dois significados que Deus Criador inscreveu no ser do homem e da mulher e no dinamismo da sua comunhão sexual".[22] Essas pessoas são árbitros e aviltadores porque alteram o valor da total doação de si mesmas, própria da sexualidade humana; "à linguagem nativa que exprime a recíproca doação total dos cônjuges, a contracepção impõe uma linguagem objetivamente contraditória, a do não doar-se ao outro".[23] Quando a inseparável conexão entre os significados unitivo e procriador da sexualidade humana é respeitada, o casal age como "ministro" do plano de Deus e "usufrui" da sexualidade segundo o dinamismo original da "total" doação de si, sem manipulação e alteração. Isso só é possível mediante o recurso aos períodos de infertilidade.[24]

Ambos, Paulo VI e João Paulo II, convidam os casais a observarem a continência periódica a fim de dominar o instinto "mediante a razão e a vontade livre (...) para que as manifestações afe-

---

[21] JOÃO PAULO II, Papa. *Familiaris Consortio*. Exortação Apostólica sobre a função da família cristã no mundo de hoje. 6 ed. São Paulo: Paulinas, 1987, n. 34. Daqui em diante = FC.
[22] FC 32.
[23] FC 32.
[24] FC 32; (cf. HV 13).

Liberdade de consciência: os limites do recurso a Deus... 273

tivas da vida conjugal sejam segundo a ordem reta".[25] Para eles, a continência periódica é sinônimo de disciplina, uma disciplina que confere um valor humano mais alto ao amor conjugal.

2. A absolutização da inseparabilidade dos significados unitivo e procriativo

Segundo James Hanigan, Paulo VI, ao proclamar a inseparabilidade entre os significados unitivo e procriativo do ato sexual, "proporcionou à ética sexual da Igreja Católica uma nova base fundamental para julgamentos acerca da moralidade de todos os comportamentos sexuais específicos".[26] Hanigan defende que, apesar do recurso de Paulo VI à lei natural como fundamento de seu ensino, "há claras indicações de influências teológicas e escriturísticas na maneira como Paulo VI leu a tradição da lei natural".[27] Mas a verdade é que a doutrina da *Humanae Vitae*

---

[25] FC 33; (cf. HV 21).

[26] HANIGAN, James P. Significado unitivo e significado procriador: o vínculo inseparável. In: JUNG, Patricia B.; CORAY, Joseph A. (Orgs.). *Diversidade sexual e catolicismo.* Para o desenvolvimento da teologia moral. São Paulo: Loyola, p. 56. Ver também: MIRALLES, Antonio. Chiavi teologiche di lettura dei significati unitivo e procreativo dell'atto coniugale. In: PONTIFICIO GIOVANNI PAOLO II PER STUDI SU MATRIMONIO E FAMIGLIA; CENTRO ACCADEMICO ROMANO DELLA SANTA CROCE (Eds.). *Humanae Vitae: 20 Anni dopo.* Atti del II Congresso Internazionale di Teologia Morale (Roma, 9-12 novembre 1988). Milano: Edizioni Ares, 1989, p. 455-469; SARMIENTO, Augusto. Persona, sexualidad humana y procreación. In: SARMIENTO, Augusto (Ed.). *Moral de la persona y renovación de la teologia moral.* Madrid: Ediciones Internacionales Universitarias, 1998, p. 141-162, especialmente p. 152-159.

[27] HANIGAN. Significado unitivo e significado procriador, p. 57: "Essas indicações são dadas num dos parágrafos da encíclica, e são: em primeiro lugar, que Deus é amor e que o amor conjugal tem sua origem, e portanto sua natureza e sua nobreza específicas, relacionada a Deus; em segundo, que o matrimônio tem origem divina e é a maneira de Deus realizar na vida humana seu plano de amor; em terceiro, que Deus é o autor da vida e que os seres humanos colaboram com Deus na geração e na educação de nova vida; e, em quarto, que o matrimônio representa a união entre Cristo e a Igreja" (p. 57-58).

relativa às finalidades da sexualidade considera as leis biológicas como parte da pessoa humana e, por isso, tende a "idolatrar" os processos biológicos. Segundo essa doutrina, "a inteligência descobre, no poder de dar a vida, leis biológicas que fazem parte da pessoa humana".[28] Razão e vontade, apesar do instinto e da paixão, devem reconhecer e respeitar essas leis. Para Bernhard Häring, as questões fundamentais que surgem espontaneamente são: como se pode atribuir um valor quase absoluto a fatores mutáveis e duvidosos tais como leis biológicas? A pessoa humana e a instituição matrimonial podem subordinar-se à suposta sacralidade das leis naturais? Pode a biologia humana, em lugar da razão, determinar se um ato conjugal deve ou não ser fecundo, mesmo em ocasiões e situações quando uma nova gravidez ou a total continência poriam em risco as pessoas ou o próprio matrimônio?[29] Para Paulo VI, só há uma resposta para essas questões: "Nunca é lícito, nem sequer por razões gravíssimas, fazer o mal, para que daí provenha o bem (...) mesmo se for praticado com intenção de salvaguardar ou promover bens individuais, familiares, ou sociais. (...) É um erro, por conseguinte, pensar que um ato conjugal, tornado voluntariamente infecundo, e por isso intrinsecamente desonesto, possa ser coonestado pelo conjunto de uma vida conjugal fecunda".[30]

---

[28] HV 10.

[29] Ver: HÄRING, Bernhard. The Inseparability of the Unitive-Procreative Functions of the Marital Act. In: CURRAN, Charles (Ed.). *Contraception: Authority and Dissent.* New York: Herder and Herder, 1969, p. 181.

[30] HV 14. Paulo VI também se opôs a uma certa interpretação do princípio de totalidade – "pensar que um ato conjugal, tornado voluntariamente infecundo, e por isso intrinsecamente desonesto, possa ser coonestado pelo conjunto de uma vida conjugal fecunda" (HV 14) – para justificar o controle da natalidade. Ou, em outras palavras, Paulo VI discorda que a "fecundidade procriadora pertence ao conjunto da vida conjugal, mais do que a cada um dos seus atos" e responde, assim, à pergunta que ele mesmo faz aos fiéis no início da HV (3).

Liberdade de consciência: os limites do recurso a Deus... 275

Para Paulo VI, a pessoa não é árbitro das fontes da vida humana. O papel que cabe a ela no que diz respeito às leis da concepção é o de administrar os desígnios estabelecidos pelo Criador.[31] Häring sugere que, do ponto de vista da encíclica, qualquer esforço feito por uma pessoa para "administrar" o processo biológico é considerado arbitrário.[32] Mas isso não é inteiramente verdade se levarmos em conta que, segundo Paulo VI, a pessoa pode ser responsavelmente administradora da realidade biológica fazendo uso – embora por razões muito limitadas – dos períodos infecundos para controlar a natalidade. Isso significa que "alguma" permissão é dada pela Igreja à pessoa para responsavelmente "administrar" a realidade biológica.[33] Entre as questões que podem resultar de uma compreensão tão redutiva de "administração", uma é de suma importância: por que o limite é imposto justamente à estrutura natural dos atos sexuais? A resposta não é clara!

De acordo com Paulo VI, nada pode expressar melhor os significados unitivo e procriativo do matrimônio do que a absoluta sacralidade dos processos biológicos: há "limites intransponíveis no domínio do homem sobre o próprio corpo e sobre as suas funções; limites que a nenhum homem (...) é lícito ultrapassar.

---

[31] "Assim como o homem não tem um domínio ilimitado sobre o próprio corpo em geral, também não o tem, com particular razão, sobre as suas faculdades geradoras enquanto tais, por motivo da sua ordenação intrínseca para suscitar a vida, da qual Deus é o princípio" (HV 13).

[32] Segundo Häring, o que falta à Humanae Vitae é a noção de que a pessoa deve cultivar sua herança biológica e psicológica com generosa responsabilidade pela melhoria da pessoa toda, de si mesma, e de seu próximo mais próximo, no contexto do matrimônio como uma comunidade de pessoas. HÄRING. The Inseparability, p. 182-183.

[33] É importante considerar que, para Paulo VI, a única exceção ao poder absolutamente impositivo das leis e dos ritmos naturais da fecundidade é "o recurso aos meios terapêuticos verdadeiramente necessários para curar doenças do organismo" (HV 15).

276 Ética teológica e direitos humanos

E esses mesmos limites não podem ser determinados senão pelo respeito devido à integridade do organismo humano e das suas funções".[34] O resultado é que "as leis e os ritmos naturais" se tornam a base fundamental indispensável da moralidade sexual.[35] Nesse contexto, fica difícil compreender como a Sagrada Escritura pode ter proporcionado a Paulo VI uma estrutura narrativa para a compreensão de lei natural, como sugerido por Hanigan.

Ligada ao absoluto respeito pelas "leis e ritmos naturais", a abstinência periódica é proposta aos cônjuges como uma espécie de disciplina ascética. Häring defende que "há e deve haver uma íntima ligação entre os dois significados" do ato conjugal – unitivo e procriativo – e "deve-se ter muito cuidado de não separá-los indevida ou totalmente em questões de moralidade sexual".[36] Esse autor, porém, assume que, "quando um respeito absoluto por leis e ritmos biológicos que funcionam de forma indevida, mutável ou desconhecida, impõe total continência ou uma continência periódica que provoque angústia e ansiedade, os significados unitivo e procriativo do matrimônio podem ser dissociados", porque, nesse caso, "o bem procriativo não pode ser obtido por meio de uma procriação contrária à genuína responsabilidade humana", e também porque "o bem unitivo dos atos conjugais não é alcançado quando a total continência, de fato, separa o que Deus uniu".[37]

---

[34] HV 17.
[35] Nessa perspectiva, há de se reconhecer que aqueles que respeitam "a integridade do organismo humano e das suas funções", ao se envolverem numa relação sexual, podem expressar amor mútuo mesmo no caso de não serem casados. Se "as leis e ritmos naturais" são a base fundamental indispensável da moralidade sexual, os inseparáveis significados unitivo e procriativo da vida conjugal, por exemplo, não podem ser preservados.
[36] HÄRING. The Inseparability, p. 187-188.
[37] HÄRING. The Inseparability, p. 191. É interessante notar que aquilo que não mais define o matrimônio, isto é, o *ius in corpus* (o direito sobre o corpo), se suspenso, constitui o critério para o acesso à plenitude da comunhão eclesial. Se o

Liberdade de consciência: os limites do recurso a Deus... 277

Rosemary Ruether, por exemplo, vai mais longe ao argumentar que a Igreja deveria "reconhecer que o aspecto relacional do ato conjugal é, em si mesmo, um valor e uma finalidade genuínos" e, por isso, "não pode ser reduzido a um mero meio para se obter a procriação".[38] Para ela, os aspectos procriativo e unitivo do ato sexual são "dois objetivos semi-independentes e inter-relacionados cujos significados e valores são reunidos na totalidade do projeto matrimonial, embora seja não só desnecessário, mas até impossível que ambos estejam presentes em cada ato".[39] Assim, a abstinência periódica "trai a essência da relação conjugal" porque "trata o amor conjugal como um apetite que pode ser programado", sem levar em conta que o "amor conjugal, quando realmente desenvolvido, já não se reduz ao nível de apetite (...) mas expressa uma relação e, portanto, precisa seguir as leis desta relação e fluir na dinâmica desta relação".[40]

Subjacente à proposta da "abstinência periódica", há dois preconceitos que permeiam a compreensão da sexualidade por parte do Magistério. Primeiro, os seres humanos têm impulsos fisiológicos que requerem satisfação; esses impulsos são normalmente compreendidos como concupiscência; reprimir tais desejos significa humanizar a concupiscência. Segundo, cada

---

casal em situação irregular viver como irmão e irmã, isto é, em plena continência, pode ter acesso aos sacramentos (FC 84). A *Amoris Laetitia* redimensiona essa "solução", que, a meu ver, é meramente "cosmética": "Ela, embora permanecendo no quadro das possibilidades, não goza mais da exclusividade". Ver: GRILLO, Andrea. *Ius in corpus* e 'como irmão e irmã': a reviravolta da *Amoris Laetitia*. In: *IHU On-line* (24.09.2016). Disponível em: http://www.ihu.unisinos.br/185-noticias/noticias-2016/560417-ius-in-corpus-e-como-irmao-e-irma-a-reviravolta-da-amoris-laetitia-artigo-de-andrea-grillo. Acesso em: 1.º.06.2018.
[38] RUETHER, Rosemary R. Birth Control and the Ideals of Marital Sexuality. In: ROBERT, Thomas D. *Contraception and Holiness: The Catholic Predicament*. New York: Herder and Herder, 1964, p. 72-73.
[39] RUETHER. Birth Control, p. 73.
[40] RUETHER. Birth Control, p. 89.

278 Ética teológica e direitos humanos

ato sexual tem de ser a completa unificação das finalidades do matrimônio; quando isso não acontece, o que está em jogo é apenas a mera satisfação de um apetite egoísta.[41] Em outras palavras, é difícil para o Magistério admitir que a sexualidade tem seu valor próprio e não deveria ser reduzida nem a um instrumento para atingir um objetivo – procriação –, nem a uma realidade que subsiste para justificar uma outra – matrimônio.

A sexualidade é considerada pelo Magistério como uma parte integral da identidade e do bem-estar da pessoa, e o matrimônio é visto como uma aliança de amor. Essas duas visões representaram mudanças positivas na doutrina da Igreja que poderiam ter aberto as portas para um novo conjunto de questões no campo da ética sexual cristã.[42] Mas essas portas nunca foram abertas porque a Igreja continuou insistindo que a sexualidade e todas as suas expressões deveriam ser mantidas dentro dos limites do matrimônio. Consequentemente, princípios *a priori* e estado civil constituem os principais critérios usados para avaliar a conduta sexual. Que o matrimônio continue sendo o contexto ideal para o exercício da sexualidade, não há problema algum. Considerá-lo como único contexto lícito distancia a Igreja de uma ética mais realista da sexualidade.[43] Por "mais realista" – parafraseando as palavras de Cristina Traina – quero dizer que seria possível assumir, por um lado, que "o intercurso amoroso intencionalmente procriador tem aspectos positivos – texturas, emoções, intenções

---

[41] RUETHER. Birth Control, p. 86-87.
[42] O que teria acontecido se a HV tivesse assumido, por exemplo, uma abordagem mais personalista, mais relacional e mais transcendente da moralidade? Ver: CURRAN, Charles E.; HUNT, Robert E. and the Subject Professors with John F. Hunt and Terrence R. Connelly. *Dissent In and For the Church:* Theologians and Humanae Vitae. New York: Shed & Ward, 1969, p. 161-166.
[43] VALSECCHI, Ambroggio. *Nuove vie dell'etica sessuale.* Discorso ai cristiani. 4 ed. Brescia: Queriniana, 1989, p. 108.

Liberdade de consciência: os limites do recurso a Deus... 279

– particulares de que carece o sexo não procriador" e que, por outro, "o sexo pode ser genuinamente mútuo, amoroso, justo, divertido, bom e mesmo sagrado sem ter intenção procriadora e sem sequer remeter, remotamente que seja, à procriação". Em outras palavras, "nenhuma forma de ato sexual – não procriador ou procriador – é normativa (...) [cada uma delas] é uma dimensão genuína da expressão sexual, cada uma delas tem seus próprios benefícios e seus momentos próprios e cada uma delas pode manter o relacionamento entre os parceiros".[44]

3. Dos limites de uma proibição à liberdade de consciência

Paulo VI é claro ao afirmar que "na missão de transmitir a vida, eles [os cônjuges] não são, portanto, livres para procederem a seu próprio bel-prazer, como se pudessem determinar, de maneira absolutamente autônoma, as vias honestas a seguir, mas devem, sim, conformar o seu agir com a intenção criadora de Deus, expressa na própria natureza do matrimônio e dos seus atos e manifestada pelo ensino constante da Igreja".[45]

Essa afirmação de Paulo VI adquiriu, durante o pontificado de João Paulo II, aura de infalibilidade, a ponto de se impor aos fiéis como inquestionável e inalterável.[46] O distanciamento dos

---

[44] TRAINA, Cristina L. Ideais papais, realidades conjugais: uma perspectiva a partir da base. In: JUNG, Patricia B.; CORAY, Joseph A. (Orgs.). *Diversidade sexual e catolicismo. Para o desenvolvimento da teologia moral.* São Paulo: Loyola, 2005, p. 315-316.
[45] HV 10.
[46] É importante reconhecer que, por um longo período, o debate suscitado pela HV concentrou-se na habilidade pessoal de controlar a natureza e manipular os processos biológicos. Foi João Paulo II que mudou o foco da questão para o controle de si mesmo, dando centralidade à autodoação e à autodisciplina no amor conjugal. As catequeses sobre o amor humano, realizadas no período de 05.09.1979 a 28.11.1984, são a mais clara expressão desta mudança. Mas é

280 Ética teológica e direitos humanos

fiéis do ensino da HV continuou aumentando, enquanto a liberdade de os teólogos tratarem abertamente do assunto foi sendo cada vez mais reprimida e, dependendo dos questionamentos feitos ao documento, punida com o silêncio obsequioso. No entanto, 50 anos após a publicação da HV, alguns questionamentos persistem, questionamentos que provêm das mais variadas frentes dentro e fora da Igreja. A título de exemplo, elenco alguns deles.

Primeiro: não podem os esposos, responsavelmente, decidir de acordo com a própria consciência que a contracepção artificial, em algumas circunstâncias, é permissível e até mesmo necessária para preservar e estimular os valores próprios do matrimônio? Não se trata apenas de apelar para o direito de consciência de modo simplista, mas de reconhecer que o casal tem o direito de confrontar todos os valores que estão em jogo na decisão moral e, em consciência, optar por aquela que julgar ser mais conveniente, assim como faz quando escolhe um dos métodos naturais para o controle de natalidade.

Segundo: reconhecer o direito de decidir em consciência não significa admitir que a consciência não pode ser relegada a conformar-se a leis consideradas eternas, imutáveis, abstratas

---

impossível abordá-la aqui devido ao objetivo desta reflexão. Ver: SMITH, Janet E. *Humanae Vitae: A Generation Later*. Washington, DC: The Catholic University of America Press, 1991. Para as catequeses sobre o amor humano, ver: JOÃO PAULO II, Papa. *Homem e mulher o criou. Catequeses sobre o amor humano*. Bauru: EDUSC, 2005. Outra questão que mereceria ser levada em conta, mas que nos distanciaria dos objetivos propostos, é a influência do "Memorandum de Cracovia", documento redigido por cinco teólogos moralistas poloneses, sob a coordenação do então Cardeal Karol Wojtyla, entregue a Paulo VI cinco meses antes da publicação da HV. O documento, intitulado "Les fondaments de la doctrine de l'Église concernant les principes de la vie conjugale" (publicado em *Analecta cracoviensia I, 1969*, p. 194-230), devido aos vários paralelismos com a HV, teve uma influência não marginal na redação do texto de Paulo VI. Ver: BURGOS VELASCO, Alejandro. Introdución. In: WOJTYLA, Karol. *El don del amor. Escritos sobre la Familia*. 3 ed. Madrid: Ediciones Palabra, 2003, p. 7-26.

Liberdade de consciência: os limites do recurso a Deus...   281

e que, portanto, diante de princípios *a priori* cabe a ela prestar atenção à realidade concreta, ao particular, ao histórico, aos *a posteriori* em questão? Entre um método dedutivo e indutivo de discernimento, o indutivo parece mais adequado à realidade em contínua transformação e às pessoas em contínuo confronto com as situações concretas, que também fazem parte do juízo moral. Mais ainda, "são as consciências morais das pessoas, em toda sua diversidade, que fazem a história da salvação, enquanto dirigem o agir, e não a norma formulada ou decretada que por si não produz fruto".[47]

Terceiro: qualquer interferência no ato conjugal deve ser abolida? Para a HV, o desígnio de Deus, inscrito na natureza do ato conjugal, requer que as leis do processo generativo sejam respeitadas.[48] No entanto, "se existem motivos sérios para distanciar os nascimentos (...), é lícito ter em conta os ritmos naturais imanentes às funções geradoras, para usar do matrimônio só nos períodos infecundos" para o controle de natalidade.[49] Todos os demais meios "diretamente contrários à fecundação", mesmo inspirados "em razões que podem parecer honestas e sérias, são 'ilícitos'".[50] A diferença entre os dois casos deve-se ao fato de que, no recurso aos períodos infecundos, o casal se serve de uma disposição natural e, no caso do recurso a outros meios artificiais, estes impedem o desenvolvimento de processos naturais. Para muitas pessoas, parece preocupante a identificação da ação moral com a estrutura física do ato conjugal. O ser humano é o único ser capaz de modificá-la intencionalmente. A questão moral não é a modificação em si, mas o quanto esta concorre para o bem

---

[47] LEERS, Bernardino. *Família, casamento, sexo. Por uma nova prática pastoral.* Petrópolis: Vozes, 1992, p. 28.
[48] HV 12.
[49] HV 16.
[50] HV 16.

das pessoas em questão. Além disso, não podemos ignorar o fato de que a moralidade de qualquer ação humana não pode ser expressão exclusiva da conformidade ou não a leis inscritas na natureza de um ato, mas deve ser determinada também pelos motivos e intenções de tais pessoas, pelas circunstâncias da situação nas quais se encontram e pelas consequências da ação.

Quarto: podemos falar de lei natural como se houvesse uma única compreensão de natureza? A natureza só pode ser compreendida no plural, assim como são plurais as conclusões que derivam dessa compreensão. A concepção que subjaz à HV é sobretudo fisicista enquanto identifica a ação moral com a estrutura física e biológica do ato. Mais ainda, tal concepção não leva em conta que o próprio entendimento da fisiologia da reprodução humana avançou muito nas últimas décadas. Hoje, por exemplo, sabemos que é justamente durante o período fértil que a mulher mais sente desejo e, nesse sentido, a proposta de abstenção feita ao casal revela toda a sua ambiguidade.

Quinto: podemos considerar a faculdade sexual fora da totalidade da pessoa e das relações que ela estabelece? A compreensão de pessoa que perpassa a HV está profundamente relacionada com a concepção abstrata de natureza que a fundamenta. O ser humano, ao contrário, é um ser que vive projetado para fora de si mesmo, que se descobre por meio das relações que estabelece com os outros; ele é um ser-em-relação, um ser histórico, que se autocompreende à medida que vai desenvolvendo-se e amadurecendo, processo que dura a vida toda. Nesse sentido, não me parece correto falar de faculdade sexual como se esta fosse algo que existisse fora da totalidade da pessoa e das relações que ela estabelece. A moralidade de uma ação não pode ser determinada levando-se em conta apenas a ação em si mesma, uma particular faculdade ou uma estrutura física.

Liberdade de consciência: os limites do recurso a Deus...　283

Sexto: o recurso à anticoncepção artificial é sempre intrinsecamente mau? O que está em jogo no questionamento feito à postura tomada por Paulo VI é a proibição absoluta da anticoncepção. Se, por um lado, o recurso à contracepção não pode ser considerado bom em todos os casos, por outro também não deveria ser considerado intrinsecamente mau em *todos* os casos (refiro-me aos métodos não abortivos, que sirvam para fins tanto profiláticos quanto de planejamento familiar). Nas opções feitas pelas pessoas, há uma série de elementos que precisam ser considerados, sobretudo os valores em questão. Muitas vezes, o casal deseja realizar todos os valores que estão em jogo, mas chega à conclusão de que, por uma série de fatores, isso não é possível. Nesses casos, é lícito que o casal opte pelo valor de maior transcendência naquele determinado momento histórico, visto que não há um desprezo em relação aos demais. Pode ser que, amanhã, quando o contexto e as pessoas mudarem e amadurecerem, outros valores possam ser assumidos. Praticamente, isso significa ter presente que, diante do desejável, muitas vezes é preciso se contentar com o que é possível, com o melhor que pode ser feito num determinado contexto. Concordo com Salzman e Lawler quando afirmam que "não há qualquer problema em oferecer um ideal moral para os cônjuges; há um problema maior em oferecer regras absolutas e concretas que não levam em conta as circunstâncias históricas que podem modificar esse ideal".[51]

---

[51] SALZMAN; LAWLER. *A pessoa sexual*, p. 260. Precisamos tomar cuidado com regras e proibições ditas absolutas, isto é, que não conhecem nem admitem exceções em nenhuma situação. Vale recordar o que afirma Leers: "Absoluta pode ser chamada a exigência da fé, porque ela salva e introduz os homens no Reino de Deus. Mas as regras de conduta que estão espalhadas nos Evangelhos merecem mais o nome de radicais, porque indicam caminhos a seguir em que os discípulos nunca podem dizer que já chegaram à perfeição do Pai, consequentemente sempre precisam continuar viagem e crescer. (...) A moral de Jesus visa a interioridade, o coração do homem concreto encarnado neste mundo e não uma constelação autônoma de normas codificadas". LEERS. *Família, casamento, sexo*, p. 38-39.

284 Ética teológica e direitos humanos

Sétimo: não resulta problemático afirmar que Deus quis a inseparabilidade entre os significados unitivo e procriativo da sexualidade e do ato conjugal? Além da carência de fontes bíblicas que corroborem a afirmação, carecemos também de argumentos racionais que a justifiquem. Que os dois significados estejam intimamente relacionados, não há dúvida. Mas daí afirmar que sejam absolutamente inseparáveis é difícil de ser justificado. A maioria absoluta dos intercursos sexuais não resultam procriativos; "a procriação é um resultado *fisiológico* 'natural' de *apenas* alguns intercursos".[52] O mesmo se pode dizer da união entre os cônjuges: ela é "um resultado *cultural* ocidental 'natural' de *todo* intercurso justo e amoroso".[53]

Oitavo: o que faz com que o intercurso conceptivo seja moralmente bom? A mesma pergunta vale para o intercurso contraceptivo, seja ele natural, seja artificial. É o fato de ele estar em conformidade com a norma? Aqui é preciso distinguir entre o que é um bem do que é um bem essencial: se um bem essencial pode existir sem um determinado bem, algo que é um mero bem não adquire seu pleno significado se não estiver em relação com um bem essencial. Embora a procriação seja um bem do matrimônio, este pode existir sem ela. A união dos cônjuges, por sua vez, é um bem essencial para o casal, os filhos e a comunidade. Numa determinada situação concreta, por razões

---

[52] SALZMAN; LAWLER. *A pessoa sexual*, p. 262.
[53] SALZMAN; LAWLER. *A pessoa sexual*, p. 262. Nesta perspectiva, pode também ser relativizada a afirmação contundente de João Paulo II de que, ao separar os dois significados, os cônjuges "atuam como árbitros do plano divino e manipulam e degradam a sexualidade humana – e com isso a eles próprios e a seus parceiros – ao alterar seu valor de *total* doação de si" (FC 32). Ao optar pelo planejamento familiar natural, os cônjuges não estariam atuando como árbitros também, separando *intencionalmente* os dois significados e agindo contra a natureza da mesma forma? Não teria razão a maioria da comissão ao afirmar que é o matrimônio como um todo, e não cada ato conjugal, que deve ser gerador de vida?

Liberdade de consciência: os limites do recurso a Deus...		285

que se justifiquem, a procriação como um bem pode não ser necessária. A própria HV reconhece isso.[54] No entanto, a união entre os cônjuges, como um bem essencial, é necessária e, portanto, indispensável ao matrimônio. O critério para discernir a moralidade do intercurso conceptivo ou contraceptivo (natural ou artificial) é o bem do casal, dos filhos e do matrimônio em si mesmo. Infelizmente, a discussão sobre o assunto perde-se no campo dos métodos que podem ou não ser adotados. Salzman e Lawler têm razão quando afirmam que "quando cônjuges têm uma razão conjugal ou familiar séria, justa e preponderante para evitar a procriação em uma circunstância concreta específica, a procriação pode ser evitada por qualquer meio que não fira o seu relacionamento conjugal ou parental complementar, justo e amoroso, e que não seja, de outro modo, imoral".[55]

Nono: qual deveria ser, de fato, o fundamento da moral sexual? É importante levar em consideração a realidade toda do ser humano, na variedade e complementaridade de seus elementos e nas suas condições históricas concretas. O fundamento da moral sexual não pode ser somente as estruturas físicas e biológicas do corpo, mas sobretudo a autocompreensão global que a pessoa tem de seu corpo e da sua sexualidade num tempo, lugar e cultura específicos. Isso significa que, se por um lado tais estruturas são uma dimensão muito importante da natureza humana, por outro não são exclusivas. O fato de o ser humano pensar, desejar, sentir, amar, sofrer, falhar etc., também faz parte da sua natureza. Portanto, para sermos e agirmos verdadeiramente como seres humanos, precisamos mais do que um conhecimento e uma compreensão exata do dado corporal. Precisamos também interpre-

---

[54] HV 10, 16.
[55] SALZMAN; LAWLER. *A pessoa sexual*, p. 265.

tar esse conhecimento e compreensão dentro do contexto mais amplo de nossos relacionamentos pessoais e sociais, de acordo com a melhor compreensão possível que as culturas e as ciências contemporâneas põem à nossa disposição.[56]

Décimo: a moral sexual é uma moral de pessoas-em-relação, e não de atos-isolados-do-todo. O esforço posto na realização dos significados da sexualidade, portanto, deveria ter prioridade sobre o mero cumprimento de normas abstratas e impessoais. Se princípios *a priori* e *status* jurídico são elementos importantes a serem considerados na avaliação da moralidade de um comportamento sexual, esses não podem ser manipulados a fim de situar o exercício da sexualidade dentro dos limites de uma relação conjugal--heterossexual-intencionalmente-procriativa. A moral sexual deve preocupar-se, sobretudo, com a qualidade das relações entre as pessoas e, justamente por isso, não pode ser reduzida à moral conjugal ou matrimonial, mas pensada como moral da sexualidade.[57]

Esses dez questionamentos são apenas ilustrativos dos muitos dilemas a serem ainda aprofundados e resolvidos. Não seria de todo inconveniente a constituição de uma nova comissão para debruçar--se sobre o tema! Desta vez, à luz das perspectivas abertas pela Exortação Apostólica Pós-Sinodal *Amoris Laetitia,* do Papa Francisco.

Considerações finais

Stephan Kampowski, professor da Universidade Lateranense (Instituto João Paulo II), por ocasião do Sínodo, preocupado com

---

[56] KELLY, Kevin T. *New Directions in Sexual Ethics.* Moral Theology and the Challenge of AIDS. London and Washington: Geoffrey Chapman, 1998, p. 3.
[57] KELLY. *New Directions,* p. 38. Ver também: ELLISON, Marvin M. *Erotic Justice.* A Liberating Ethic of Sexuality. Louisville: Westminster John Knox Press, 1996, p. 26.

Liberdade de consciência: os limites do recurso a Deus... 287

alguma mudança no ensinamento da HV, publicou uma matéria intitulada "Tirem as mãos de Paulo VI – *Giù le mani da Paolo VI* ".[58] A impressão que nos dá ao ler a matéria é a de que qualquer revisão da HV poderia fazer desmoronar a credibilidade de toda a doutrina católica sobre matrimônio, família e sexualidade. Embora Gianni Gennari já tenha respondido a Kampowski,[59] vale a pena reafirmar que a HV não é infalível. O ensinamento de que a contracepção artificial é *sempre* intrinsecamente má não é um dado revelado, nem nunca se mostrou essencial para a verdade da revelação cristã. E essas são as duas condições para que uma doutrina seja definida como infalível. Recorrer à vontade de Deus e à tradição constante da Igreja sobre o assunto também não pode ser argumento que, por si só, coloque um ponto final na questão.[60]

O objetivo, aqui, não foi questionar todo o ensinamento de Paulo VI sobre o assunto, mas a substituição do princípio da liberdade pelo da autoridade. Até que ponto a doutrina constante pode ser mantida quando não diz mais nada para a maioria das pessoas? Trata-se de defesa da tradição cristã, de fato, ou da tradução dessa tradição em formas culturais que se revelam completamente inadequadas para os fiéis hoje?[61] "Recordan-

---

[58] KAMPOWSKI, Stephan. Giù le mani da Paolo VI. In: *Il Foglio* (20.10.2015). Disponível em: https://www.ilfoglio.it/chiesa/2015/10/20/news/giu-le-mani-da-paolo--vi-88745/. Acesso em: 31.05.2018.
[59] GENNARI, Gianni. Dopo il Sinodo: famiglia, matrimonio, procreazione.
[60] COLANICCHIA, Ingrid. È tempo di rivedere l'Humanae Vitae. Un appello dal mondo teologico e accademico. In: *Adista Notizie* n.31 (17.09.2016). Disponível em: https://www.adista.it/articolo/56575. Acesso em: 02.06.2018.
[61] Ver: GRILLO, Andrea. Realtà negata, silenzio imposto, comunione fittizia. Sulla relazione tra sesso e ministero ordinato. In: Blog *Come se non* (02.06.2018). Disponível em: https://www.cittadellaeditrice.com/munera/realta-negata-silenzio--imposto-comunione-fittizia-sulla-relazione-tra-sesso-e-ministero/. Versão em português: http://www.padrescasados.org/archives/69663/sexo-e-ministerio-or-denado-realidade-negada-silencio-imposto-comunhao-ficticia-artigo-de-andrea--grillo/. Acesso em 11.06.2018.

do que o tempo é superior ao espaço, quero reiterar que nem todas as discussões doutrinais, morais ou pastorais devem ser resolvidas através de intervenções magisteriais. Naturalmente, na Igreja, é necessária uma unidade de doutrina e práxis, mas isto não impede que existam maneiras diferentes de interpretar alguns aspectos ou algumas consequências que decorrem dela. Assim há de acontecer até que o Espírito nos conduza à verdade completa (cf. Jo 16,13), isto é, quando nos introduzir perfeitamente no mistério de Cristo e podermos ver tudo com o seu olhar. Além disso, em cada país ou região, é possível buscar soluções mais inculturadas, atentas às tradições e aos desafios locais. De fato, 'as culturas são muito diferentes entre si e cada princípio geral (...) se quiser ser observado e aplicado, precisa de ser inculturado'".[62]

A imposição da autoridade sobre a liberdade de consciência dos fiéis não compromete a comunhão eclesial? O não reconhecimento de que a comunidade eclesial pode aprofundar o assunto e dar a sua contribuição não contradiz o espírito de participação ao qual todos são chamados? "Falar a respeito de" faz parte do processo de discernimento. "Escutar" a realidade é prioritário no processo de discernimento. Se até a formulação de fé é resultado do diálogo e da expressão do que a comunidade vive e professa, por que não deveriam ser normas não reveladas e não essenciais para a verdade da revelação cristã?

Acredito que José Ignacio G. Faus tem razão quando afirma que é preciso superar "a obsessão pelo ato concreto. A experiência espiritual sabe que, em todos os campos da realização humana, é mais importante a orientação da vida que os episó-

---

[62] FRANCISCO, Papa. *Amoris Laetitia*. Sobre o amor na família. São Paulo: Loyola, 2016, n. 3. Daqui em diante = AL.

Liberdade de consciência: os limites do recurso a Deus...

dios concretos"[63] e, nesse sentido, ela enriquece a experiência moral. Nessa perspectiva, a procriação responsável é a expressão mais concreta do direito e dever dos cônjuges. Cabe a eles, após considerar os valores e as circunstâncias que entram em jogo numa decisão responsável, decidir, em consciência, o que fazer para espaçar os nascimentos e/ou limitá-los. Paternidade/maternidade responsável não é resultado de um cálculo frio que prescinde das relações estabelecidas entre as pessoas, das suas intenções e das situações nas quais vivem. Por isso, a "utilização ética dos métodos estritamente anticoncepcionais (não abortivos nem esterilizantes) deve ser objeto do *responsável discernimento* dos cônjuges".[64] Discernimento que deve levar em conta o interesse não apenas dos cônjuges, mas dos filhos já nascidos, dos que serão concebidos, da família e da sociedade. A opção responsável dos cônjuges, mesmo se por um método artificial – mas respeitoso da dignidade humana –, pode ser um passo concreto no caminho de humanização do próprio casal, da família e até mesmo da sociedade. E é isso que a torna eticamente lícita e, portanto, uma das possibilidades que o casal tem o direito de escolher. Francisco tem razão quando afirma que "nos custa deixar espaço à consciência dos fiéis, que muitas vezes respondem da melhor forma que podem ao Evangelho no meio dos seus limites e são capazes de realizar o seu próprio discernimento perante situações em que se rompem todos os esquemas. Somos chamados a formar as consciências, não a pretender substituí-las".[65]

---

[63] FAUS, José Ignacio González. *Sexo, verdades e discurso eclesiástico*. São Paulo: Loyola, 1999, p. 48.
[64] VIDAL, Marciano. *Ética da Sexualidade*. São Paulo: Loyola, 2017, p. 252.
[65] AL 37.

290 Ética teológica e direitos humanos

Precisamos, de uma vez por todas, reconhecer a veracidade das sábias palavras de Bernardino Leers: "Em seus apertos, às vezes psiquicamente insuportáveis, o povo cristão não nega o valor que sacrifica; prevalece o valor que ainda procura realizar ou salvar".[66]

Referências Bibliográficas

BADINI, Luca. *Dignitatis Humanae Vitae*. Paulo VI e a sexualidade dos cristãos. Disponível em: http://www.ihu.unisinos.br/78-noticias/570202-dignitatis-humanae-vitae-paulo-vi-e-a-sexualidade-dos-cristaos-artigo-de-luca-badini. Acesso em: 02.06.2018.

BARBAGLIA, Silvio. *Gesù e il matrimonio*. Indissolubile per chi? Assisi: Cittadella, 2016.

BURGOS VELASCO, Alejandro. Introdución. In: WOJTYLA, Karol. *El don del amor*. Escritos sobre la Familia. 3 ed. Madrid: Ediciones Palabra, 2003, p. 7-26

COLANICCHIA, Ingrid. È tempo di rivedere l'Humanae Vitae. Un appello dal mondo teologico e accademico. In: *Adista Notizie* n.31 (17.09.2016). Disponível em: https://www.adista. it/articolo/56575. Acesso em: 02.06.2018.

COMPÊNDIO DO VATICANO II. Constituições, Decretos, Declarações. 31 ed. Petrópolis: Vozes, 2015.

CURRAN, Charles E.; HUNT, Robert E. and the Subject Professors with John F. Hunt and Terrence R. Connelly. *Dissent In and For the Church:* Theologians and Humanae Vitae. New York: Shed & Ward, 1969, p. 161-166.

ELLISON, Marvin M. *Erotic Justice*. A Liberating Ethic of Sexuality. Louisville: Westminster John Knox Press, 1996.

---

[66] LEERS. *Família, casamento, sexo*, p. 39.

Liberdade de consciência: os limites do recurso a Deus...　291

FAUS, José Ignacio González. *Sexo, verdades e discurso eclesiástico*. São Paulo: Loyola, 1999.

FRANCISCO, Papa. *Amoris Laetitia*. Sobre o amor na família. São Paulo: Loyola, 2016.

GENNARI, Gianni. Dopo il Sinodo: famiglia, matrimonio, procreazione. L' "Humanae Vitae" tra Paolo VI e Papa Francesco (02.11.2015). Disponível em: https://www.c3dem.it/wp--content/uploads/2015/11/lhumanae-vitae-tra-paolo-vi-e-papa--frnacesco-g.gennari.pdf. Versão em português: Depois do Sínodo. A *Humanae Vitae* entre Paulo VI e Francisco. Disponível em: http://www.ihu.unisinos.br/78-noticias/548708-depois-do--sinodo-a-humanae-vitae-entre-paulo-vi-e-francisco-artigo-de--gianni-gennari. Acesso em: 02.06.2018.

GERARDI, Renzo. *L'ultima enciclica di Paolo VI*. Una rilettura dell'*Humane vitae*. Bologna: EDB, 2018.

GRILLO, Andrea. *Ius in corpus* e 'como irmão e irmã': a reviravolta da *Amoris Laetitia*. In: *IHU On-line* (24.09.2016). Disponível em: http://www.ihu.unisinos.br/185-noticias/noticias-2016/560417--ius-in-corpus-e-como-irmao-e-irma-a-reviravolta-da-amoris-laetitia-artigo-de-andrea-grillo. Acesso em: 01.06.2018.

GRILLO, Andrea. Realtà negata, silenzio imposto, comunione fittizia. Sulla relazione tra sesso e ministero ordinato. In: Blog *Come se non* (02.06.2018). Disponível em: https://www.cittadellaeditrice.com/munera/realta-negata-silenzio-imposto-comunione-fittizia-sulla-relazione-tra-sesso-e-ministero/. Versão em português: http://www.padrescasados.org/archives/69663/sexo--e-ministerio-ordenado-realidade-negada-silencio-imposto-comunhao-ficticia-artigo-de-andrea-grillo/. Acesso em 11.06.2018.

HANIGAN, James P. Significado unitivo e significado procriador: o vínculo inseparável. In: JUNG, Patricia B.; CORAY,

Joseph A. (Orgs.). *Diversidade sexual e catolicismo*. Para o desenvolvimento da teologia moral. São Paulo: Loyola, p. 55-70.

HÄRING, Bernhard. The Inseparability of the Unitive-Procreative Functions of the Marital Act. In: CURRAN, Charles (Ed.). *Contraception: Authority and Dissent*. New York: Herder and Herder, 1969, p. 176-192.

JIMENEZ, Marta. The Passion of Blessed Paul VI – "Humanae Vitae". In: *Catholic News Agency* (21.10.2104). Disponível em: https://www.catholicnewsagency.com/news/the-passion-of-blessed-paul-vi-humanae-vitae-15253. Acesso em: 31.05.2018.

JOÃO PAULO II, Papa. *Familiaris Consortio*. Exortação Apostólica sobre a função da família cristã no mundo de hoje. 6 ed. São Paulo: Paulinas, 1987.

JOÃO PAULO II, Papa. *Homem e mulher o criou. Catequeses sobre o amor humano*. Bauru: EDUSC, 2005.

JUNG, Patricia B.; CORAY, Joseph A. (Orgs.). *Diversidade sexual e catolicismo*. Para o desenvolvimento da teologia moral. São Paulo: Loyola, 2005.

KAMPOWSKI, Stephan. Giù le mani da Paolo VI. In: *Il Foglio* (20.10.2015). Disponível em: https://www.ilfoglio.it/chiesa/2015/10/20/news/giu-le-mani-da-paolo-vi-88745/. Acesso em: 31.05.2018.

KELLY, Kevin T. *New Directions in Sexual Ethics*. Moral Theology and the Challenge of AIDS. London and Washington: Geoffrey Chapman, 1998.

LEERS, Bernardino. *Família, casamento, sexo*. Por uma nova prática pastoral. Petrópolis: Vozes, 1992.

MIRALLES, Antonio. Chiavi teologiche di lettura dei significati unitivo e procreativo dell'atto coniugale. In: PONTIFI-

Liberdade de consciência: os limites do recurso a Deus... 293

CIO GIOVANNI PAOLO II PER STUDI SU MATRIMONIO E FAMIGLIA; CENTRO ACCADEMICO ROMANO DELLA SANTA CROCE (Eds.). *Humanae Vitae: 20 Anni dopo*. Atti del II Congresso Internazionale di Teologia Morale (Roma, 9-12 novembre 1988). Milano: Edizioni Ares, 1989, p. 455-469.

MOIA, Luciano. *Il metodo per amare*. Un'inchiesta. L'Humanae vitae cinquant'anni dopo. Cinisello Balsamo, MI: San Paolo, 2018.

NOONAN, John T. *Contraception:* A History of its Treatment by the Catholic Theologians and Canonists. Cambridge: Belknap Press of Harvard University Press, 1965.

PAULO VI, Papa. *Humanae Vitae*. Carta Encíclica sobre a regulação da natalidade. 9 ed. São Paulo: Paulinas, 2001.

PIO XI, Papa. *Casti Connubii*. Carta Encíclica sobre o matrimônio cristão. In: *Documentos de Pio XI (1922-1939)*. São Paulo: Paulus, 2004.

RUETHER, Rosemary R. Birth Control and the Ideals of Marital Sexuality. In: ROBERT, Thomas D. *Contraception and Holiness: The Catholic Predicament*. New York: Herder and Herder, 1964, p. 72-91.

SALZMAN, Todd A.; LAWLER, Michael G. *A pessoa sexual*. Por uma antropologia católica renovada. São Leopoldo: UNISINOS, 2012.

SARMIENTO, Augusto. Persona, sexualidad humana y procreación. In: SARMIENTO, Augusto (Ed.). *Moral de la persona y renovación de la teologia moral*. Madrid: Ediciones Internacionales Universitarias, 1998, p. 141-162.

SMITH, Janet E. *Humanae Vitae: A Generation Later*. Washington, DC: The Catholic University of America Press, 1991.

TRAINA, Cristina L. Ideais papais, realidades conjugais: uma perspectiva a partir da base. In: JUNG, Patricia B.; CORAY, Joseph A. (Orgs.). *Diversidade sexual e catolicismo*. Para o desenvolvimento da teologia moral. São Paulo: Loyola, 2005, p. 299-318. VALSECCHI, Ambroggio. *Nuove vie dell'etica sessuale*. Discorso ai cristiani. 4 ed. Brescia: Queriniana, 1989. VIDAL, Marciano. *Ética da Sexualidade*. São Paulo: Loyola, 2017. WOLFART, Graziela. Anticoncepcionais e Igreja: Humanae Vitae, 40 anos depois (entrevista com Márcio Fabri dos Anjos). In: IHU On-line, edição 255 (22.04.2008). Disponível em: http://www.ihuonline.unisinos.br/index.php?option=com_content&view=article&id=1742&secao=255. Acesso em: 31.05.2018.

13

Gênero e teologia: da polêmica estéril ao debate teológico

Moésio Pereira de Souza[1]

Introdução

Os estudos de gênero têm se constituído um campo muito complexo e, por isso mesmo, um olhar transdisciplinar se faz necessário. O tema, hoje, vem sendo estudado pela Biologia, Psicologia, Sociologia, Antropologia, Direito, entre outras áreas. Cabe-nos, portanto, perguntar pela contribuição da Teologia neste campo. Se a perspectiva de gênero quer ser uma contribuição para um conhecimento mais aprofundado do ser humano, a Teologia não pode se esquivar, pois, uma vez que o Verbo se fez carne, tudo o que se relaciona com o humano encontra Deus, e, logo, um discurso sobre Deus (Teo-logia) se mostra possível, desejável e mesmo necessário.

Um desafio para o teólogo, sobretudo para o moralista, é conseguir superar a polêmica que se criou, sobretudo em meios religiosos,

---

[1] Moésio Pereira de Souza é Doutor em Teologia Moral (Academia Alfonsiana – Roma), Coordenador e Professor do Curso de Teologia da Faculdade Católica de Fortaleza.

e que se mostra estéril, que não leva a lugar algum, que tende a reduzir os estudos de gênero à chamada "ideologia de gênero".

Na reflexão que segue, pretendo aproximar-me do tema em questão superando o método da polêmica, indo além dos estereótipos que vão se criando na abordagem de um assunto tão complexo, procurando situá-lo no âmbito propriamente teológico.

1. Importância da distinção conceitual

O modo como nos aproximamos de uma realidade a ser considerada, estudada não é sem importância. Quando o assunto é gênero, por exemplo, faz muita diferença considerá-lo como uma *ideologia* ou como um *conceito analítico*. Embora o espaço aqui não seja suficiente para uma abordagem mais extensiva sobre o surgimento das inúmeras questões relacionadas à categoria gênero, vamos recorrer a alguns elementos que nos propiciarão tomar maior consciência acerca da complexidade do assunto do qual nos ocupamos.

Em seu texto "Identidade sexual e ideologia de gênero", Fabrizio Meroni faz um rico percurso recuperando os primórdios da aparição da categoria "gênero" nos estudos acadêmicos[2] no campo da medicina, da biologia e da linguística.[3]

Magali do Nascimento Cunha, por sua vez, lembra que o psiquiatra Robert Stoller se configura como uma das primeiras referências no estudo de gênero. Em seu livro *Sex and Gender* (1968),

---

[2] MERONI, Fabrizio. Identidade sexual e ideologia de gênero. In: CERQUEIRA, Elizabeth Kipman (Org.). *Sexualidade, gênero e desafios bioéticos*. São Caetano do Sul, SP: Difusão Editora; Amazonas: CBAM — Centro de Bioética da Amazônia, 2011, p. 171-173.

[3] RODRIGEZ, P. M. *Apud* MERONI. Identidade sexual e ideologia de gênero, p. 174.

Gênero e teologia: da polêmica estéril ao debate teológico

> fez uso da palavra "gênero" de forma distinta à palavra sexo (...). Para o psiquiatra, pessoas com anatomia sexual fêmea identificavam-se (sentiam-se como) homens; o mesmo com pessoas com anatomia sexual macho que se identificavam como mulheres. Stoller considerou em seus estudos o "sentimento de ser mulher" e o "sentimento de ser homem" como a identidade de gênero que não coincidia com o "sexo".[4]

No entanto, é no âmbito dos estudos sobre a mulher, isto é, a partir das reflexões feministas, que o conceito vai ganhar visibilidade. Não há necessidade de adentrarmos detalhadamente aqui na consideração das diferentes fases pelas quais passaram os estudos feministas. Parece-nos suficiente relembrar as três fases principais.

Na primeira fase, o interesse era a busca da igualdade entre o homem e a mulher, por meio da defesa dos direitos da mulher e do reconhecimento de sua igual dignidade:

> Essa primeira fase do feminismo politicamente engajado visava, pelas lutas sociais, ao reconhecimento dos direitos de igualdade jurídica, política e social das mulheres nas novas sociedades democráticas, com as mesmas oportunidades de inserção no mundo da escola-universidade, no mundo do trabalho e da carreira profissional e política.[5]

Na segunda fase, os estudos feministas destacarão a diferença sexual na esperança de reforçar a identidade da mulher em si e libertá-la da necessidade de uma referência ao homem. A mulher tem sua própria importância:

---

[4] CUNHA, Magali do Nascimento. Construções imaginárias sobre a categoria 'gênero' no contexto do conservadorismo político religioso no Brasil dos anos 2010. In: *Perspectiva Teológica*, Belo Horizonte, v. 49, n. 2 (2017): 257.

[5] MERONI. Identidade sexual e ideologia de gênero, p. 182.

> É como mulheres que elas reafirmam uma identidade separada e diferenciada da do homem, constituindo-se em grupos de reflexão compostos somente por mulheres. Os discursos só femininos de mulheres reivindicam a identidade da mulher, seu direito ao seu corpo, ao seu desejo e prazer, suas relações próprias, suas práticas literárias e artísticas próprias e exclusivamente femininas.[6]

A terceira fase vem marcada por uma compreensão mais elástica do que significa ser mulher. A ênfase, agora, é posta na individualidade, na pluralidade de tipos de mulher.[7]

Será justamente no âmbito das questões que circulam ao redor do que significa ser homem e mulher, masculino e feminino, que a categoria de gênero vai ganhando as diferentes compreensões e passa a ser utilizada também por outros grupos, como é o caso dos LGBTI. Como afirma Meroni,

> a necessidade de uma categoria de representatividade feminina para compor um sujeito político-cultural capaz de se posicionar em favor da emancipação das mulheres exigirá juntar alianças abertas com outras identidades contestadoras (homo-bi-trans-sexuais) do binarismo heterossexual androcêntrico e hegemônico, que alternativamente poderão se aliar para defender os próprios direitos e se emancipar.[8]

Quem estuda gênero sabe que estamos diante de uma realidade difícil de ser conceitualizada.[9] Daí a necessidade de evitar

---

[6] MERONI. Identidade sexual e ideologia de gênero, p. 185.
[7] MERONI. Identidade sexual e ideologia de gênero, p. 187.
[8] MERONI. Identidade sexual e ideologia de gênero, p. 188.
[9] "Os estudos de gênero são bastante heterogêneos. Às vezes eles se entrelaçam, mas outras vezes correm em paralelo sem se encontrar. Não há uma teoria unificadora. O que há é um acordo geral em considerar os complexos comportamentos, direta ou indiretamente concernentes à esfera sexual, como fruto de quatro dimensões diferentes, não totalmente independentes e por sua vez complexas: o sexo anatômico, a identidade de gênero, o papel de gênero e a orientação sexual." LIMA, Luiz Correa. Estudos de gênero versus ideologia: desafios da teologia. In: *Mandrágora*, v. 21, n. 2 (2015): 106.

Gênero e teologia: da polêmica estéril ao debate teológico 299

simplismos e estereótipos, de vencer a tentação de reduzir todas as discussões, muitas delas no âmbito de diversas ciências, a um discurso puramente ideológico, a uma invenção própria de feministas e da comunidade LGBTI.

Há uma grande dificuldade no mundo religioso, não somente católico, de lidar com essa categoria sem reduzi-la ao seu aspecto caricatural de "ideologia de gênero". Assistimos a uma verdadeira "cruzada" contra a palavra gênero. Pessoas que nunca sequer leram algo a respeito dos estudos de gênero falam "com autoridade" sobre o assunto, quando, quase sempre, combatem tão somente uma caricatura. A "ideologia de gênero" se tornou a grande inimiga do cristianismo, verdadeira ameaça às famílias. Ela juntou-se ultimamente a outros "inimigos da fé cristã", como o *modernismo*, o *comunismo* e o *relativismo*.

Ora, precisamos distinguir as coisas. Será que tudo o que se fala a respeito de gênero é pura ideologia? O que estamos evitando quando deixamos de apresentar gênero como uma *categoria analítica* e a apresentamos como uma *ideologia*? Como bem destacou Cunha, o próprio discurso religioso da "ideologia de gênero" torna-se ideológico à medida que não somente manipula a realidade, mas também direciona o imaginário das pessoas para outra direção. "Ao se dizer 'ideologia de gênero' recupera-se uma noção negativada de ideologia, tomada como 'manipulação', e silencia-se a cientificidade do termo e as múltiplas possibilidades de abordagem em torno dele originadas nas ciências que o estudam".[10]

---

[10] CUNHA. Construções imaginárias sobre a categoria 'gênero', p. 271. É preciso distinguir as formas ideológicas da teoria de gênero das outras formas que, ao contrário, devemos levar a sério. KASPER, Walter. *Il messagio di Amoris Laetitia. Una discussione fraterna.* Queriniana: Brescia, 2018, p. 38.

2. O direito de existir: por uma superação da exclusão conceitual

Distinguir gênero de "ideologia de gênero" nos permite dialogar com uma gama de possibilidades que os estudos sobre gênero levantam. Delas a Teologia não pode se esquivar. Mesmo que as questões sejam incômodas, críticas, ousadas, elas não podem ser ignoradas. Não podemos fazer de conta que esta realidade não existe, que tudo não passa de um discurso ideológico. Enquanto categoria analítica, gênero vem sendo utilizada para buscar

> compreender o significado de ser homem e ser mulher para além de categorias fixas e predeterminadas na história. Ela responde à uma postura social crítica à cultura patriarcal, que opõe injustamente homens e mulheres e consolidou sociedades androcêntricas opressivas das pessoas e suas respectivas identidades que estão para além da anatomia.[11]

Quando falamos de ser humano, *natureza* e *cultura* se entrecruzam. Não é diferente no tocante à sexualidade. Os estudos de gênero lançam luzes nas relações de poder inerentes à vivência da prática sexual dos seres humanos ao longo da história. Nem tudo o que vem sendo apresentado como "natural" o é de fato. Papéis que antes eram descritos como "próprios de mulher" ou "próprios de homem" hoje já se sabe que não são inatos, mas culturalmente construídos.

Não se nega que o aspecto biológico seja necessário para uma correta compreensão do ser humano. O que os estudos de gênero acrescentam é a necessidade de aceitar *também* o com-

---

[11] CUNHA. Construções imaginárias sobre a categoria 'gênero', p. 267.

Gênero e teologia: da polêmica estéril ao debate teológico 301

ponente cultural que marca nossa compreensão do humano, de suas relações, de sua sexualidade. A pergunta pela identidade sexual torna-se hoje muito mais complexa. O que define alguém como homem ou como mulher? Antes era muito fácil responder, pois a resposta era dada pelo fenótipo genital. Alguém nasceu com um pênis, era homem; com uma vagina, era mulher. O que causa muita estranheza, dúvida, incompreensão, sofrimento e discriminação é que hoje em dia algumas pessoas ousam questionar essa realidade. As pessoas nascem com o fenótipo genital de um determinado sexo, mas podem se autoperceber, identificar-se como do gênero oposto. Vivem num drama de sentir um descompasso entre o seu corpo, os papéis sexuais que são atrelados a ele e a percepção de si mesmas. Essas pessoas são chamadas *transgêneros*, ou simplesmente *pessoas trans*.[12]

Até o momento, parece não haver um consenso quanto à origem dessa dissintonia. Até a nomenclatura apresenta divergências. Há quem a chame de *"distúrbio* da identidade de gê-

---

[12] A distinção conceitual é bem mais complexa. Chama-se *cisgênera* a pessoa que vive uma sintonia entre o seu corpo (sexo) e a sua autopercepção (identidade de gênero). "Gênero se refere a formas de se identificar e ser identificada como homem ou como mulher." Importante lembrar que não há consenso quanto a essas nomenclaturas. Para estas e outras definições, ver: JESUS, Jaqueline Gomes de. *Orientações sobre identidade de gênero*: conceitos e termos. Brasília: Autor, 2012, p. 12. Outras distinções são necessárias, uma vez que há muita confusão. A título de exemplo trazemos a distinção apresentada por Gasda: "Gênero é distinto de sexo biológico e de orientação sexual. Sexo refere-se à diferença biológica entre homem e mulher. Orientação sexual indica por quais gêneros a pessoa sente-se atraída afetiva, física e espiritualmente. Gênero remete à construção cultural dos atributos de masculinidade e feminilidade gerados pelas instituições, organizações e práticas cotidianas. A identidade de gênero se constrói sobre os padrões que uma sociedade estabelece para seus membros, define comportamentos, roupas, estilos de vida e códigos morais". GASDA, Élio Estanislau. Gênero. In *Perspectiva Teológica*, Belo Horizonte, v. 49, n. 2 (2017), p. 247. A Sigla *LGBTI* quer exatamente contemplar uma diversidade de situações quando se fala em orientação e/ou identidade sexual (**L**ésbicas, **G**ays, **B**issexuais, **T**ransexuais e **I**ntersexuais).

nero"; "*transtorno* de identidade de gênero"; *disforia* de gênero etc.[13] Não se pode afirmar que se trata de algo genético, hormonal ou simplesmente psicológico. As várias teorias se complementam e nos ajudam a compreender que estamos diante de uma realidade complexa.

De qualquer forma, o que não pode ser ignorado pela Igreja e pela Teologia é que essas pessoas existem, não são uma construção ideológica. Suas dores, suas feridas, seus sofrimentos, suas conquistas e alegrias são reais.[14] O que a Teologia Moral tem a dizer-lhes? O perigo que incorremos ao nos fecharmos no clichê da "ideologia de gênero" é não levar a sério o sofrimento real desses nossos irmãos e irmãs.[15]

---

[13] ANDRADE, Larissa. Direito à identidade de gênero à luz da constitucionalização do Direito Civil: análise do Projeto de Lei João W. Nery (PL n° 5.002/2013). In: *Jus.com.br*. Disponível em: https://jus.com.br/artigos/40126/direito-a-identidade-de-genero-a-luz-da-constitucionalizacao-do-direito-civil-analise-do-projeto-de-lei-joao-w-nery-pl-n-5-002-2013. Acesso em: 06.04.2018; RAMSEY, Gerald. *Transexuais*: perguntas e respostas. São Paulo: Summus, 1998.

[14] "Encontramo-nos diante de uma pessoa marcada por grande sofrimento. É toda a pessoa que sofre devido ao conflito interno a si mesma. Poderia ser aplicado o que disse o Papa Francisco em outro contexto: é preciso 'curar as feridas' e acompanhar com misericórdia as pessoas, fazendo com que sintam a proximidade da Igreja." CIPRESSA, Salvatore. Accogliere i transgender senza pregiudizi. In: *Avvenire.it* (14.12.17). Disponível em: https://www.avvenire.it/attualita/pagine/accogliere-senza-pregiudizi. Acesso em: 06.04.2018.

[15] A busca, não privada de sofrimento e dor, pela identidade de gênero, pela aceitação de determinada orientação sexual não pode ser separada da busca fundamental de todo ser humano: *Quem sou?* Este é um momento em que a Igreja precisa mostrar com ênfase sua maternidade espiritual, acolhendo e guiando estes filhos em seu projeto existencial. A Igreja que se reconhece como dispensadora da graça de Deus não pode simplesmente negar-lhes a possibilidade de um encontro com Ele e sua infinita misericórdia. O Papa Francisco relembra que a Igreja não é a dona da graça, mas sua administradora. A comunidade cristã não pode perder de vista que, na economia da salvação, Deus nos acompanha enquanto estamos na difícil travessia do deserto (Ex 13,21-22), Ele não deixa seu povo entregue à sua própria fraqueza e aos seus pecados, mas segue renovando sempre a esperança de que um dia a Terra da Promessa será realidade. Deixar as pessoas LGBTI entregues a si mesmas não nos parece coerente com a pedagogia divina.

Gênero e teologia: da polêmica estéril ao debate teológico 303

Uma contribuição dos estudos de gênero para a Teologia pode ser exatamente a de nos ajudar a enxergar tais pessoas, a torná-las visíveis, a permitir que elas existam como são. Somente indo além da polêmica estéril, a Teologia pode acercar-se dessa realidade a fim de iluminá-la e por ela ser iluminada.

A Teologia pode enclausurar-se e continuar defendendo-se do perigo da "ideologia de gênero", mas pode igualmente abrir-se ao novo e deixar-se guiar pelo Espírito que age por meio dos acontecimentos históricos na esperança de chegar a uma compreensão sempre mais profunda do grande mistério deste microcosmo que é o ser humano.

Em um discurso por ocasião do centenário da Faculdade de Teologia da Pontifícia Universidade Católica Argentina, o Papa Francisco afirmou que o ensino-estudo da Teologia

> significa viver em uma fronteira, na qual o Evangelho se encontra com as necessidades das pessoas às quais é anunciado de maneira compreensiva e significativa. Devemos evitar uma teologia que se esgota na disputa acadêmica, ou que olha para a humanidade de um castelo de vidro. É aprendida para ser vivida: teologia e santidade são um binômio inseparável.[16]

A Igreja, perita em humanidade, continua a colocar-se a serviço do ser humano também neste momento em que novas perguntas são levantadas sobre ele. Se dizemos que nem tudo que se afirma sobre "gênero" pode ser demonizado, da mesma forma afirmamos que nem tudo pode ser santificado. Faz-

---

[16] FRANCISCO, Papa. *Carta por ocasião do centenário da Faculdade de Teologia da Pontifícia Universidade Católica Argentina* (03.03.2015). Disponível em: https://w2.vatican. va/content/francesco/pt/letters/2015/documents/papa-francesco_20150303_lettera-universita-cattolica-argentina.html. Acesso em: 12.04.2018.

304 Ética teológica e direitos humanos

-se mister um correto discernimento na vastidão das ideias que circulam sobre o tema.[17] Uma *antropologia teológica* capaz de dialogar com estas perspectivas se faz necessária. Voltando-se à busca da verdade sobre o ser humano, criado à imagem e semelhança de Deus, a Igreja coloca-se novamente contra toda redução que queira pretender possuir a verdade totalitária sobre o humano.[18] Nesse sentido, a Teologia deve iluminar aqueles elementos que podem ser contraditórios ao anúncio cristão acerca do ser humano. Mas para isso precisa levar a sério as novas possibili-

---

[17] É nesta perspectiva que podemos acolher as ressalvas que os Papas Bento XVI e Francisco fazem sobre o assunto. Ambos criticam a "ideologia de gênero". Constitui papel fundamental do ministério Magisterial o cuidado para que não assimilemos acriticamente toda novidade que aparece. A mesma seriedade pedida aos estudos de gênero é requerida para a consideração do ensino do Magistério. Se não podemos relegar o primeiro ao reino da "ideologia", não devemos banir o segundo para o "reino do obscurantismo" e do "ultrapassado". Adverte Bento XVI em um discurso à Cúria Romana: "O que com frequência é expresso e entendido com a palavra 'gender' resolve-se em definitiva na autoemancipação do homem da criação e do criador. O homem pretende fazer-se sozinho e dispor sempre e exclusivamente sozinho o que lhe diz respeito". BENTO XVI, Papa. *Discurso à Cúria Romana por ocasião dos votos de Feliz Natal* (22.12.2008). Disponível em: https://w2.vatican.va/content/benedict-xvi/pt/speeches/2008/december/documents/hf_ben-xvi_spe_20081222_curia-romana.html. Acesso em: 12.04.2018. O Papa Francisco, por sua vez, ensina que a diferença entre homem e mulher não é para subordinação, mas para comunhão. E acrescenta: "A cultura moderna e contemporânea abriu novos espaços, outras liberdades e renovadas profundidades para o enriquecimento da compreensão desta diferença. Mas introduziu inclusive muitas dúvidas e um grande ceticismo. Por exemplo, pergunto-me se a chamada teoria do *gender* não é também expressão de uma frustração e resignação, que visa cancelar a diferença sexual porque já não sabe confrontar-se com ela. Sim, corremos o risco de dar um passo atrás. Com efeito, a remoção da diferença é o problema, não a solução". FRANCISCO, Papa. *Audiência Geral* (15.04.2015). Disponível em: https://w2.vatican.va/content/francesco/pt/audiences/2015/documents/papa-francesco_20150415_udienza-generale.html. Acesso em: 12.04.2018.
[18] Esta perspectiva vem sendo adotada também em outras abordagens. Ao final do seu artigo, Lima sugere uma renovação da antropologia teológica a fim de que a teologia possa contemplar as perspectivas de gênero. LIMA. Estudos de gênero versus ideologia: desafios da teologia, p. 89-112. Da mesma forma Meroni parte de uma antropologia teológica para uma abordagem crítica dos estudos feministas no Brasil. MERONI. Identidade sexual e ideologia de gênero, p. 216-261.

Gênero e teologia: da polêmica estéril ao debate teológico　305

dades de compreensão que se abrem com os estudos, superando, desta forma, uma consideração às vezes superficial que alguns fazem ao considerar tudo como um mero discurso ideológico.[19] O Concílio Vaticano II, falando da Igreja como continuadora da missão de Cristo, que veio testemunhar a verdade, servir, e não ser servido, e, ainda, salvar, e não condenar, afirma que, se ela quer concretizar sua missão, é seu dever

> perscrutar os sinais dos tempos e interpretá-los à luz do Evangelho; de tal modo que possa responder, de maneira adaptada a cada geração, às interrogações eternas sobre o significado da vida presente e futura e de suas relações mútuas. É necessário, por conseguinte, conhecer e entender o mundo no qual vivemos, suas esperanças, suas aspirações e sua índole frequentemente dramática.[20]

David Ozar observa, com propriedade, que, se nosso vocabulário não inclui as pessoas LGBTI, é como se elas não existissem para nós. Daí uma primeira atitude importante para o

---

[19] O Papa João Paulo II escreveu a George Cloyne, que era o chefe do Observatório Vaticano à época, propondo a seguinte pergunta: da mesma forma que as cosmologias do Antigo Oriente Próximo puderam ser assimiladas e estão presentes na narrativa da criação presente no Gênesis, a cosmologia contemporânea não poderia nos oferecer algo à nossa reflexão atual sobre a Criação? O Papa continua suas indagações: não pode "uma perspectiva evolucionista lançar alguma luz sobre a antropologia teológica, o significado da pessoa humana como *imago Dei*, o problema da Cristologia – e até o desenvolvimento da própria doutrina? Quais são as implicações escatológicas da cosmologia contemporânea, especialmente em face do vasto futuro do nosso universo?". CROSBY, Michael H. Imaging God in Sex and Marriage. In: *The Furrow*, v. 21, n. 4 (2016), p. 212. Diante da reflexão do Santo Padre, Crosby se pergunta: uma vez que João Paulo II reconhece o valor de incorporar os novos conhecimentos da cosmologia contemporânea para uma maior compreensão do que significa ser "imagem de Deus" hoje, não podemos igualmente nos perguntar pela possibilidade de incorporação dos novos conhecimentos sobre a sexualidade humana para uma melhor compreensão do que significa ser homem e mulher como imagens de Deus? (213).
[20] CONCÍLIO VATICANO II. *Constituição Pastoral* Gaudium et Spes. *Sobre a Igreja no mundo de hoje*. In: COMPÊNDIO DO VATICANO II. Constituições, Decretos, Declarações. 31 ed. Petrópolis: Vozes, 2015, n. 4.

306   Ética teológica e direitos humanos

teólogo seria, justamente, ajudar a superar essa forma de exclusão que é a "exclusão conceitual". Ele pontua que o modo

> mais eficiente de excluir um conjunto de pessoas do reino da ética e das obrigações é, de longe, que o nosso sistema de conceitos em operação simplesmente não tenha nenhum lugar para elas. Quando isso acontece, não há necessidade de fazer perguntas éticas sobre como lidar com elas. Não há perguntas éticas a fazer, porque as perguntas éticas sobre como tratar adequadamente sua situação não podem, estritamente falando, sequer ser formuladas.[21]

Segundo informações do Jornal O Globo, o assassinato de pessoas LGBT cresceu 30% em 2017 em comparação com 2016, passando de 343 para 445 pessoas. No Brasil, a cada 19 horas uma pessoa LGBT ou é assassinada ou comete suicídio por causa da homofobia. O Brasil ocupa o primeiro lugar no *ranking* desse tipo de assassinato no mundo. O número de óbitos das pessoas trans teve um aumento de 6% segundo esses dados.[22]

Causa estranheza que o texto-base da Campanha da Fraternidade deste ano (2018), dedicado à Violência, não tenha uma linha sobre a violência contra as pessoas LGBTI. Fala-se de violência racial, contra os jovens, contra homens e mulheres, violência doméstica, exploração sexual e tráfico humano etc. Podemos afirmar que não mencionar a violência contra essa população não deixa de ser uma forma de exclusão. O lema da Campanha

---

[21] OZAR, David T. Sofrimento por meio da exclusão: sobre os conceitos-padrão de orientação sexual, sexo e gênero. In: JUNG, Patricia Beattie; CORAY, Joseph Andrew (Orgs.). *Diversidade Sexual e Catolicismo*. Para o desenvolvimento da teologia moral. São Paulo: Loyola, 2005, p. 286.
[22] SOUTO, Luiza. Assassinatos de LGBT crescem 30% entre 2016 e 2017, segundo relatório. In: *O Globo* (17.01.2018). Disponível em: https://oglobo.globo.com/sociedade/assassinatos-de-lgbt-crescem-30-entre-2016-2017-segundo-relatorio-22295785. Acesso em: 06.04.2018.

Gênero e teologia: da polêmica estéril ao debate teológico 307

afirma que "somos todos irmãos" (Mt 23,8). Mas não é o que verificamos em nível conceitual no texto-base, uma vez que deixa de fora nossos irmãos e irmãs LGBTI. Para Ozar, quando se excluem conceitualmente as pessoas LGBTI, também se

> excluem suas preocupações e seus interesses, o bem ou o mal que lhes foram feitos, seus direitos e o respeito que lhes é devido como pessoas, respeito advindo do fato de estarem elas de algum modo presentes em nossas reflexões sobre como as pessoas devem agir em relação umas às outras.[23]

Conceituá-los, portanto, significa fazê-los presentes, e é essa *presença* que deve inquietar a Teologia Moral. Nossa proposta, então, é que o teólogo se volte para o Mestre e com Ele aprenda a olhar, a tocar, a amar e a anunciar a Boa Nova do Reino a *todas* as pessoas.

3. Jesus e os marginalizados: paradigma para a relação da Igreja com as pessoas LGBTI

A realidade de marginalização e preconceito pela qual certos grupos passam hoje, como é o caso da comunidade LGBTI, era um dado de fato também na Palestina nos tempos de Jesus. Alguns grupos viviam uma dupla marginalização: *social* e *religiosa*. É o caso, por exemplo, dos doentes, dos cobradores de impostos, das prostitutas etc.

Nosso intuito é mostrar como Jesus se relacionava com essas pessoas, a fim de que possamos repensar nossos relacionamentos com as pessoas LGBTI que também se sentem postas à margem tanto da Igreja quanto da sociedade em geral.[24]

---

[23] OZAR. Sofrimento por meio da exclusão, p. 283.
[24] Segundo o Papa Francisco, "a Igreja tem a missão de anunciar a misericórdia de Deus, coração pulsante do Evangelho, que por meio dela deve chegar ao coração e à mente de cada pessoa. A Esposa de Cristo assume o comportamento do Fi-

Uma primeira constatação a ser feita é que Jesus se encontra com as pessoas que eram excluídas. Diante da indiferença e do preconceito que as marcavam, Jesus delas se aproxima ou permite que dele se aproximem. Ele não ignora a presença do outro, mas com eles se encontra.[25] Não os exclui por serem como são; o encontro com Ele pode ser o início de uma nova vida, de uma nova forma de se relacionar com Deus e com os outros.[26] No seguimento a Jesus, devemos nos questionar sobre nossa prática em relação às pessoas LGBTI, a fim de que possamos discernir se, de fato, nos encontramos com elas ou com os preconceitos e as caricaturas que o imaginário social faz a respeito delas.

Devido à impossibilidade de uma abordagem mais abrangente, tomemos por referência apenas um desses encontros paradigmáticos de Jesus de Nazaré. Marcos narra um encontro de Jesus com um leproso (Mc 1,40-45).[27] Devido à sua

---

lho de Deus, que vai ao encontro de todos, sem excluir ninguém". FRANCISCO, Papa. *Amoris Laetitia*. Exortação Apostólica Pós-Sinodal sobre o amor na família. São Paulo: Loyola, 2016, n. 309. Francisco cita, aqui, o n. 12 da *Misericordiae Vultus*. Daqui em diante = AL.

[25] Muitas são as narrativas evangélicas sobre os encontros de Jesus com esses grupos marginalizados. Somente a título de exemplo: Lc 5,29-32 (Jesus come com cobradores de impostos e pecadores); Mc 5,25-34 (Jesus cura a mulher hemorroísa), Lc 7,36-50 (Jesus se deixa tocar por uma pecadora pública).

[26] Diante da globalização da indiferença e da cultura do descarte, o Papa Francisco nos exorta a cultivar a cultura do encontro. Observa o pontífice que somente quando somos capazes de verdadeiros encontros podemos ver as pessoas. Podemos cruzar com muita gente ao longo do dia e da vida, mas nem sempre as vemos, porque não as encontramos, simplesmente passamos por elas. FRANCISCO, Papa. *Por uma cultura do encontro*. Meditações matutinas na santa missa celebrada na capela da casa Santa Marta (13.09.2016). Disponível em: https://w2.vatican.va/content/francesco/pt/cotidie/2016/documents/papa-francesco-cotidie_20160913_cultura-do-encontro.html. Acesso em: 12.04.2018.

[27] "'Lepra' é uma designação antiga de uma classe bastante extensa de doenças, cujos sintomas eram de natureza cutânea. A lepra, conforme parece, era endêmica em várias partes do Oriente antigo, havendo descrições dela já no

Gênero e teologia: da polêmica estéril ao debate teológico 309

condição, esse homem não podia sequer aproximar-se de Jesus.[28] Mas ele o faz. Não se deixa paralisar pelo que lhe vem sendo prescrito. Marcos parece sublinhar a necessidade que todos temos de ir ao encontro de Jesus. Se nEle cremos, precisamos superar as barreiras (pessoais, sociais e religiosas) que querem nos impedir de ir até Ele. A fé daquele homem se torna um modelo para toda pessoa que quer seguir o Nazareno. Ele crê, ele confia que Jesus pode curá-lo. E por isso vai ao seu encontro.

A reação de Jesus aparece destacada no relato evangélico, a fim de que seus discípulos aprendam com Ele. Ser discípulo de Jesus não se limita simplesmente a um ato intelectivo de nEle acreditar. É preciso, tendo os mesmos sentimentos dEle, agir da mesma forma que Ele agiu.[29] Marcos acentua que diante daquele homem Jesus sente *compaixão*. Ele age *movido de compaixão* (Mc 1,41). Compaixão esta sempre presente nos encontros com as pessoas (Mt 14,14; 15,32).

Outro fator sobre o encontro entre Jesus e o leproso merece nossa atenção. Como judeu devoto, Jesus sabia que, segundo a lei religiosa, o contato físico com o leproso o tornaria impuro,

terceiro milênio a.C. Os hebreus tinham aversão por ela, parcialmente por causa da própria patologia, e parcialmente porque era acompanhada por impureza cerimonial que classificava o paciente como imundo. Por estas razões, o leproso, devidamente diagnosticada a sua condição, era banido da sociedade." HARRISON, Roland K. Lepra. In: COENEN, Lothar; BROWN, Colin (Orgs.). *Dicionário Internacional de Teologia do Novo Testamento.* 2 ed. São Paulo: Vida Nova, 2000, p. 1187.
[28] "O poderoso, mas mal-compreendido Messias é procurado diretamente por uma pessoa à qual costuma ser negado qualquer contato com as pessoas saudáveis." LINDEN, Philip Van. Marcos. In: BERGANT, Dianne; KARRIS, Robert J. (Orgs.). *Comentário Bíblico.* vol. III. 3 ed. São Paulo: Loyola, 2001, p. 49.
[29] Ao final do lava-pés, Jesus ensina a seus discípulos: "Dei-vos o exemplo para que, como eu vos fiz, também o façais" (Jo 13,15).

310 Ética teológica e direitos humanos

indigno de se aproximar de Deus.[30] Isso, porém, não O impede de fazer o bem àquela pessoa. Para além do que pudessem pensar a seu respeito, Jesus tocou naquele homem e o purificou.[31] No seguimento a Jesus, muitas vezes também nós podemos deixar de fazer o bem a tanta gente porque não queremos nos tornar "impuros".

Lembremos que Jesus continua presente em nosso meio através de seu Corpo Místico que é a Igreja.[32] Jesus cura hoje por meio da comunidade de seus seguidores. Onde está a comunidade reunida, o Ressuscitado está em seu meio (Jo 20,19-29). Desta forma, a Igreja, comunidade dos seguidores do Senhor, não pode mostrar-se indiferente ao sofrimento de seus filhos que são LGBTI e que querem se aproximar de Cristo. Muitos deles se sentem e são tratados como os leprosos no tempo de Jesus. Por isso a comunidade cristã precisa acolhê-los. Pelo ba-

---

[30] "E o que é mais assombroso, Jesus decide ultrapassar, por sua vez, a fronteira entre o puro e o impuro ao estender a mão e tocar o homem." HOWARD, Virgil; PEABODY, David B. Evangelium Segun San Marcos. In: FARMER, William R. (Dir.). Comentario Bíblico Internacional. Comentario católico y ecuménico para el siglo XXI. 5ª reimpressión. Estella (Navarra): Verbo Divino, 2013, p. 1219.

[31] Outras narrativas trazem a ação de Jesus de "tocar" as pessoas (Mc 1,40; 7,33-34). Os evangelhos também mostram que muitos se aproximavam e "ousavam" tocar em Jesus porque acreditavam que dele saía uma força capaz de curá-los (Mc 1,34; 3,10-11; 6,56; Mt 9,20-21; 14,36; Lc 6,19). Não se trata, porém, de um poder mágico do ato de tocar. A fé em Jesus se constitui no elemento principal desses relatos. GROB, Rudolf. Tocar. In: COENEN, Lothar; BROWN, Colin (Orgs.). Dicionário Internacional de Teologia do Novo Testamento. 2 ed. São Paulo: Vida Nova, 2000, p. 2519-2521.

[32] A existência, que não pode ser negada, de cristãos LGBTI impele a repensar também nossa eclesiologia. São Paulo afirma: "Vós sois o corpo de Cristo e sois os seus membros, cada um por sua parte" (1Cor 12,27). E ainda: "Não pode o olho dizer à mão: 'Não preciso de ti'; nem tampouco pode a cabeça dizer aos pés: 'Não preciso de vós'. Pelo contrário, os membros do corpo que parecem mais fracos são os mais necessários, e aqueles que parecem menos dignos de honra do corpo são os que cercamos de maior honra, e nossos membros que são menos decentes, nós os tratamos com mais decência; os que são decentes não precisam de tais cuidados" (1Cor 12,21-24a).

Gênero e teologia: da polêmica estéril ao debate teológico 311

tismo, eles são membros do Povo de Deus, da mesma forma que as pessoas heterossexuais e cisgêneras. São nossas irmãs e irmãos. A práxis de Jesus tem de questionar a forma como os ajudamos a se encontrar com o Senhor e a fazer uma experiência profunda dEle e da Sua Palavra. Excluí-los de nossas comunidades não pode ser o melhor caminho.[33]

O apego ao legalismo pode nos conservar "puros" diante da lei. Mas não podemos nos esquecer de que é a compaixão pelo sofrimento do outro que deve nos lançar no risco de nos tornarmos "impuros" aos olhos de muita gente, inclusive religiosos e "pessoas de bem". Se não somos capazes de tocar as pessoas e devolver-lhes a dignidade, estaremos mais para discípulos dos escribas e fariseus do que propriamente de Jesus de Nazaré.[34]

> Isto fornece-nos um quadro e um clima que nos impedem de desenvolver uma moral fria de escritório quando nos ocupamos dos temas mais delicados, situando-nos, antes, no contexto de um discernimento pastoral cheio de amor misericordioso, que sempre se inclina para compreender, perdoar, acompanhar, esperar e sobretudo integrar.[35]

[33] Marcos nos apresenta outro caso exemplar. Fala de um cego (Bartimeu) que se encontra à margem, sentado à beira do caminho (Mc 10,46-52). Ao saber que Jesus ia passar por ali, ele quer encontrar Jesus, grita pedindo pela misericórdia do Mestre. Mas estranhamente os discípulos de Cristo tentam impedi-lo, querem calá-lo. Mas ele grita mais forte ainda. Jesus pede então aos discípulos:"Chamai-o". Muitas vezes a atitude de muitos discípulos de hoje continua sendo impedir o encontro dos novos Bartimeus. Tentam calar seus gritos por compaixão. Mas será que Jesus não continua pedindo a seus discípulos atuais para serem pontes entre Ele e aqueles que o buscam em vez de serem muros?
[34] "Jesus desenvolveu a Sua doutrina da pureza na Sua luta contra o farisaísmo. Em Mt 23,25-26, rejeita a observância dos regulamentos rituais por ser meramente externo este tipo de pureza (...). Para o amor puro de Jesus, i.é., o amor que se entrega totalmente a Deus e ao seu próximo, já não há alimentos impuros (Mc 7,19c). Jesus sentava-se à mesa com publicanos e pecadores (Mc 2,13-17). Não rejeita os leprosos; pelo contrário, curava-os (Lc 17,11-19)." LINK, Hans-Georg; SCHATTENMANN, Johannes. Puro. In: COENEN, Lothar; BROWN, Colin (Orgs.). *Dicionário Internacional de Teologia do Novo Testamento*. 2 ed. São Paulo: Vida Nova, 2000, p. 1910.
[35] AL 312.

Considerações finais

A Teologia como um todo, e de forma especial a Teologia Moral, se vê desafiada pelas discussões que surgem decorrentes das várias perspectivas nos estudos de gênero. Acreditamos que a superação da postura polemista, que apresenta muitas vezes apenas uma caricatura do tema, precisa ser superada. Renegar todos os discursos de gênero à esfera ideológica pode resultar no descaso para com aspectos importantes da vida de pessoas concretas, feitas de carne e osso, cheias de sonhos e em busca, também elas, da felicidade.

A Teologia cristã deve ser capaz de dialogar com os "sinais dos tempos", iluminar as novas realidades e encontrar-se com o Espírito que guia a Igreja também pelos acontecimentos da história. Diante da realidade aqui apresentada, a Teologia pode enclausurar-se nos seus discursos já elaborados e na compreensão imutável de suas doutrinas, mas pode igualmente repensar e elaborar novos discursos incorporando os elementos positivos que o conhecimento humano vem oferecendo, a fim de chegarmos a uma compreensão sempre mais profunda sobre o ser humano, criado à imagem e semelhança de Deus.[36]

Os estudos de gênero podem ser vistos como uma *ameaça*, mas também como uma *contribuição*. Se formos capazes de superar nossa tendência à demonização do diferente, a comunidade cristã tem diante de si uma nova possibilidade de repensar sua Teologia, não apenas na sua dimensão moral, mas também antropológica, eclesiológica e pastoral.

---

[36] "A Igreja, que é discípula missionária, tem necessidade de crescer na sua interpretação da Palavra revelada e na sua compreensão da verdade." FRANCISCO, Papa. *Evangelii Gaudium*. Exortação Apostólica sobre o anúncio do Evangelho no mundo atual. São Paulo: Paulus/Loyola, 2013, n. 40.

Gênero e teologia: da polêmica estéril ao debate teológico 313

Desde as perspectivas de gênero, a antropologia teológica há de se perguntar sobre o significado de ser criado à imagem e semelhança de Deus; o tratado sobre a Igreja deve refletir sobre o lugar das pessoas em situações de fragilidade e de vulnerabilidade na Igreja entendida como casa que acolhe; a moral precisa enfatizar mais a graça do que o pecado; a atitude pastoral dos cristãos em relação às pessoas LGBTI precisa ter como referência a práxis acolhedora de Jesus de Nazaré, mais do que o legalismo, incapaz por si mesmo de salvar alguém.

Referências Bibliográficas

ANDRADE, Larissa. Direito à identidade de gênero à luz da constitucionalização do Direito Civil: análise do Projeto de Lei João W. Nery (PL nº 5.002/2013). In: *Jus.com.br.* Disponível em: https://jus.com.br/artigos/40126/direito-a-identidade-de-genero-a-luz-da-constitucionalizacao-do-direito-civil-analise-do-projeto-de-lei-joao-w-nery-pl-n-5-002-2013. Acesso em: 06.04.2018.

BENTO XVI, Papa. *Discurso à Cúria Romana por ocasião dos votos de Feliz Natal* (22.12.2008). Disponível em: https://w2.vatican.va/content/benedict-xvi/pt/speeches/2008/december/documents/hf_ben-xvi_spe_20081222_curia-romana.html. Acesso em: 12.04.2018.

CIPRESSA, Salvatore. Accogliere i transgender senza pregiudizi. In: *Avvenire.it* (14.12.17). Disponível em: https://www.avvenire.it/attualita/pagine/accogliere-senza-pregiudizi. Acesso em: 06.04.2018.

CONCÍLIO VATICANO II. *Constituição Pastoral Gaudium et Spes. Sobre a Igreja no mundo de hoje.* In: COMPÊNDIO DO VATICANO II. Constituições, Decretos, Declarações. 31 ed. Petrópolis: Vozes, 2015.

CUNHA, Magali do Nascimento. Construções imaginárias sobre a categoria 'gênero' no contexto do conservadorismo político religioso no Brasil dos anos 2010. In: *Perspectiva Teológica*, Belo Horizonte, v. 49, n. 2 (2017): 253-276.

CROSBY, Michael H. Imaging God in Sex and Marriage. In: *The Furrow*, v. 21, n. 4, (2016): 211-217.

FRANCISCO, Papa. *Evangelii Gaudium*. Exortação Apostólica sobre o anúncio do Evangelho no mundo atual. São Paulo: Paulus/Loyola, 2013.

FRANCISCO, Papa. *Carta por ocasião do centenário da Faculdade de Teologia da Pontifícia Universidade Católica Argentina* (03.03.2015). Disponível em: https://w2.vatican.va/content/francesco/pt/letters/2015/documents/papa-francesco_20150303_lettera-universita-cattolica-argentina.html. Acesso em: 12.04.2018.

FRANCISCO, Papa. *Audiência Geral* (15.04.2015). Disponível em: https://w2.vatican.va/content/francesco/pt/audiences/2015/documents/papa-francesco_20150415_udienza-generale.html. Acesso em: 12.04.2018.

FRANCISCO, Papa. *Amoris Laetitia*. Exortação Apostólica Pós-Sinodal sobre o amor na família. São Paulo: Loyola, 2016.

FRANCISCO, Papa. *Por uma cultura do encontro*. Meditações matutinas na santa missa celebrada na capela da casa Santa Marta (13.09.2016). Disponível em: https://w2.vatican.va/content/francesco/pt/cotidie/2016/documents/papa-francesco-cotidie_20160913_cultura-do-encontro.html. Acesso em: 12.04.2018.

GASDA, Élio Estanislau. Gênero. In *Perspectiva Teológica*, Belo Horizonte, v. 49, n. 2 (2017): 573-587.

GROB, Rudolf. Tocar. In: COENEN, Lothar; BROWN, Colin (Orgs.). *Dicionário Internacional de Teologia do Novo Testamento*. 2 ed. São Paulo: Vida Nova, 2000, p. 2519-2521.

Gênero e teologia: da polêmica estéril ao debate teológico 315

HARRISON, Roland K. Lepra. In: COENEN, Lothar; BROWN, Colin (Orgs.). *Dicionário Internacional de Teologia do Novo Testamento*. 2 ed. São Paulo: Vida Nova, 2000, p. 1187-1190.

HOWARD, Virgil; PEABODY, David B. Evangelium Segun San Marcos. In: FARMER, William R. (Dir.). *Comentario Bíblico Internacional*. Comentario católico y ecuménico para el siglo XXI. 5ª reimpressión. Estella (Navarra): Verbo Divino, 2013.

JESUS, Jaqueline Gomes de. *Orientações sobre identidade de gênero*: conceitos e termos. Brasília: Autor, 2012.

KASPER, Walter. *Il messagio di Amoris Laetitia*. Una discussione fraterna. Queriniana: Brescia, 2018 (Giornale di Teologia 406).

LIMA, Luiz Correa. Estudos de gênero versus ideologia: desafios da teologia. In: *Mandrágora*, v. 21, n. 2 (2015): 89-112.

LINDEN, Philip Van. Marcos. In: BERGANT, Dianne; KARRIS, Robert J. (Orgs.). *Comentário Bíblico*. vol. III. 3 ed. São Paulo: Loyola, 2001, p. 45-71.

LINK, Hans-Georg; SCHATTENMANN, Johannes. Puro. In: COENEN, Lothar; BROWN, Colin (Orgs.). *Dicionário Internacional de Teologia do Novo Testamento*. 2 ed. São Paulo: Vida Nova, 2000, p. 1906-1912.

MERONI, Fabrizio. Identidade sexual e ideologia de gênero. In: CERQUEIRA, Elizabeth Kipman (Org.). *Sexualidade, gênero e desafios bioéticos*. São Caetano do Sul, SP: Difusão Editora; Amazonas: CBAM – Centro de Bioética da Amazônia, 2011, p. 173-257.

OZAR, David T. Sofrimento por meio da exclusão: sobre os conceitos-padrão de orientação sexual, sexo e gênero. In: JUNG, Patricia Beattie; CORAY, Joseph Andrew (Orgs.). *Diversidade Sexual e Catolicismo*. Para o desenvolvimento da teologia moral. São Paulo: Loyola, 2005, p. 283-296.

RAMSEY, Gerald. *Transexuais*: perguntas e respostas. São Paulo: Summus, 1998.

SOUTO, Luiza. Assassinatos de LGBT crescem 30% entre 2016 e 2017, segundo relatório. In: *O Globo* (17.01.2018). Disponível em: https://oglobo.globo.com/sociedade/assassinatos-de-lgbt-crescem-30-entre-2016-2017-segundo-relatorio-22295785. Acesso em: 06.04.2018.

14

Ecologia integral e direitos humanos

Otávio Juliano de Almeida[1]

1. Um cenário: acidente da barragem de Fundão em Bento Rodrigues, Mariana (MG)

1.1 O acidente

O rompimento da barragem de Fundão, localizada no subdistrito de Bento Rodrigues, a 35 km do centro do município brasileiro de Mariana, Minas Gerais, ocorreu na tarde de 5 de novembro de 2015. Rompeu-se uma barragem de rejeitos de mineração controlada pela Samarco Mineração S.A., um empreendimento conjunto das maiores empresas de mineração do mundo, a brasileira Vale S.A. e a anglo-australiana BHP Billiton.

Inicialmente, a mineradora Samarco informara que duas barragens haviam se rompido – a de Fundão e a de Santarém, que fazem parte da Mina Germano, situada no distrito de Santa Rita Durão, município de Mariana, localizado na microrregião

---

[1] Otávio Juliano de Almeida é Mestre em Teologia Moral (Academia Alfonsiana – Roma) e Professor da Pontifícia Universidade Católica de Minas – Belo Horizonte).

de Ouro Preto da mesorregião metropolitana de Belo Horizonte. Porém, no dia 16 de novembro, a Samarco retificou a informação, afirmando que apenas a barragem de Fundão havia se rompido. O rompimento de Fundão provocou o vazamento dos rejeitos que passaram por cima de Santarém, que, entretanto, não se rompeu. As barragens foram construídas para acomodar os rejeitos provenientes da extração do minério de ferro retirado de extensas minas na região.

Ambientalistas consideraram que o efeito dos rejeitos no mar continuará, pelo menos, por mais cem anos, mas não houve uma avaliação detalhada de todos os danos causados pelo desastre. Segundo a prefeitura do município de Mariana, a reparação dos danos causados à infraestrutura local deverá custar cerca de cem milhões de reais.

A barragem de Fundão passava por um processo de alteamento quando ocorreu a elevação do aterro de contenção, pois o reservatório já tinha chegado a seu ponto limite, não suportando mais o despejo dos dejetos da mineração.

Aproximadamente às 15h30 do dia 5 de novembro de 2015, a contenção apresentou um vazamento. Nesse momento, uma equipe de funcionários terceirizados foi enviada ao local para amenizar o vazamento esvaziando parte do reservatório. Por volta das 16h20 ocorreu o rompimento, que lançou um grande volume de lama sobre o vale do córrego Santarém. O subdistrito de Bento Rodrigues, que se localiza cerca de 2,5 quilômetros vale abaixo, foi quase completamente inundado e destruído pela enxurrada de lama que se seguiu após o desastre na barragem. Outros vilarejos e distritos situados no vale do rio Gualaxo também foram atingidos pela enxurrada.

Ecologia integral e direitos humanos 319

1.2 A exploração mineral e as comunidades: repercussões

Nos últimos 60 anos, cerca de 40% dos conflitos globais aconteceram devido a recursos naturais, como extração mineral. Na América Latina e na África, a expansão tornou-se um enorme problema social devido à expulsão de comunidades, mudanças de população de seus territórios e destruição ou prejuízo de ecossistemas. E, para auferir mais lucros, as mineradoras fazem seus trabalhos de modo "invisível" e sem alarde.[2] As grandes resistências se travam nos lugares da exploração. As mineradoras chegam, ocupam a terra, que é usada e abusada, transformando-se em mercadoria. No Brasil, as atividades minerárias têm prioridade com relação às populações no território, porque são de utilidade pública. Logo, as mineradoras tratam as comunidades como superficiárias, causando impactos negativos e violando direitos humanos.[3]

> Entre os fatores que contribuíram para a ruptura da barragem, eu mencionaria a rapidez com que se promove a flexibilização de medidas de segurança, a falta de fiscalização dessas barragens, a falta de moral do Estado brasileiro, que não tem autoridade para investigar nada, porque muitos membros do Estado são financiados pelas mineradoras. Agora, de qualquer maneira, esse não foi um acidente inesperado. Nas 735 barragens de rejeitos de Minas Gerais, mais de 200 foram apontadas como tendo problemas por alguns técnicos do governo. O peso excessivo dessa barragem que rompeu se deu porque estavam aumentando a barragem para receber mais carga ainda. Essa barragem

---

[2] PÉRET, Rodrigo de Castro A. O que nos reúne é a defesa da vida, o cuidado da criação. In: MURAD, Afonso; TAVARES, Sinivaldo (Orgs.). *Cuidar da casa comum*. Chaves de leitura teológicas e pastorais da Laudato Si'. São Paulo: Paulinas, 2016, p. 184.
[3] PÉRET. O que nos reúne é a defesa da vida, o cuidado da criação, p. 196.

descalçou outra muito maior, chamada Germano, que está com uma trinca de três metros de largura.[4]

O estado de Minas Gerais tem na exploração mineral um dos seus pilares. Um dos argumentos mais utilizados para que a política possa convencer as comunidades, através das prefeituras, é a do emprego.

Desse modo, a discussão técnica, principalmente quando engloba as referências aos direitos dos trabalhadores, e a questão ambiental se tornam também politicamente enviesadas, como podemos ver na declaração do grande pesquisador Apolo Lisboa:

> Está faltando, primeiramente, um conceito, ou seja, licenciamento tem que obedecer a qual critério de qualidade? O licenciamento, quando o governo quer, é feito via *ad referendum*, porque os membros do conselho responsáveis por conceder o licenciamento não têm condições técnicas de viajar e conhecer o empreendimento no local; por vezes é preciso votar 20, 30 projetos em uma reunião, e as pessoas fazem isso mecanicamente. Mas e depois, quando ocorre um acidente, essas pessoas teriam que pagar por isso? Elas deveriam ser presas? Esse tipo de licenciamento gera irresponsabilidade. (...) O licenciamento, a meu ver, deveria ter uma proposta: qualquer atividade econômica não pode lesar o ecossistema, ou seja, se existe um ecossistema, ele tem que ser preservado. É possível fazer uma intervenção pontual, mas que não desequilibre e que não comprometa a sobrevivência do ecossistema como um todo na bacia hidrográfica, na microbacia. O licenciamento tem de ser vinculado por GPS, tem de verificar se a obra está localizada na região da microbacia e qual será o impacto disso para a vegetação, para os peixes, para a qualidade da água. Se isso fosse feito, teríamos o que chamo de "ecologizar a economia".[5]

---

[4] LISBOA, Apolo. Minas Gerais e o flagelo da mineração. In: *Cadernos IHU EM FORMAÇÃO*. Mineração e o impulso à desigualdade: impactos ambientais e sociais, ano XI, n. 48 (2015): 6.
[5] LISBOA. Minas Gerais e o flagelo da mineração, p. 7.

Ecologia integral e direitos humanos

Perguntas inevitáveis: o que é e o que significa, então, desenvolvimento? Onde estão as melhorias nas cidades, estradas, comunidades diretamente atingidas e o bem-estar geral da população? A afronta mínima a questões básicas é alarmante.

> Nos moldes como a mineração é praticada no Brasil, não pode ser chamada de "desenvolvimento", porque, por exemplo, os índices de pobreza nos municípios que mineram ferro na RMBH são sempre mais expressivos, conforme demonstram análises estatísticas do Movimento pela Preservação da Serra do Gandarela. Quando você passa por um município minerador, não vê a riqueza expressa na população. Nós costumamos radiografar as regiões depois que a mineração chega ao fim, e o que fica para trás são buracos e barracos. Além das perdas financeiras, temos os impactos sociais, que são muito grandes.[6]

Observa-se, pois, que "este cenário contribui inclusive para queda de governos que se coloquem a favor do paradigma de uma globalização insurgente dos povos e dos movimentos sociais em vias de sedimentação na América Latina".[7] Deste modo, a sustentabilidade – em quaisquer de suas acepções – se torna uma panaceia insustentável pela globalização imposta do modelo capitalista neoliberal recolonizante.

2. Ecologia integral

2.1 O tema e a abrangência

O Papa Francisco, com o conceito de ecologia integral,[8] transforma sobremaneira a reflexão ecológica vigente. O con-

---

[6] RODRIGUES, Paulo. Mineração e o jogo dos sete erros. In: *Cadernos IHU EM FORMAÇÃO*. Mineração e o impulso à desigualdade: impactos ambientais e sociais, ano XI, n. 48 (2015): 21.

[7] SARAIVA, Bruno Cozza; VERÁS NETO, Francisco Quintanilha (Orgs.). *Temas atuais de Direito Ambiental, Ecologia Política e Direitos Humanos*. Rio Grande: Furg, 2013, p. 37.

[8] FRANCISCO, Papa. *Laudato Si'*. Carta Encíclica sobre o cuidado da casa comum. São Paulo: Paulus/Loyola, 2015, cap. IV. Daqui em diante = LS.

ceito, antes presa fácil de antropocentrismos e biocentrismos inertes e dialeticamente infrutíferos, repõe a questão a partir de um paradigma complexo, porém agregador. A ecologia integral engloba a política e o discurso social, a ecologia mental, cultural, a ética e a espiritualidade. Leonardo Boff descreve esta complexidade na chamada "Carta da Terra":

> O pressuposto teórico deriva da nova cosmologia, da física quântica, da nova biologia, numa palavra, do novo paradigma contemporâneo que implica a teoria da complexidade e do caos (destrutivo e generativo). Nessa visão o repetia um dos fundadores da física quântica, Werner Heinsenberg: "Tudo tem a ver com tudo em todos os pontos e em todos os momentos; tudo é relação e nada existe fora da relação". (...) Com frequência repete a encíclica que "tudo é relação" ou "tudo está em relação" (16,42,97,137, passim).[9]

2.2 Ecologia humana e bem comum

Os passos dados na reflexão eticoteológica com relação à ecologia são percebidos no decorrer do próprio desenvolvimento do Magistério Social da Igreja: passa-se de uma "ecologia criacional" a uma "ecologia ambiental", passo até grande, levando-se em consideração todos os processos de reflexão vividos pelas ciências humanas pós-Charles Darwin e, na Teologia, em especial com Teilhard de Chardin. Contudo, maior passo será dado pelo magistério social de João Paulo II e Bento XVI, ampliando a questão na perspectiva de uma "ecologia humana". Concretamente vemos referências na *Laborem Exercens* (1981) e na *Sollicitudo Rei Socialis* (1987), ambas desenvolvendo a ideia de "domínio da

---

[9] BOFF, Leonardo. A encíclica do papa Francisco não é "verde", é integral. In: MURAD, Afonso; TAVARES, Sinivaldo (Orgs.). *Cuidar da casa comum*. Chaves de leitura teológicas e pastorais da Laudato Si'. São Paulo: Paulinas, 2016, p. 21.

Ecologia integral e direitos humanos

terra" não como um direito de exploração, mas como capacidade de transformação para o bem comum. Desenvolvimento que deve ser condicionado às possibilidades de renovação dos recursos naturais, porque são limitados e porque virão gerações futuras.[10]

> Mas é na *Centesimus Annus* (1991) que o Papa São João Paulo II irá mencionar explicitamente o conceito de "ecologia humana", já implícito nas encíclicas anteriores. Depois de alertar para o fenômeno do consumismo, prejudicial à saúde física e espiritual, o papa fala da degradação do ambiente natural, incluído o ambiente humano: "Além da destruição irracional do ambiente natural, é de recordar aqui outra ainda mais grave, que é a do ambiente humano, a que se está ainda longe de se prestar a necessária atenção".[11]

A *Laudato Si'* afirma que devemos notar a necessidade de vincular a ecologia humana com a noção de bem comum.[12] Isso implica uma justa relação entre as gerações,[13] recuperando uma visão cristã sobre a criação que situa a origem de toda a bondade em Deus. A conversão ecológica passa por uma recuperação da experiência primordial do bem comum. O bem comum não se identifica com o Produto Interno Bruto, porque não é a mera soma de bens materiais. O ser humano não se autocria, nem se autorregenera, nem possui uma liberdade ilimitada. Precisa reconhecer sua criaturalidade. O antropocentrismo alimenta um relativismo que dilui a verdade em simples e meras opiniões, que se arvoram de ser todas legítimas.

---

[10] BRIGHENTI, Agenor. A evolução do conceito de ecologia no Ensino Social da Igreja. Da *Rerum Novarum* à *Laudato Si'*. In: MURAD, Afonso; TAVARES, Sinivaldo (Orgs.). *Cuidar da casa comum*. Chaves de leitura teológicas e pastorais da Laudato Si'. São Paulo: Paulinas, 2016, p. 52-64.
[11] BRIGHENTI. A evolução do conceito de ecologia no Ensino Social da Igreja, p. 59.
[12] LS 156. LARRÚ, Juan de Dios. Ecologia humana. In: ARELLANO, Fernando Chica; GARCIA, Carlos Granado (Orgs.). *Loado seas mi Senor*. Comentario a la Enciclica Laudato Si' del papa Francisco. Madrid: BAC, 2015, p. 139-144.
[13] LS 159.

3. Direitos humanos

3.1 Direitos humanos: panorama crítico e Doutrina Social

A tessitura do discurso dos direitos humanos nasce da afirmação e conceituação da dignidade do ser humano. Discurso sustentado pelo ensinamento social da Igreja desde seus primórdios. Tais direitos são anteriores ao próprio Estado. Falar de bem comum consiste principalmente em falar da defesa dos direitos dos que são mais fracos.[14]

Neste ano em que se comemoram os 70 anos da Declaração Universal dos Direitos Humanos pela ONU, a renovação da sua importância, relevância e atualidade não pode deixar de ser explorada. É importante destacar que o nascimento desta Declaração, abstendo-nos aqui de alongada reflexão histórica e dialética, tem sentido enquanto busca sua fonte nas mesmas reflexões de eticidade nascidas no horizonte do despertar da reflexão filosófica.

Assim, para nosso caso, enquanto refletimos sobre a exploração do homem e da Natureza pela devastação das mineradoras, Adilson Schultz, cientista da religião, nos oferece oportuna observação:

> Trata-se de demonstrar a pertinência da lógica dos Direitos Humanos enquanto alternativa ideológica e prática possível para superar a crise moral que acossa a sociedade dominada pela lógica financista internacional. Em seguida, apresenta-se a dinâmica necessária para que essa lógica dos Direitos Humanos tome corpo, a relação da moral geral com os costumes particulares. Depois, demonstra-

---

[14] DOIG, K. German. *Direitos Humanos e Ensinamento Social da Igreja.* São Paulo: Loyola, 1994, p. 15.

Ecologia integral e direitos humanos

-se a possibilidade do anseio ético surgir, essa qualidade individual que transcende a sociedade, verdadeiro motor de expansão dos Direitos Humanos.[15]

Aline Albuquerque, em análise bem crítica, percebe que os direitos humanos precisam ser pensados enquanto fazem parte de uma lógica contextualizada. Sendo assim, ao refletirmos sobre a perda desses mesmos direitos, é mister perceber a contextualização e a localização da problemática:

> O discurso político dos direitos humanos confere ênfase ao contexto político em que se insere, do que se depreendem entendimentos variados acerca de tais direitos conforme a textura histórica. Nessa linha, destaca-se que a criação das Nações Unidas colocou os direitos humanos no centro da política internacional. Criaram-se convenções e meios de monitoramento, tais como relatórios periódicos e comunicações individuais no seio das Nações Unidas e dos Sistemas Regionais. Conforme aponta Evans (2001), a disjunção entre o arcabouço formal dos direitos humanos e as práticas dos governos, de corporações transnacionais e de instituições financeiras pode ser explicada a partir de duas hipóteses: a primeira diz respeito à postura leniente da comunidade internacional quanto ao monitoramento dos direitos humanos, distintamente de seu afã normativo; e a segunda refere-se a uma abordagem dos direitos humanos focada em sua violação, e não em sua causa ou meios de prevenção. As causas de grande parte das violações dos direitos humanos podem ser encontradas na política econômica global, por isso o entendimento dos direitos humanos à luz do discurso político implica sua percepção a partir de contextos sociais, econômicos, culturais e políticos.[16]

---

[15] SCHULTZ, Adilson. O aspecto universal dos Direitos Humanos em tensão criativa com a dimensão relativa da Religião. In: ROSSI, Luiz Alexandre; JUNQUEIRA, Sérgio (Orgs.). *Religião, direitos humanos e laicidade*. São Paulo: Fonte Editorial, 2015, p. 100.

[16] ALBUQUERQUE, Aline. Contribuições da teoria biopolítica para a reflexão sobre os direitos humanos. In: *Cadernos IHU IDEIAS*, ano 15, n. 266, vol. 15 (2017): 7.

Recorda-nos o Compêndio da Doutrina Social da Igreja:

> Uma solidariedade adequada à era da globalização requer a defesa dos direitos humanos. (...) Somos testemunhas de um fosso preocupante que vai se alargando entre uma série de novos "direitos" promovidos nas sociedades tecnologicamente avançadas e os direitos humanos elementares que ainda não são respeitados.[17]

3.2 O eixo do diálogo: força motriz dos direitos humanos

Desde quando começamos a viver agregadamente, em comunidades, cidades-estado, bem como outras formas de organização, jamais a humanidade poderá prescindir do seu valor mais nobre: a capacidade de dialogar.

> O diálogo universal, identificado com o reconhecimento, visa colocar fim a toda perspectiva imperialista, colonialista e totalitária, para trazer à tona a perspectiva de cooperação dos povos, concebidos em suas tradições culturais e religiosas, visando construir uma perspectiva mundial de convivência. Neste sentido, esse diálogo exige participação ativa de todos os sujeitos religiosos e seculares, cujo espírito aponta para a humildade, o respeito e a corresponsabilidade de uns pelos outros. Exige-se, então, que o espírito do domínio seja abandonado para emergir o espírito dialógico, comunicativo e cooperativo.[18]

Com relação aos fatos descritos no acidente de Mariana e aos demais flagelos relacionados à exploração mineral, o diálogo se torna ponte de escuta e desperta consciências para a

---

[17] PONTIFÍCIO CONSELHO 'JUSTIÇA E PAZ'. *Compêndio da Doutrina Social da Igreja*. 5 ed. São Paulo: Paulinas, 2009, n. 365.
[18] SCHULTZ. O aspecto universal dos Direitos Humanos em tensão criativa com a dimensão relativa da Religião, p. 119.

Ecologia integral e direitos humanos

necessidade de democratização de todo o processo. Fora da perspectiva de um Estado forte – que entendemos não como aparelhamento, mas como conscientização –, não se pode observar algum horizonte de melhora na situação dos fracos que sofrem na seara da exploração mineral.

> A necessidade de democratização das instâncias de poder e de efetivação de um novo paradigma de Estado Socioambiental de Direito é essencial para evitar um ponto de regresso socioambiental que está sendo fomentado e pode se tornar irreversível. Com isso, a força normativa da Constituição deve evitar o retrocesso, reinventando mecanismos com vistas a efetivar a correção das injustiças sociais e ambientais, possibilitando a compreensão e o diagnóstico destas situações com o intuito de gerar um quadro favorável a uma globalização benéfica aos povos subalternizados pelo neocolonialismo contemporâneo.[19]

Na *Laudato Si'*, Francisco oferece o caminho do diálogo,[20] a perspectiva mais promissora para a qualificação de soluções em todos os prazos e instâncias. Ao longo da encíclica, ele reflete sobre quatro princípios essenciais como método para este diálogo. São eles: 1. a realidade é superior à ideia;[21] 2. o todo é superior ao particular;[22] 3. o tempo é superior ao espaço;[23] 4. a unidade é superior ao conflito.[24]

---

[19] SARAIVA; VERÁS NETO. *Temas atuais de Direito Ambiental, Ecologia Política e Direitos Humanos*, p. 45.

[20] TAURAN, Jean Louis. La conversión a una ecologia integral. In: ARELLANO, Fernando Chica; GARCIA, Carlos Granado (Orgs.). *Loado seas mi Senor*. Comentario a la Enciclica Laudato Si' del papa Francisco. Madrid: BAC, 2015, p. 19.

[21] LS 110.

[22] LS 115.

[23] LS 178.

[24] LS 198.

A atitude dialógica[25] busca o encontro e as convergências em nível pessoal e coletivo. Trata-se da Cultura do Encontro, já ressaltada na *Evangelii Gaudium*. Mas observemos que, para o pontífice de inspiração franciscana, dialogar é, em primeiro lugar, saber escutar! Escutar a comunidade científica, escutar seus predecessores no Magistério e as Conferências Episcopais, escutar a voz dos povos, escutar os movimentos sociais e intelectuais. A verdadeira sabedoria, produto da reflexão, do diálogo e do encontro, não se consegue apenas com a mera acumulação de dados.[26]

Considerações finais

O Magistério Social da Igreja desejou sempre ser o porta-voz mais próximo da missão jesuânica da consolidação do Reino de Deus. Exploração, pobreza, desigualdade, fome, misérias e outras incongruências sempre foram alvo da voz profética dos que se colocaram diante dos absurdos em que viveu e ainda vive a humanidade.

O mundo hoje é bem diferente do tempo de Jesus. Contudo, as forças que procuram ainda mais a exploração do ser humano, a maldade de instituições, sistemas, ideologias e grupos minoritários parece ter uma força maior e mais maléfica.

Como nunca antes precisamos buscar ajudar os mais simples no processo de conscientização dos seus direitos e estar ao lado da luta de todos. Lutas que parecem começar perdidas,

---

[25] GARCÍA, Alberto. Lo que le está passando a nuestra casa. Diagnóstico de uma crisis ecológica sin precedentes. In: ARELLANO, Fernando Chica; GARCIA, Carlos Granado (Orgs.). *Loado seas mi Senor*. Comentario a la Enciclica Laudato Si' del papa Francisco. Madrid: BAC, 2015, p. 311-337.
[26] LS 47.

Ecologia integral e direitos humanos

mas jamais totalmente vencidas enquanto ao menos cada um dos pequenos e das pequenas comunidades puder compreender o seu valor e a sua dignidade.

> Não se há de esperar soluções que venham de cima, a partir das instâncias de poder, mas de baixo, da articulação entre todos os movimentos e forças populares ao redor de alguns valores e princípios que dão centralidade à vida: à vida humana, à vida da natureza e à vida da Pachamama, da Mãe Terra. Tudo o mais deve servir a esta grande causa. Francisco não esquece, nesses contextos, os pobres. Sempre associa a pobreza com a fragilidade da Mãe Terra.[27]

Boff tem razão ao afirmar que não devemos esperar soluções burocráticas, mas aumentar a consciência dos que estão na base. O futuro espera grandes mudanças. Os últimos acontecimentos são alguns sinais claros de tais mudanças. A leitura atenta de tais acontecimentos e o empenho ético consistente são a chave das mudanças sonhadas.

Referências Bibliográficas

ALBUQUERQUE, Aline. Contribuições da teoria biopolítica para a reflexão sobre os direitos humanos. In: *Cadernos IHU IDEIAS*, ano 15, n. 266, vol. 15 (2017): 3-26.

ARELLANO, Fernando Chica; GARCIA, Carlos Granado (Orgs.). *Loado seas mi Senor.* Comentario a la Enciclica Laudato Si' del papa Francisco. Madrid: BAC, 2015.

BOFF, Leonardo. A encíclica do papa Francisco não é "verde", é integral. In: MURAD, Afonso; TAVARES, Sinivaldo (Orgs.). *Cuidar da casa comum.* Chaves de leitura teológicas e pastorais da Laudato Si'. São Paulo: Paulinas, 2016, p. 15-23.

---

[27] BOFF. A encíclica do papa Francisco não é "verde", é integral, p. 23.

BRIGHENTI, Agenor. A evolução do conceito de ecologia no Ensino Social da Igreja. Da *Rerum Novarum* à *Laudato Si'*. In: MURAD, Afonso; TAVARES, Sinivaldo (Orgs.). *Cuidar da casa comum*. Chaves de leitura teológicas e pastorais da Laudato Si'. São Paulo: Paulinas, 2016, p. 52-64.

CADERNOS IHU EM FORMAÇÃO. Mineração e o impulso à desigualdade: impactos ambientais e sociais. Ano XI, n. 48 (2015).

DOIG, K. German. *Direitos Humanos e Ensinamento Social da Igreja*. São Paulo: Loyola, 1994.

FRANCISCO, Papa. *Laudato Si'*. Carta Encíclica sobre o cuidado da casa comum. São Paulo: Paulus/Loyola, 2015.

GARCÍA, Alberto. Lo que le está passando a nuestra casa. Diagnóstico de uma crisis ecológica sin precedentes. In: ARELLANO, Fernando Chica; GARCIA, Carlos Granado (Orgs.). *Loado seas mi Senor*. Comentario a la Enciclica Laudato Si' del papa Francisco. Madrid: BAC, 2015, p. 311-337.

LARRÚ, Juan de Dios. Ecologia humana. In: ARELLANO, Fernando Chica; GARCIA, Carlos Granado (Orgs.). *Loado seas mi Senor*. Comentario a la Enciclica Laudato Si' del papa Francisco. Madrid: BAC, 2015, p. 139-144.

LISBOA, Apolo. Minas Gerais e o flagelo da mineração. In: *Cadernos IHU EM FORMAÇÃO*. Mineração e o impulso à desigualdade: impactos ambientais e sociais. ANO XI, n. 48, 2015, p. 5-10.

MURAD, Afonso; TAVARES, Sinivaldo (Orgs.). *Cuidar da casa comum*. Chaves de leitura teológicas e pastorais da Laudato Si'. São Paulo: Paulinas, 2016.

PÉRET, Rodrigo de Castro A. O que nos reúne é a defesa da vida, o cuidado da criação. In: MURAD, Afonso; TAVARES, Sinivaldo (Orgs.). *Cuidar da casa comum*. Chaves de leitura teológicas e pastorais da Laudato Si'. São Paulo: Paulinas, 2016, p. 182-196.

Ecologia integral e direitos humanos 331

PONTIFÍCIO CONSELHO 'JUSTIÇA E PAZ'. Compêndio da Doutrina Social da Igreja. 5 ed. São Paulo: Paulinas, 2009.

RODRIGUES, Paulo. Mineração e o jogo dos sete erros. In: Mineração e o impulso à desigualdade: impactos ambientais e sociais. *Cadernos IHU EM FORMAÇÃO*, ano XI, n. 48 (2015), p. 21-32.

ROSSI, Luiz Alexandre; JUNQUEIRA, Sérgio (Orgs.). *Religião, direitos humanos e laicidade*. São Paulo: Fonte Editorial, 2015.

SARAIVA, Bruno Cozza; VERÁS NETO, Francisco Quintanilha (Orgs.). *Temas atuais de Direito Ambiental, Ecologia Política e Direitos Humanos*. Rio Grande: Furg, 2013.

SCHULTZ, Adilson. O aspecto universal dos Direitos Humanos em tensão criativa com a dimensão relativa da Religião. In: ROSSI, Luiz Alexandre; JUNQUEIRA, Sérgio (Orgs.). *Religião, direitos humanos e laicidade*. São Paulo: Fonte Editorial, 2015, p. 111-124.

TAURAN, Jean Louis. La conversión a una ecologia integral. In: ARELLANO, Fernando Chica; GARCIA, Carlos Granado (Orgs.). *Loado seas mi Senor.* Comentario a la Enciclica Laudato Si' del papa Francisco. Madrid: BAC, 2015, p. 17-21

15

Direitos humanos e sustentabilidade na perspectiva da *Laudato Si'*

Luiz Augusto de Mattos[1]

Introdução

Na atualidade, é incompreensível e irresponsável refletir sobre os direitos humanos a partir de uma desvinculação e um descompromisso com a questão da sustentabilidade, entendendo por sustentabilidade uma prática pró-sustentação de todos os seres vivos, especialmente da Terra viva.[2] Se destruímos a natureza, nós nos destruímos como natureza, não ape-

---

[1] Luiz Augusto de Mattos é Doutor em Teologia Moral (Faculdade de Teologia Nossa Senhora da Assunção), Professor do Instituto São Paulo de Estudos Superiores (ITESP) e da Universidade São Francisco.

[2] "Sustentabiliade é toda ação destinada a manter as condições energéticas, informacionais, físico-químicas que sustentam todos os seres, especialmente a Terra viva, a comunidade de vida e a vida humana, visando sua continuidade e ainda atender as necessidades da geração presente e das futuras, de tal forma que o capital natural seja mantido e enriquecido em sua capacidade de regeneração, reprodução e coevolução." BOFF, Leonardo. *Sustentabilidade*. O que é – O que não é. Petrópolis: Vozes, 2012, p. 107.

334 Ética teológica e direitos humanos

nas porque ela seja o nosso entorno, mas porque ela se refere a um coexistir, uma codependência e uma interdependência.[3]

> A natureza externa ao corpo é como (se fosse) o corpo ampliado do ser humano. Não é (a natureza) completamente externa ao ser humano. É a vida humana, que não é somente vida de nosso corpo direto e pessoal, senão de toda a natureza enquanto nosso corpo ampliado. Por isso, cuidar da natureza é cuidar da vida humana. É a mesma coisa. Isso implica que o cuidado da natureza é um direito humano. É direito da natureza inteira, mas como tal é, por vez, direito humano.[4]

Na Carta Encíclica *Laudato Si'* é apresentada a vinculação entre o clamor da Terra e o clamor dos pobres. Ocorre um avanço na Doutrina Social da Igreja ao tratar da problemática ecológica ligada à questão da vida humana. Como afirma Pedro Ribeiro de Oliveira, "mais do que introduzir um novo tema no conjunto de problemas sociais, a encíclica alarga o campo da chamada 'questão social' ao vincular clamor da Terra e clamor dos pobres. Essa proposição de um paradigma mais abrangente para a Doutrina Social da Igreja não é trivial".[5] A própria *Laudato Si'* diz que

> é fundamental buscar soluções integrais que considerem as interações dos sistemas naturais entre si e com os sistemas sociais. Não há duas crises separadas: uma ambiental e ou-

---

[3] DUSSEL, Enrique. La ecologia vista desde los derechos de los pobres. In: GIRARDI, Giulio *et al. Cristianismo, justicia y ecologia.* Madrid: Editorial Nueva Utopia, 1994, p. 129-148.

[4] HINKELAMMERT, Franz. Critica de la ideología y crítica de la religión. Cómo el sueño de la razón produce monstruos. In: Grupo Pensamiento Crítico. Disponível em: http://www.pensamientocritico.info/index.php/articulos/articulos-de--franz-hinkelammert/espanol/429-critica-de-la-ideologia-y-critica-de-la-religion--como-el-sueno-de-la-razon-produce-monstruos. Acesso em: 13.02.2018.

[5] OLIVEIRA, Pedro A. Ribeiro de. A difícil integração humana na comunidade de vida da Terra. In: MURAD, Afonso; TAVARES, Sinivaldo Silva (Orgs.). *Cuidar da casa comum.* Chaves de leitura teológicas e pastorais da *Laudato Si'*. São Paulo: Paulinas, 2016, p. 90.

Direitos humanos e sustentabilidade na perspectiva da *Laudato Si'* 335

> tra social; mas uma única e complexa crise socioambiental. As diretrizes para a solução requerem uma abordagem integral para combater a pobreza, devolver a dignidade aos excluídos e, simultaneamente, cuidar da natureza.[6]

Em outras palavras, não é possível desvincular os danos provocados à Terra das injustiças cometidas contra a humanidade, sobretudo em relação aos pobres e vulneráveis.

É urgente e inegociável o trabalho na atual civilização por uma consciência e um compromisso com a realidade de interdependência entre todos e da unidade entre Terra e humanidade. Por isso, ao tratarmos dos direitos humanos, não há como desvinculá-los da questão da sustentabilidade. Enfim, "se os seres humanos possuem dignidade e direitos, como é consenso dos povos, e se Terra e seres humanos constituem uma unidade indivisível, então podemos dizer que a Terra participa da dignidade e dos direitos dos seres humanos".[7] Está na hora de assumir práticas concretas em nome de uma biocivilização, na qual o planeta Terra e a humanidade, dignos e com direitos, reconhecem a recíproca pertença, de origem e de destinalidade comuns.

1. Fatores causais da desvinculação entre o grito da humanidade e o clamor do planeta Terra

Um fator preocupante é a descaracterização e a inversão dos direitos humanos. Situação dramática em que os direitos mais básicos são, na prática, desconhecidos e desrespeitados.

---

[6] FRANCISCO, Papa. *Laudato Si'*. Carta Encíclica sobre o cuidado da casa comum. São Paulo: Paulus/Loyola, 2015, n. 139. Daqui em diante = LS.
[7] BOFF, Leonardo. *A terra na palma da mão*. Uma nova visão do planeta e da humanidade. Petrópolis: Vozes, 2016, p. 131.

336 Ética teológica e direitos humanos

É sabido que não se pode garantir nenhum direito humano desrespeitando os valores que são imprescindíveis para assegurar as bases da vida humana. Desde a perspectiva burguesa, os direitos humanos resultam automaticamente à medida que ocorre a privatização da propriedade.

> Os direitos humanos são formulados pela primeira vez no século XVIII no bojo de um modo de pensar que radicaliza cada vez mais seu conceito de propriedade privada. Eu sou proprietário do meu corpo. Ninguém pode tocar na minha propriedade, seja no corpo que tenho, seja na casa que me pertence. Tenho inclusive direito à inviolabilidade do corpo com relação à tortura; o corpo é um direito de propriedade meu. Com isso a dignidade humana deixa de ser ponto de referência dos direitos humanos. A referência para tudo agora é o sistema de propriedade. Os direitos humanos são absorvidos pelo conceito de propriedade. No início do liberalismo ainda mantém certa referência à dignidade humana, pelo menos em Rousseau, mas não em Locke. (...) No entanto, em suas origens, também o liberalismo incorpora um senso de dignidade humana que foi desenvolvido durante o Renascimento. *Quando a ideia de propriedade torna-se central, desconsidera-se a referência à dignidade humana, vista agora como um aspecto emocional, não racional. Todas as relações humanas se transformam em relações de propriedade e numa espécie de contratos de compra e venda.*[8]

Diante dessa constatação fica a questão: como promover os direitos humanos nesse tempo de financeirização em que quem tem poder econômico é respaldado pelo poder de propriedade, e os últimos da sociedade (não proprietários) são excluídos, e inclusive seus corpos ou força de trabalho só têm valor se responderem às exigências do mercado? Caso contrário, pratica-se a política da prescindência!

---

[8] HINKELAMMERT, Franz. *Mercado versus direitos humanos*. São Paulo: Paulus, 2014, p. 119-120.

Nesse contexto é preciso defender e promover os direitos humanos como direitos da vida à vida humana. E isso apresenta, entre outras coisas, a importância incontornável de garantir os direitos da natureza externa à toda a humanidade. Não se pode conceber a vida humana sem a natureza em seu entorno. Ao defender os direitos da natureza, a civilização estará promovendo os direitos humanos; ao destruir a natureza, automaticamente estará contribuindo com a negação da vida humana. Outro problema é o uso indevido dos direitos humanos:

> Os direitos humanos são constantemente usados contra os próprios direitos humanos. Guerras causadoras de destruição total são chamadas de "intervenções humanitárias", que pretensamente têm o objetivo de garantir os próprios direitos humanos. Assim transformam-se os direitos humanos no imperativo categórico de violá-los. Hoje precisamente os EUA promovem essa política diante dos olhos do mundo inteiro, uma política que as colonizações já haviam adotado no passado. Os espanhóis invadiram a América para extirpar o canibalismo, que ademais quase nem existia, e os sacrifícios humanos. Livrar os pobres indígenas desses sacrifícios humanos é justificação para o massacre! Esse foi o argumento que usaram para roubar tudo o que podiam e destruir tudo o que lhes convinha. Desse modo, os direitos humanos se transformam em justificativa para o extermínio do outro. (...) Cumprem a lei castigando em nome das normas dos direitos humanos. Onde acontecem essas intervenções humanas, normalmente ocorrem os grandes genocídios da nossa história ocidental.[9]

Tudo leva a crer que os direitos humanos têm sido usados para legitimar as mais cruéis violências contra a humanidade. Em outras palavras, a inversão dos direitos humanos *foi* e *é* um fator determinante para a negação dos próprios direitos humanos, ontem e hoje.

---

[9] HINKELAMMERT. *Mercado versus direitos humanos*, p. 126-127.

338 Ética teológica e direitos humanos

Outro fator responsável que mostra a dificuldade em articular os direitos humanos com a sustentabilidade (ou uma "sociedade vivível") tem a ver com o paradigma tecnocrático e o antropocentrismo. A respeito do antropocentrismo,[10] já na encíclica *Laudato Si'* é apresentada uma crítica: "Esta irmã [casa comum] clama contra o mal que lhe provocamos por causa do uso irresponsável e do abuso dos bens que Deus nela colocou. Crescemos pensando que éramos seus proprietários e dominadores, autorizados a saqueá-la".[11] Mais ainda: "Uma apresentação inadequada da antropologia cristã acabou promovendo uma concepção errada da relação do ser humano com o mundo. Muitas vezes foi transmitido um sonho prometeico de domínio sobre o mundo, que provocou a impressão de que o cuidado da natureza fosse atividade de fracos. Mas a interpretação correta do conceito de ser humano como senhor do universo é entendê-lo no sentido de administrador responsável".[12] O ser humano, na compreensão da *Laudato Si'*, ocupou um lugar no mundo no qual se considera o centro, o ser que determina a dinâmica do mundo.[13] Por isso, o ser humano acaba dando prioridade aos seus interesses e, ao mesmo tempo, vive uma "adoração do poder humano sem limites".[14] O que não vai ao encontro dos seus interesses é relativizado. Tudo

---

[10] "Antropocentrismo significa colocar o ser humano no centro de tudo, como rei e rainha da natureza, o único que tem valor. Todos os demais seres somente ganham significado quando ordenados a ele. É uma posição de arrogância que foi, fortemente, legitimada por um tipo de leitura do Gênesis que diz:'crescei e multiplicai-vos, dominai a Terra, os peixes do mar, as aves do céu e tudo o que vive e se move sobre a face da Terra' (1,28). (...) O que agrava o antropocentrismo é o fato de colocar o ser humano *fora da natureza*, como se ele não fosse parte dela e não dependesse dela. A natureza pode continuar sem o ser humano. Este não pode sequer pensar em sua sobrevivência sem a natureza. Além do mais, ele se colocou *acima da natureza*, numa posição de mando, quando, na verdade, ele é um elo da corrente da vida. Tanto ele quanto os demais seres são criaturas da Terra, e junto com os seres vivos nós formamos... a *comunidade de vida*." BOFF. *Sustentabilidade*, p. 69.

[11] LS 2.
[12] LS 116.
[13] LS 122.
[14] LS 122.

Direitos humanos e sustentabilidade na perspectiva da *Laudato Si'* 339

isso contribui para o ser humano se declarar autônomo diante da realidade e se julgar como dominador absoluto. Contudo, a crítica a esse antropocentrismo desordenado não justifica uma passagem para seu extremo oposto, ou seja, para o "biocentrismo", que não reconhece as peculiaridades que caracterizam o ser humano como ser dotado de conhecimento racional, vontade, liberdade e responsabilidade; o que significa dizer que a solução da enorme crise ecológica não virá "sem curar todas as relações humanas fundamentais".[15] O reconhecimento do valor próprio do ser humano acima das outras criaturas "suscita a valorização de cada pessoa humana e, assim, estimula o reconhecimento do outro. A abertura a um 'tu' capaz de conhecer, amar e dialogar continua a ser a grande nobreza da pessoa humana".[16] Uma consequência gravíssima da visão antropocêntrica seria o "relativismo prático", que consiste, em primeiro lugar, em afirmar que não há verdades objetivas nem princípios universalmente válidos "fora da satisfação das aspirações próprias e das necessidades imediatas"[17] e, consequentemente, em dar prioridade absoluta aos interesses contingentes de uma pessoa. Assim, "tudo o mais se torna relativo".[18] Tudo o que não serve aos interesses imediatos de alguém perde qualquer importância, e essa mentalidade nos "permite compreender como se alimentam mutuamente diferentes atitudes, que provocam ao mesmo tempo a degradação ambiental e a degradação social".[19] O antropocentrismo carrega consigo a tendência de não cuidar com respeito da natureza e do planeta Terra. Há uma concepção de que se pode dispor de todos os seres a seu bel-prazer.

---

[15] LS 119.
[16] LS 119.
[17] LS 123.
[18] LS 122.
[19] LS 122. Ver também: OLIVEIRA, Manfredo Araújo de. O paradigma tecnocrático. In: MURAD, Afonso; TAVARES, Sinivaldo Silva (Orgs.). *Cuidar da casa comum*. Chaves de leitura teológicas e pastorais da *Laudato Si'*. São Paulo: Paulinas, 2016, p. 130-131.

340 Ética teológica e direitos humanos

Um elemento a ser aprofundado, para entender a dicotomia ou a negação da confluência entre os direitos humanos e a sustentabilidade, é o paradigma tecnocrático. A vida humana, social, profissional, institucional e empresarial é configurada, cada vez mais, pelo paradigma tecnocrático: "O problema fundamental é (...) o modo como realmente a humanidade assumiu a tecnologia e o seu desenvolvimento *juntamente com um paradigma homogêneo e unidimensional*".[20] Para Francisco, o problema está no fato de que "não se consegue pensar que seja possível sustentar outro paradigma cultural e servir-se da técnica como mero instrumento, porque hoje o paradigma tecnocrático tornou-se tão dominante que é muito difícil prescindir dos seus recursos, e mais difícil ainda é utilizar os seus recursos sem ser dominados pela sua lógica. Tornou-se anticultural a escolha de um estilo de vida cujos objetivos possam ser, pelo menos em parte, independentes da técnica, dos seus custos e do seu poder globalizante e massificador".[21]

> A especialização própria da tecnologia comporta grande dificuldade para se conseguir um olhar de conjunto. A fragmentação do saber realiza a sua função no momento de se obter aplicações concretas, mas frequentemente leva a perder o sentido da totalidade, das relações que existem entre as coisas, do horizonte alargado: um sentido que se torna irrelevante. Isto impede de individuar caminhos adequados para resolver os problemas mais complexos do mundo atual, sobretudo os do meio ambiente e dos pobres, que não se podem enfrentar a partir de uma única perspectiva nem de um único tipo de interesses. (...) A vida passa a ser uma rendição às circunstâncias condicionadas pela técnica, entendida como o recurso principal para interpretar a existência.[22]

---

[20] LS 106.
[21] LS 108.
[22] LS 110.

Direitos humanos e sustentabilidade na perspectiva da *Laudato Si'* 341

A técnica se torna um elemento determinante para a vida e a dinâmica civilizacional em todos os níveis (cultural, econômico, político, científico etc.). A totalidade da existência é trabalhada pela técnica; vale dizer, na atual civilização, a técnica se transformou na maneira de como o ser humano se coloca diante do mundo: "Não podemos, porém, ignorar que a energia nuclear, a biotecnologia, a informática, o conhecimento do nosso próprio DNA e outras potencialidades que adquirimos nos dão um poder tremendo. Ou melhor: dão àqueles que detêm o conhecimento e sobretudo o poder econômico para o desfrutar, um domínio impressionante sobre o conjunto do gênero humano e do mundo inteiro";[23] o ser humano "está nu e exposto diante do seu próprio poder que continua a crescer, sem ter os instrumentos para o controlar".[24] O problema é transformar o poder técnico em fim, e fim absolutizado – por isso se fala de uma tecnolatria ou de um messianismo tecnológico, o que contribui para desconsiderar os princípios éticos diante do poder fazer.[25] Daí a importância de aprofundar até que ponto a técnica contribui ou não para uma sustentabilidade fundamental a fim de garantir o futuro da vida no planeta Terra, ou como ela pode provocar mais exclusão dos povos, sobretudo dos mais vulneráveis e empobrecidos na atual civilização. Como se afirma: "A humanidade de hoje tem cons-

---

[23] LS 104.

[24] LS 105.

[25] LS 105. "(...) Muito grave neste contexto é o fato de que os produtos da técnica são jogados sem avaliação de seus resultados na corrente social e cultural, onde expandem seu vigor não previsto e incontrolado além dos fins incialmente projetados. Daí a impressão de impotência. As inovações tecnológicas produzidas conscientemente pelos seres humanos são experimentadas em sua totalidade como um poder independente do querer e do fazer humanos, algo como que um destino diante do qual o ser humano nada pode fazer." OLIVEIRA. O paradigma tecnocrático, p. 137-138.

ciência de estar de posse de todos os meios técnico-científicos capazes de efetivar a extinção de si mesma e de todas as outras formas de vida sobre o planeta".[26] Há um consenso na atualidade de que a questão subjacente à crise civilizacional que atravessamos tem como causa primeira a relação ser humano *versus* natureza. Não existe uma correspondência entre o progresso científico-tecnológico e o desenvolvimento da maioria dos povos e a defesa do meio ambiente. É de suma importância, cada vez mais, perguntar-se "pelos fins" e, ao mesmo tempo, pelo "sentido de tudo" no tocante a um mundo que avança na tecnificação. Ao invés da euforia diante do progresso técnico, cabe uma análise profunda das consequências desse progresso sobre a vida no planeta Terra.

Um outro fator causal da realidade civilizacional que não favorece a compreensão da confluência ou interdependência entre a negação dos direitos humanos e a destruição da natureza diz respeito ao modelo-padrão de desenvolvimento[27] e à injusta exclusão dos povos neocolonizados, empobrecidos e vulneralizados.

---

[26] OLIVEIRA. O paradigma tecnocrático, p. 136.

[27] A Carta Encíclica *Laudato Si'* "demonstra a vinculação entre o clamor da Terra e o clamor dos pobres por meio de fatos que qualquer pessoa pode constatar na realidade do mundo atual. O papa deixa claro que ela não é fortuita, porque é provocada por um sistema que causa tanto a deterioração do ambiente quanto a opressão dos setores empobrecidos. Mas defronta-se com a dificuldade de falar do capitalismo que criou e alimenta o moderno sistema mundial de mercado. Embora desde o final do século XVIII o capitalismo tenha sido objeto de pesquisa da Economia e da Sociologia, a Doutrina Social da Igreja evita tomá-lo como objeto de estudo. As palavras 'capitalismo' e 'capitalista' nem aparecem no texto, que as substitui por outras expressões". OLIVEIRA. A difícil integração humana na comunidade de vida da Terra, p. 92.

Direitos humanos e sustentabilidade na perspectiva da *Laudato Si'* 343

Sem a inclusão das pessoas pobres e dos povos neocolonizados, e dos que vivem a experiência das migrações, das guerras, da fome "sem fim" e da situação de refugiados, fica difícil falar ou seguir sonhando com uma verdadeira sustentabilidade terrenal. Diante de um povo que está à margem de um processo sócio-histórico digno, justo e inclusivo, seguir acreditando em uma verdadeira sustentabilidade é um compromisso difícil.

Com a reestruturação do capitalismo, alicerçado numa política econômica que tem como *único* e *absoluto ideal* o progresso ilimitado, e que contribui para o surgimento de bilhões de pessoas que são consideradas "inúteis para o mundo", inempregáveis, supérfluas, inaproveitáveis, sobrantes, lixo histórico etc., tudo parece orientar imperdoavelmente para a impossibilidade de articular direitos humanos e sustentabilidade.

> As condições de vulnerabilidade crescente, de grande parte da força de trabalho do planeta, estão associadas a dois grandes movimentos que impactaram o capitalismo mundial desde o último quartel do século XX e adentraram o século XXI: a substituição do processo produtivo padronizado pelo processo flexível – a radical transformação das forças produtivas e a reorientação do papel do Estado, isto é, sua subordinação ao mercado, sobretudo financeiro.[28]

Por trás do modelo capitalista de desenvolvimento existe o suporte do projeto da Modernidade. Para esse projeto deve haver um progresso ilimitado à custa da destruição da natureza e da exclusão de bilhões de seres humanos. Para Leonardo Boff,

---

[28] SANSON, Cesar. O pobre coletivo: o sul no mercado globalizado. In: OLIVEIRA, Pedro A. R. de (Org.). *Opção pelos pobres no século XXI*. São Paulo: Paulinas, 2011, p. 105.

> o que move as pessoas e as sociedades são os sonhos e as utopias que elas projetam e os esforços que fazem para traduzi-las em realidade. Os modernos imaginavam que a vocação do ser humano é o desenvolvimento, em todas as áreas, e que isso se traduz por um projeto ilimitado. Ora, uma Terra limitada não suporta um projeto ilimitado. Ele é ilusório, mas propiciou uma sistemática pilhagem dos recursos da natureza (a começar pela madeira) pela exploração desapiedada da força de trabalho e pela colonização por parte das potências europeias de quase todo o resto do mundo, superexplorando as populações e sequestrando, sem retorno, suas riquezas. Esta lógica produziu dois efeitos perversos: grande acumulação de riqueza de um lado e imensa pobreza do outro, e uma devastação generalizada da natureza. *Duas injustiças se conjugaram: a ecológica e a social.*[29]

Enfim, um desenvolvimento ilimitado, no seio de uma realidade limitada, não é universalizável nem suportável pela realidade planetária. Um planeta finito não pode suportar ou legitimar um projeto infinito!

O sistema capitalista globalizado não possui nenhuma sustentabilidade social, econômica e ecológica. A lógica férrea da produção que indiscriminadamente destrói a natureza e acaba com o futuro da vida na e da Terra, somada a uma política de vida sistêmica que cria injustas desigualdades sociais, não é garantia de superação ou libertação em nome de um outro mundo onde caibam todos e todos os mundos.

2. Por um outro paradigma de desenvolvimento e um novo modelo de vida humana

Na *Laudato Si'*, conforme foi visto, aparece uma clara e contundente denúncia do modelo de desenvolvimento que é responsá-

---

[29] BOFF. *Sustentabilidade*, p. 70 (itálico nosso).

Direitos humanos e sustentabilidade na perspectiva da *Laudato Si'* 345

vel pela degradação ambiental e que põe em risco a sobrevivência da humanidade, sobretudo dos mais excluídos e vulneráveis. O atual contexto civilizacional dificulta a defesa e a promoção dos direitos humanos e de uma sustentabilidade viável e necessária. Diante dessa inegável e grave realidade, a *Laudato Si'* conclama a construir um novo modelo de desenvolvimento e, ao mesmo tempo, ultrapassar um modelo de vida humana também responsável pelo que vem ocorrendo no planeta. Seguem alguns dos seus apelos:

> O urgente desafio de proteger a nossa casa comum inclui a preocupação de unir toda a família humana na busca de um desenvolvimento sustentável e integral, pois sabemos que as coisas podem mudar.[30]

> Lanço um convite urgente para renovar o diálogo sobre a maneira como estamos construindo o futuro do planeta. Precisamos de um debate que nos una a todos, porque o desafio ambiental, que vivemos, e as suas raízes humanas dizem respeito e têm impacto sobre todos nós.[31]

> O ambiente humano e o ambiente natural degradam-se em conjunto; e não podemos enfrentar adequadamente a degradação ambiental, se não prestarmos atenção às causas que têm a ver com a degradação humana e social. De fato, a deterioração do meio ambiente e a da sociedade afetam de modo especial os mais frágeis do planeta.[32]

> Hoje, não podemos deixar de reconhecer que *uma verdadeira abordagem ecológica sempre se torna uma abordagem social*, que deve integrar a justiça nos debates sobre o meio ambiente, para ouvir *tanto o clamor da terra como o clamor dos pobres*.[33]

---

[30] LS 13.
[31] LS 14.
[32] LS 48.
[33] LS 49.

É fundamental e inadiável avançar na superação dessa atual civilização que promove uma (des)ordem sistêmica, no bojo de um capitalismo neoliberal totalitário e excludente, que não defende e não promove uma sustentabilidade que garanta o inteiro sistema Terra, o sistema Vida e o sistema Vida Humana. E mais: urge uma intervenção sistemática e democraticamente legitimada na política de financeirização da vida – via mercadocentrismo – pela defesa do ser humano como ser supremo, em vista do ser humano e a favor da natureza e do planeta.

Partindo dessa preocupação de fundo, há de implementar uma estratégia que tenha como compromisso os seguintes eixos:[34] combate à religião neoliberal do mercado; construção da democracia participativa alternativa; resgate do sujeito ético e político. Penso que, desde essa estratégia, é possível trabalhar responsavelmente pelos direitos humanos e pela sustentabilidade solidária, inclusiva e libertadora e, ao mesmo tempo, possibilitar uma práxis que conjugue e compreenda a interdependência entre ambos.

Quanto ao primeiro eixo: *combate à religião neoliberal do mercado*.[35] Na atual sociedade, a vida das pessoas e das instituições (no campo da saúde, da educação, da agricultura, da política, da economia etc.) é marcada por experiências alicerçadas na religião neoliberal do mercado. Religião que professa sua fé na mão invisível do mercado, o que promove uma fetichização da omnipresença, omnisciência e onipotência do mercado,

---

[34] Esses eixos não são apresentados na *Laudato Si'*, mas ajudam a pensar numa alternatividade diante dos desafios em vista de uma civilização que promove a vida integral do ser humano, da natureza e da Terra.
[35] A reflexão proposta sobre esse eixo é inspirada em: HINKELAMMERT, Franz (Ed.). *La religion neoliberal del mercado y los derechos humanos*. San José, Costa Rica: Editorial Arlekin, 2017, p. 23-88.

Direitos humanos e sustentabilidade na perspectiva da *Laudato Si'* 347

transformando-o em deus. Um deus que tem o poder de matar ou deixar morrer; um deus que não passa de um déspota legitimado. Em nome desse deus se impõe legitimamente a abolição de todos os direitos humanos.

Com a divinização ou idolatrização do mercado ocorre uma gigantesca legitimação dos sacrifícios humanos em nome, por exemplo, da maximização do crescimento econômico. E mais, ao promover uma legitimação religiosa ou quase religiosa do progresso infinito, do avanço tecnológico e do crescimento econômico, ocorre uma legitimação do anúncio ou prédica do suicídio coletivo da humanidade. Por isso, pode-se identificar a religião neoliberal do mercado como sendo uma religião da morte, sobretudo em relação aos excluídos e vulneráveis.

Tudo contribui para a promoção do fundamentalismo, que não permite alternativa diante da política de maximização das taxas de desenvolvimento e crescimento.

Frente a essa realidade incontestável, como pensar em direitos humanos e sustentabilidade? Não existe a menor chance de a religião do mercado abrir espaço para o compromisso e a resistência em vista da defesa e garantia dos direitos básicos para a vida humana e a natureza. Não é a vida que tem a última palavra, mas a morte! O ser humano e o planeta Terra na sua totalidade têm de estar a serviço do mercado, e não o contrário. O mercado é o ser supremo para o ser humano e a Terra; e ele decide legitimamente sobre a vida e a morte. E, ainda, é um mercado totalitário que gera vidas vulneráveis ou supérfluas – isto é, não aproveitáveis ou importantes para ele – e a todo momento as destrói sem piedade.

Considerando esse contexto, há de encontrar iniciativas numa práxis concreta para a qual o grande critério a ser sustentado seja este: *o ser humano é o ser supremo para o ser humano* e a vida humana se (re)produz a partir de uma vida ampliada com a realidade externa. Partindo dessa perspectiva se tem o horizonte necessário para seguir na defesa dos direitos humanos e na luta pela defesa da sustentabilidade de todos os seres do planeta.

Em relação ao segundo eixo: *construção da democracia participativa alternativa.* Ao tratar dos direitos humanos e da sustentabilidade é fundamental e imprescindível distanciar-se de uma suposta "democracia" que serve o mercado – democracia globalmente dominante.[36] Essa suposta "democracia" se apresenta sempre acolitando os interesses da hegemonia dominante. Não apresenta interesses (sociais, políticos, ecológicos etc.) para a defesa dos direitos humanos dos sempre excluídos e vulneráveis e dos direitos da Terra.

Uma democracia participativa alternativa tem a ver, impreterivelmente, com a concretização ou realização de um regime no qual sejam garantidos os direitos humanos e a sustentabilidade. Um problema sério na atualidade é o desmonte das conquistas sociais, políticas e ecológicas das últimas décadas. Ou seja,

as conquistas sociais e democráticas dos últimos quinze anos, que pareciam tão sólidas, desfazem-se no ar, e as organizações sociais e políticas que as promoveram parecem tão desarmadas que resulta difícil imaginar que alguma vez tivessem tido força. Contra quem foram obtidas essas conquistas? Quem eram os seus opositores ou inimigos? Aparentemente, essas conquistas não enfraqueceram os poderes econômicos, sociais e políticos conservadores,

---

[36] "Trata-se de uma democracia que se afirma como libertária, inimiga da intervenção do Estado, obediente às exigências do mercado, ou seja, do capital, por meio de setores dirigentes do capital (hoje, o financeiro), e sobretudo aberta à pilhagem das riquezas naturais do país por parte das empresas norte-americanas, o mesmo objetivo de sempre." SANTOS, Boaventura de Sousa. *Esquerdas do mundo, uni-vos!* São Paulo: Boitempo, 2018, p. 15.

desde sempre dominantes, a que se opunham, pois de outro modo não se compreendam a renovada agressividade e a avassaladora razia com que esses poderes pretendem varrer da memória dos brasileiros e das brasileiras esse passado afinal tão recente. Numa sociedade tão desigual e tão discriminatória como o Brasil, serão possíveis medidas que aumentem a inclusão social e a participação democrática das maiorias sem afetar negativamente os interesses das classes dominantes, que sempre promoveram a exclusão, a discriminação e o autoritarismo?[37]

Apesar da dificuldade das forças democráticas em apresentar uma estratégia de alternatividade, de resistência e de credibilidade, há que seguir trabalhando com utopia, muita disposição e num contexto adverso para ir enfrentando a "intervenção imperial", sobretudo dos EUA, e o contexto societário no qual a grande maioria (pobres, indígenas, jovens da periferia, presidiários, os que vivem a precarização etc.) sofre pelo descaso, arrogância das autoridades, negligência de alguns poderes instituídos, cinismo diante da desigualdade social etc. e pela conjuntura política e judiciária que tem construído o golpe parlamentar.

Enfim, é inviável e desacreditável pensar e lutar em nome dos direitos humanos e da sustentabilidade sem considerar a questão da democracia. Não qualquer democracia, mas aquela em que o povo é participação e construção da alternatividade.[38]

---

[37] SANTOS. *Esquerdas do mundo, uni-vos!*, p. 11.

[38] Não se trata de uma democracia representativa, direta em nosso país, mas, sim, de uma democracia participativa em que "as forças organizadas, como os grandes sindicatos, os movimentos sociais por terra, teto, saúde, educação, direitos humanos, ambiente e outros cresceram de tal maneira que a democracia representativa teve de assumir alguns aspectos novos que vêm sob o nome de democracia participativa. Por este tipo de democracia, o Estado e o Parlamento se obrigam a ouvir e a discutir com tais forças e nas decisões tomar em consideração suas demandas. A democracia participativa, bastante difundida nas novas democracias latino-americanas, representa um avanço no sistema democrático." BOFF, Leonardo. *Brasil.* Concluir a refundação ou prolongar a dependência? Petrópolis: Vozes, 2018, p. 189.

Sem democracia libertária e alternativa, as forças poderosas e hegemônicas continuarão explorando os povos e o planeta, e o projeto de uma civilização mais humanizada, justa e feliz jamais se poderá concretizar – nem mesmo em alguns mínimos direitos básicos para a grande maioria da população.

Quanto ao terceiro eixo: *o resgate do sujeito ético e político em tempo de financeirização da vida*.[39] Quando se fala de sujeito ético e político há que levar em conta a participação do indivíduo como cidadão na sociedade. Se não existe cidadania fica complicado pensar em direitos humanos e sustentabilidade. Nesse sentido, a cidadania é compreendida como "processo histórico-social que capacita a massa humana a forjar condições de consciência, de organização, de elaboração de um projeto e de práticas no sentido de deixar de ser massa e passar a ser povo, como sujeito histórico plasmador de seu próprio destino".[40] Essa cidadania se constrói desde o horizonte da defesa e promoção dos direitos fundamentais do ser humano, da sociedade, da natureza e de todo o planeta.

Considerações finais

O grande problema na atualidade é a destruição e/ou a negação do sujeito ético e político pelo fato de que a financeirização da vida e do mundo, no bojo da globalização capitalista neoliberal, está contribuindo para o colapso das relações sociais e a destruição do meio ambiente. Realidade que cultiva uma subjetividade nos indivíduos com características de autorreferencialidade, pri-

---

[39] MATTOS, Luiz Augusto de. O fundamentalismo e a negação do sujeito ético. In: MILLEN, Maria Inês de C.; ZACHARIAS, Ronaldo (Orgs.). *Fundamentalismo*: desafios à ética teológica. Aparecida/São Paulo: Santuário/Sociedade Brasileira de Teologia Moral, 2017, p. 69-93.

[40] BOFF. *Brasil*, p. 157.

Direitos humanos e sustentabilidade na perspectiva da *Laudato Si'* 351

vatismo, parcialização com os privilegiados da sociedade, defesa da exclusão dos pobres e vulneráveis, descuido da natureza etc. Essa situação, para ser enfrentada, demanda a formação de sujeitos éticos e políticos que fomentem a resistência e a construção de uma sociedade sustentável (ecológica, social e politicamente) e defensora dos direitos humanos, sobretudo para os pobres e excluídos. Tudo indica que, se esses três eixos forem articulados e considerados na dinâmica da construção da sociedade, daremos um passo importante para seguir trabalhando e conquistando, lutando e sonhando com uma civilização mais humana, ecológica e justa.

Referências Bibliográficas

BOFF, Leonardo. *Sustentabilidade*. O que é – O que não é. Petrópolis: Vozes, 2012.

BOFF, Leonardo. *A terra na palma da mão*. Uma nova visão do planeta e da humanidade. Petrópolis: Vozes, 2016.

BOFF, Leonardo. *Brasil*. Concluir a refundação ou prolongar a dependência? Petrópolis: Vozes, 2018.

DUSSEL, Enrique. La ecologia vista desde los derechos de los pobres. In: GIRARDI, Giulio *et al. Cristianismo, justicia y ecologia*. Madrid: Editorial Nueva Utopia, 1994, p. 129-148.

FRANCISCO, Papa. *Laudato Si'*. Carta Encíclica sobre o cuidado da casa comum. São Paulo: Paulus/Loyola, 2015.

HINKELAMMERT, Franz. Critica de la ideología y crítica de la religión. Cómo el sueño de la razón produce monstruos. In: Grupo Pensamiento Crítico. Disponível em: http://www.pensamiento-critico.info/index.php/articulos/articulos-de-franz-hinkelammert/espanol/429-critica-de-la-ideologia-y-critica-de-la-religion-como--el-sueno-de-la-razon-produce-monstruos. Acesso em: 13.02.2018.

HINKELAMMERT, Franz. *Mercado versus direitos humanos*. São Paulo: Paulus, 2014.

HINKELAMMERT, Franz (Ed.). *La religion neoliberal del mercado y los derechos humanos*. San José, Costa Rica: Editorial Arlekin, 2017.

MATTOS, Luiz Augusto de. O fundamentalismo e a negação do sujeito ético. In: MILLEN, Maria Inês de C.; ZACHARIAS, Ronaldo (Orgs.). *Fundamentalismo:* desafios à ética teológica. Aparecida/São Paulo: Santuário/Sociedade Brasileira de Teologia Moral, 2017, p. 69-93.

OLIVEIRA, Manfredo Araújo de. O paradigma tecnocrático. In: MURAD, Afonso; TAVARES, Sinivaldo Silva (Orgs.). *Cuidar da casa comum*. Chaves de leitura teológicas e pastorais da *Laudato Si'*. São Paulo: Paulinas, 2016, p. 129-145.

OLIVEIRA, Pedro A. Ribeiro de. A difícil integração humana na comunidade de vida da Terra. In: MURAD, Afonso; TAVARES, Sinivaldo Silva (Orgs.). *Cuidar da casa comum*. Chaves de leitura teológicas e pastorais da *Laudato Si'*. São Paulo: Paulinas, 2016, p. 90-102.

SANSON, Cesar. O pobre coletivo: o sul no mercado globalizado. In: OLIVEIRA, Pedro A. R. de (Org.). *Opção pelos pobres no século XXI*. São Paulo: Paulinas, 2011, p. 103-119.

SANTOS, Boaventura de Sousa. *Esquerdas do mundo, uni-vos!* São Paulo: Boitempo, 2018.

16

Da bioética à biopolítica: a centralidade das periferias e as respostas solidárias diante da globalização da indiferença

Dom Ricardo Hoepers[1]

Introdução

Era um dia frio e com esparsos chuviscos. Eu e um amigo combinamos ir à Praça de São Pedro para alcançarmos a votação do Conclave da parte da manhã. Mas, quando estávamos chegando, encontramos o povo retornando entristecido por terem visto a fumaça escura. Era 13 de março de 2013. Eu era estudante de Teologia Moral em Roma e estava morando no Colégio Pio Brasileiro. Resolvemos ficar para esperar a votação do final da tarde e, graças à nossa perseverança, naquele frio, conseguimos ver a fumaça branca anunciando a eleição do novo Papa. Ficamos lá, na praça, mais ou menos 8 horas em pé, mas valeu a pena vê-lo e ouvi-lo. Seu gesto de se inclinar

[1] Dom Ricardo Hoepers é Doutor em Teologia Moral (Academia Alfonsiana – Roma) e Bispo da Diocese do Rio Grande – RS.

ao povo e pedir orações foi tocante. Um momento de silêncio ímpar no meio de uma multidão incontável que tomou conta da praça. Suas primeiras palavras me impressionaram: "Vocês sabem que o dever do Conclave é dar um bispo a Roma. Parece que meus irmãos cardeais foram buscá-lo no fim do mundo, mas estamos aqui".

Agora, consigo entender que nessas palavras já estavam contidas as chaves de ação do seu pontificado. Primeiro, ser um bispo de Roma, isto é, comprometido com a comunidade local, com a Igreja Particular, como Pastor, presente e atuando junto às pessoas. A ideia de um Papa, sucessor do *Príncipe dos Apóstolos* ou *Sumo Pontífice* não estava no interesse de destaque do seu episcopado. E isso foi se confirmando dia a dia. Em segundo lugar, a sua procedência, isto é, um bispo do fim do mundo, de um país periférico, dos chamados "países subdesenvolvidos", do "terceiro mundo", distante da cultura predominante da Europa. Agora, quando fazemos uma retrospectiva do seu pontificado, vemos uma profunda coerência entre a sua primeira apresentação, os seus escritos e sua ação pastoral. O Espírito Santo impulsionou um Papa que veio para ajudar a Igreja a se lembrar da sua pobreza, do cheiro das ovelhas, a ser hospital de campanha, a andar suja, na lama, mas focada na sua missão: *uma Igreja em saída.*

1. Globalização da indiferença

O Papa Francisco, logo no início do seu pontificado, tomou uma decisão inédita e provocadora. Resolveu visitar a ilha italiana de Lampedusa, no arquipélago das ilhas Pelágias, no mar Mediterrâneo. Lampedusa se tornou um cenário de tragédias,

Da bioética à biopolítica: a centralidade das periferias... 355

com milhares de naufrágios de imigrantes que tentam chegar à Europa. Segundo as estimativas, de 2000 a 2013, mais de 23 mil imigrantes morreram tentando realizar o sonho de entrar na Europa.[2]

Na homilia que lá proferiu, Francisco apontou claramente seu objetivo: "E então senti o dever de vir aqui hoje para rezar, para cumprir um gesto de solidariedade, mas também para despertar as nossas consciências".[3] Nessa afirmação encontra-se uma das grandes motivações para falarmos do tema biopolítica: mostrar a necessidade de nos confrontarmos com os reais dilemas vividos na sociedade e, muitas vezes, escondidos ou desprezados, nas periferias geográficas e existenciais.

Ao dizer que "sentiu o dever", o Papa expressa a voz da sua consciência moral e responde com três gestos: (1) cumpre o seu preceito religioso; (2) age humanamente movido pela sua alteridade; (3) convoca e mobiliza outras consciências para que aconteça uma mudança nas situações de vulnerabilidade. Foi um ato de solidariedade. Um gesto concreto entre aqueles que acreditam na humanização de nossas relações diante da sociedade do descarte.

O Papa Francisco começa seu pontificado se confrontando diretamente com uma questão social, definindo, assim, a linha pela qual deveria conduzir o seu governo. De fato, com esse gesto, Lampedusa deixou de ser vista como a "Ilha da Desgraça" para se tornar uma "Ponte de Esperança". Lembro-me

---

[2] GATTI, Fabrizio. Migranti, la Guerra del Mediterraneo. In: L'Espresso. Disponível em: http://speciali.espresso.repubblica.it/interattivi-2014/migranti/. Acesso em: 13.01.2018.
[3] FRANCISCO, Papa. Viagem a Lampedusa (Itália). Santa Missa pelas vítimas dos naufrágios. Homilia (08.07.2013). Disponível em: https://w2.vatican.va/content/francesco/pt/homilies/2013/documents/papa-francesco_20130708_omelia-lampedusa.html. Acesso em: 22.04.2018. Acesso em: 25.03.2018.

de Potter, que acreditou na Bioética "Ponte" como passagem necessária para um mundo melhor.[4] Se o foco central da visita foi um gesto de solidariedade, esse gesto desencadeou o que chamamos de "efeito cascata", mobilizando pessoas, grupos, instituições, poder público para que olhassem de frente o problema, até então escondido ou silenciado, e buscassem, ao menos, um diálogo, reconhecendo a urgência de respostas às tragédias que vinham se somando ao longo dos anos. Isso não significa, necessariamente, que a questão tenha sido resolvida. Problemas como os de Lampedusa têm raízes profundas e precisam ser enfrentados com muito planejamento, estratégia e perseverança.

Lampedusa se tornou um símbolo de mobilização, solidariedade, consciência do dever, focando na realidade vulnerável dos seus protagonistas e nas suas reais condições de sobrevida. A sociedade da técnica, da estética e do sucesso econômico tende a esconder o humano, o imperfeito e o pobre tirando deles o próprio nome. São "inominados",[5] como disse o Papa, lembrando do grande literato Manzoni. De fato, sabemos dos inúmeros miseráveis, dos milhares de famintos, dos tantos escravizados, dos órfãos de guerra, das vítimas de epidemias, dos despatriados e dos refugiados e outros tantos dramas sociais que poderíamos elencar aqui. O que acontece é que, muitas vezes, eles se tornam meros números, estatísticas, desprovidos de qualquer identidade.

Entendemos que seja necessário um reavivar das consciências para que ninguém seja refém de um sistema que rouba histórias e impede as pessoas de terem acesso aos direitos que lhes são próprios.

[4] POTTER, Van R. *Bioethics*. Bridge to the Future. Englewwod Cliffs, N.J.: Prentice--Hall, 1971.
[5] FRANCISCO, Papa. *Viagem a Lampedusa (Itália)*.

Da bioética à biopolítica: a centralidade das periferias... 357

Na sua Exortação Apostólica *Evangelii Gaudium*, o Papa Francisco retoma a Doutrina Social da Igreja para reafirmar a necessidade de um enfrentamento concreto dos problemas sociais:

> Os ensinamentos da Igreja acerca de situações contingentes estão sujeitos a maiores ou novos desenvolvimentos e podem ser objeto de discussão, mas não podemos evitar de ser concretos – sem pretender entrar em detalhes – para que os grandes princípios sociais não fiquem meras generalidades que não interpelam ninguém. É preciso tirar as suas consequências práticas, para que "possam incidir com eficácia também nas complexas situações hodiernas".[6]

Dessa forma, entendemos serem necessários uma aproximação e maior conhecimento dos reais problemas que surgem ao nosso redor, de modo que eles gerem oportunidades de agirmos em prol do outro. Para o Papa "é às comunidades cristãs que cabe analisar, com objetividade, a situação própria do seu país".[7]

Essa proposta de análise começa a ser organizada no Regional Sul 3, que é composto pelas 18 Dioceses do Rio Grande do Sul. Estamos criando um Observatório de Bioética. A partir do *mapeamento bioético das vulnerabilidades* nas Dioceses do Rio Grande do Sul, feito à luz das comunidades cristãs e religiosas espalhadas por elas, alcançaremos também os focos de solidariedade que são exercidos espontaneamente como reação à globalização da indiferença. O critério de utilizar as ferramentas da bioética reside principalmente no fato de almejarmos uma aproximação multidisciplinar, envolvendo as Universidades Católicas nesse processo, como *locus* para a centralização dos da-

---

[6] FRANCISCO, Papa. *Evangelii Gaudium*. Exortação Apostólica sobre o anúncio do Evangelho no mundo atual. São Paulo: Paulus/Loyola, 2013, n. 182. O Papa cita, aqui, o n. 9 do Compêndio da Doutrina Social da Igreja. Daqui em diante = EG.
[7] EG 184. O Papa cita, aqui, o n. 43 da *Octogesima Adveniens*.

358 Ética teológica e direitos humanos

dos e a produção científica de temas relacionados. Da bioética à biopolítica, na verdade, significa um caminho pelo qual, pelos núcleos de bioética ou de promoção e defesa da vida, cheguemos a biopolíticas necessárias para discernir, acolher e cuidar melhor da vulnerabilidade humana. E uma das melhores respostas vem sendo a capacidade solidária entre os vulneráveis.

Nessas ações-reações estão os germes de possíveis grandes mudanças sociais e de conscientização popular. São ações-reações que, pela natureza de sua mobilização, muitas vezes, estão fora dos programas oficiais desenvolvidos pelo poder público e outras instituições. Por vezes, a vulnerabilidade é tão severa que não dá tempo de os projetos sociais (quando existem!) do poder público alcançarem-na e evitar, assim, suas consequências. Nessas situações, a solidariedade fala mais alto como princípio de sobrevivência e de apoio mútuo, seja de base religiosa ou não.

A solidariedade é uma reação espontânea de quem reconhece a função social da propriedade e o destino universal dos bens como realidades anteriores à propriedade privada. A posse privada dos bens justifica-se para cuidar deles e aumentá-los de modo que sirvam melhor o bem comum, pelo que a solidariedade deve ser vivida como a decisão de devolver ao pobre o que lhe corresponde. Estas convicções e práticas de solidariedade, quando se fazem carne, abrem caminho a outras transformações estruturais e tornam-nas possíveis. Uma mudança nas estruturas, sem se gerar novas convicções e atitudes, fará com que essas mesmas estruturas, mais cedo ou mais tarde, se tornem corruptas, pesadas e ineficazes.[8]

Portanto, essa pesquisa quer unir Bioética, Biopolítica, Antropologia Teológica, Sociologia e Doutrina Social da Igreja

[8] EG 189.

Da bioética à biopolítica: a centralidade das periferias... 359

como referenciais teóricos de sensibilização para uma análise mais profunda dos reais dilemas morais vividos nas Dioceses do Rio Grande do Sul.

2. Da bioética à biopolítica: superar a crise antropológica

Todo o apelo do Papa Francisco em Lampedusa é uma chave de leitura que torna necessária uma nova visão e uma nova consciência de cidadania, que conclama a todos para a responsabilidade social e o comprometimento na construção de um mundo mais justo e solidário.

> "Onde está o sangue do teu irmão que clama até Mim?" Hoje ninguém no mundo se sente responsável por isso; perdemos o sentido da responsabilidade fraterna; caímos na atitude hipócrita do sacerdote e do levita de que falava Jesus na parábola do Bom Samaritano: ao vermos o irmão quase morto na beira da estrada, talvez pensemos "coitado" e prosseguimos o nosso caminho, não é dever nosso; e isto basta para nos tranquilizarmos, para sentirmos a consciência em ordem. A cultura do bem-estar, que nos leva a pensar em nós mesmos, torna-nos insensíveis aos gritos dos outros, faz-nos viver como se fôssemos bolas de sabão: estas são bonitas, mas não são nada, são pura ilusão do fútil, do provisório. Esta cultura do bem-estar leva à indiferença a respeito dos outros; antes, leva à globalização da indiferença. Neste mundo da globalização, caímos na globalização da indiferença. Habituamo-nos ao sofrimento do outro, não nos diz respeito, não nos interessa, não é responsabilidade nossa![9]

José Roque Junges, teólogo moralista brasileiro, considera que o desencantamento do mundo gerou a fragmentação da realidade, e a exploração humana sobre a natureza alavancou o

---

[9] FRANCISCO, Papa. *Viagem a Lampedusa (Itália)*.

progresso científico e industrial com seus benefícios e suas catástrofes. O próprio ser humano tornou-se vítima do seu desencanto, colocando em risco a sua própria especificidade antropológica. O progresso da genética é um exemplo claro de quanto o homem se torna passível de intervenções e manipulações e, extrapolando o campo da cura de doenças, abre-se para projetos narcisísticos e pretensões eugênicas, e tudo com respaldo jurídico. Junges, a partir disso, se questiona: "Se a falta de uma visão sistêmica da natureza está na origem dos desastres ecológicos, que tipo de desastre antropológico no futuro a crescente fragmentação do próprio ser humano poderá ocasionar?"[10]

Fenômenos naturais da vida que eram envolvidos em torno do sagrado, como o nascer e o morrer, agora, além de desmistificados e secularizados, vão trocando o referencial simbólico pela técnica. Junges considera que a lei jurídica tomou o lugar do tabu cultural. Há uma mudança no campo de atuação que faz com que este campo deixe de estar ligado ao que é natural e se transforme num campo da subjetividade.

Estaria a técnica substituindo a mediação da religião? E a lei jurídica, consegue ter para si a mesma força de proteção dos antigos tabus culturais? O fato é que a dignidade humana se tornou um bem jurídico fundamental. Mas, na sociedade fragmentada, o conceito de dignidade também resulta desconstruído.

A técnica trouxe uma série de benefícios à humanidade, e isso provocou uma euforia em relação ao progresso científico. O mito prometeico do poder ilimitado e da onipotência projetou

---

[10] JUNGES, José Roque. Desafios das biotecnologias à Teologia Moral. In: TRASFERETTI, José Antonio; ZACHARIAS, Ronaldo (Orgs.). Ser e viver. Desafios morais na América Latina. São Paulo/Aparecida: Sociedade Brasileira de Teologia Moral/Centro Universitário São Camilo/Santuário, 2008, p. 65.

Da bioética à biopolítica: a centralidade das periferias...   361

a possibilidade de um ser humano sem contingências e fragilidades. Junges entende que esse é o núcleo da crise existencial atual: cada dia mais as pessoas têm dificuldade de aceitar suas limitações e finitudes. Sem essa consciência de vulnerabilidade o homem não pode exercer sua autonomia e responsabilidade, porque não consegue superar sua fase narcisística e enfrentar a realidade adversa, criando a ilusão, por causa do seu encapsulamento, de que os problemas estão superados. Nesse sentido, tudo o que se apresenta como vulnerável, no mundo globalizado, tende a ser escondido e camuflado.

Se entre os gregos a ética surge de comunidades pequenas com relações humanas próximas e recíprocas, com as novas tecnologias tudo se alargou em nível planetário, suscitando uma nova compreensão sobre responsabilidade. De acordo com Manfredo Oliveira – reportando-se a H. Jonas –, a tecnologia potencializou o ser humano com a capacidade de produzir danos irreparáveis à natureza e a si mesmo. A ação humana teve sua natureza modificada, de modo que a relação do ser humano com a natureza fez emergir uma nova concepção de responsabilidade, sem a qual se cria um abismo entre a manipulação técnica e os preceitos éticos. A tecnologia, unida à genética, traz à tona um dos temas mais acirrados, pois nele pode-se efetivar um velho sonho: "a aspiração à planificação e a produção da vida humana em laboratório".[11]

Com a tecnologia, houve um crescimento do bem-estar e do consumo e um maior impacto no meio ambiente, o qual tem

---

[11] OLIVEIRA, Manfredo Araújo de. A ética na tensão entre absolutismo e relativismo. In: TRASFERETTI, José Antonio; ZACHARIAS, Ronaldo (Orgs.). *Ser e comunicar*. Ética e comunicação. São Paulo/Aparecida: Sociedade Brasileira de Teologia Moral/Centro Universitário São Camilo/Santuário, 2008, p. 79.

seus recursos limitados. O contrassenso dessa situação é que o ser humano, capaz de manipular tudo, não consegue pôr um fim a esse processo, que é nocivo a si mesmo e à natureza. Desse modo, ele tem em suas mãos a capacidade técnica para sua autodestruição.

Procurando explicar o sentido mais profundo dessa crise, Oliveira analisa a questão do capitalismo e seu discurso de globalização. O momento atual se configura como um sistema de mercado que se consolida em todas as bases mundiais e comanda o processo econômico, de modo que é o único mecanismo capaz de manter a sociedade moderna. Assim, o novo paradigma produtivo baseado na tecnologia da informação trouxe suas consequências: o trabalho reestruturado e o desemprego estrutural; a economia globalizada com diminuição da ação do Estado regulador; o abismo entre metas econômicas e fins sociais abrindo a porta para todo tipo de desrespeito em relação aos direitos humanos; guerras civis, corrupção, fome, pobreza, subdesenvolvimento econômico, cultural e político, grandes movimentos migratórios. Para Oliveira, é um custo muito alto para o crescimento econômico mundial.[12]

Na sociedade moderna, o pluralismo ganha força enquanto resposta à perda de uma concepção unitária de normatividade. Modelos alternativos de vida são aprendidos desde a infância, e a base social não está mais fundamentada em uma cosmovisão da totalidade, mas em diferentes cosmovisões, nas quais coexistem as mais diversas tradições culturais, colocando em xeque a coesão dos Estados nacionais e tradicionais. O ciberespaço e a cibercultura criam diferentes produções simbólicas,

---

[12] OLIVEIRA. A ética na tensão entre absolutismo e relativismo, p. 82.

Da bioética à biopolítica: a centralidade das periferias... 363

tornando-se espaço de memória informativa da sociedade atual, sem território específico, além do físico, do social, do cultural. Oliveira utiliza uma expressão de J. Habermas: situacionalização da razão. Ocorre uma inversão hierárquica em relação ao pensamento tradicional. Se antes predominava o universal, o atemporal e o necessário, agora é o particular, o mutável e o contingente que juntos fragmentam a razão em muitas razões e priorizam a heterogeneidade e a diferença como forças de emancipação da existência:

> Anuncia-se hoje a morte da razão una e universal, e se apregoa o prelúdio de uma nova época em que o pluralismo das múltiplas razões se põe no lugar da razão totalizante da tradição, isto é, passa para o primeiro plano a pluralidade dos subsistemas da razão, simplesmente um sistema justaposto ao outro sem que se possa identificar uma unidade básica entre eles, uma racionalidade capaz de abrangê-los a todos.[13]

Para Oliveira, será F. Nietzsche quem vai inaugurar um movimento contra a razão ocidental. A razão tem um poder destruidor da vida real porque tem a pretensão de interpretá-la, a partir não dela mesma, mas de uma instância transcendente. A vida contém lutas, dramas e conflitos e deve-se amar a vida com todo o seu lado negativo. Desse modo, as religiões, as metafísicas e o humanismo já não funcionam mais, pois criaram uma civilização técnico-científica que manipula a natureza e os seres humanos, que é perversa, dominadora e cínica.

Dessa forma, parece que o desafio da ética hoje é fundamentar princípios normativos tanto em nível individual como em nível institucional numa sociedade globalizada. Se por um

---

[13] OLIVEIRA. A ética na tensão entre absolutismo e relativismo, p. 86.

lado se faz necessária uma ética mais universal, por outro lado, as enormes diferenças culturais entre os povos mostram a impossibilidade de uma verdade objetiva. Disso resulta o ceticismo, que não acredita em validade universal.

O relativismo ético também se faz presente diante da multiplicidade das concepções éticas nas diferentes culturas, de modo a reconhecer nelas códigos morais válidos, mas de maneira relativa, no contexto ao qual se refere: o que é justo numa cultura pode não ser para outra. Numa perspectiva mais radical, estaria o niilismo ético, para o qual não há normas obrigatórias e cada um pode fazer o que quiser. O relativismo moral tornou-se uma espécie de referência das sociedades modernas, capazes de ter uma posição de tolerância. Mas, se o relativismo moral reconhece que não há princípios de validade universal, então qualquer tentativa de fundamentar posturas normativas universais, como no caso dos direitos humanos, se torna inválida e arbitrária. O foco do ceticismo e do relativismo é a recusa da dimensão absoluta e incondicionada para a posição das restrições particulares que cada contexto finito estabelece como verdadeiro ou falso, como justo ou injusto.[14]

Com a globalização, os fóruns internacionais trazem à tona todos os problemas em grande escala, desde questões como direitos humanos até a concentração dos recursos naturais nas mãos de poucos; problemas que exigem uma normatividade reconhecida universalmente. O relativismo ético das sociedades liberais põe obstáculos a esse processo de globalização que o momento histórico está exigindo. A determinação cultural, a linguagem distinta, a ética fragmentada sem pretensão de uni-

---

[14] OLIVEIRA. A ética na tensão entre absolutismo e relativismo, p. 105.

Da bioética à biopolítica: a centralidade das periferias... 365

versalidade levantam para a filosofia um dilema decisivo: ou se acata a renúncia de toda postura universalista ou se leva a sério o desafio da historificação que valida universalmente o discurso contingente.

Para tentar equilibrar uma resposta viável a essa crise, entendemos que seja necessária uma antropologia integral, que considere profundamente o sentido da existência e do bem comum que podemos alcançar em sociedade. Por isso, seria importante resgatarmos o estudo da Doutrina Social da Igreja, que está fundamentada numa antropologia teológica capaz de ir além dos modismos.

3. Por uma outra globalização: da solidariedade

O Papa Francisco escreveu dois documentos que deixam clara sua postura diante de questões sociais e nos oferecem fundamentos suficientes para uma abordagem certeira de tais questões à luz de uma antropologia que se edifica sobre a concepção integral do ser humano. Na Exortação Apostólica *Evangelii Gaudium* (24.11.2013) e na Encíclica *Laudato Si'* (24.05.2015), há um projeto de resgate da Doutrina Social da Igreja baseada na inclusão do pobre, no diálogo em vista da paz e no cuidado da nossa casa comum, que nos leva a repensar nossas atitudes desenfreadas na manutenção de um sistema perverso de exclusão e desencanto.

Uma outra perspectiva interessante é apontada criticamente pelo geógrafo brasileiro Milton Santos, considerado por muitos como o maior pensador da história da Geografia no Brasil e um dos maiores do mundo. Milton destacou-se por escrever e abordar inúmeros temas, como a epistemologia da Geografia, a globalização, o espaço urbano entre outros. Ele nos ajuda a compreender o momento em que vivemos. Na esteira de Henri Fouillon, afirma: "Mas a atualidade me escapa... o atual é tanto mais difícil de apreender, nas fases em que a história se acelera, quanto nos arriscamos a confundir o real com aquilo que não o é mais...".[15]

Mas é preciso considerar: "O que se acha diante de nós é o agora e o aqui, a atualidade em sua dupla dimensão temporal e espacial"; podemos acrescentar, evidentemente, a dimensão moral. Para Milton, se quisermos apreender o presente, é imprescindível um esforço no sentido de voltar as costas não ao passado, mas às categorias que ele nos legou. Os fatos estão aí, objetivos e independentes de nós, mas cabe a nós fazermos com que eles se tornem fatos históricos, identificando a relação deles com a nossa vida.

No seu livro *Por uma outra globalização*,[16] Milton aponta para o processo de globalização como o mentor das experiências de subversão sistêmica que vivemos no mundo e nas nossas cidades. Mas, ao mesmo tempo, acredita em uma globalização mais humana, em que os recursos da técnica sejam direcionados para o bem comum. Para ele, quando a economia se complica, uma dimensão espacial mais ampla se impõe, e o espaço do trabalho é cada vez menos suficiente para responder às necessidades globais do indivíduo. A percepção desse grande espaço torna-se, então, fragmentária, enquanto o espaço circundante só explica uma parcela de sua existência. O espaço sofre os efeitos do processo: a cidade torna-se estranha à região, a própria região fica alienada, já que não produz mais para servir às necessidades reais daqueles que a habitam.[17]

---

[15] SANTOS, M. *Pensando o espaço do homem*. São Paulo: EDUSP, 2012, p. 14.
[16] SANTOS, M. *Por uma outra globalização*. Do pensamento único à consciência universal. 19 ed. Rio de Janeiro: Record, 2010.
[17] SANTOS. *Pensando o espaço do homem*, p. 29.

Da bioética à biopolítica: a centralidade das periferias... 367

Quanto mais as forças produtivas são desenvolvidas, maior é a parte do capital constante, isto é, do trabalho morto, no aparelho produtivo, e mais o homem deve sujeitar-se às coisas que ele próprio construiu. Como afirmou Winston Churchill, "primeiro construímos nossas casas, depois são elas que nos constroem"; do mesmo modo, Radovan Richta nos diz que, na civilização industrial desenvolvida pelo capitalismo, o homem libertou-se de sua dependência dos elementos naturais, mas passou a depender de suas próprias criações, das matérias que fabricou e das forças que pôs em movimento.

O espaço une e separa os homens. Enquanto nossas cidades crescem, a distância entre os homens aumenta.[18] A crescente separação entre as classes agrava a distância social. Os homens vivem cada vez mais amontoados lado a lado em aglomerações monstruosas, mas estão isolados uns dos outros. O espaço que, para o processo produtivo, une os homens, é o espaço que, por esse mesmo processo produtivo, os separa. O que une, no espaço, é a sua função de mercadoria, ou de dado fundamental na produção de mercadorias. O homem se aliena tornando-se ele próprio mercadoria. Assim, a unidade dos homens pelo espaço é uma falsa unidade. Os progressos de nossa infeliz civilização conduzem mais e mais a uma sociedade atomizada por um espaço que dá a impressão de reunir, mas, na realidade, ele aparece como um todo fragmentado.[19]

Diante de uma paisagem, ou nossa vontade de apreendê-la se exerce sobre conjuntos que nos falam à maneira de cartões-postais, ou, então, nosso olhar volta-se para objetos isolados. De um modo ou de outro temos a tendência de negligenciar o todo; mesmo os conjuntos que se encontram no nosso campo de visão nada mais são que frações de um todo.

---

[18] SANTOS. *Pensando o espaço do homem*, p. 33.
[19] SANTOS. *Pensando o espaço do homem*, p. 34.

368 Ética teológica e direitos humanos

A paisagem, decerto, não é muda, mas a percepção que temos dela está longe de abarcar o objeto em sua realidade profunda. Não temos direito senão a uma aparência. O conhecimento mercantilizou--se como tudo mais e as ideias são *design* antes de serem fabricadas. Desse modo, a paisagem é qualquer coisa temível. A semantização dos objetos dá ao envoltório artificial da terra uma significação cada vez mais equívoca, fazendo da paisagem, na medida mesma de seu grau de artificialidade, uma espécie de mentira funcional. Os locais de trabalho, estudo, lazer, o quadro de nossa vida quotidiana, são concebidos como mercadorias para seduzir e atrair o consumidor; rostos que se resumem na mais completa fetichização.

Para Milton, então, é preciso desfetichizar o homem e o seu espaço,[20] arrancando da Natureza os símbolos que ocultam sua verdade: tornar significante a natureza, tornar naturais os signos,[21] revalorizar o trabalho e revalorizar o próprio homem, para que ele não seja mais tratado como valor de troca.

Enfim, para Milton é difícil mudar o mundo, mas é possível mudar nosso modo de vê-lo: "Haveremos de construir uma outra moral, aquela reclamada por Erich From para a humanidade rejuvenescida, moral em que o ser ultrapassa o ter, em que a generosidade ultrapassa o egoísmo"[22].

Considerações finais

A proposta biocêntrica para a crise antropológica que estamos vivendo pode ser um caminho seguro, fundamentado na Doutrina Social da Igreja. O Papa Francisco vem nos apontan-

---

[20] SANTOS. *Pensando o espaço do homem*, p. 39.
[21] SANTOS. *Pensando o espaço do homem*, p. 39.
[22] SANTOS. *Pensando o espaço do homem*, p. 41.

Da bioética à biopolítica: a centralidade das periferias... 369

do o rumo para focarmos na centralidade das periferias, onde os reais problemas humanos aparecem desnudos e desvelados. Quando nos encontramos com eles, lembramos quem realmente somos e como precisamos uns dos outros: trata-se do princípio de solidariedade. Toda ação do próprio Cristo se revela no encontro com a vulnerabilidade humana até o ápice da experiência da morte de cruz: Jesus quis se tornar o vulnerável dos vulneráveis. A partir dessas reflexões, quis apresentar o início de uma pesquisa que está se construindo e se consolidando nas periferias do Sul do nosso Brasil. Ser solidário não é uma opção para desencargo de consciência diante do sofrimento, mas uma escolha evangélica, enraizada na revelação do próprio Deus que se tornou um de nós, solidário à nossa natureza, experimentando a mais profunda periferia existencial: "Deus amou tanto o mundo que deu o seu filho unigênito, para que não morra aquele que nele crer, mas tenha a vida eterna" (Jo 3,16). Cuidar do *Bios*, da ética à política, é cuidar do humano, para que não perca sua natureza de imagem e semelhança divina (Gn 1,27) e, na experiência do amor, cure os rostos desfigurados pela globalização da indiferença por meio da globalização da solidariedade.

Referências Bibliográficas

AUBERT, Jean-Marie. *Compendio de la Moral Católica*. Valencia: Edicep, 2004.

BAUMAN, Zygmunt; DONKIS, Leônidas. *Cegueira Moral*. A perda da sensibilidade na modernidade líquida. Rio de Janeiro: Zahar, 2014.

CAFFARRA, Carlo. *Le radici della Bioetica*. Congresso Internazionale (Roma 15-17 febbraio 1996). Disponível em: http://www.caffarra.it/radici_96.php. Acesso em: 04.05.2018.

CONFERÊNCIA NACIONAL DOS BISPOS DO BRASIL. *Temas da Doutrina Social da Igreja.* Col.: Projeto Nacional de Evangelização: Queremos ver Jesus Caminho, Verdade e Vida, caderno 1. São Paulo: Paulinas; Paulus, 2004.

COUTINHO, Vitor. *Bioética e Teologia*: Que paradigma de interacção? Coimbra: Gráfica de Coimbra, 2005.

FERNÁNDEZ, Juan Filgueiras. *Desafíos a la moral social.* Moral social e comunitária. Santiago de Compostela: Edicep, 2005.

FERRER, J. J.; ÁLVAREZ, J. C. *Para fundamentar la bioética.* Teorías y paradigmas teóricos en la bioética contemporánea. Bilbao: Desclée De Brouwer, 2003.

FRANCISCO, Papa. *Evangelii Gaudium.* Exortação Apostólica sobre o anúncio do Evangelho no mundo atual. São Paulo: Paulus/Loyola, 2013.

FRANCISCO, Papa. *Laudato Si'.* Carta Encíclica sobre o cuidado da casa comum. São Paulo: Paulus/Loyola, 2015.

FRANCISCO, Papa. *Viagem a Lampedusa (Itália). Santa Missa pelas vítimas dos naufrágios.* Homilia (08.07.2013). Disponível em: https://w2.vatican.va/content/francesco/pt/homilies/2013/documents/papa-francesco_20130708_omelia-lampedusa.html. Acesso em: 22.04.2018. Acesso em: 25.03.2018.

GATTI, Fabrizio. Migranti, la Guerra del Mediterraneo. In: *L'Espresso.* Disponível em: http://speciali.espresso.repubblica. it/interattivi-2014/migranti/. Acesso em: 13.01.2018.

HÄRING, Bernhard. *La morale é per la persona.* L´Etica del personalismo Cristiano. Roma: Paoline, 1973.

HARRIS, Sam. *A paisagem moral.* Como a ciência pode determinar os valores humanos. São Paulo: Companhia das Letras, 2013.

Da bioética à biopolítica: a centralidade das periferias...   371

JUNGES, José Roque. Desafios das biotecnologias à Teologia Moral. In: TRASFERETTI, José Antonio; ZACHARIAS, Ronaldo (Orgs.). *Ser e viver*. Desafios morais na América Latina. São Paulo/Aparecida: Sociedade Brasileira de Teologia Moral/ Centro Universitário São Camilo/Santuário, 2008, p. 63-75.

OLIVEIRA, Manfredo Araújo de. A ética na tensão entre absolutismo e relativismo. In: TRASFERETTI, José Antonio; ZACHARIAS, Ronaldo (Orgs.). *Ser e comunicar*. Ética e comunicação. São Paulo/Aparecida: Sociedade Brasileira de Teologia Moral/Centro Universitário São Camilo/Santuário, 2008, p. 77-120.

PESSINI, Leo; BERTACHINI, Luciana; BARCHIFONTAINE, Christian de Paul. *Bioética, cuidado e humanização*: das origens à contemporaneidade. São Paulo: Loyola, 2014.

PONTIFÍCIO CONSELHO 'JUSTIÇA E PAZ'. *Compêndio da Doutrina Social da Igreja*. São Paulo: Paulinas, 2008.

POTTER, Van R. *Bioethics*. Bridge to the Future. Englewwod Cliffs, N.J.: Prentice-Hall, 1971.

SANTOS, Milton. *Espaço e sociedade*. Petrópolis: Vozes, 1979.

SANTOS, Milton. *O espaço dividido*. Os dois circuitos da economia urbana dos países subdesenvolvidos. 2 ed. São Paulo: EDUSP, 2008.

SANTOS, Milton. *Pensando o espaço do homem*. 5 ed. São Paulo: EDUSP, 2012

SANTOS, Milton. *Por uma outra globalização*. Do pensamento único à consciência universal. 19 ed. Rio de Janeiro: Record, 2010.

SANTOS, Milton. *Economia espacial: críticas e alternativas*. 2 ed. São Paulo: EDUSP, 2011.

SANTOS, Milton. *Metamorfoses do espaço habitado*. 6 ed. São Paulo: EDUSP, 2014.

SANTOS, Milton. *O trabalho do geógrafo no Terceiro Mundo*. 5 ed. São Paulo: EDUSP, 2013.

SANTOS, Milton. *Por uma Economia Política da Cidade*. O caso de São Paulo. 2 ed. São Paulo: EDUSP, 2012.

SANTOS, Milton. *Por uma Geografia nova*. 6 ed. São Paulo: EDUSP, 2012.

SGRECCIA, E. *et al.* (a cura di). *Le radici della bioetica*. Vol. II. Milano: Vita e Pensiero, 1998.

STIGLITZ, Joseph E. *Globalização*. Como dar certo. São Paulo: Companhia das Letras, 2007.

VIDAL, Marciano. *Moral de atitudes: moral social*. Vol. 3. Aparecida: Santuário, 1980.

WILLIAMS, J. *Christian Perspectives on Bioethics*. Religious Values and Public Policy in a Pluralistic Society. Ottawa: Novalis, 1997.

17

Direitos humanos e saúde pública global em diálogo interdisciplinar e libertador

Alexandre Andrade Martins[1]

Introdução

Em um mundo globalizado, a justiça no contexto de assistência à saúde não pode ser vista apenas como um problema local, mas como uma questão que envolve problemas socioeconômicos globais. Num mundo com mais de 6 bilhões de pessoas, das quais metade vive em situação de pobreza e um terço abaixo da linha de pobreza,[2] miséria, fome, doenças, desemprego, falta de acesso à educação e à moradia apropriada não são apenas questões locais nem as responsáveis por impedir o florescimento natural das pessoas e das famílias. Todos esses problemas são resultado de estruturas e decisões socioeconô-

---

[1] Alexandre Andrade Martins é Doutor em Ética Teológica/Bioética (Marquette University, Milwaukee, Wisconsin/USA), Mestre em Ciências da Religião (Pontifícia Universidade Católica – São Paulo), Especialista em Bioética e Pastoral da Saúde (Centro Universitário São Camilo) e Professor Associado da Marquette University.
[2] THE WORLD BANK. *2017 World Development Indicators.* Washington, DC: World Bank, 2017. Disponível em: https://data.worldbank.org/products/wdi. Acesso em: 05.05.2018.

micas globais que criam vítimas de injustiças e desigualdades socioeconômicas nas realidades locais. Há o que podemos chamar de violência institucional de caráter internacional que cria suas vítimas oprimindo e marginalizando pessoas vulneráveis. No contexto da reflexão teológica, afirma-se que isso é um *pecado social* que cria *povos crucificados* na história.[3]

Em um mundo globalizado, no qual a economia globalizada é a extensão do reino mundial, problemas locais – os que são visíveis, aqueles que têm face e podem ser tocados – não estão isolados dos globais. Ademais, um problema local particular, como as iniquidades em saúde, não é independente dos demais. Dessa forma, iniciativas que almejam responder às questões de iniquidades na assistência à saúde exigem ações capazes de atingir as estruturas socioeconômicas responsáveis por injustiças sociais e suas consequências na vida das pessoas mais vulneráveis, tais como as questões relacionadas à educação, ao saneamento básico, ao desemprego, à água potável e à segurança pública.

A história que segue ocorreu no Brasil e ilustra bem a situação de muitas pessoas vítimas do problema apresentado anteriormente. Um senhor que trabalhava numa fazenda de gado no meio da região amazônica partilhou seu drama comigo enquanto esperava para ser atendido por um médico em um pronto-socorro de um pequeno hospital. Ele estava com febre, muita dor nas costas, tremia, suava intensamente e sentia forte dor de cabeça. Estava com todos os sintomas de dengue, uma enfermidade que castigava essa região. O pronto-socorro parecia um acampamento militar de assistência a soldados feridos em uma guerra. Pessoas estavam espalhadas por todos os cantos; até o chão ti-

---

[3] SOBRINO, Jon. *O princípio misericórdia: descer da cruz os povos crucificados*. Petrópolis: Vozes, 1994, p. 93-95.

Direitos humanos e saúde pública global em diálogo...   375

nha se tornado leito para pacientes. Os poucos profissionais de saúde não conseguiam atender a todos adequadamente. Alguns voluntários, provenientes da comunidade local, tentavam ajudar acomodando pacientes e providenciando água e comida. Esse senhor contou-me que nasceu e foi criado na roça, numa pequena propriedade que pertencia ao seu pai. Sua família trabalhava com agricultura familiar e extrativismo vegetal (conhecido hoje como agricultura sustentável porque dispensa o desflorestamento). Fazendeiros de outras regiões do país (ele não sabia dizer de onde eles eram) começaram a comprar terras por lá e a convencer os pequenos agricultores de que suas terras não pertenciam a eles porque não tinham documentos que provassem a posse. Os pequenos produtores tiveram que aceitar o pouco dinheiro que lhes era dado, pois, do contrário, perderiam suas terras por nada, uma vez que não tinham escrituras. Sem qualquer tipo de conhecimento da real situação, os pequenos produtores, conhecidos na região como *colonheiros,* aceitavam a oferta e mudavam para a cidade mais próxima, uma pequena vila sem a menor estrutura urbana para receber esses novos habitantes. Consequentemente, passavam a viver em áreas de extrema pobreza, sem saneamento básico, eletricidade e água corrente limpa. Além disso, eles não conseguiam emprego na cidade e acabavam voltando às fazendas, agora grandes latifúndios de propriedade de corporações nacionais e até internacionais, para trabalhar como peões sob condições precárias e sem direitos trabalhistas. Esses ex-colonheiros passaram a ser altamente vulneráveis a todos os tipos de doença, especialmente a doenças tropicais, como a dengue.

Esse senhor contou que sentia saudades da sua infância, quando podia beber água potável direto da fonte. Disse ele: "Estou doente agora e parece que tenho dengue por causa da água em volta da minha casa. Eles disseram que não vou morrer de dengue e o doutor vai me ajudar. Apenas preciso ter paciência. Mas tem muita gente aqui e o doutor não tem tempo para me ver. Estou com medo de morrer antes de ver o doutor ou a enfermeira. Também estou preocupado em perder meu trabalho, pois tenho filhos para dar de comer". Perguntei: "O seu chefe não entende que o senhor está doente e precisa de alguns dias em casa para se recuperar?" Ele respondeu: "Meu patrão não está nem aí; se eu não for trabalhar, ele chama outra pessoa. Sempre diz que o trabalho na fazenda nunca pode parar. E eu sei que tem muitas pessoas precisando de trabalho. Gosto do trabalho na roça, mas odeio esse emprego. Preciso dele, não tenho escolha". Esse senhor tinha apenas 35 anos, mas parecia ter 50. A sua situação é um exemplo concreto de uma face local que tem sua dignidade ferida pela exploração e falta de acesso aos bens mínimos para satisfazer suas necessidades. Esse senhor é um exemplo de uma pessoa crucificada, vítima da violência institucional com poderes globais e danos locais.

Contei essa história porque o método utilizado neste capítulo é fundamentado na perspectiva daqueles que estão na base da sociedade, isto é, os pobres. Em teologia, essa perspectiva é conhecida como *a partir de baixo* e está enraizada na opção preferencial pelos pobres. No contexto da saúde, particularmente em saúde global,[4]

---

[4] Saúde global é entendida, aqui, como uma nova área da saúde voltada às questões de assistência à saúde que ultrapassam as fronteiras de um país, especialmente as que afetam os países e as populações mais pobres. Essa área ainda é pouco explorada no Brasil, mas vem ganhando destaque com as ações de diversas organizações internacionais e centros de ensino e pesquisa. Importante apresentação sobre saúde global foi publicada por professores da Escola de Saúde Pública e Global da Universidade de Harvard: FARMER, Paul; YONG KIM, Jim et al. Reimagining Global Health: An Introduction. Berkeley, London: University of California Press, 2013. No Brasil, o médico sanitarista Paulo Fortes apresenta saúde global desta forma: "Desde as últimas décadas do século passado, vem

Direitos humanos e saúde pública global em diálogo... 377

pode-se dizer que é uma perspectiva *centrada nas pessoas* que considera as experiências locais com as tradições, os costumes e as lutas das pessoas mais vulneráveis a ficar enfermas e sem acesso à assistência à saúde, isto é, os pobres. Ambos os métodos, *a partir de baixo* e *centrado nas pessoas*, levam ao encontro dos pobres e marginalizados com o objetivo de ouvir suas vozes e histórias. Esses dois métodos contribuem para a constituição de um paradigma e de estratégias capazes de responder às questões de justiça na saúde em um mundo globalizado a partir da perspectiva das vítimas da violência estrutural,[5] de forma próxima das faces sofridas do povo em seu contexto local. Portanto, meu objetivo é estabelecer um diálogo entre esses dois métodos visando a uma ação por justiça no mundo da saúde, capaz de empoderar os pobres e defender a assistência à saúde como um direito humano, livre da interferência do poder socioeconômico globalizado de caráter neoliberal.

Concretamente, abordo a questão da saúde como um direito humano, tendo como base uma visão teológica. Desta forma, apresentarei questões de justiça na saúde em termos globais

---

sendo construído o campo da Saúde Global, com caráter multiprofissional e interdisciplinar, envolvendo o conhecimento, o ensino, a pesquisa e a prática, enfocando questões e problemas de saúde supraterritoriais, que extrapolam as fronteiras nacionais, assim como seus determinantes e as possíveis soluções, necessitando da intervenção e de acordos entre diversos atores sociais, incluindo países e governos, agências e instituições internacionais públicas e privadas". FORTES, Paulo A. de Carvalho. Refletindo sobre os valores éticos da saúde global. In: *Saúde e Sociedade*, v. 24, supl. I (2015): 154.

[5] Uso os termos violência estrutural ou violência institucionalizada a partir da visão e análise inicialmente desenvolvida pelos bispos latino-americanos, reunidos nas conferências de Medellín (1968), Puebla (1979) e Aparecida (2017). CONSELHO EPISCOPAL LATINO-AMERICANO (CELAM). *Documentos do CELAM: Conclusões das Conferências do Rio de Janeiro, Medellín, Puebla e Santo Domingo*. São Paulo: Paulus, 2005, p. 78, 330, 303; CONSELHO EPISCOPAL LATINO-AMERICANO (CELAM). *Documento de Aparecida*. Texto Conclusivo da V Conferência Geral do Episcopado Latino-Americano e do Caribe (13-31 de maio de 2007). 2 ed. Brasília/São Paulo: Brasília/Paulus/Paulinas, 2007, n. 95.

que consideram o mundo globalizado e a realidade local dos pobres. Meu objetivo, assim, é contribuir para o fortalecimento de um paradigma capaz de sustentar a assistência à saúde como um bem social comum. Todos têm o direito de gozar do benefício do acesso à assistência à saúde que, além de restaurar a saúde, promove o bem-estar. Esse paradigma se fundamenta numa perspectiva libertadora que nasce *de baixo* e numa visão de saúde *centrada nas pessoas,* isto é, uma saúde global que prioriza as pessoas, e não o mercado. Ambas as perspectivas valorizam a cultura local, as particularidades de cada contexto e a experiência dos pobres como vítimas da violência estrutural. Dessa forma, a reflexão que segue propõe um caminho para a assistência à saúde como um direito humano em diálogo entre estudos epidemiológicos sobre as iniquidades em saúde, fundamentação filosófica sobre a saúde como um bem social que deve ser distribuído como um direito e teologia da libertação e seu argumento de que a real transformação deve começar a partir dos pobres, *de baixo.*

1. Saúde global: pobreza, enfermidade e saúde populacional

Pobreza e saúde estão relacionadas. Aqueles que são pobres e vivem em áreas com grande injustiça social são os mais vulneráveis a ficar enfermos.[6] Eles também são vítimas da violência institucionalizada que os impede de acessar a míni-

---

[6] GBD 2015 SDG COLLABORATORS. Measuring the Health-Related Sustainable Development Goals in 188 Countries: a Baseline Analysis from the Global Burden of Disease Study 2015. In: *The Lancet* 338 (2016): 1813-1850. Disponível em: http://dx.doi.org/10.1016/S0140-6736(16)31467-2. Acesso em: 08.05.2018.

Direitos humanos e saúde pública global em diálogo... 379

ma assistência à saúde. As injustiças sociais, responsáveis pelas iniquidades e desigualdades em saúde, afetam primeiramente as pessoas pobres que vivem em países de baixa renda ou subdesenvolvidos. Ações de combate à injustiça a partir de baixo requerem que as questões de iniquidades em saúde sejam consideradas a partir da perspectiva dos primeiramente afetados por essas iniquidades: os pobres. A opção preferencial pelos pobres embasa métodos centrados nas pessoas como um meio para promover justiça na saúde e, ao mesmo tempo, desenvolver caminhos alternativos para responder aos desafios provocados pelas iniquidades na assistência à saúde.

Embora a opção preferencial pelos pobres seja um conceito teológico, a natureza da saúde global, como disciplina e ativismo mundial por justiça na saúde, requer um trabalho interdisciplinar em vista de mostrar e responder aos desafios da relação entre pobreza, enfermidade e saúde populacional. A opção preferencial pelos pobres contribui para a saúde global mostrando o impacto da violência institucional nas realidades locais a partir da perspectiva das vítimas. Um grupo de professores em saúde global da Universidade de Harvard, liderado por Paul Farmer e Jim Yong Kim, fundadores da ONG *Partners in Health*, afirma que os desafios da saúde global exigem um método interdisciplinar. Eles dizem que a saúde global é caracterizada por ser uma conjuntura de diversos problemas e, por isso, demanda cooperação interdisciplinar. Assim, requer um esforço analítico biossocial.[7] Há muitas desigualdades em saúde que criam um fardo de doenças para os países pobres e as pessoas mais vulneráveis. A primeira desigualdade está entre os países de baixa e os de alta renda. "A relação entre o produto interno bruto (PIB) e a

---

[7] FARMER, Paul; YONG KIM, Jim *et al. Reimagining Global Health*, p. 2.

saúde é o ponto de partida para a análise das desigualdades em saúde global".[8] Crescimento econômico não equivale automaticamente ao melhoramento da saúde populacional. A classe social tem imenso impacto nos indicadores de saúde, assim como fatores sociais, políticos e econômicos. Segundo Farmer, Kim *et al*, "a saúde dos indivíduos e das populações é influenciada por forças sociais complexas e estruturais; atingir as raízes das enfermidades – incluindo pobreza, desigualdade e degradação ambiental – requer uma ampla agenda de transformação social".[9]

Considerar a justiça social e as iniquidades em saúde na perspectiva dos pobres evidencia quais são as vítimas da violência estrutural, violência responsável por impedir que tenham acesso aos bens mínimos para o seu natural desenvolvimento. Essas pessoas têm uma voz que deve ser escutada dentro do debate acadêmico e político sobre justiça na saúde. O único caminho para isso acontecer passa pela coragem de juntar-se a elas e pelo conhecimento existencial da sua realidade e do seu sofrimento. Essas vozes são relevantes para o debate acadêmico e político sobre justiça no mundo da saúde. Faz-se urgente estabelecer um amplo diálogo entre todos os interessados em responder aos desafios da saúde global, diálogo que precisa incluir a voz dos pobres por meio de estruturas que possam garantir sua participação de forma efetiva. Caso contrário, seus interesses estarão sempre nas mãos daqueles que não conhecem sua dor.

A natureza interdisciplinar da saúde global abre espaço para a teologia e outras ciências responderem às questões provenientes da viciosa relação entre pobreza, enfermidade e saúde populacional a partir de baixo. Sendo médico, antropólogo e

---

[8] FARMER; YONG KIM et al. Reimagining Global Health, p. 5.
[9] FARMER; YONG KIM et al. Reimagining Global Health, p. 10.

Direitos humanos e saúde pública global em diálogo...

381

leitor da teologia da libertação, Paul Farmer inspira-se na opção preferencial pelos pobres para guiar suas pesquisas e serviços médicos em saúde global. Farmer aplica *insights* da teologia da libertação no contexto da saúde e de problemas de justiça social. Ele mostra como a opção preferencial pelos pobres ilumina a realidade dos pobres e sua luta por acesso a serviços de saúde. Os pobres vivem em uma realidade social que os torna vulneráveis a enfermidades e a morrer precocemente devido à falta de acesso à assistência à saúde. A teologia da libertação busca compreender os mecanismos estruturais que oprimem os pobres. Farmer enfatiza como essa realidade impacta a saúde dos pobres e como a teologia da libertação sugere caminhos para responder a esse desafio a partir de baixo, isto é, caminhos em que os pobres se tornam sujeitos da sua própria libertação. Seu trabalho mostra princípios da teologia da libertação aplicados à prática médica. Assim, Farmer defende a tese de que médicos e ativistas pela saúde global devem combater a violência estrutural e fazer uma opção preferencial pelos pobres.[10]

A relação entre pobreza e enfermidade é inegável. Os pobres e os grupos vulneráveis são os mais afetados pelas desigualdades sociais e têm sua saúde danificada. Segundo Laurie Ann Wermuth, "a pobreza é prejudicial à saúde em dois sentidos: primeiro, necessidades humanas básicas como comida, moradia e água potável não são realizadas adequadamente. Segundo, a pobreza com riqueza existente em paralelo contribui para a falta de confiança e coesão dentro de um grupo social".[11] A pobreza faz com que as

---

[10] FARMER, Paul. *Pathologies of Power: Health, Human Rights, and the New War on the Poor.* Berkeley: University of California Press, 2003, p. 165.
[11] WERMUTH, Laurie Ann. *Global Inequality and Human Needs: Health and Illness in an Increasingly Unequal World.* Boston, MA: Allyn and Bacon, 2003, p. 7.

382 Ética teológica e direitos humanos

pessoas não tenham acesso aos bens primários dos quais necessitam para viver com dignidade. Os pobres são mais vulneráveis a enfermidades; sem boas condições de saúde, eles não têm acesso aos bens necessários para melhorar sua vida, uma vez que bom *status* de saúde é uma condição para o desenvolvimento. Em outras palavras, a pobreza cria condições precárias de saúde que fazem o pobre ficar ainda mais empobrecido; consequentemente, isso produz um *status* de saúde ainda mais baixo.[12] Há aqui um círculo estrutural de violência e injustiça contra aqueles que nunca tiveram uma oportunidade para mudar sua vida.

A relação entre pobreza e saúde populacional também nos faz considerar a conexão entre saúde e questões macroeconômicas. De acordo com o relatório da Comissão sobre Macroeconomia e Saúde (CMS), da Organização Mundial de Saúde, adequado *status* de saúde é necessário para o desenvolvimento econômico.[13] A CMS propõe uma mudança de paradigma *de* crescimento econômico como precondição para o melhoramento real da saúde *para* o melhoramento do *status* de saúde das pessoas como fator central para o crescimento econômico. Países devem enfrentar as questões de iniquidades em saúde para criar condições para o desenvolvimento econômico de uma forma que o gasto público priorize as necessidades relacionadas à assistência à saúde por parte dos pobres.

---

[12] DANIELS, Norman; KENNEDY, Bruce; KAWACHI, Ichiro. Health and Inequality, or, Why Justice is Good for Our Health. In: ANAND, Sudhir; PETER, Fabienne; SEN, Amartya. *Public Health, Ethics, and Equity*. New York: Oxford University Press, 2004, p. 65-66.

[13] WORLD HEALTH ORGANIZATION – COMMISSION ON MACROECONOMICS AND HEALTH. *Investing in Health: A Summary of the Findings of the Commission on Macroeconomics and Health*. Disponível em: http://www.who.int/macrohealth/documents/tough_choices/en/. Versão em português: http://apps.who.int/iris/bitstream/handle/10665/42709/9248562418_por.pdf;jsessionid=9F44320CC5EAB68CA34A166C295602A4?sequence=3. Acesso em: 25.05.2018.

Direitos humanos e saúde pública global em diálogo... 383

Os países subdesenvolvidos são os que mais sofrem com as iniquidades em saúde, com imensos números de cidadãos vivendo em condições de grande vulnerabilidade. Eles carregam 93% do fardo mundial das doenças e contam com apenas 11% do gasto global com saúde.[14] Para responder às questões de acesso à saúde, esses países precisam aumentar seus recursos domésticos destinados à saúde. Contudo, eles não têm recursos suficientes. Necessitam de ajuda internacional dos países mais ricos. A CMS afirma que "a saúde é uma base fundamental do crescimento econômico e do desenvolvimento social".[15] E acrescenta: "Para atingir estes enormes benefícios em saúde e crescimento econômico, a Comissão pede um aumento importante nos recursos atribuídos ao setor da saúde nos próximos anos. Cerca de metade do aumento total seria proveniente da assistência internacional ao desenvolvimento".[16] A CMS conclama ações globais para responder aos problemas de saúde. Essas ações, acima de tudo, devem ser voltadas para os que vivem em situação de risco e alta vulnerabilidade, isto é, os pobres, especialmente os que vivem em países subdesenvolvidos.

O relatório da CMS também questiona o modo como a ajuda internacional dos países ricos é destinada à saúde nos países de baixa renda. A ajuda internacional à saúde não deve ser apenas econômica, mas precisa incorporar questões de desenvolvimento social e relações internacionais em termos de mercado. Em outras palavras, a ajuda destinada à saúde também precisa incluir investimentos em áreas sociais, como educação, saneamento, tratamento de água, oferta de emprego etc.

---

[14] WORLD HEALTH ORGANIZATION. *Investing in Health*, p. 16-21.
[15] WORLD HEALTH ORGANIZATION. *Investing in Health*, p. 11
[16] WORLD HEALTH ORGANIZATION. *Investing in Health*, p. 14.

A relação entre pobreza e enfermidades exige amplos investimentos sociais. Conscientes do injusto fardo de doenças e da desproporcional vulnerabilidade, estudiosos da saúde global enfatizam áreas que necessitam ser priorizadas e defendem que "o avanço da equidade em saúde global implica mudanças sociais estruturais".[17] Seis áreas precisam ser tomadas como prioritárias porque representam as maiores desigualdades entre os países de baixa e alta renda no que diz respeito ao fardo de doenças. Essas áreas provam que os pobres e os países de baixa renda contam basicamente com 93% de todo o fardo de doenças do mundo e menos de 11% dos recursos. A África, por exemplo, tem 24% de todas as doenças globais e apenas 1% dos recursos financeiros para a saúde.[18] As seis áreas de prioridade são: *saúde materna e infantil; HIV/AIDS, TB e malária; doenças tropicais negligenciadas; doenças não transmissíveis; câncer e cirurgia.*[19] Os pobres, que morriam mais devido a doenças tropicais, agora também morrem em decorrência de doenças não transmissíveis, tais como cardiopatias. As doenças não transmissíveis são responsáveis por 60% da mortalidade global, e 80% delas acontecem nos países pobres.[20] Especialistas sugerem um "método diagonal" como o mais apropriado para essas seis áreas, porque esse método guia o combate dessas doenças de forma integrada dentro de um sistema com forte ação voltada para a assistência primária à saúde, incluindo os determinantes sociais de saúde.[21]

O método diagonal não apenas olha para a doença quando do ela aparece, mas inclui a realidade local dos pobres na qual as enfermidades aparecem. Dessa forma, os pobres, com suas

---

[17] FARMER; YONG KIM et al. Reimagining Global Health, p. 303.
[18] FARMER; YONG KIM et al. Reimagining Global Health, p. 303.
[19] FARMER; YONG KIM et al. Reimagining Global Health, p. 305-331.
[20] FARMER; YONG KIM et al. Reimagining Global Health, p. 320.
[21] FARMER; YONG KIM et al. Reimagining Global Health, p. 323.

Direitos humanos e saúde pública global em diálogo... 385

vozes, experiência, cultura e costumes, tornam-se aliados no combate às doenças e na promoção da saúde. Isso é importante para evitar ações de cima para baixo, que ignoram a realidade local dos pobres e seu potencial. João Biehl e Adriana Petryna, com o lema *Quando as pessoas vêm primeiro* – que é também o título de um livro técnico em inglês organizado por eles (*When People Come First*) –, apresentam uma proposta de ver a realidade social e sua relação com a saúde a partir da perspectiva *centrada nas pessoas*, com um caráter antropológico capaz de criar "uma crítica etnográfica do empreendimento contemporâneo em saúde global".[22] Eles sugerem a integração de diferentes perspectivas dentro da saúde global, tais como sociológica, econômica, ética, biológica, governamental e dos direitos humanos. Assim, teríamos um método compreensivo e amplo, com estudos teóricos e empíricos dando prioridade ao respeito à dignidade e à singularidade dos povos, que nos levaria a prestar mais atenção nas lutas e visões de mundo de cada povo particular. Biehl e Petryna almejam "o avanço de esquemas metodológicos e analíticos capazes de focar nas pessoas e no dinamismo dos campos sociais".[23] O desafio seria construir um "esquema transversal para integrar saúde, desenvolvimento e justiça social"[24] dentro de uma alternativa que não ignorasse as particularidades culturais de cada grupo social. A opção preferencial pelos pobres se encaixa bem dentro desse projeto e oferece uma contribuição para o amadurecimento desse esquema.

---

[22] BIEHL, João; PETRYNA, Adriana. *When People Come First: Critical Studies in Global Health*. Princeton, NJ: Princeton University Press, 2013, p. 5.
[23] BIEHL; PETRYNA. *When People Come First*, p. 15.
[24] BIEHL; PETRYNA. *When People Come First*, p. 19.

2. Assistência à saúde como bem social e direito humano

Conceber a assistência à saúde como um direito humano é um caminho para avançarmos no objetivo de combater as iniquidades em saúde e as políticas neoliberais que fazem dos serviços de saúde um privilégio de consumo. A assistência à saúde como um direito humano vai ao encontro da perspectiva a partir de baixo e centrada na pessoa, como apresentada até aqui. Enquanto essa perspectiva oferece bases para estratégias de saúde de forma participativa, democrática e universal, o argumento de saúde como direito humano oferece um paradigma para que tais serviços sejam acessíveis a todos, sem a interferência do livre mercado. Nesse sentido, sugiro a construção de um argumento para a justiça na saúde que "voe" com o auxílio de duas asas: uma filosófica e outra teológica.

2.1 Uma asa filosófica para a justiça na saúde

A tese básica deste texto é que a assistência à saúde entendida como um direito humano proporciona um paradigma para a promoção da saúde e do bem-estar capaz de responder às exigências de justiça em um contexto de grandes iniquidades. A assistência à saúde é um bem social que precisa ser acessível para que os seres humanos tenham oportunidade para florescerem. Isso aponta para duas dimensões de justiça na saúde: equidade na saúde é uma consequência da justiça social, e a saúde fundamenta a igualdade no acesso às oportunidades sociais.

Segundo Amartya Sen, o debate sobre equidade na saúde demanda a inclusão da saúde em uma ampla agenda voltada para a justiça social:

Direitos humanos e saúde pública global em diálogo... 387

A equidade na saúde tem muitos aspectos e é melhor compreendida se for abordada como um conceito multidimensional. Ela inclui questões sobre as conquistas no campo da saúde e sobre a capacidade de se obter uma vida saudável, e não apenas questões de distribuição dos serviços de saúde. Ela também implica a justiça dos processos, de modo que não exista discriminação na prestação dos cuidados à saúde. Ademais, uma ação adequada voltada à equidade na saúde exige que as preocupações com ela sejam consideradas numa perspectiva mais ampla de justiça e equidade social, dando adequada atenção à versatilidade dos recursos, aos diversos alcances das ações e ao impacto dos diferentes arranjos sociais.[25]

O argumento de Sen sugere que é preciso olhar para as questões de desigualdade e justiça social antes mesmo de discutir as questões de justiça na saúde. Ou, até mesmo, considerar essas questões de forma paralela. A assistência à saúde deve ser um direito humano para poder responder às necessidades dos pobres, vítimas da injustiça. Dessa forma, os caminhos para promover a justiça começam com questões ligadas à desigualdade social, geradora de pobreza. Muitas teorias buscam mostrar caminhos para a promoção da justiça para pessoas que vivem numa sociedade desigual. Isso levanta um grande debate sobre igualdade. Alguns acreditam que igualdade social é o ponto de partida para a justiça. Outros pensam que igualdade social não é possível e a justiça permite certos níveis de desigualdades. Há também os que afirmam que uma sociedade desigual e injusta necessita de ações sociais desiguais para promover a justiça capaz de levar à igualdade social.

---

[25] SEN, Amartya. Why Health Equity? In: ANAND; PETER; SEN. *Public Health, Ethics, and Equity*, p. 31.

O filósofo estadunidense John Rawls,[26] um dos principais responsáveis da nossa era por resgatar a teoria política do contrato social, em seu livro *Uma teoria da justiça* (1971), defende que a justiça começa a partir dos mais desfavorecidos de uma sociedade. Sua intuição é que, quando as pessoas não têm qualquer conhecimento sobre sua vida futura – situação que Rawls descreve como *posição original* por trás do *véu da ignorância* –, elas escolheriam dois princípios de justiça para estruturar a sociedade de modo a favorecer a satisfação das necessidades primárias dos seres humanos: *o princípio de justiça ou igual liberdade* e o *princípio da diferença*.[27] Esses princípios favoreceriam a demanda dos bens primários, que, segundo Rawls, são: *liberdades, oportunidades e renda/ riqueza*. Por trás do *véu da ignorância,* os indivíduos fariam um pacto baseado na aceitação desses princípios de justiça. Esse pacto ou contrato social ocorreria entre indivíduos que fossem iguais e sob as mesmas condições sociais e de ignorância.

Rawls sabe que sua intuição sobre a *posição original* não é algo real nem algo factualmente ocorrido na história. É uma abstração com a qual ele deseja provar o valor fundamental dos seus dois princípios de justiça como base de uma organização social que sustenta a estrutura de uma sociedade. Esses princípios alicerçam a justiça como equidade porque o *princípio da diferença* permite certas ações sociais desiguais para "o maior benefício dos mais desfavorecidos", fazendo com que eles tenham acesso aos bens primários e oportunidades iguais.

---

[26] A teoria da justiça de John Rawls teve uma grande influência na maneira de pensar a justiça social nas sociedades ocidentais, especialmente nos Estados Unidos, onde a meritocracia, a propriedade privada e a teoria da menor interferência possível do Estado no mercado são valores muito enraizados na sociedade. RAWLS, John. *A Theory of Justice.* Cambridge, MA: Harvard University Press, 1971.
[27] RAWLS. *A Theory of Justice*, p. 60; 82.

Direitos humanos e saúde pública global em diálogo...		389

Dando prioridade ao direito sobre o bem, Rawls sugere que o direito cria as condições necessárias para que as pessoas possam alcançar o bem. Essas condições são o direito a ter acesso aos bens primários, que, por sua vez, são garantidos pelos princípios de justiça como resultado da organização social. Nessa estrutura básica, não há espaço para a absoluta defesa das conquistas privadas de indivíduos privilegiados, porque a promoção da justiça deve começar a partir dos mais desfavorecidos, segundo o princípio da diferença. Dessa forma, Rawls sugere ações políticas e sociais que incluam certos limites à liberdade individual e ao tratamento desigual, se essas ações são de fato para promover o benefício social e o favorecimento de todos como uma sociedade em busca de igualdade na esfera das oportunidades.

Passando desse amplo contexto social para o específico da assistência à saúde, Norman Daniels defende a tese da justa igualdade das oportunidades, tendo como base o acesso à saúde, aplicando, assim, a teoria de Rawls à área da saúde. De acordo com Daniels, princípios e decisões sociopolíticas impactam a assistência à saúde. Dessa forma, ele busca uma teoria de justiça para essa assistência e princípios morais que fundamentam uma compreensão geral para decisões políticas de caráter público. Para isso, uma teoria da justiça em saúde é necessária para fundamentar a saúde como um direito: "Para especificar o direito à saúde – e justificá-lo – precisamos de uma fundamentação mais abrangente de justiça distributiva para a saúde".[28]

Daniels apresenta a assistência à saúde como um bem social especial entre outros bens porque esse bem corresponde às necessidades de saúde da população. Assim, ele defende uma

---

[28] DANIELS, Norman. *Just Health Care*. New York: Cambridge University Press, 1985, p. 9.

"teoria das necessidades de saúde" com dois propósitos essenciais: (1) "iluminar nosso entendimento de que a assistência à saúde é especial e deve ser tratada de forma diferenciada em relação aos outros bens"; (2) "fornecer uma base para distinguir o que é mais do que é menos importante entre as muitas coisas que a assistência à saúde faz por nós".[29] Para Daniels, a assistência à saúde é um bem especial porque uma pessoa precisa ter uma assistência que corresponda às suas necessidades de saúde para poder viver de acordo com o *funcionamento típico da espécie*. Em suas próprias palavras: "As necessidades de saúde são os bens que necessitamos para manter, restaurar e proporcionar os equivalentes funcionais (quando possível) para o funcionamento normal da espécie". Sem o funcionamento normal próprio da espécie, um indivíduo não tem condições de participar de forma igual e justa das oportunidades. Dessa forma, Daniels insere as necessidades de saúde dentro da teoria da justiça de Rawls, especificamente dentro do seu índex de bens primários, argumentando "que o princípio de igualdade de oportunidades é um princípio apropriado para orientar macrodecisões sobre a organização de sistemas de assistência à saúde".[30] Portanto, a assistência à saúde como um direito está fundamentada na justa igualdade do princípio de oportunidade.

2.2 Uma asa teológica para a justiça na saúde

Para fundamentar meu argumento em prol da assistência à saúde como um direito humano, apresentarei a proposta de revisão da teologia da lei natural de Tomás de Aquino desenvolvida pela

---

[29] DANIELS. *Just Health Care*, p. 19.
[30] DANIELS. *Just Health Care*, p. 41.

Direitos humanos e saúde pública global em diálogo...   391

teóloga estadunidense Lisa S. Cahill. No livro *Global Justice, Christology, and Christian Ethics,* Cahill sugere uma atualização da teologia sobre a lei natural que seja capaz de responder aos desafios de uma sociedade globalizada e pós-moderna[31] e propõe uma análise a partir da existência humana considerando valores morais partilhados por diferentes culturas. Ela enfatiza bens básicos necessários para o florescimento de todos os indivíduos humanos, assim como a igualdade como uma característica humana básica: "Para as tradições bíblicas e teológicas, a ética apresenta a identificação dos bens básicos necessários para todos e afirma categoricamente a igualdade humana básica como um guia fundamental para a ação moral".[32] Os bens básicos e a igualdade humana, portanto, são essenciais para o florescimento humano. Essa perspectiva forma uma "ética da natureza comum e da humanidade" e torna-se um poderoso apelo à justiça no mundo, justiça essa não restrita apenas às relações humanas dentro da sociedade, mas que engloba as questões ecológicas. Tem-se aqui uma lei natural na qual as culturas partilham as necessidades dos mesmos bens e valores, mas por caminhos diferentes, isto é, de acordo com diferentes prioridades dadas aos bens por cada cultura. No nível prático, o contexto, o local e a história conduzem cada cultura na realização concreta da lei natural, de modo que cada cultura responde às exigências da justiça sob a influência do seu *locus* social e histórico.[33] "A natureza humana inclui características humanas, bens humanos e uma igualdade humana básica ou respeito mútuo."[34] Sendo assim, a lei natural tem três níveis básicos de moralidade

---

[31] CAHILL, Lisa S. *Global Justice, Christology, and Christian Ethics.* Cambridge/New York: Cambridge University Press, 2013, p. 249-50.
[32] CAHILL. *Global Justice, Christology, and Christian Ethics,* p. 248.
[33] CAHILL. *Global Justice, Christology, and Christian Ethics,* p. 251.
[34] CAHILL. *Global Justice, Christology, and Christian Ethics,* p. 252.

que são conhecidos em todas as culturas e constituem seus bens: *a preservação da vida, a procriação e educação dos filhos, a existência social cooperativa*. Em outras palavras, o ser humano "busca a autopreservação... busca o intercurso sexual, para então procriar e educar sua prole (...) e busca conhecer a verdade sobre Deus e a convivência em sociedade".[35] Os bens básicos são os que levam o ser humano a realizar a lei natural nos três níveis de moralidade. Dessa forma, "o reconhecimento dos bens humanos básicos é necessário em todos os programas de justiça social na era global".[36] Além disso, a igualdade precisa ser contemplada, porque ela leva a reconhecer a humanidade do outro, a capacitá--lo e incluí-lo dentro do tecido de participação social. Justiça e igualdade fortalecem uma humanidade comum que conduz à liberdade e à racionalidade de que todos são responsáveis uns pelos outros e pelo ambiente comum partilhado.[37]

Juntamente com os bens comuns,[38] igualdade é um conceito-chave para a revisão da lei natural proposta por Cahill. A igualdade demanda um compromisso que é possível apenas se estiver fundamentado na compaixão e na solidariedade. Cahill afirma: "Um compromisso pessoal sincero e duradouro com a igualdade exige um movimento de compaixão e solidariedade com o qual se reconhece o outro não apenas como uma alteridade, mas como exigindo e clamando pelo respeito concreto que nós mesmos desejamos e acreditamos desejar".[39] Revelan-

---

[35] CAHILL. *Global Justice, Christology, and Christian Ethics*, p. 258.
[36] CAHILL. *Global Justice, Christology, and Christian Ethics*, p. 258.
[37] CAHILL. *Global Justice, Christology, and Christian Ethics*, p. 258, p. 253.
[38] Cahill faz uso da lista de bens básicos necessários para constituir uma vida com dignidade desenvolvida pela filósofa Martha Nussbam. NUSSBAM, Martha. *Creating Capabilities:* The Human Development Approach. Cambridge: Harvard University Press, 2011.
[39] CAHILL. *Global Justice, Christology, and Christian Ethics*, p. 265.

Direitos humanos e saúde pública global em diálogo... 393

do sua influência cristã, o desafio apresentado por Cahill é o de criar um movimento que passe do compromisso pessoal para o compromisso político, social e econômico, no qual a igualdade se torna um princípio baseado na solidariedade e na responsabilidade como guias para as decisões públicas.

Por fim, Cahill indica que o conhecimento da lei natural requer uma epistemologia indutiva devido à natureza prática do conhecimento moral. Porém, "os bens básicos e o conhecimento deles devem ser desenvolvidos de forma indutiva e comum".[40] A ética da lei natural é indutiva, mas ela também "requer disposições prévias para conhecer verdadeiramente a realidade, as pessoas e os bens, assim como a correta relação entre eles".[41]

Tanto a asa filosófica como a teológica enfatizam a assistência à saúde como um bem necessário para o florescimento humano. Sem saúde e acesso aos serviços de saúde para restaurar o *funcionamento* humano, não há possibilidade de as pessoas viverem com dignidade e se desenvolverem ao longo da vida. Dessa forma, a assistência à saúde é um bem social necessário para o florescimento humano, a ponto de ser um direito humano. Essa perspectiva oferece uma substantiva racionalização para uma defesa da equidade em saúde global que enfatiza os direitos sociais e econômicos como fundamentais para a sociedade civil exercer seus direitos políticos. Ao mesmo tempo, essa perspectiva mostra que os abusos contra os direitos humanos – que incluem a assistência à saúde como *commodity* por negá-la a milhões de pessoas em todo o mundo – promovem uma violência estrutural que perpetua a pobreza e a inequidade.[42] As asas filosófica e teológica

---

[40] CAHILL. *Global Justice, Christology, and Christian Ethics*, p. 267.
[41] CAHILL. *Global Justice, Christology, and Christian Ethics*, p. 267.
[42] FARMER;YONG KIM et al. *Reimagining Global Health*, p. 268.

são argumentos contra esse abuso e mostram que a assistência à saúde, como um direito humano, faz parte das exigências para a realização dos demais direitos. Há uma relação íntima entre a justiça social e a justiça na saúde que demanda uma perspectiva a partir *de baixo* para ver melhor os abusos contra os direitos humanos e responder aos desafios da pobreza, das enfermidades e da violência estrutural.

3. A justiça no mundo da saúde em chave libertadora

A chave libertadora é caracterizada pela perspectiva a partir *de baixo,* fundamentada na opção preferencial pelos pobres. Essa opção é marcada por um compromisso existencial que nos leva a colocarmo-nos ao lado dos pobres para caminhar com eles em direção à libertação de tudo que os impede de acessar os bens necessários para o florescimento humano. Nesse sentido, a opção pelos pobres significa: inserir-se no mundo dos pobres e dos doentes; engajar-se na realidade de sua vida; beber da esperança que os sustenta e viver o amor de Deus pelos últimos da sociedade.

Gustavo Gutiérrez apresenta esse compromisso existencial como um movimento a partir de uma espiritualidade enraizada em Jesus de Nazaré, que leva à opção de viver em solidariedade com os pobres.[43] Entre os empobrecidos, o desafio é mostrar que Deus os ama mesmo estando sob o jugo da violência estrutural que os faz vítimas da injustiça. O amor preferencial de

---

[43] GUTIÉRREZ, Gustavo. Conversion: A Requirement for Solidarity. In: GRIFFIN, Michael; BLOCK, Jennie Weiss (Orgs.). *In the Company of the Poor: Conversations between Dr. Paul Farmer and Fr. Gustavo Gutierrez.* Maryknoll, NY: Orbis, 2013, p. 72.

Direitos humanos e saúde pública global em diálogo... 395

Deus pelos pobres está no coração do Evangelho. É uma opção por estar com os pobres e contra a pobreza e a opressão. Sendo assim, Gutiérrez enfatiza que a teologia é um anúncio histórico do Evangelho dentro de situações concretas e de uma maneira que se torna relevante à vida. Portanto, para mostrar o amor de Deus pelos pobres, é preciso estar com eles, lutar com eles por libertação e justiça. Estar com os pobres é o primeiro passo para mostrar um Deus encarnado na história e Seu amor pelos últimos. Estar com os pobres significa sofrer e caminhar com eles na mesma jornada da labuta diária. A opção pelos pobres, assim, é um movimento de conversão que guia a uma vida em solidariedade para com os mais pequeninos da história.[44]

Por um lado, a opção pelos pobres é um conceito teológico e um compromisso existencial que conduz à realidade dos pobres e a juntar-se a eles na luta por justiça social e pelo acesso à assistência à saúde. Por outro, uma consideração antropológica, como já apresentada anteriormente, sobre a questão da saúde global é crucial para a promoção da saúde populacional. Segundo os antropólogos Marril Singer e Pamela I. Erickson, no livro *Global Health: an anthropological perspective*, a área da saúde global foca na promoção da saúde das populações,[45] especialmente as mais empobrecidas, e tem a missão de oferecer caminhos para a satisfação das demandas de saúde dos mais diferentes povos.[46] Esse foco e essa missão requerem "uma mudança de estratégias verticais para estratégias horizontais em saúde global e um compromisso com o fim da pobreza global".[47] A perspectiva antropológica chama a atenção para um método comunitário,

---

[44] GUTIÉRREZ. Conversion, p. 72.
[45] SINGER, Merrill; ERICKSON, Pamela I. *Global Health:* An Anthropological Perspective. Long Grove, IL: Waveland Press, 2013, p. 3.
[46] SINGER; ERICKSON. *Global Health*, p. 10.
[47] SINGER; ERICKSON. *Global Health*, p. 10.

centrado nas pessoas, que cria a possibilidade para essa mudança por meio da escuta das pessoas e das suas experiências em vista de melhor compreender a relação entre cultura, crenças e saúde.

A opção preferencial pelos pobres (teologia da libertação) e o método centrado nas pessoas (antropologia) formam um paradigma em saúde global alicerçado na experiência dos pobres e suas vozes. Estar com os pobres e escutá-los permite conhecer a realidade, os dramas e as necessidades dos mais vulneráveis, coisa que os defensores do mercado da saúde nunca terão ocasião de viver. Esses que querem a assistência à saúde como um mero bem de consumo, um *commodity*, não veem o rosto daqueles que são excluídos do mercado. Os excluídos não existem para os defensores do mercado. Suas histórias, seus dramas e sofrimentos – como os do senhor ao qual me referi no início – são pequenos ruídos que não incomodam ninguém no mercado da saúde, voltado apenas para consumidores de grande poder aquisitivo. Os pobres são apenas números e, como tais, não provocam solidariedade, uma vez que os números do mercado são o que importa. São os números financeiros que movimentam o mundo, e não a vida dos pobres. Esse mercado da saúde, frio e calculista, deve ser quebrado com iniciativas que partem da escuta dos pobres e da valorização de sua vida muito mais do que qualquer *commodity*.

Exemplos e narrativas mostram que isso é possível. Paul Farmer é um exemplo de profissional da saúde que luta pela promoção da saúde a partir *de baixo*. Ele testemunha o que aprendeu com a teologia da libertação e como vive esse aprendizado como médico e líder de uma organização de serviços aos pobres junto com os pobres.[48] Farmer disse que aprendeu

---

[48] Partners in Health website. Disponível em: https://www.pih.org/

Direitos humanos e saúde pública global em diálogo...		397

com Gutiérrez a hermenêutica da esperança, que é uma práxis fundamentada na solidariedade e na generosidade. A opção preferencial pelos pobres, assim, torna-se o fundamento para a práxis entre os mais vulneráveis e necessitados.[49] Farmer afirma que escutar os pobres não é fácil; pelo contrário, é difícil e frequentemente dolorido. Contudo, escutar os pobres é o caminho para estar na companhia deles e começar uma luta comum contra a pobreza. Em suas palavras: "Até onde a pobreza e as iniquidades existirem, até onde pessoas estiverem feridas, aprisionadas e marginalizadas, nós humanos necessitaremos de acompanhamento prático, espiritual e intelectual".[50]

Quase como um discípulo de Gutiérrez, Farmer também destaca a relação entre espiritualidade e justiça. Os pobres têm uma espiritualidade encarnada na realidade e na luta por justiça e saúde. A teologia da libertação auxilia na compreensão da espiritualidade dos pobres e o seu poder libertador, pois é uma espiritualidade com caráter social, que nos chama à conversão. Outrossim, a opção pelos pobres é necessária para mostrar que nossa espiritualidade deve guiar-nos à práxis social que cuida dos pobres e dos enfermos e, ao mesmo tempo, levar a lutar contra a violência estrutural responsável pela pobreza e a negação de acesso à saúde aos mais carentes.

Considerações finais

A justiça no mundo da saúde em chave libertadora incorpora essa espiritualidade e o compromisso existencial com os

---

[49] FARMER, Paul. Reimagining Accompaniment: A Doctor's Tribute to Gustavo Gutiérrez. In: GRIFFIN; LOCK. In the Company of the Poor, p. 19-21.
[50] FARMER. Reimagining Accompaniment, p. 24.

pobres nas ações por saúde global em vista da promoção da saúde dos povos empobrecidos. *A partir de baixo*, com uma perspectiva *centrada nas pessoas,* podemos ver o rosto daqueles que estão sofrendo como vítimas da violência estrutural que os marginaliza de uma vida de bem-estar social e do acesso aos serviços de saúde. No meio dos pobres, é possível ver concretamente o que a assistência à saúde como um direito humano significa. Trata-se de uma visão que está para além de qualquer teoria da justiça e igualdade e que, ao mesmo tempo, reorienta a luta pela justiça para a realidade na qual se escuta a voz daqueles que estão na base do mundo, os pobres.

Referências Bibliográficas

BIEHL, João; PETRYNA, Adriana. *When People Come First: Critical Studies in Global Health.* Princeton, NJ: Princeton University Press, 2013.

CAHILL, Lisa S. *Global Justice, Christology, and Christian Ethics.* Cambridge/New York: Cambridge University Press, 2013.

CONSELHO EPISCOPAL LATINO-AMERICANO (CELAM). *Documentos do CELAM: Conclusões das Conferências do Rio de Janeiro, Medellín, Puebla e Santo Domingo.* São Paulo: Paulus, 2005.

CONSELHO EPISCOPAL LATINO-AMERICANO (CELAM). *Documento de Aparecida.* Texto Conclusivo da V Conferência Geral do Episcopado Latino-Americano e do Caribe (13-31 de maio de 2007). 2 ed. Brasília/São Paulo: Brasília/Paulus/Paulinas, 2007.

DANIELS, Norman. *Just Health Care.* New York: Cambridge University Press, 1985.

Direitos humanos e saúde pública global em diálogo... 399

DANIELS, Norman; KENNEDY, Bruce; KAWACHI, Ichiro. Health and Inequality, or, Why Justice is Good for Our Health? In: ANAND, Sudhir; PETER, Fabienne; SEN, Amartya. *Public Health, Ethics, and Equity*. New York: Oxford University Press, 2004, p. 63-91.

FARMER, Paul. Reimagining Accompaniment: A Doctor's Tribute to Gustavo Gutiérrez. In: GRIFFIN, Michael; BLOCK, Jennie Weiss (Orgs.). *In the Company of the Poor: Conversations between Dr. Paul Farmer and Fr. Gustavo Gutierrez*. Maryknoll, NY: Orbis, 2013, p. 15-26.

FARMER, Paul; YONG KIM, Jim *et al. Reimagining Global Health:* An Introduction. Berkeley, London: University of California Press, 2013.

FARMER, Paul. *Pathologies of Power: Health, Human Rights, and the New War on the Poor.* Berkeley: University of California Press, 2003.

FORTES, Paulo A. de Carvalho. Refletindo sobre os valores éticos da saúde global. In: *Saúde e Sociedade*, v. 24, supl. 1 (2015): 152-161.

GBD 2015 SDG COLLABORATORS. Measuring the Health--Related Sustainable Development Goals in 188 Countries: a Baseline Analysis from the Global Burden of Disease Study 2015. In: *The Lancet* 338 (2016): 1813-1850. Disponível em: http://dx.doi.org/10.1016/S0140-6736(16)31467-2. Acesso em: 08.05.2018.

GUTIÉRREZ, Gustavo. Conversion: A Requirement for Solidarity. In: GRIFFIN, Michael; BLOCK, Jennie Weiss (Orgs.). *In the Company of the Poor: Conversations between Dr. Paul Farmer and Fr. Gustavo Gutierrez.* Maryknoll, NY: Orbis, 2013, p. 71-94.

NUSSBAM, Martha. *Creating Capabilities:* The Human Development Approach. Cambridge: Harvard University Press, 2011.

RAWLS, John. *A Theory of Justice.* Cambridge, MA: Harvard University Press, 1971.

SEN, Amartya. Why Health Equity? In: ANAND, Sudhir; PETER, Fabienne; SEN, Amartya. *Public Health, Ethics, and Equity.* New York: Oxford University Press, 2004, p. 21-33.

SINGER, Merrill; ERICKSON, Pamela I. *Global Health:* An Anthropological Perspective. Long Grove, IL: Waveland Press, 2013.

SOBRINO, Jon. *O princípio misericórdia: descer da cruz os povos crucificados.* Petrópolis: Vozes, 1994.

THE WORLD BANK. *2017 World Development Indicators.* Washington, DC: World Bank, 2017. Disponível em: https://data.worldbank.org/products/wdi. Acesso em: 05.05.2018.

WERMUTH, Laurie Ann. *Global Inequality and Human Needs: Health and Illness in an Increasingly Unequal World.* Boston, MA: Allyn and Bacon, 2003.

WORLD HEALTH ORGANIZATION – COMMISSION ON MACROECONOMICS AND HEALTH. *Investing in Health: A Summary of the Findings of the Commission on Macroeconomics and Health.* Disponível em: http://www.who.int/macrohealth/documents/tough_choices/en/. Versão em português: http://apps.who.int/iris/bitstream/handle/10665/42709/9248562418_por.pdf;jsessionid=9F44320CC5EAB68CA34A166C295602A4?sequence=3. Acesso em: 25.05.2018.

18

Bioética global, vulnerabilidade e Agenda 2030 da ONU

Leo Pessini[1]

A bioética global nos proporciona um marco de avaliação e também uma bússola moral que contrasta com esta cultura de privilégios individuais em que estamos imersos. A bioética global busca unir pessoas e líderes religiosos. Ela também procura atrair as organizações que lidam com questões específicas, tais como: natureza, fauna, vida selvagem, poluição, órfãos, imigrantes e outros problemas agudos que afetam o mundo, procurando evitá-los, sem falar dos aspectos éticos e morais implicados.

Van Rensselaer Potter (1911-2001)

O princípio da vulnerabilidade é talvez a expressão mais forte em nosso tempo de uma ética do cuidado e da atenção inquieta!

Rendtorff e Kemp *(Estudiosos de bioética)*

---

[1] Leo Pessini tem Pós-Doutorado em Bioética (Edinboro University – *The James F. Drane Bioethics Institute* – Pennsylvania – USA), é Doutor em Teologia Moral (Pontifícia Faculdade Nossa Senhora da Assunção – São Paulo), Especialista em *Clinical Pastoral Education and Bioethics* (Saint Luke´s Medical Center – Milwaukee/ WI – USA) e Superior-Geral dos Camilianos.

Estamos prestes a adentrar o ano mais importante para o desenvolvimento das Nações Unidas, desde sua criação. Nós devemos dar significado para a existência desta organização, a fim de reafirmar a fé na dignidade e no valor do ser humano. Temos uma oportunidade histórica e o dever de agir vigorosamente para tornar a dignidade de todos uma realidade, sem deixar ninguém para trás.

Ban Ki-Moon *(Ex-Secretário-Geral da ONU em 2015)*

Introdução

Neste ano de 2018, comemoramos os 70 anos de duas importantes iniciativas planetárias de proteção da vida e da saúde do ser humano no planeta: a criação da *Organização Mundial da Saúde* (OMS) em 7 de abril de 1948, data a partir da qual se celebra anualmente o Dia Mundial da Saúde, e a *Declaração Universal dos Direitos Humanos* da ONU em 10 de dezembro de 1948. A humanidade (mundo ocidental), aterrorizada com a devastação material e humana provocada pela II Guerra Mundial (1939-1945), começa a renascer das cinzas.

Frente ao perigo iminente e ao medo de ser reduzida a cinzas pelo uso da bomba atômica, a humanidade começa a se unir e se organizar em iniciativas planetárias de proteção da vida humana. Surge assim a ONU, em 1945, e a seguir uma série de organismos internacionais ligados às Nações Unidas, com importantes iniciativas e programas de proteção e cuidado da cultura e da educação no mundo (UNESCO, fundada em 4 de novembro de 1946), da vida, da saúde e dos direitos humanos, em 1948.

Bioética global, vulnerabilidade e Agenda 2030 da ONU

Temos ainda outras duas datas importantes a serem lembradas: os *40 anos da Conferência da OMS, realizada em Alma Ata*, capital do Cazaquistão, em 1978, que tratou da temática dos Cuidados Primários de Saúde, e os *30 anos da publicação da histórica obra Global Bioethics,* de Van R. Potter (1911-2001), considerado um dos pioneiros da Bioética.

A partir desse contexto histórico, marcado por sofrimento, destruição, guerra e morte em escala planetária, a humanidade começa a se reorganizar, na esperança de uma convivência pacífica, superando o espírito beligerante e resgatando a dignidade da vida de cada ser humano.

A reflexão que segue será feita em três partes, a saber: 1. O surgimento da bioética (1970), sendo qualificada como global em 1988 com V. R. Potter; 2. O conceito de vulnerabilidade, como um instrumento heurístico, que também juntamente com a solidariedade e a precaução formam a nova trilogia dos princípios da bioética global;[2] 3. Um rápido balanço do que resultou em ganhos o programa dos Objetivos do Milênio (2000-2015) e a Agenda Pós-Milênio, ou seja, a *Agenda 2030 do Desenvolvimento Sustentável* (ONU), que, na sua essência, se trata de uma importantíssima iniciativa planetária de fazer valer no concreto da vida das pessoas o respeito à sua dignidade, a partir da clássica Declaração Universal dos Direitos Humanos, de 1948.

---

[2] PESSINI, Leo. Exigências para uma bioética inclusiva. In. MILLEN, Maria Inês de C.; ZACHARIAS, Ronaldo (Orgs.). *O Imperativo Ético da Misericórdia.* Aparecida/São Paulo: Santuário/Sociedade Brasileira de Teologia Moral, 2016, p. 199-219. Neste texto apresentamos uma síntese descritiva dos três princípios ou referenciais éticos fundamentais de uma bioética global inclusiva, a saber: solidariedade, vulnerabilidade e precaução.

1.Uma breve incursão nas sendas da bioética nascente e global

1.1 A respeito do surgimento da bioética

Existem dois lugares nos EUA aos quais, no final dos anos 60 e início dos anos 70 do século passado, liga-se a criação do neologismo *"bioethics"*, do grego *"bios"*, que significa vida, e *"ethos"*, que significa *ética*, ou seja, *ética da vida*. Trata-se da Cidade Universitária de Madison, no meio-oeste americano, na Universidade de Wisconsin, com o bioquímico Van Rensselaer Potter, e de Washington, D.C., na Universidade Georgetown, com André Hellegers.

Com a publicação da obra pioneira, *Bioética: Ponte para o futuro* (1971), inaugura-se um novo momento do pensamento ético contemporâneo frente ao extraordinário desenvolvimento das ciências, das tecnologias e das intervenções manipuladoras do ser humano em relação ao meio ambiente, à natureza e ao planeta Terra.[3] Em Washington, o obstetra holandês André Hellegers, da Universidade de Georgetown, seis meses depois da aparição do livro de Potter, utiliza o termo *"bioethics"* no nome do Centro de Estudos de Ética, denominando-o *"Joseph and Rose Kennedy Institute for the Study of Human Reproduction and Bioethics"*.

Estamos diante de uma dupla paternidade, com um duplo sentido de bioética. A perspectiva de Potter articula-se num nível de *"macrobioética"*, pensamento ético que vai para além do âmbito da vida humana e inclui os desafios da vida cósmico-ecológica. E de outro lado, o enfoque de Georgetown, o legado de

---

[3] POTTER, Van Rensselaer. *Bioética: Ponte para o Futuro.* São Paulo: Loyola, 2016.

Bioética global, vulnerabilidade e Agenda 2030 da ONU

Hellegers, versa sobre os problemas de *"microbioética"*, ligada à ética clínica, a questões de ética biomédica, com o paradigma principialista, isto é, com os quatro princípios: respeito pelas pessoas (autonomia), beneficência, não maleficência e justiça.[4] Hans-Martin Sass, bioeticista alemão radicado nos EUA, hoje professor emérito do Instituto Kennedy de Bioética, em Washington, revela ao mundo que quem primeiro teria cunhado o neologismo bioética não foram os norte-americanos – Potter ou Hellegers –, mas um alemão, Fritz Jahr, em 1926.[5] É claro que não seriam a "generosidade ou bondade" dos norte-americanos que reconheceriam a paternidade do neologismo *"bioethics"* para um estrangeiro, no caso um alemão. Infelizmente, Jahr não faz história, pois acaba sendo sepultado nas cinzas da ideologia do nazismo que viria posteriormente dominar politicamente a Alemanha com o início da II Guerra Mundial (1939-1945).[6] Em 1975, Potter verbaliza seu desapontamento em relação à visão e uso inicial do termo bioética em seu país (EUA), que virou moda e se transformou numa nova palavra para lidar com as velhas questões de ética biomédica:[7]

> Chegou o momento de reconhecer que não podemos mais examinar opções médicas sem levar em conta a ciência ecológica e os problemas da sociedade numa escala global. (...) A bioética global, portanto, é "a unificação da

[4] REICH, Warren Thomas. The Word "bioethics": The Struggle Over Its Earliest Meanings. In: *Kennedy Institute of Ethics Journal* 5 (1995): 19-34.
[5] PESSINI, L.; BARCHIFONTAINE, C. de P. (Orgs.). *Bioética Clínica e Pluralismo.* Com ensaios originais de Fritz Jahr. São Paulo: Centro Universitário São Camilo/ Loyola, 2013 (especialmente: *Parte II: Ensaios em bioética e ética (1926-1947)*, p. 457-501; *Post scriptum de Hans-Martin Sass*, p. 505-514).
[6] SASS, Hans-Martin. Fritz Jahr's Concept of Bioethics. In: *Kennedy Institute of Ethics Journal,* vol. 17, n. 4 (2008): 279-295.
[7] POTTER, Van Rensselaer. Humility with responsibility – A bioethic for oncologists: Presidential address. In: *Cancer Research* 35 (1975): 2297-2306.

406 Ética teológica e direitos humanos

> bioética médica com a bioética ecológica". (...) Os dois ramos deste saber necessitam ser harmonizados e unificados para se chegar a uma visão consensual que pode ser denominada bioética global, destacando os dois significados do termo global, a saber: um sistema de ética é global, de um lado, se ele for unificado e abrangente, e de outro, se tem como objetivo abraçar o mundo todo.[8]

A interpretação de bioética da Universidade Georgetown, Instituto Kennedy em Washington, onde nasceu o principialismo bioético, é na essência "ética médica". Não se trata de uma nova abordagem, mas tão somente de aplicação das abordagens éticas tradicionais a uma série de novos problemas trazidos pelo progresso da tecnociência. Potter mostra-se inconformado com esta perspectiva de ver a bioética basicamente identificada com a ética biomédica.

Por essa razão, ele prefere o termo "bioética médica" para demarcar a diferença com sua visão mais ampla. Sua crítica em relação ao paradigma reinante de "bioética" é que se trata no fundo de ética médica sob um novo nome, restringindo-se a aplicações médicas, com enfoque prioritário na sobrevivência individual, e se preocupa com a resolução de problemas numa visão a curto prazo. A ênfase está na autonomia individual, e não no bem social, é especializada, portanto não apresenta uma perspectiva geral; trata-se de uma ética aplicada, e não de uma nova abordagem interdisciplinar. Além disso, seu foco de preocupação liga-se aos problemas específicos dos países desenvolvidos, ignorando os problemas de saúde de outras partes do mundo marcadas pela injustiça e pobreza, não se interessando pela ética social, ambiental e agricultural. Essa perspectiva de pensar a bioética assume também que o discurso bioético que nasceu, se

---

[8] POTTER, Van Rensselaer. *Global Bioethics: building on the Leopold Legacy*. East Lansing, MI: State University Press, 1988, p. 2, 76, 78.

Bioética global, vulnerabilidade e Agenda 2030 da ONU 407

desenvolveu e maturou nos países mais ricos do planeta pode ser exportado como um modelo universal para ser aplicado em todos os países, o que ao nosso ver é condenável, pois estamos diante de um novo tipo de imperialismo, "o imperialismo bioético".[9]

1.2 O surgimento do conceito de bioética global

O conceito de bioética global foi introduzido por Potter em sua segunda obra, *Global Bioethics: Building on the Leopold Legacy,* publicada em 1988.[10] Nessa publicação, Potter se apresenta com uma forte perspectiva ecológica, inspirada em Aldo Leopold, da Universidade de Wisconsin (Madison, WI). Leopold era um engenheiro florestal, pioneiro nos EUA em levantar a voz pela preservação da vida selvagem, que introduziu o conceito de "ética da terra" (*land ethics*). Embora Potter nunca o tenha encontrado pessoalmente, ele se inspira em Aldo Leopold quando sugere que existem três estágios no desenvolvimento da ética. O subtítulo do livro "Bioética Global" já nos coloca nessa direção ao apresentar sua perspectiva de reflexão ética: "*Construindo a partir do legado de Leopold*". No apêndice n. 1 do livro, Potter fala da herança de Aldo Leopold e de sua célebre obra intitulada *A Sand County Almanac,* publicada inicialmente em 1949, com várias edições posteriores.[11]

---

[9] TEN HAVE, Henk A. M. J.; GORDIJN, Bert (Eds.). *Handbook of Global Bioethics.* 4 vol. New York/London: Springer Dordrecht Heidelberg, 2014; TEN HAVE, Henk A. M. J. (Ed.). *Encyclopedia of Global Bioethics.* 5 vol. Dordrecht: Springer Science-Business Media, 2016; TEN HAVE, Henk A. M. J. *Global Bioethics. An Introduction.* London/New York: Routledge/Taylor & Francis Group, 2016.
[10] POTTER. *Global Bioethics.* Esta obra clássica de autoria de Potter foi traduzida para o português pela Loyola, em 2018. Algumas considerações apresentadas neste texto fazem parte da apresentação desta obra para o público brasileiro.
[11] LEOPOLD, Aldo. *A Sand County Almanac.* New York: Oxford University Press, 1949.

408 Ética teológica e direitos humanos

Para Aldo Leopold, o primeiro estágio da ética diz respeito às *relações entre os indivíduos*; no segundo estágio ele enfoca as relações entre *os indivíduos e a sociedade* e, no terceiro, que ainda não existe, afirmava Leopold, *a ética lidará com as relações dos seres humanos com o seu meio ambiente*, isto é, terra, animais e plantas. Potter e Gordijn estavam convencidos de que o surgimento da bioética global é um desdobramento desse terceiro estágio da visão ética de Aldo Leopold.[12] Uma nova visão ética articulada e mais equilibrada com o mundo dos "humanos" e da "natureza", com um objetivo ampliado, relacionando os desafios e problemas médicos com os aspectos social, cultural e ambiental. O adjetivo "global" demonstra que deve ser novo; significa que tem como objetivo uma abrangência planetária, bem como uma perspectiva de pensamento unificado e abrangente.

A bioética, considerada como ética mundial, adquire dois sentidos: O primeiro: trata-se do aspecto planetário em termos geográficos. Inicialmente a bioética se estabelece nos EUA, nos anos 70; ao longo dos anos 80 expande-se para a Europa; em meados dos anos 90 chega à América Latina, África e Ásia e, a partir do início do milênio, pode-se dizer que está em todos os países do planeta. Hoje percebemos claramente que as questões éticas transcendem os limites nacionais e se tornam questões mundiais.[13] A bioética global é mais que uma simples "bioética

---

[12] TEN HAVE; GORDIJN. *Handbook of Global Bioethics*, p. 9.

[13] A *International Association of Bioethics* (IAB) é uma organização independente e leiga, que reúne interessados e professores de bioética dos mais diferentes quadrantes geográficos do mundo e dos mais distintos campos do saber. Organiza congressos mundiais de bioética desde 1992. Vejamos a lista destes eventos mundiais, bem como as temáticas abordadas, que vão se ampliando em nível "global" ao longo de praticamente um quarto de século (1992-2018). 1. 1992 – Amsterdã (Holanda): Temas de bioética clínica ligados ao início e final da vida

Bioética global, vulnerabilidade e Agenda 2030 da ONU

internacional"; hoje ela se tornou relevante para todos os países e leva em conta as preocupações de todos os seres humanos, quaisquer que sejam suas crenças religiosas ou culturais.

O segundo sentido de "global", quando Potter qualifica a bioética, refere-se a uma bioética mais inclusiva e abrangente, combinando a ética profissional tradicional, principalmente da medicina e enfermagem, mas com preocupações ecológicas e outras questões "macro" da sociedade e da cultura. A evolução da ética no contexto atual dos cuidados de saúde reflete este processo: a partir da ética médica chega-se à bioética médica (clínica), avança-se ampliando o horizonte de visão e ação na perspectiva da ética dos cuidados de saúde, de caráter inter, multi e transdisciplinar, abrangendo todas as profissões da saúde e, finalmente, chega-se à bioética global.[14]

Em Potter temos três conceitos fundamentais da bioética ("estágios") no seu nascedouro: 1. Bioética como ponte; 2. Bioética global, que acabamos de apresentar; 3. Bioética profunda, como sendo o terceiro estágio da bioética. O primeiro conceito é o conceito metafórico de bioética como ponte, já bastante conhecido. Temos quatro tipos de pontes para cons-

---

(eutanásia); 2. 1994 – Buenos Aires (Argentina): Temas de bioética clínica; 3. 1996 – São Francisco (EUA): Bioética num mundo interdependente; 4. 1998 – Tóquio (Japão): Bioética Global: Norte–Sul, Leste–Oeste; 5. 2000 – Londres (Inglaterra): Ética, lei e políticas públicas; 6. 2002 – Brasília (Brasil): Bioética: poder e injustiça; 7. 2004 – Sidney (Austrália): Ouvir profundamente: criando pontes entre ética local e global; 8. 2006 – Pequim (China): Por uma sociedade mais justa e saudável; 9. 2008 – Zagreb/Rijeka (Croácia): Bioética e desafios transculturais; 10. 2010 – Singapura: Bioética num Mundo Globalizado; 11. 2012 – Roterdã (Holanda): Bioética no futuro e o futuro da bioética; 12. 2014 – México DF: Bioética num mundo globalizado: ciência, sociedade e indivíduo; 13. 2016 – Edinburgh (Escócia): Indivíduo, interesses públicos e valores públicos. Qual é a contribuição da Bioética? O próximo congresso, o 14º, será realizado em New Delhi (Índia), de 4 a 7 de dezembro de 2018, tendo por temática: *Saúde para todos num mundo iníquo: Obrigações da Bioética Global.*
[14] TEN HAVE; GORDIJN. *Handbook of Global Bioethics,* p. 9.

410 Ética teológica e direitos humanos

truir: a. entre o presente e futuro; b. entre as ciências e o mundo dos valores humanos; c. entre a natureza e a cultura; e d. entre ser humano e natureza (meio ambiente).

Faz-se necessário que apresentemos o que Potter entende por "bioética profunda", conceito este que foi elaborado juntamente com seu amigo e discípulo, Peter Whitehouse, neurologista da *Case Western Reserve University,* de Ohio. O Dr. Whitehouse diz que Potter

> demonstrava uma incrível capacidade com sua habilidade de construir palavras para capturar conceitos complexos. Eu o vi inventar e tentar vários termos novos para descrever sua visão de bioética. Cunhamos juntos o termo "bioética profunda", como uma aliança entre "ecologia profunda" e "bioética global".[15]

A bioética global como uma metáfora testemunha uma preocupação ampliada para com todo o planeta (perspectiva antropológica, cósmica e ecológica) e, ao mesmo tempo, apresenta-se como um paradigma de pensar e refletir sobre esta questão, como um sistema intelectual abrangente e inclusivo. Os ecologistas profundos nos perguntam para refletir a respeito de nossas conexões espirituais em relação ao mundo natural, como Aldo Leopold o fez. O conceito de "biofilia", ou seja, amor pela vida, alinha-se neste sentido com a bioética profunda. Segundo P. Whitehouse,

> a expressão "profunda" introduz uma dimensão espiritual no coração da bioética. Os ecologistas profundos são aqueles que sentiram uma conexão mística com a natureza e que foram críticos em relação aos que abordaram

---

[15] WHITEHOUSE, Peter J. Van Rensselaer Potter: An Intellectual Memoir. In: *Cambridge Quarterly of Healthcare Ethics* 11 (2002): 332.

Bioética global, vulnerabilidade e Agenda 2030 da ONU

as questões ecológicas de uma forma reducionista, isto é, somente a partir de uma perspectiva materialista e de curto prazo.[16]

1.3 Van Rensselaer Potter: do desconhecimento nos EUA ao reconhecimento internacional tardio

Por um longo tempo, as ideias de Potter não ganharam reconhecimento nos EUA. Era uma voz que clamava no deserto! Suas duas publicações clássicas (*Bioethics: Bridge to the future* – 1971 e *Global Bioethics* – 1988) não foram reconhecidas pelos protagonistas da primeira hora da bioética norte-americana. Estes estavam embevecidos e dogmaticamente fechados no paradigma da bioética principialista do Instituto Kennedy de Bioética (Georgetown University, Washington, D.C.). Só para citar um exemplo desse descaso, o trabalho de Potter nem sequer foi mencionado na 1.ª edição da *Encyclopedia of Bioethics*, publicada em 1978, que tinha como editor-chefe Warren Thomas Reich. Somente na edição revista de 1995, 2.ª edição, com o mesmo editor-chefe, na introdução uma rápida passagem reconhece a paternidade de Potter em relação ao termo "*bioethics*".[17]

A última viagem de Potter para o exterior foi em 1990, com seu filho Carl, que o assistiu nas suas necessidades como idoso. Foram para a Itália (Florença), a convite do professor Brunetto Chiarelli, professor de Antropologia da Universidade de Florença, que leu

---

[16] NAESS, A. The deep ecological movement: some philosophical aspects. In: *Deep Ecology for the 21st Century*. Boston: Shambhala, 1995; WHITEHOUSE, Peter J. The Rebirth of Bioethics: Extending the Original Formulations of Van Rensselaer Potter. In: *The American Journal of Bioethics* 3 (2003): W27.

[17] REICH, Warren Thomas (Ed.). *Encyclopedia of Bioethics*. Revised edition. Vol. 1. New York: Macmillan Library Reference USA/Simon & Schuster Macmillan, 1995, p. XXI.

412 Ética teológica e direitos humanos

o seu livro *Bioética Global* e o convidou para falar sobre o tema. Nessa ocasião, o Prof. Chiarelli lança a revista intitulada *Bioética Global*. Registra Potter: "O Prof. Chiarelli pediu-me permissão para usar o termo bioética global como título de uma nova publicação em inglês, transformação de uma revista local". A revista *Global Bioethics* segue sendo publicada até hoje.[18] A respeito da autoria original do termo "bioética global" assim se expressa Chiarelli:

> O termo "bioética global" foi uma formulação científica de um pensamento globalizado promovido nos anos 1980 por mim (Chiarelli), Van Rensselaer Potter, Antonio Moroni, Laura Westra e outros, que procuraram comunicar para além dos domínios ideológico e científico, iniciando uma nova fase de despertar da consciência para a necessidade de reestabelecer o equilíbrio entre a humanidade e a natureza. Ele favoreceu a criação de uma aliança entre a vida e o meio ambiente em que todos os fatores ambientais, ideológicos, físicos, psicológicos, sociais e econômicos são reconhecidos como interdependentes, motivados pela visão consciente de que é somente pela proteção de nossos ecossistemas que protegeremos a nós mesmos e a todas as outras formas de vida (bios) no planeta Terra.[19]

[18] A revista *Global Bioethics* é publicada na Itália, em Florença, sob a direção de Bruno Chiarelli. No mesmo ano da morte de V. R. Potter (06.09.2001) foi publicado um número monográfico sobre ele: biografia, vida acadêmica, pensamento e obras (vol. 14, n. 4, 2001). Eis os artigos publicados que estão on-line: 1. TIZIANO, Moretti. An Outline of Van Potter's Life and Thought, p. 3-4; 2. Life and Writings of Van Rensselaer Potter, p. 5-8; 3. POTTER, V. R.; POTTER, Lisa. Global Bioethics: Converting Sustainable Development to Global Survival, p. 9-17; 4. POTTER, V. R. Moving the Culture Toward More Vivid Utopias with Survival as the Goal, p. 19-30; 5. LOWER Jr., G. M. Van Rensselaer Potter – *Ad memoriam*, p. 31-32; 6. WHITEHOUSE, Peter J. The Rebirth of Bioethics: A Tribute to Van Rensselaer Potter, p. 37-45; 7. WHITEHOUSE, Peter J. *In memoriam*. Van Rensselaer Potter: The Original Bioethicist, p. 47-48; 8. WILLIAMS, Erin D. A Legacy of Bioethical Sustainability: In Memory of Dr. Van Rensselaer Potter, p. 49-58; 9. GIOVANNI, Russo. Potter's Personal History of Bioethics. An Examination and Survey, p. 63-71. Artigos disponíveis em: https://www.tandfonline.com/toc/rgbe20/14/4?nav=tocList. Acesso em: 25.01.2018.
[19] CHIARELLI, Bruno. The bioecological bases of global bioethics. Research Article. In: *Global Bioethics*, vol. 25, n. 1 (2014): 19.

Bioética global, vulnerabilidade e Agenda 2030 da ONU   413

A partir dos anos 90 do século passado as coisas começam a mudar para Potter, com seu trabalho passando a ser conhecido fora dos EUA, em vários países, tais como Colômbia, Brasil, Croácia, Itália e Japão. Em 1998, no IV Congresso Mundial de Bioética, que abordou justamente o tema: *Global Bioethics: North and South, East and West,* foi convidado como palestrante, mas, não podendo participar, pois sua saúde era frágil, ele envia um vídeo intitulado *"Bioética Global e sobrevivência humana".*[20] Estávamos participando desse Congresso em Tóquio, exatamente nessa seção, quando o vídeo foi apresentado a todos os congressistas, muito apreciado, principalmente pelos asiáticos. Por incrível que pareça, muitos *"Scholars"* norte-americanos no âmbito da ética, filosofia, saúde e bioética presentes não mostraram nenhum entusiasmo. Não deixa de ser sempre atual e verdadeiro aquele dito por Jesus de que *"ninguém é profeta em sua própria casa".*

Nesse vídeo, Potter, ao falar de seu ocaso de vida, deixa algumas preciosas recomendações aos seus seguidores:

> À medida que chego ao ocaso de minha vida sinto que a Bioética ponte, a Bioética profunda e a Bioética global alcançaram o umbral de um novo dia que foi muito além do que pudera ter imaginado ou desenvolvido. Contudo, necessito recordar-lhes a mensagem do ano 1975 que enfatiza a humildade com responsabilidade, como uma bioética básica. (...) A humildade é consequência da afirmação "posso estar equivocado", e exige responsabilidade para aprender da experiência e do conhecimento disponível. Concluindo, o que lhes peço é que pensem na bioética como uma nova ética científica que combina a humildade, a responsabilidade e a competência, que é interdisciplinar e intercultural, e que potencializa o sentido de humanidade (...). Concluindo, peço a você que pense na bioética

---

[20] POTTER. *Global Bioethics.*

como uma nova ciência ética que combina humildade, re-
ponsabilidade e competência interdisciplinar e intercultural potencializadora do senso de humanidade. Obrigado.[21]

Não mais podendo viajar por causa de suas condições de
saúde, honra os convites dos amigos de sua "*Global Bioethics
Network*" e envia vídeos de suas palestras. Assim envia para
seu amigo Dr. Ivan Segota, de Rijeka, cidade portuária da Croácia, em agosto de 2001, sua última mensagem em *videotape*,
pouco antes de sua morte, ocorrida em 6 de setembro de 2001,
aos 90 anos. O Prof. Segota era o organizador do *Symposium*
"*Bioética e Ciência numa nova época*".

Ao fazer uma retrospectiva de seu envolvimento e evolução conceitual da sua visão de bioética, Potter afirma: "Neste
Congresso e também em outros lugares, a bioética começa a
ser reconhecida não somente como uma questão médica, mas
também envolvendo questões ambientais e sociais". E conclui
seu pronunciamento dizendo: "Declaro que a Bioética Global
deve evoluir para uma bioética mundial politicamente energi-
zada, preocupada socialmente: uma bioética global para o século XXI clama por cuidados para com as pessoas, a saúde e a
terra com os animais".[22]

Logo em seguida, Potter aborda a questão da sustentabilidade bioética, ou seja,

---

[21] POTTER, Van Renssealer. *Bioética Global e sobrevivência humana*. Script do vídeo
(42 minutos) apresentado no IV World Congress of Bioethics, 4-7 de novembro
de 1998, em Tóquio Japão (1998a). In: BARCHIFONTAINE, C. de P.; PESSINI, L.
(Orgs.). *Bioética: Alguns desafios*. São Paulo: Centro Universitário São Camilo/
Loyola, 2001, p. 347.
[22] POTTER, Van Renssealer. The Intellectual "last will" of the first global bioethicist. In: MUZUR, A.; SASS, H. M. (Eds.). *Fritz Jahr and the Foundations of Global
Bioethics*. Munster: Lit Verlag, 2012, p. 152.

Bioética global, vulnerabilidade e Agenda 2030 da ONU

uma ética de sustentabilidade que deveria basear-se num conceito de respeito pelas futuras gerações. (...) Como bioeticistas necessitamos de uma sustentabilidade bioética: sustentabilidade para quem? para quê? e para quanto tempo? Minha resposta é sustentabilidade para a população mundial na sua diversidade, que abraça a proteção da biosfera, e para que construamos uma sociedade decente a longo prazo. Para os próximos cem anos, necessitamos de uma bioética política, com um senso de urgência. (...) Nunca tivemos como hoje tão pouco tempo para fazer tanto. (...) Hoje temos um tipo diferente de urgência. Necessitamos de ação política. Precisamos exigir de nossos líderes que alcancem uma bioética global humana com o objetivo de uma sustentabilidade global a longo prazo. Desta forma, temos duas possibilidades de enfrentarmos o futuro: o terceiro milênio será o momento da bioética global ou então da anarquia. A escolha é sua.[23]

1.4 O legado de Potter na atualidade e em vista do futuro

Poucos dias antes de sua morte, Potter escreve a última mensagem de sua vida, "*A global bioethics final message*", endereçada à sua querida "rede de bioética global", amigos que comungavam de sua causa bioética:

Esta é minha mensagem final e agradeço a todos vocês. (...) Estou um tanto fraco e com dificuldade de escrever. Espero que a memória me ajude. Por um longo tempo (1970-1990) não havia ninguém que reconhecesse meu nome ou desejasse fazer parte desta missão. Nos EUA ocorreu uma explosão imediata do uso da palavra Bioética pelos profissionais médicos, que falharam em não mencionar meu nome, ou o título de minhas quatro publicações feitas nos anos 1970-1971. Infelizmente, esta visão de bioética atrasou o surgimento daquilo que hoje existe.[24]

---

[23] POTTER. The Intellectual "last will" of the first global bioethicist, p. 153-155.
[24] POTTER. The Intellectual "last will" of the first global bioethicist, p. 155.

416 Ética teológica e direitos humanos

Destacamos hoje a importância da UNESCO ao abraçar a causa Poteriana da bioética global, por meio da sua *Unidade de Ética em Ciência e Tecnologia*, e mais especialmente por meio do *Comitê Internacional de Bioética* (IBC). Com a liderança dessa organização, em 5 de outubro de 2005, foi aprovada a "*Declaração Universal de Bioética e Direitos Humanos*", sem dúvida alguma, uma atualização da Declaração Universal dos Direitos Humanos da ONU de 1948.[25] Percebe-se nessa Declaração histórica o legado de Potter sendo valorizado e atualizado para o século XXI, na perspectiva e visão da bioética global.

Não menos significativo em termos mundiais é o lançamento da *Encyclopedia of Global Bioethics,* de 2016, que tem como editor-chefe o bioeticista Henk Ten Have, Coordenador do Comitê Internacional de Bioética da UNESCO.[26]

A *Enciclopédia de Bioética Global* apresenta uma visão abrangente e tratamento sistemático de todos os novos temas e questões pertinentes no debate emergente da bioética global. Ela apresenta descrições e análise de uma vasta gama de novas questões importantes numa perspectiva verdadeiramente global, numa abordagem intercultural. As novas questões contempladas na Enciclopédia e ne-

---

[25] UNESCO. *The Universal Declaration of Bioethics and Human Rights* (05.10.2005). Disponível em: http://www.unesco.org. Acesso em: 22.01.2018.

[26] Esta publicação apresenta o primeiro tratamento abrangente e sistemático das principais questões e temas relevantes no campo da bioética global contemporânea. Agora que a bioética entrou numa nova fase global, um conjunto mais amplo de questões, problemas e princípios emerge no contexto da globalização e das relações globais. Esta nova etapa da bioética é promovida através do paradigma ético apresentado na Declaração Universal de Bioética e Direitos Humanos da UNESCO, adotada em 2005. Esse documento é a primeira declaração política no campo da bioética e foi aprovado unanimemente por todos os Estados-Membros da UNESCO. Em contraste com outros documentos internacionais, a Enciclopédia apresenta um compromisso dos governos e é parte do direito internacional, embora não vinculativo como Convenção. Ela apresenta um quadro universal de princípios éticos que iluminam o avanço da bioética em âmbito global.

Bioética global, vulnerabilidade e Agenda 2030 da ONU 417

gligenciadas em obras mais tradicionais sobre bioética incluem, mas não se limitam às que seguem: patrocínio na pesquisa e educação em bioética, má conduta científica e integridade da pesquisa, exploração dos participantes da pesquisa em ambientes pobres em recursos, fuga de cérebros e migração dos trabalhadores de saúde, tráfico de órgãos e turismo de transplantes, medicina indígena, biodiversidade, mercantilização de tecidos humanos, repartição de benefícios na pesquisa em seres humanos, indústria bio e alimentar, desnutrição e fome, direitos humanos e mudanças climáticas.[27]

Hoje, com o processo em curso de implementação da Agenda 2030 da ONU, volta à tona a discussão sobre a necessidade de entendimento correto do conceito de "sustentabilidade", ou "desenvolvimento sustentável". Potter já nos alertava para a necessidade de uma bioética planetária, sendo um arguto visionário e um campeão de sabedoria em meio ao extraordinário progresso do conhecimento científico; ele se antecipou aos tempos de hoje. Para Potter, muito mais ameaçador do que o chamado "conhecimento perigoso" é a "ignorância perigosa". A ONU, por meio da Comissão Mundial sobre Meio Ambiente e Desenvolvimento, elabora, com a liderança da primeira-ministra norueguesa Gro Harlem Brundtland, o documento intitulado "*Nosso futuro comum*" (esse relatório também é conhecido como Relatório Brundtland). Nesse documento, temos a definição clássica do que se entende por desenvolvimento sustentável: "Aquele que atende as necessidades das gerações atuais sem comprometer a capacidade das gerações futuras de atenderem suas necessidades e aspirações". Certamente, Potter assinaria com muita alegria esse documento. Olhando para o nosso mundo futuro e construindo uma ponte para uma bioética

---

[27] TEN HAVE. *Encyclopedia of Global Bioethics*, 2016.

global, visando a sua transformação, como diria Potter, a humanidade tem uma agenda crítica de trabalhos para enfrentar os imensos desafios que se lhe apresentam, apontados na *"Agenda 2030 para o Desenvolvimento Sustentável"*.[28]

Sem dúvida alguma, Potter nos inspira, instiga e provoca para que o nosso pensar a respeito das realidades do mundo e da vida e o nosso estilo de vida sejam testemunhos concretos da nossa responsabilidade na construção de uma nova sociedade mais justa e saudável, bem como de um futuro de esperança para a humanidade. Para além da superficialidade das coisas e ideologias, urge que cultivemos uma bioética "profunda", não encerrada em si própria, mas inclusiva e de cunho "global". Assim entenderemos Potter quando afirma que "a bioética profunda é a busca pela sabedoria, definida como um julgamento de como usar o conhecimento para o bem social. Clamamos por uma sabedoria bioética que combinará o conhecimento ecológico com um senso de responsabilidade moral para vivermos num mundo saudável".[29]

---

[28] ONUBR. Nações Unidas no Brasil. *Transformando nosso mundo: a Agenda 2030 para o Desenvolvimento Sustentável*. Disponível em: https://nacoesunidas.org/pos2015/agenda2030/. Acesso em: 05.03.2018. Neste documento programático da ONU, o desenvolvimento sustentável tem algumas características: a) é o desenvolvimento que satisfaz as necessidades do presente sem comprometer a capacidade das gerações futuras satisfazerem as suas próprias necessidades; b) exige esforços concertados para a construção de um futuro inclusivo, sustentável e resiliente para as pessoas e o planeta; c) para ser alcançado é crucial a harmonização de três elementos principais: crescimento econômico, inclusão social e proteção ambiental; d) a erradicação da pobreza em todas as suas formas e dimensões é um requisito indispensável para o desenvolvimento sustentável; para este fim, deve haver promoção do crescimento econômico sustentável, inclusivo e equitativo, criando maiores oportunidades para todos, reduzindo as desigualdades, elevando os padrões básicos de vida, promovendo o desenvolvimento social equitativo e inclusivo e gestão integrada e sustentável dos recursos naturais e dos ecossistemas.
[29] POTTER, Van Rensselaer. Deep and Global Bioethics for a Livable Third Millennium (1998). In: *The Scientist*. Disponível em: https://www.the-scientist.com/opinion-old/deep-and-global-bioethics-for-a-livable-third-millennium-57186. Acesso em: 03.01.2018.

Bioética global, vulnerabilidade e Agenda 2030 da ONU

Talvez seja por causa desta atualidade de sua visão de sabedoria bioética em relação ao futuro que Peter J. Whitehouse, seu discípulo, vai afirmar que

> o futuro da bioética está num grau considerável no passado. A formulação original de bioética por V. R. Potter inclui um compromisso profundo em relação ao futuro que o mundo necessita desesperadamente que os bioeticistas descubram. Nosso sistema de saúde está moral e medicamente doente. Os bioeticistas necessitam encontrar a coragem e a sabedoria para liderar a revolução em mudanças organizacionais e não serem cúmplices com sistemas disfuncionais.[30]

Passemos agora ao segundo momento da reflexão, analisando a vulnerabilidade como importante conceito da bioética global.

2. O conceito de vulnerabilidade como ferramenta heurística

2.1 O conceito de vulnerabilidade entra no vocabulário bioético

O conceito de vulnerabilidade foi introduzido no âmbito da bioética basicamente a partir do ano 2000. Foi usado pela primeira vez no contexto da ética da pesquisa clínica para designar grupos ou populações merecedoras de proteção especial (crianças, minorias raciais, mulheres, pessoas institucionalizadas, idosos, povos indígenas, entre outros grupos vulneráveis). Aos poucos, este conceito foi se expandindo para outras áreas temáticas da bioética. Com a globalização da bioética, o sofri-

---

[30] WHITEHOUSE. The Rebirth of Bioethics.

420 Ética teológica e direitos humanos

mento e riscos provocados pela pesquisa médica, as tecnologias e os cuidados se transformaram em realidades globais, razão pela qual o conceito de vulnerabilidade emerge como sendo um dos princípios da bioética global, na *Declaração Universal de Bioética e Direitos Humanos*. A ênfase na vulnerabilidade articula que a pessoa humana não é apenas um sujeito autônomo, mas também um corpo suscetível e frágil. Esse conceito também chama a atenção para o contexto social em que as pessoas estão expostas a ameaças e danos.

Para o bioeticista holandês radicado nos EUA Henk Ten Have – um dos estudiosos mais respeitados no âmbito da bioética mundial hoje, cuja argumentação sobre bioética global e vulnerabilidade seguimos bem de perto –, o conceito de vulnerabilidade é interpretado de forma reducionista, como sendo um *deficit individual, que compromete a autonomia e autodeterminação da pessoa*. Isso não basta! Para além da pessoa necessitada de cuidados especiais, a atenção deve ser dirigida às *condições de contexto existenciais que favorecem ou impedem o desenvolvimento do ser humano*.[31]

2.2 Vulnerabilidade entendida como deficiência individual

As Diretrizes Éticas que devem orientar a pesquisa biomédica envolvendo seres humanos, do *Conselho Internacional de Organizações de Ciências Médicas* (CIOMS), de 1993, fornecem uma descrição da vulnerabilidade que se tornou muito influente: trata-se de "uma incapacidade substancial de proteger os

---

[31] TEN HAVE, Henk A. M. J. Vulnerability as the Antidote to Neoliberalism in Bioethics. In: *Revista Redbioética/UNESCO*, Ano 5, 1 (2014b): 87-92.

Bioética global, vulnerabilidade e Agenda 2030 da ONU

próprios interesses".[32] As Diretrizes referem-se a várias causas, como a falta de capacidade de consentimento informado, a falta de meios alternativos para obter assistência médica ou ser um membro júnior de um grupo hierárquico. As Diretrizes Éticas mais recentes, de 2002, reformulam o conceito de vulnerabilidade e enumeram outras causas, tais como: poder insuficiente, falta de educação, recursos e força. Mas o ponto de referência continua a ser *a capacidade de proteger seus próprios interesses*.

Em outras palavras, o quadro a partir do qual o conceito de vulnerabilidade é interpretado e compreendido é o princípio ético da autonomia. A vulnerabilidade é considerada principalmente como uma fraqueza ou deficiência que atinge o indivíduo. Isso indica que certas pessoas não podem se proteger. Por exemplo, na pesquisa clínica, pode-se supor que pessoas bem-informadas e voluntárias seguiram o que interessa quando consentiram em participar. As pessoas vulneráveis carecem de capacidade decisória ou não dispõem de informações adequadas para se proteger de possível exploração.

O consentimento livre e esclarecido pode, portanto, eliminar a vulnerabilidade de possíveis assuntos de pesquisa. Nesta perspectiva, a vulnerabilidade é essencialmente uma autonomia limitada. Quaisquer que sejam as causas ou condições, isso significa que a capacidade de a pessoa tomar decisões autônomas é prejudicada ou reduzida. Quanto mais diminui a autonomia individual, mais a vulnerabilidade aumentará.

---

[32] COUNCIL FOR INTERNATIONAL ORGANIZATIONS OF MEDICAL SCIENCES (CIOMS). Associate partner of UNESCO – In official relations with WHO, 1993. International Ethical Guidelines for Biomedical Research Involving Human Subjects, p. 10. CIOMS, Geneva. Disponível em: https://cioms.ch/wp-content/uploads/2017/01/WEB-CIOMS-EthicalGuidelines.pdf. Acesso em: 22.01.2018.

2.3 Vulnerabilidade como fenômeno global e limitações do atual paradigma de bioética principialista

Atualmente, a vulnerabilidade é um conceito central em várias áreas do conhecimento humano e especialmente no âmbito da saúde, como, por exemplo, em ciências da enfermagem, saúde pública e ciências sociais. Também é usado em novos campos de estudo sobre HIV/AIDS, desastres, degradação ambiental, mudanças climáticas, bioterrorismo e segurança humana. O fato de o mundo se tornar cada vez mais interconectado e interdependente criou um senso de vulnerabilidade mútua. Nas palavras do Diretor-Geral da Organização Mundial de Saúde: "A vulnerabilidade é universal".[33] Ser vulnerável é muitas vezes o resultado de uma série de condições sociais, econômicas e políticas e, portanto, uma questão que está além do poder e controle das pessoas. Por estar relacionada à globalização, é necessária uma ampla noção de vulnerabilidade.

Os processos de globalização resultaram em um mundo que não só criou mais e novas ameaças, mas também prejudicou os mecanismos de proteção tradicionais, tais como sistemas de segurança social e bem-estar social, sistemas de apoio familiar, de maneira que as habilidades das pessoas e comunidades em enfrentar essas ameaças foram enfraquecidas. Todas as categorias de pessoas são privadas de direitos, impotentes e sem voz.[34]

---

[33] WORLD HEALTH ORGANIZATION (WHO). *The World Health Report 2007 – A safer future: global public health security in the 21st century*. Geneva: WHO, 2007, n. 2. Disponível em: http://www.who.int/whr/2007/en/. Acesso em: 22.01.2018.
[34] UNITED NATIONS DEPARTMENT OF ECONOMIC AND SOCIAL AFFAIRS. Report on the World Social Situation, 2003. Social vulnerability: Sources and Challenges. New York: United Nations. Disponível em: http://www.un.org/esa/socdev/rwss/docs/2003/fullreport.pdf. Acesso em: 26.01.2018.

Essa interpretação da vulnerabilidade como fenômeno global difere do conceito comumente veiculado pelo paradigma bioético hegemônico da atualidade. Quando a pessoa vulnerável é considerada como um sujeito autônomo "falido", a vulnerabilidade não só será localizada no indivíduo, mas também implicará uma resposta prática específica, ou seja, uma proteção através da substituição da falta de capacidade pela voz dos outros. É claro que esse enquadramento particular é orientado de forma normativa: é o resultado do primado do princípio ético do respeito pela autonomia pessoal. O que é menos claro é que as dimensões significativas do conceito de vulnerabilidade são desconsideradas. Por exemplo, os determinantes estruturais sociais, econômicos e políticos que prejudicam as pessoas não são levados em conta.

O foco na fraqueza individual prevê uma perspectiva política que considera a vulnerabilidade como resultado de situações específicas; argumentando na perspectiva de que as pessoas se tornam vulneráveis em contextos específicos e que o conceito relaciona-se mais com os princípios éticos de justiça, solidariedade e igualdade do que com a autonomia individual.

O paradoxo é que o discurso da vulnerabilidade se desenvolveu em associação com processos crescentes de globalização. Ele dá voz à experiência de hoje de que a existência cotidiana é mais precária, de que estamos mais expostos a riscos e ameaças e de que nossas capacidades para enfrentá-los diminuíram sensivelmente. Isso levou a bioética a enfrentar o desafio de como as pessoas podem ser protegidas e capacitadas. Enquadrar a vulnerabilidade como sendo um *deficit* de autonomia não só faz parte de toda a história, mas também implica uma gama limitada de opções e ações. Nesse sentido, a interpretação da vulnerabilidade pelo atual paradigma hegemônico de bioética afasta a atenção teórica e prática das circunstâncias que vulnerabilizam os sujeitos humanos. Estamos diante de um reducionismo ideológico que isola o indivíduo do contexto vital.

2.4 A necessidade de uma bioética global e o conceito de vulnerabilidade

O surgimento do conceito de vulnerabilidade é um sinal de que uma nova abordagem na bioética está se desenvolvendo, que vai além da perspectiva limitada da bioética principialista norte-americana. A bioética global, defendida por Van Rensselaer Potter, finalmente torna-se uma realidade concreta.[35] Conforme afirmado em uma publicação recente: é fundamental para a bioética "incorporar as realidades de um mundo globalizado, com as disparidades crescentes e diferenças de poder".[36]

O conceito de vulnerabilidade desafia a bioética a desenvolver e ampliar seu quadro teórico para além dos clássicos quatro princípios (mantra Georgetown) do início da década de 1970. Ele também exorta a bioética para ir além do seu quadro inicial de referência, que é fortemente influenciado pela cultura e ideologia individualista norte-americanas. Nesse sentido, hoje temos muitas pesquisas em bioética em curso com a finalidade de desenvolver estruturas teóricas mais abrangentes baseadas em direitos humanos, justiça social, capacidades e ética de cuidados globais. A bioética não é mais, como foi definida

---

[35] POTTER. *Global Bioethics;* TEN HAVE, Henk A. M. J. Potter's notion of bioethics. In: *Kennedy Institute of Ethics Journal*, vol. 22, n. 1. (2012): 59-82.
[36] GANGULI MITRA, A.; BILLER-ANDORNO, N. Vulnerability and exploitation in a globalized world. In: *International Journal of Feminist Approaches to Bioethics*, vol. 6, n. 1 (2013): 91-102.

Bioética global, vulnerabilidade e Agenda 2030 da ONU   425

por Albert Jonsen, "um produto americano nativo crescido que pode ser exportado para outras partes do mundo".[37] Nesta era global, a bioética enfrenta novos desafios, tais como a pobreza, a corrupção, a desigualdade, o comércio de órgãos e o turismo médico, entre outros, frente aos quais as respostas de cunho ético tradicionais se apresentam inadequadas. Consequentemente, o escopo e a agenda da bioética são ampliados. É exatamente nesta perspectiva que o conceito de vulnerabilidade exige uma nova visão e perspectiva bioética.

O conceito de vulnerabilidade possibilita o redirecionamento do debate bioético, pois tem duas implicações significativas. Em primeiro lugar, isso implica a visão de que as pessoas humanas são seres sociais, concretos, e não abstratos e descontextualizados. Esta perspectiva desafia a ideia de que as pessoas são seres autônomos e capazes de controle. Uma vez que a condição humana é inerentemente frágil, todos os seres humanos partilham desta mesma situação. Como a nossa existência corporal é vulnerável, os seres humanos desenvolveram instituições e arranjos sociais para se protegerem. Esta não é uma realização individual nem uma ameaça. Vulnerabilidade significa que estamos abertos ao mundo; que podemos nos relacionar com outras pessoas; que podemos interagir com o mundo. Não é um *deficit*, mas um fenômeno positivo. É a base do intercâmbio e da reciprocidade entre os seres humanos. Não podemos surgir, florescer e sobreviver se a nossa existência não estiver relacionada com a existência dos outros. A noção de vulnerabilidade refere-se, portanto, à solidariedade e à reciprocidade, às necessidades dos grupos e das comunidades, e não apenas às dos indivíduos.

---

[37] JONSEN, Albert. *The birth of bioethics.* New York/Oxford: Oxford University Press, 1988, p. 377.

A segunda implicação é que a vulnerabilidade mobiliza uma resposta diferente: se a vulnerabilidade é um sintoma da crescente precariedade da existência humana e é exacerbada em certas condições, o contexto social não pode mais ser ignorado na análise bioética. Pelo contrário, a bioética deve se concentrar na distribuição e alocação de vulnerabilidade em nível global. Em vez de se concentrar nos *deficits* individuais, a análise deve criticar os determinantes externos que expõem as pessoas frente a potenciais perigos e danos. Isso também significa que as respostas individuais são insuficientes e que necessitamos de uma resposta coletiva, ou seja, de uma ação social e política.

2.5 O contexto hodierno neoliberal da bioética

Como o debate bioético deve ser reorientado? O uso recente do conceito de vulnerabilidade na literatura acadêmica é alimentado pelo maior senso de vulnerabilidade em nível global. Os processos de globalização são fortemente influenciados pela ideologia do mercado neoliberal. O mercado é considerado a principal fonte de vulnerabilidade e insegurança.[38] As políticas neoliberais estão multiplicando inseguranças: emprego cada vez mais precário, deterioração das condições de trabalho, instabilidade financeira, crescimento da pobreza e degradação ambiental, entre outros fenômenos que são diariamente assunto da mídia em geral.

Tais políticas também levam à quebra dos mecanismos de proteção. As redes de segurança e de solidariedade que existiam para

---

[38] KIRBY, P. *Vulnerability and violence. The impact of globalization*. London/Ann Arbor: Pluto Press, 2006; THOMAS, C. Globalization and human security. In: MCGREW, A.; POKU, N. K. (Eds.). *Globalization, development and human security*. Cambridge (UK)/Malden: Polity Press, 2007, p. 107-131.

Bioética global, vulnerabilidade e Agenda 2030 da ONU

proteger os sujeitos vulneráveis foram minimizadas ou simplesmente eliminadas. Regras e regulamentos que protegem a sociedade e o meio ambiente são enfraquecidos para promover a expansão do mercado global. Como resultado, estamos diante de uma situação de precariedade geral expandida. Isto é precisamente o que a ideologia visa: as pessoas só florescem se forem confrontadas com desafios e se houver a possibilidade de concorrência. A segurança individual é "uma questão de escolha individual".[39] É exatamente esse discurso ideológico que é replicado na interpretação da vulnerabilidade, como duma espécie de deficiência na autonomia pessoal, no interior do paradigma bioético hegemônico atual.

Mas se considerarmos a vulnerabilidade como resultado do impacto prejudicial da lógica global do neoliberalismo, surgirão uma abordagem e um conceito de vulnerabilidade completamente diferentes. Não é surpreendente que a linguagem da vulnerabilidade seja frequentemente usada por organizações internacionais e intergovernamentais. Os efeitos devastadores das políticas neoliberais são mais visíveis no mundo em desenvolvimento. Mas, hoje em dia, a insegurança existencial está em todos os lugares do planeta. Também é óbvio que a ideologia do mercado não aumentou o bem-estar humano. Ela promoveu, principalmente, uma crescente desigualdade. Criou um mundo em que as 85 pessoas mais ricas possuem tantos recursos financeiros como os 3,5 bilhões de pessoas mais pobres.[40] Uma pequena elite se apropriou do processo político e direcionou as regras do sistema

---

[39] HARVEY, D. A brief history of neoliberalism. Oxford/New York: Oxford University Press, 2005, p. 168.
[40] OXFAM. Gobernar para las elites. Secuestro democrático y desigualdad económica (2014). Disponível em: https://www.oxfam.org/sites/www.oxfam.org/files/file_attachments/bp-working-for-few-political-capture-economic-inequality-200114-es_3.pdf. Acesso em: 22.01.2018.

428 Ética teológica e direitos humanos

econômico em seu próprio benefício. Segundo dados da OX-FAM, importante organização internacional que luta pela erradicação da pobreza no mundo, quase metade da riqueza mundial está nas mãos de 1% da população, cuja riqueza (mais de 110 bilhões de dólares) é 65 vezes maior do que o total da riqueza que possui a metade mais pobre da população mundial. A metade da população mundial possui a mesma riqueza que as 85 pessoas mais ricas do planeta! Sete em cada dez pessoas vivem em países onde a desigualdade econômica aumentou nos últimos 30 anos. Nos EUA, o 1% mais rico da população acumulou 95% de crescimento total após a crise de 2009, enquanto os 90% mais pobres da população empobreceram ainda mais.[41]

Na primeira hora do surgimento da bioética e durante os anos 1970 e 1980, os principais desafios morais que se apresentavam relacionavam-se com o poder e uso da ciência e da tecnologia. Como proteger os pacientes das interferências médicas e do paternalismo? Como os cidadãos poderiam ter mais controle sobre as decisões de saúde? De que modo os direitos dos pacientes poderiam ser definidos e implementados? Essas questões moldaram a agenda e a metodologia da bioética geral, especialmente em países mais desenvolvidos, tais como EUA, Inglaterra e outros.

Numa perspectiva global, constatamos que muitos cidadãos não têm acesso à ciência e à tecnologia moderna. Eles são marginalizados em um sistema cada vez mais privatizado e comercializado. Eles são transformados em cobaias e explorados em projetos de pesquisa clínica, pois é a única chance para receber tratamento e cuidado de uma determinada enfermidade.

---

[41] OXFAM. Gobernar para las elites.

Bioética global, vulnerabilidade e Agenda 2030 da ONU

A partir da década de 1990, os principais desafios morais mudaram. Já não eram o poder e a utilização da tecnociência que provocavam questionamentos éticos, mas o poder do dinheiro. Saúde, pesquisa, educação, cultura e até mesmo a religião passaram a ser consideradas como um verdadeiro negócio de cunho empresarial, em que os atores competem pelos clientes e consumidores.

A ironia é que o neoliberalismo não é assim tão liberal como se autoproclama. Ele passa a combinar a linguagem de mercado com preocupações de segurança, criando o chamado "globalismo imperial".[42] Todos os cidadãos em todos os lugares são continuamente monitorados e pesquisados por uma classe de responsáveis que não estão sujeitos a nenhuma regulamentação legal. Um vasto aparelho de segurança desencadeou as técnicas de um império militarizado. Ninguém se apresenta como responsável, estando assim a responsabilidade ausente. Os líderes políticos enganam, negam e mentem.[43] Passam a existir programas secretos de assassinato com instrumentos mortíferos, controlados remotamente (*drones*) e que não seguem os padrões legais de julgamento e muito menos de audiência legal. Falar de autonomia individual, privacidade e transparência neste contexto parece ser uma tarefa inútil. Em muitos países, a ideologia do mercado livre é combinada facilmente com a política autoritária, a religião fundamentalista ou o domínio autocrático. A grande maioria dos pobres é excluída do discurso público.

---

[42] STEGER, M. B. *Globalisms. The great ideological struggle of the twenty-first century.* Lanham: Rowman & Littlefield Publishers, 2009.
[43] BAMFORD, J. They know much more than you think. In: *The New York Review of Books,* August 15 (2013): 4-8.

2.6 Novas perspectivas de bioética

Quando os principais problemas bioéticos de hoje são produzidos pelo domínio da ideologia do mercado neoliberal, a bioética deve se redefinir como um discurso global crítico. Centrar a atenção no contexto social não será suficiente. A bioética deve argumentar por uma inversão das prioridades em políticas públicas e na sociedade: as considerações econômicas e financeiras devem servir aos valores e princípios da dignidade humana e da justiça social, e não se transformarem em fins em si mesmas. Isso implica estratégias específicas de inclusão social, mas também apoio institucional. Será necessário demonstrar militância e *advocacy* mais vigorosos, com respaldo em pesquisas acadêmicas no âmbito bioético.

As desigualdades e condições sociais que produzem vulnerabilidade não estão fora do controle social e político. Também exigirá que as vozes dos mais desfavorecidos e vulneráveis sejam mais valorizadas pelo discurso bioético, envolvendo grupos vulneráveis no desenvolvimento e implementação de políticas públicas. A vulnerabilidade global também está transformando o significado da cooperação. Forjar alianças globais e novas redes de solidariedade é a única maneira de enfrentar as ameaças globais. Na perspectiva individualista, torna-se impossível abordar as causas da vulnerabilidade.

Após esta incursão um pouco detalhada a respeito do conceito e referencial fundamental ou princípio da bioética global, passamos ao terceiro e último momento da reflexão, que tem a ver com a agenda de implementação dos direitos humanos no concreto da vida da humanidade.

Bioética global, vulnerabilidade e Agenda 2030 da ONU

3. Um balanço dos Objetivos de Desenvolvimento do Milênio (ODM) e a Agenda 2030 da ONU

3.1 Um balanço dos Objetivos de Desenvolvimento do Milênio (ODM)

No ano 2000, 191 nações firmaram o compromisso para combater a extrema pobreza e outros males da sociedade. Essa promessa se concretizou nos Objetivos de Desenvolvimento do Milênio (ODM), que deveriam ser atingidos até 2015. Os 8 ODM estabelecidos pela ONU são os seguintes: **1.** Acabar com a fome e a miséria; **2.** Oferecer educação básica de qualidade para todos; **3.** Promover a igualdade entre sexos e a autonomia das mulheres; **4.** Reduzir a mortalidade infantil; **5.** Melhorar a saúde das gestantes; **6.** Combater a Aids, a malária e outras doenças; **7.** Garantir qualidade de vida e respeito ao meio ambiente; **8.** Estabelecer parcerias para o desenvolvimento.[44]

A ONU publicou, em 12 de agosto de 2014, um informe de avaliação sobre o que se conseguiu em relação aos Objetivos do Milênio, um ano antes de se cumprir a consecução do acordo realizado.[45] Trata-se de um balanço de caminhada em direção à sua finalização. Percebe-se que algumas metas foram alcançadas, mas na grande parte ainda estamos na metade do caminho, embora se faça necessário reconhecer alguns avanços. Em alguns países existe a carência de estatísticas oficiais e confiáveis, o que torna difícil qualquer processo de mensuração

---

[44] UNRIC. *Declaração do Milênio* (Nova Iorque, 6-8 de setembro de 2000). Disponível em: https://www.unric.org/html/portuguese/uninfo/DecdoMil.pdf.Acesso em: 10.08.2017.
[45] UNITED NATIONS. Report of the Open Working Group of the General Assembly on Sustainable Development Goals, 2014. Disponível em: http://www.un.org/ga/search/view_doc.asp?symbol=A/68/970&Lang=E. Acesso em: 10.08.2017.

432 Ética teológica e direitos humanos

de possíveis avanços. A partir de 2015, os países-membros da ONU assumiram um outro projeto chamado *O mundo que queremos*, com o estabelecimento de "Objetivos para um Desenvolvimento Sustentável", ainda a serem definidos.

O então Secretário-Geral da ONU, Ban Ki-Moon, afirmou que os ODM se constituíram num processo de "reforçar os princípios de dignidade humana, igualdade e equidade e um mundo livre da extrema pobreza" e avaliou que "os esforços coordenados pelos governos nacionais, a comunidade internacional, a sociedade civil e o setor privado fomentaram um renascer da esperança e das oportunidades para as populações de todo o mundo. Contudo, muito ainda necessita ser refeito para acelerar esses avanços. Necessitam-se ações mais audazes e específicas onde ainda existem brechas".

Segundo o relatório, nos últimos 20 anos, graças aos ODM salvaram-se milhões de vidas de muitas maneiras. Por exemplo, a probabilidade de uma criança morrer antes dos 5 anos foi cortada quase pela metade, o que significa que em torno de 17.000 crianças são salvas diariamente. Em termos globais, a mortalidade materna caiu em 45% entre 1990 e 2013. Nos países desenvolvidos morrem 6 crianças a cada mil nascidas vivas (dados de 2012), enquanto nos países pobres a cifra aumenta espantosamente para 82 mortas entre mil nascidas vivas. As terapias antirretrovirais para as pessoas infetadas com o vírus HIV salvaram 6,6 milhões de vidas desde 1995, e a expansão de sua cobertura pode salvar muito mais. Entre 2000 e 2012, estima-se que 3,3 milhões de mortes foram evitadas devido à expansão de intervenções com maior cobertura de terapias antirretrovirais, e 9,5 milhões de pessoas vivendo com o vírus HIV em 2012 tinham acesso ao tratamento antirretroviral.

Desde 1995, graças aos esforços na luta contra a tuberculose, estima-se que tenham se salvado 11 milhões de vidas. Entre 2000 e 2012, as intervenções contra o paludismo salvaram a vida de mais de 3 milhões de crianças. Segundo o informe da ONU, que avalia os ODM, conseguiu-se reduzir pela metade a porcentagem de pessoas que vivem com menos de 1,25 dólar por dia, que é o que a ONU considera pobreza extrema, em relação ao que ocorria em 1990. Nada menos que 700 milhões de pessoas deixaram essa condição nesse período. A China foi o país que mais reduziu esse índice, passando de 60% de sua população em situação de extrema pobreza para 12%.

Reduziu-se pela metade a proporção de pessoas que padecem fome no mundo. Enquanto em 1990 23% da população não podia obter alimentos de forma regular para levar uma vida saudável, em 2011 essa porcentagem caiu para 14,3%. Embora constate-se tal avanço, temos ainda 162 milhões de crianças que sofrem de desnutrição crônica e perfeitamente superável.

Com relação à educação primária universal, entre 2000 e 2012, a porcentagem de menores matriculados nos cursos primários passou de 83% a 90%. Os dados pioram quando se leva em conta que um em cada quatro menores que vão à escola nas regiões em desenvolvimento abandonará os estudos antes de completar o ciclo. As altas taxas de deserção escolar seguem sendo um grande obstáculo para conseguir este objetivo do Milênio. Temos ainda 58 milhões de crianças em idade escolar que não vão à escola, sendo que a metade delas vive em áreas afetadas por conflitos. Somente 23% das crianças subsaarianas residentes em zonas rurais finalizam o nível primário.

Em relação à igualdade entre homens e mulheres, o informe da ONU enfatiza que muito ainda tem de ser feito para superar a desigualdade. As mulheres ganham muito menos do que os homens pelo mesmo trabalho; em muitas regiões, elas ocupam a maioria dos subempregos, os que têm pior remuneração por serem informais ou precários. Ainda recai sobre elas o cuidado da família.

No que toca à saúde materna, diz o informe que somente em 2013 morreram 300.000 mulheres por causas relacionadas com a gravidez e o parto. O incrível é que a maioria dessas mortes são preveníveis, diz o relatório da ONU. Desde 1990, a mortalidade materna foi reduzida em 45%, passando de 380 a 210 mortes para cada 100.000 nascidos vivos. Em 2012, 40 milhões de mulheres deram à luz sem assistência médica (quando os partos são realizados em condições pouco higiênicas, basta uma pequena complicação para que o desenlace seja fatal).

Em termos de saúde pública, desde 1990, 2,3 bilhões de pessoas tiveram acesso a água potável. Mais de um quarto da população global ganhou acesso a condições sanitárias e ainda temos um bilhão de pessoas que não têm rede de esgotos. Uma preocupação crescente está ligada à sustentabilidade do meio ambiente. Os sinais de alarme sobre as mudanças climáticas, os furacões, as secas e inundações sempre mais frequentes nos alertam de que a humanidade deve tomar medidas drásticas neste sentido, para evitar o colapso do planeta Terra, esgotando os recursos das gerações futuras. Nota-se um avanço crescente de conscientização por parte da sociedade, em relação a este desafio.

No que toca ao estabelecimento de parcerias para o desenvolvimento, em 2013, a ajuda para o desenvolvimento aumentou em 6,1% em relação a 2012, mas anteriormente houve uma expressiva queda. Os países do Comitê de Assistência para o

Bioética global, vulnerabilidade e Agenda 2030 da ONU   435

Desenvolvimento destinaram somente 0,3% do produto nacional bruto, muito abaixo dos 0,7% previstos (somente Dinamarca, Luxemburgo, Noruega, Reino Unido e Suécia conseguiram honrar esta percentagem). Enfim, que mundo e futuro queremos construir? A Agenda dos ODM ficou inacabada e está sendo assumida pela Agenda 2030 do Desenvolvimento Sustentável da ONU. Existem ainda muitas políticas de morte que alimentam discriminações e conflitos entre os povos no mundo a custos incalculáveis em termos de perdas de vidas humanas. Existem milhões de pessoas esperando por um futuro e um mundo como um lugar melhor para viver, com uma sociedade mais justa, solidária e saudável. Vejamos, neste espírito de busca de um outro mundo possível, a Agenda 2030 da ONU.

3.2 Introduzindo a Agenda 2030 da ONU para o Desenvolvimento Sustentável

A ONU, em 2015, celebrou 70 anos de existência. O então Secretário-Geral, Ban Ki-Moon, já no final de 2014, ao apresentar aos Estados-Membros das Nações Unidas um relatório-síntese sobre o trabalho desenvolvido para a definição e negociação da Agenda pós-2015, que iria substituir os 8 Objetivos de Desenvolvimento do Milênio 2000-2015 (ODM), afirmava: "Estamos prestes a adentrar o ano mais importante para o desenvolvimento desde a criação das Nações Unidas. Nós devemos dar significado para a existência desta organização, a fim de reafirmar a fé na dignidade e no valor do ser humano. Temos uma oportunidade histórica e o dever de agir vigorosamente para tornar a dignidade de todos uma realidade, sem deixar ninguém para trás".

Em 2015, a Organização das Nações Unidas, que reúne hoje 193 Estados-Membros, adotou formalmente na Cúpula das Nações Unidas sobre o Desenvolvimento Sustentável (Nova York, 25-27 de setembro) a Agenda intitulada *"Transformando Nosso Mundo: a Agenda 2030 para o Desenvolvimento Sustentável"*. Ban Ki-Moon, no discurso de abertura da Cúpula, disse que "a nova Agenda é uma promessa dos líderes para a sociedade mundial. E uma Agenda para acabar com a pobreza em todas as suas formas, uma Agenda para o planeta". Ao comemorar seus 70 anos de existência, a ONU procurou reinventar-se e ser uma referência importante para todos os 193 Estados-Membros em termos de promoção da paz, superação de conflitos étnicos e desenvolvimento de seus povos.

A partir de 2015, um novo conceito de desenvolvimento é adotado oficialmente pelos líderes mundiais, o chamado "desenvolvimento sustentável". Desde a Conferência das Nações Unidas sobre o Meio Ambiente e Desenvolvimento de 1992 – a Cúpula da Terra, realizada no Rio de Janeiro (conhecida como ECO 92), o mundo identificou um novo caminho para o bem-estar humano, o do desenvolvimento sustentável. Esse conceito, apresentado na Agenda 21, reconhece que o desenvolvimento econômico deve ser equilibrado com um crescimento que responda às necessidades das pessoas e proteja o meio ambiente.

A nova Agenda para 2030 baseia-se no resultado da Cúpula Mundial sobre o Desenvolvimento Sustentável de 2002, na Cúpula de 2010, sobre os Objetivos do Desenvolvimento do Milênio, no resultado da Conferência das Nações Unidas sobre Desenvolvimento Sustentável de 2012 (Rio+20) e em contribuições de organizações civis e ONGs de todo o mundo.

Bioética global, vulnerabilidade e Agenda 2030 da ONU

3.3 Conhecendo os Objetivos da Agenda 2030

Os referenciais éticos norteadores da Agenda, os valores fundamentais que embasam a escolha dos objetivos foram: o respeito à pessoa humana em sua dignidade; o cuidado para com o nosso planeta, nossa casa comum; um progresso que não destrua a natureza e que beneficie a toda a humanidade; a busca da paz entre os povos, pois sem paz não acontece desenvolvimento sustentável; estabelecimento de parcerias globais, num espírito de solidariedade com os mais pobres e vulneráveis do planeta. A partir desta perspectiva é que são propostos os dezessete objetivos do milênio, a saber: **1.** Acabar com a pobreza em todas as suas formas, em todos os lugares; **2.** Acabar com a fome, alcançar a segurança alimentar e melhoria da nutrição e promover a agricultura sustentável; **3.** Assegurar uma vida saudável e promover o bem-estar para todos, em todas as idades; **4.** Assegurar a educação inclusiva e equitativa de qualidade e promover oportunidades de aprendizagem ao longo da vida para todos; **5.** Alcançar a igualdade de gênero e empoderar todas as mulheres e meninas; **6.** Assegurar a disponibilidade e gestão sustentável da água e saneamento para todos; **7.** Assegurar o acesso confiável, sustentável, moderno e a preço acessível à energia para todos; **8.** Promover o crescimento econômico sustentado, inclusivo e sustentável, emprego pleno e produtivo e trabalho decente para todos; **9.** Construir infraestruturas resilientes, promover a industrialização inclusiva e sustentável e fomentar a inovação; **10.** Reduzir a desigualdade dentro dos países e entre eles; **11.** Tornar as cidades e os assentamentos humanos inclusivos, seguros, resilientes e sustentáveis; **12.** Assegurar padrões de produção e de consumo sustentáveis; **13.** Tomar medidas urgentes para combater a mudança do clima e seus impactos; **14.**

438 Ética teológica e direitos humanos

Conservar e promover o uso sustentável dos oceanos, mares e recursos marinhos para o desenvolvimento sustentável; **15.** Proteger, recuperar e promover o uso sustentável dos ecossistemas terrestres, gerir de forma sustentável as florestas, combater a desertificação, deter e reverter a degradação do solo e a perda de biodiversidade; **16.** Promover sociedades pacíficas e inclusivas para o desenvolvimento sustentável, proporcionar o acesso à justiça para todos e construir instituições eficazes, responsáveis e inclusivas em todos os níveis; **17.** Fortalecer os meios de implementação e revitalizar a parceria global para o desenvolvimento sustentável.

A Agenda 2030 para o Desenvolvimento Sustentável apresenta para toda a humanidade um horizonte de sentido e de visão a longo prazo em vista do qual todos devemos nos irmanar e assumir como pessoal:

> Reconhecemos que a erradicação da pobreza em todas as suas formas e dimensões, incluindo a pobreza extrema, é o maior desafio global e um requisito indispensável para o desenvolvimento sustentável (...) Estamos decididos a libertar a raça humana da tirania da pobreza e da privação e a sanar e a proteger o nosso planeta. Estamos determinados a tomar medidas ousadas e transformadoras, que se necessitam urgentemente, para pôr o mundo num caminho sustentável e resiliente. Ao embarcarmos nesta jornada coletiva, nos comprometemos em não deixar ninguém para trás.[46]

Considerações finais

O surgimento e o crescimento da bioética numa perspectiva global não deixam de ser um grande lance de esperança para toda a humanidade. Temos pela frente um horizonte utópico de

---

[46] ONUBR. *Transformando nosso mundo: a Agenda 2030 para o Desenvolvimento Sustentável.*

Bioética global, vulnerabilidade e Agenda 2030 da ONU

valores e sentido, para onde temos de encaminhar nossas energias, pensamentos e ações. A questão dos direitos humanos está profundamente conectada ao conceito de vulnerabilidade, mas também ao desenvolvimento da bioética global.

A vulnerabilidade reflete a precariedade da condição humana e a fragilidade da espécie humana. É também um reflexo de mudanças radicais na existência humana contemporânea devido aos processos de globalização. Como vimos, o conceito de vulnerabilidade tem implicações para o discurso bioético. Primeiro, demonstra que a ênfase na autonomia individual é inadequada. A própria autonomia exige condições adequadas para se desenvolver e ser exercida. Não podemos interpretar a vulnerabilidade como sendo uma mera deficiência de um atributo individual; mas dirigir nossa atenção para as condições de contexto existenciais subjacentes que favorecem ou impedem o desenvolvimento humano.

Em segundo lugar, a vulnerabilidade não é um estágio negativo e temporário a ser superado. Como existe a possibilidade constante de danos, os seres humanos precisam uns dos outros e devem cooperar. Em terceiro lugar, a vulnerabilidade não é apenas uma incapacidade ou uma deficiência, mas, acima de tudo, uma capacidade e uma oportunidade. Os sujeitos vulneráveis não são vítimas que precisam de proteção ou dependem da benevolência dos mais fortes para sobreviver. As capacidades humanas se desenvolverão quando a desigualdade e a violência estrutural tiverem sido removidas e as condições sociais, culturais, políticas e econômicas apropriadas para o desenvolvimento humano passarem a existir e a ser objetos de cuidados de vigilância pública.

O conceito de vulnerabilidade humana tem duas faces e nenhuma delas conta quando se enfatiza a autonomia individual. De um lado, temos a chamada vulnerabilidade geral. As pessoas são

440 Ética teológica e direitos humanos

vulneráveis, uma vez que a vulnerabilidade é intrínseca à condição humana. De outro lado, temos vulnerabilidades especiais, causadas por condições sociopolítico-econômicas, especialmente em países pobres, onde as pessoas não apenas são expostas muito mais facilmente à vulnerabilidade, mas se tornam ainda mais vulneráveis diante da injustiça e do abuso de poder.

A diferença entre *ser vulnerável* (como uma característica de nossa condição humana) e *tornar-se vulnerável* (ou *tornar--se vulnerado*, devido a condições adversas de vida e falta de educação e recursos, entre outros fatores) é eticamente muito significativa.[47] Enfim, esse conceito vai ganhando visibilidade e importância. Por exemplo, na sua última Assembleia anual, a Organização Mundial da Saúde (OMS), no contexto da Agenda 2030 para o Desenvolvimento Sustentável, retoma a visão do Art. 1 da Constituição da OMS: *um mundo em que todas as pessoas possam obter o mais alto nível possível de saúde e bem-estar,* com a missão de promover a saúde, garantir o mundo como um lugar seguro e servir o vulnerável.[48]

A sua valorização máxima se deu com a *Declaração Universal de Bioética e Direitos Humanos* da UNESCO, em 2005, quando passou a ser identificado como um dos princípios fundamentais da bioética, não somente no âmbito da pesquisa, mas também no contexto dos cuidados de saúde.[49]

[47] TEN HAVE. *Encyclopedia of Global Bioethics,* p. 215.
[48] WORLD HEALTH ORGANIZATION (WHO). Draft Thirteenth General Programme of Work 2019-2023. *Promote health, keep the world safe, serve the vulnerable.* Revised following the special session of the Executive Board in November 2017 (2018). Disponível em: http://www.who.int/about/what-we-do/gpw13-expert-group/Draft-GPW13-Advance-Edited-5Jan2018.pdf. Acesso em: 23.01.2018.
[49] UNESCO. *The Universal Declaration of Bioethics and Human Rights.* Trata-se do Art. 8 – *Respeito pela Vulnerabilidade Humana e pela Integridade Individual. A vulnerabilidade humana deve ser levada em consideração na aplicação e no avanço do conhecimento científico, das práticas médicas e de tecnologias associadas. Indivíduos e*

Bioética global, vulnerabilidade e Agenda 2030 da ONU

A partir da Agenda 2030, temos como desafio sermos resilientes e construirmos estruturas e realidades *resilientes* para garantirmos a existência de um *futuro sustentável*. O conceito de resiliência é aplicado como o oposto de vulnerável, especialmente na literatura psicológica e psiquiátrica. Num primeiro momento, ser resiliente significava ser invulnerável. As pessoas eram vulneráveis porque não tinham resiliência. A resiliência não é exclusivamente uma qualidade de personalidade, mas se relaciona também com fatores externos, tais como família, comunidade e ambiente social e físico. Nesta visão mais ampla, fica evidente que a oposição entre resiliência e vulnerabilidade desaparece. Ninguém é invulnerável e todos necessitamos de resiliência. No âmbito de mudanças climáticas, o conceito de resiliência permite construir respostas positivas para superar vulnerabilidades em diferentes níveis: o primeiro nível é o ambiente físico, em que a resiliência diz respeito à capacidade de superar choques, ameaças, perigos e catástrofes. O segundo situa-se no âmbito pessoal, tem a ver com a capacidade que a pessoa tem de superar situações adversas, que a princípio podem parecer insuperáveis (dar a volta por cima), e o terceiro nível diz respeito ao grupo ou à comunidade, em que resiliência diz respeito ao esforço e à capacidade cooperativa de agir juntos.

grupos de vulnerabilidade específica devem ser protegidos e a integridade individual de cada um deve ser respeitada. Os outros princípios deste importante documento são os seguintes: Art. 3 – Dignidade Humana e Direitos Humanos, Art. 4 – Benefício e Dano, Art. 5 – Autonomia e Responsabilidade Individual, Art. 6 – Consentimento, Art. 7 – Indivíduos sem a Capacidade para Consentir, Art. 9 – Privacidade e Confidencialidade, Art. 10 – Igualdade, Justiça e Equidade, Art. 11 – Não Discriminação e Não Estigmatização, Art. 12 – Respeito pela Diversidade Cultural e pelo Pluralismo, Art. 13 – Solidariedade e Cooperação, Art. 14 – Responsabilidade Social e Saúde, Art. 15 – Compartilhamento de Benefícios, Art. 16 – Proteção das Gerações Futuras, Art. 17 – Proteção do Meio Ambiente, da Biosfera e da Biodiversidade.

442   Ética teológica e direitos humanos

Enfim, é necessário que cultivemos uma mística da esperança. Sem esta seria muito difícil caminhar. Sem uma direção transcendente e um horizonte maior, sem perspectiva de valores e sentido das coisas torna-se quase impossível caminhar. Um outro mundo é possível ser construído, uma sociedade mais justa e saudável, interdependente e respeitosa das diferenças culturais, em harmonia com a natureza e protetora da dignidade do ser humano, da biosfera e da vida no planeta. Temos que ser protagonistas e fazer a nossa parte. Não é mais admissível indiferença frente a esta realidade. Urge assumirmos nossas responsabilidades pessoais, profissionais e políticas.

Referências Bibliográficas

BAMFORD, J. They know much more than you think. In: *The New York Review of Books*, August 15 (2013): 4-8.

BOO, K. *Behind the beautiful forever.* Life, death, and hope in a Mumbai undercity. New York: Random House, 2012.

CHIARELLI, Bruno. The bioecological bases of global bioethics. Research Article. In: *Global Bioethics*, vol. 25, n.1 (2014): 19-26.

COUNCIL FOR INTERNATIONAL ORGANIZATIONS OF MEDICAL SCIENCES (CIOMS). Associate partner of UNESCO – In official relations with WHO, 1993. International Ethical Guidelines for Biomedical Research Involving Human Subjects. CIOMS, Geneva. Disponível em: https://cioms.ch/wp-content/uploads/2017/01/WEB-CIOMS-EthicalGuidelines.pdf. Acesso em: 22.01.2018.

GANGULI MITRA, A.; BILLER-ANDORNO, N. Vulnerability and exploitation in a globalized world. In: *International Journal of Feminist Approaches to Bioethics*, vol. 6, n. 1 (2013): 91-102.

Bioética global, vulnerabilidade e Agenda 2030 da ONU 443

HARVEY, D. *A brief history of neoliberalism*. Oxford/New York: Oxford University Press, 2005.

HAUGEN, H. M. Inclusive and relevant language: the use of the concepts of autonomy, dignity and vulnerability in different contexts. In: *Medicine Health Care and Philosophy*, vol. 13, n. 3 (2010): 203-213.

JONSEN, Albert. *The birth of bioethics*. New York/Oxford: Oxford University Press, 1988.

KIRBY, P. *Vulnerability and violence*. The impact of globalization. London/Ann Arbor: Pluto Press, 2006.

LEOPOLD, Aldo. *A Sand County Almanac*. New York: Oxford University Press, 1949.

NAESS, A. The deep ecological movement: some philosophical aspects. In: *Deep Ecology for the 21st Century*. Boston: Shambhala, 1995.

ONUBR. Nações Unidas no Brasil. *Transformando nosso mundo: a Agenda 2030 para o Desenvolvimento Sustentável*. Disponível em: https://nacoesunidas.org/pos2015/agenda2030/. Acesso em: 05.03.2018.

OXFAM. Gobernar para las elites. Secuestro democrático y desigualdad económica (2014). Disponível em: https://www.oxfam.org/sites/www.oxfam.org/files/file_attachments/bp-working-for-few-political-capture-economic-inequality-200114--es_3.pdf. Acesso em: 22.01.2018.

PESSINI, L. Prefácio. In: *Bioética: Ponte para o futuro*. São Paulo: Loyola, 2016, p. 11-16.

PESSINI, L.; BARCHIFONTAINE, C. de P. (Orgs.). *Bioética Clínica e Pluralismo*. Com ensaios originais de Fritz Jahr. São Paulo: Centro Universitário São Camilo/Loyola, 2013 (especialmente: *Parte II: Ensaios em bioética e ética (1926-1947)*, p. 457-501; *Post scriptum de Hans-Martin Sass*, p. 505-514).

PESSINI, L. Exigências para uma bioética inclusiva. In: MILLEN, Maria Inês de C.; ZACHARIAS, Ronaldo (Orgs.). *O Imperativo Ético da Misericórdia*. Aparecida/São Paulo: Santuário/Sociedade Brasileira de Teologia Moral, 2016, p. 199-219.

POTTER, Van Renssealer. The Intellectual "last will" of the first global bioethicist. In: MUZUR, A.; SASS, H. M. (Eds.). *Fritz Jahr and the Foundations of Global Bioethics*. Munster: Lit Verlag, 2012, p. 153-155.

POTTER, Van Rensselaer. Humility with responsibility – A bioethic for oncologists: Presidential address. In: *Cancer Research* 35 (1975): 2297-2306.

POTTER, Van Rensselaer. *Bioethics: Bridge to the Future*. Englewwod Cliffs, N. J.: Prentice-Hall, 1971.

POTTER, Van Rensselaer. *Bioética: Ponte para o Futuro*. São Paulo: Loyola, 2016.

POTTER, Van Rensselaer. *Global Bioethics: building on the Leopold Legacy*. East Lansing, MI: State University Press, 1988.

POTTER, Van Renssealer. *Bioética Global e sobrevivência humana*. Script do vídeo (42 minutos) apresentado no IV World Congress of Bioethics, 4-7 de novembro de 1998, em Tóquio Japão (1998a). In: BARCHIFONTAINE, C. de P.; PESSINI, L. (Orgs.). *Bioética: Alguns desafios*. São Paulo: Centro Universitário São Camilo/Loyola, 2001, p. 337-347.

POTTER, Van Rensselaer. Deep and Global Bioethics for a Livable Third Millennium (1998b). In: *The Scientist*. Disponível em: https://www.the-scientist.com/opinion-old/deep-and-global-bioethics-for-a-livable-third-millennium-57186. Acesso em: 03.01.2018.

Bioética global, vulnerabilidade e Agenda 2030 da ONU | 445

REICH, Warren Thomas (Ed.). *Encyclopedia of Bioethics.* Revised edition. Vol. 1. New York: Macmillan Library Reference USA/Simon & Schuster Macmillan, 1995.

REICH, Warren Thomas. The Word "bioethics": The Struggle Over Its Earliest Meanings. In: *Kennedy Institute of Ethics Journal* 5 (1995a): 19-34.

SASS, Hans-Martin. Fritz Jahr's Concept of Bioethics. In: *Kennedy Institute of Ethics Journal,* vol. 17, n. 4 (2008): 279-295.

STEGER, M. B. *Globalisms. The great ideological struggle of the twenty-first century.* Lanham: Rowman & Littlefield Publishers, 2009.

TEN HAVE, Henk A. M. J. Vulnerability as the Antidote to Neoliberalism in Bioethics. In: *Revista Redbioética/UNESCO,* Ano 5, 1 (2014): 87-92.

TEN HAVE, Henk A. M. J.; GORDIJN, Bert (Eds.). *Handbook of Global Bioethics.* 4 vol. New York/London: Springer Dordrecht Heidelberg, 2014.

TEN HAVE, Henk A. M. J. (Ed.). *Encyclopedia of Global Bioethics.* 5 vol. Dordrecht: Springer Science-Business Media, 2016.

TEN HAVE, Henk A. M. J. *Global Bioethics.* An Introduction. London/New York: Routledge/Taylor & Francis Group, 2016.

TEN HAVE, Henk A. M. J. *Vulnerability: Challenging bioethics.* London/New York: Routledge/Taylor & Francis Group, 2016.

TEN HAVE, Henk A. M. J. Potter's notion of bioethics. In: *Kennedy Institute of Ethics Journal,* vol. 22, n. 1 (2012): 59-82.

THOMAS, C. Globalization and human security. In: MCGREW, A.; POKU, N. K. (Eds.). *Globalization, development and human security.* Cambridge (UK)/Malden: Polity Press, 2007, p. 107-131.

UNESCO. *The Universal Declaration of Bioethics and Human Rights* (05.10.2005). Disponível em: http://www.unesco.org. Acesso em: 22.01.2018.

UNITED NATIONS. Report of the Open Working Group of the General Assembly on Sustainable Development Goals, 2014. Disponível em: http://www.un.org/ga/search/view_doc.asp?symbol=A/68/970&Lang=E. Acesso em: 10.08.2017.

UNITED NATIONS DEPARTMENT OF ECONOMIC AND SOCIAL AFFAIRS. Report on the World Social Situation, 2003. Social vulnerability: Sources and Challenges. New York: United Nations. Disponível em: http://www.un.org/esa/socdev/rwss/docs/2003/fullreport.pdf. Acesso em: 26.01.2018.

UNRIC. *Declaração do Milênio* (Nova Iorque, 6-8 de setembro de 2000). Disponível em: https://www.unric.org/html/portuguese/uninfo/DecdoMil.pdf. Acesso em: 10.08.2017.

WHITEHOUSE, Peter J. Van Rensselaer Potter: An Intellectual Memoir. In: *Cambridge Quarterly of Healthcare Ethics* 11 (2002): 331-334.

WHITEHOUSE, Peter J. The Rebirth of Bioethics: Extending the Original Formulations of Van Rensselaer Potter. In: *The American Journal of Bioethics* 3 (2003): W26-W31.

WORLD HEALTH ORGANIZATION (WHO). *The World Health Report 2007 – A safer future: global public health security in the 21st century.* Geneva: WHO, 2007. Disponível em: http://www.who.int/whr/2007/en/. Acesso em: 22.01.2018.

WORLD HEALTH ORGANIZATION (WHO). Draft Thirteenth General Programme of Work 2019-2023. *Promote health, keep the world safe, serve the vulnerable.* Revised following the special session of the Executive Board in November 2017 (2018). Disponível em: http://www.who.int/about/what-we-do/gpw13-expert-group/Draft--GPW13-Advance-Edited-5Jan2018.pdf. Acesso em: 23.01.2018.

A marca FSC® é a garantia de que a madeira utilizada na fabricação do papel deste livro provém de florestas que foram gerenciadas de maneira ambientalmente correta, socialmente justa e economicamente viável.

Este livro foi composto com as famílias tipográficas Adobe Caslon, Frutiger, Gill Sans e Times New Roman e impresso em papel Offset 63g/m² pela **Gráfica Santuário**.